地方上級・労働基準監督官・国家総合職

公務員試験

新スーパー過去問ゼミ7

労働法

JN078196

資格試験研究会編

実務教育出版

新スーパー過去問ゼミ7

刊行に当たって

公務員試験の過去問を使った定番問題集として，公務員受験生から圧倒的な信頼を寄せられている「スー過去」シリーズ。その「スー過去」が大改訂されて「**新スーパー過去問ゼミ７**」に生まれ変わりました。

「７」では，最新の出題傾向に沿うよう内容を見直すとともに，より使いやすくより効率的に学習を進められるよう，細部までブラッシュアップしています。

「新スーパー過去問ゼミ７」改訂のポイント

① 令和３年度～令和５年度の問題を増補
② 過去15年分の出題傾向を詳細に分析
③ １行解説・STEP解説，学習方法・掲載問題リストなど，
学習効率向上のための手法を改良

もちろん，「スー過去」シリーズの特長は，そのまま受け継いでいます。

- **テーマ別編集で，主要試験ごとの出題頻度を明示**
- **「必修問題」「実戦問題」のすべてにわかりやすい解説**
- **「POINT」で頻出事項の知識・論点を整理**
- **本を開いたまま置いておける，柔軟で丈夫な製本方式**

本シリーズは，**「地方上級」「国家一般職［大卒］」試験の攻略にスポットを当てた過去問ベスト・セレクション**ですが，**「国家総合職」「国家専門職［大卒］」「市役所上級」試験など，大学卒業程度の公務員採用試験に幅広く対応**できる内容になっています。

公務員試験は難関といわれていますが，良問の演習を繰り返すことで，合格への道筋はおのずと開けてくるはずです。本書を開いた今この時から，目標突破へ向けての着実な準備を始めてください。

あなたがこれからの公務を担う一員となれるよう，私たちも応援し続けます。

資格試験研究会

本書の構成と過去問について

●本書の構成

❶学習方法・問題リスト：巻頭には，本書を使った効率的な科目の攻略のしかたをアドバイスする「**労働法の学習方法**」と，本書に収録した全過去問を一覧できる「**掲載問題リスト**」を掲載している。過去問を選別して自分なりの学習計画を練ったり，学習の進捗状況を確認する際などに活用してほしい。

❷試験別出題傾向と対策：各章冒頭にある出題箇所表では，平成21年度以降の国家総合職，国家専門職（労働基準監督官），地方上級（全国型）の出題状況が一目でわかるようになっている。具体的な出題傾向は，試験別に解説を付してある。

※本書で取り扱う試験の名称表記については，5ページを参照してください。

テーマ別出題頻度表示の見方

平成21年度以降の過去問を
21年度－23年度
24年度－26年度
27年度－29年度
30年度－2年度
3年度－5年度
に5分割。
各期間の出題数を合算して表示した。
傾向の変化を大きくつかもう。

各テーマの出題数を
合計して表示した。

頻出度	試験名	国家総合職					国家専門職（労働基準監督官）					地方上級（全国型）				
	年度	21-23	24-26	27-29	30-2	3-5	21-23	24-26	27-29	30-2	3-5	21-23	24-26	27-29	30-2	3-5
	テーマ　出題数	4	4	5	6	5	17	18	15	14	18	3	3	3	2	3
A	1 労働契約	2	1	1		1	2	3	2	2	3	2		2	1	
B	2 解雇	1		1	1		1	2	1	1	1					1
A	3 賃金		1	1		2	3	4	1	2	1				1	1
A	4 労働時間，休日・休憩	1		1	1		3	2	4	2	3	1	1			

テーマ別の頻出度（ひんしゅつど）をA，B，Cの3段階で評価。
学習の順序や力の入れ方の参考にしよう。

❸必修問題：各テーマのトップを飾るにふさわしい，合格のためには必ずマスターしたい良問をピックアップ。解説は，各選択肢の正誤ポイントをズバリと示す「**1行解説**」，解答のプロセスを示す「**STEP解説**」など，効率的に学習が進むように配慮した。また，正答を導くための指針となるよう，問題文中に以下のポイントを示している。

（アンダーライン部分）：正誤判断の決め手となる記述

（色が敷いてある部分）：覚えておきたいキーワード

「**FOCUS**」には，そのテーマで問われるポイントや注意点，補足説明などを掲載している。

必修問題のページ上部に掲載した「**頻出度**」は，各テーマをA，B，Cの3段階で評価し，さらに試験別の出題頻度を「★」の数で示している（★★★：最頻出，★★：頻出，★：過去15年間に出題実績あり，—：過去15年間に出題なし）。

❹POINT：これだけは覚えておきたい最重要知識を，図表などを駆使してコンパクトにまとめた。問題を解く前の知識整理に，試験直前の確認に活用してほしい。

❺実戦問題：各テーマの内容をスムーズに理解できるよう，バランスよく問題を選び，詳しく解説している。問題ナンバー上部の「＊」は，その問題の「**難易度**」を表しており（＊＊＊が最難），また，学習効果の高い重要な問題には💎マークを付している。

💎 ＊＊ **No.2**　必修問題と💎マークのついた問題を解いていけば，スピーディーに本書をひととおりこなせるようになっている。

なお，収録問題数が多いテーマについては，「**実戦問題❶**」「**実戦問題❷**」のように問題をレベル別またはジャンル別に分割し，解説を参照しやすくしている。

❻索引：巻末には，POINT等に掲載している重要語句を集めた用語索引がついている。用語の意味や定義の確認，理解度のチェックなどに使ってほしい。

●本書の活用法

本書に取り組むに当たって，第１章のテーマ１から順番にページを見ていって１つ１つ問題を解いて勉強していく……という方法は，学習効率がよくありません。

まずは，「**労働法の学習方法**」と各章の「**試験別出題傾向と対策**」を見ながら，自分が受験する試験で各テーマがどの程度出題されていて，どこを中心に学習を進めていけばよいか，戦略を練りましょう。

初めて学習に取り組む際は，**問題を解かずに各テーマの「必修問題」だけを読み進めてください。**科目のアウトラインをざっくりつかむと同時に，実際の試験ではどの程度の知識が求められるのか，どういう形で問われるのか見当をつけることができます。

ひととおり読み終えたら，次は復習を兼ねて「必修問題」を読み返しつつ「**実戦問題**」にチャレンジしていきましょう。ここでも最初からすべての問題に当たるのではなく，**巻末の「掲載問題リスト」を利用するなどして，難易度が低めの問題，自分が受験する試験の問題，💎のついた問題などに絞って**，取り組みやすいところから学習を進めましょう。

なお，**第１章のテーマ１から順番に進めなくてもOK**です。頻出度が高いテーマ，自分が興味の持てるテーマからでもいいので，とにかく前に進めることが大事です。

そして，間違えた箇所・まだ理解できていない箇所を，解説や「POINT」を参考にしながら確認して復習しましょう。学習の要領がつかめてきて，基本的なところが理解できたら，難易度の高い問題にも挑戦してみてください。

本書を何度も繰り返し解き進めていけば，確実に力がついていくことでしょう。

CONTENTS

公務員試験　新スーパー過去問ゼミ7

労働法

カバー・本文デザイン／小谷野まさを　書名ロゴ／早瀬芳文

●本書で取り扱う試験の名称表記について

本書に掲載した問題の末尾には，試験名の略称および出題年度を記載しています。

①**国家総合職**：国家公務員採用総合職試験，
国家公務員採用Ⅰ種試験（平成23年度まで）

②**労働基準監督官**：労働基準監督官採用試験

③**地方上級**：地方公務員採用上級試験（都道府県・政令指定都市）

（全国型）：地方上級試験の共通問題のうち，広く全国的に分布しているタイプ

（東京都）：東京都職員Ⅰ類Ｂ採用試験

※地方上級試験については，実務教育出版が独自に分析し，「全国型（全国型変形タイプ）」「関東型（関東型変形タイプ）」「中部・北陸型」「法律・経済専門タイプ」「その他の出題タイプ」「独自の出題タイプ（東京都，特別区など）」の６つに大別しています。

④**市役所**：市役所職員採用上級試験（政令指定都市以外の市役所）

※市役所上級試験については，試験日程によって「Ａ日程」「Ｂ日程」「Ｃ日程」の３つに大別しています。また，市役所上級試験では令和２年度から労働法は出題されなくなりましたが，良問もあり有用なので掲載しています。

●本書に収録されている「過去問」について

①平成９年度以降の国家公務員試験の問題は，人事院により公表された問題を掲載しています。地方上級の一部（東京都，特別区）も自治体により公表された問題を掲載しています。それ以外の問題は，受験生から得た情報をもとに実務教育出版が独自に編集し，復元したものです。

②問題の論点を保ちつつ問い方を変えた，年度の経過により変化した実状に適合させた，などの理由で，問題を一部改題している場合があります。また，人事院などにより公表された問題も，用字用語の統一を行っています。

注　記

【判例の表記について】

（最判平 12・3・9）とあるものは「最高裁 平成 12 年 3 月 9 日 判決」の意。
（大決大 13・1・30）とあるものは「大審院 大正 13 年 1 月 30 日 決定」の意。
判旨の表記は，読み易さを考慮して，口語化・簡略化を行っている部分がある。

【法律名称の表記について】

労基法……労働基準法
労組法……労働組合法
高年齢者雇用安定法……高年齢者等の雇用の安定等に関する法律
労災保険法……労働者災害補償保険法
男女雇用機会均等法（均等法）……雇用の分野における男女の均等な機会及び待遇の確保等に関する法律
労調法……労働関係調整法
安衛法……労働安全衛生法
労働者派遣法……労働者派遣事業の適正な運営の確保及び派遣労働者の就業条件の整備等に関する法律
労契法……労働契約法
労働契約承継法……会社の分割に伴う労働契約の承継等に関する法律
パートタイム・有期雇用労働法（パート労働法）……短時間労働者及び有期雇用労働者の雇用管理の改善等に関する法律
最賃法……最低賃金法
行訴法……行政事件訴訟法
独占禁止法……私的独占の禁止及び公正取引の確保に関する法律
労基則……労働基準法施行規則
女性則……女性労働基準規則
年少則……年少者労働基準規則

労働法の学習方法

労働法は難解な科目ではないが，出題数が少ないことから，学習の効率化が重要である。

労働法は，基本構造が比較的明瞭であり，この基本構造について一応の理解がなされていれば，問題練習等の学習をスムーズに進めることができるので，労働法の基本構造を簡単に説明しておく。

1．雇用契約と労働契約

雇用契約と労働契約は似たような言葉であるが，両者は同じ意味ではない。**雇用契約**とは民法上の用語であり，これを労働者保護の見地から特別法（労働法）で修正したのが**労働契約**である。それゆえ，労働法で扱うのは雇用契約ではなくもっぱら労働契約のほうである。

ではなぜ，雇用契約を修正する必要があったのであろうか。

対等当事者間の私的法律関係を規律するところの[1]**市民法**である民法においては，力関係において対等な当事者がその自由な意思で契約を締結することを予定している。対等な当事者であるからこそ，契約当事者はそれぞれ相手方から強制を受けることなく契約を締結した以上，それを遵守すべき法的責任を負わされるということが前提になっている。したがって，労使が本当に対等の立場にあるのであれば，この市民法の原則を修正する必要はなく，どのような契約内容にするかは両当事者の合意（**私的自治**）にゆだねればよいということになる。つまり契約内容の規律としては市民法たる民法で十分であり，そのほかに労働法という特別法をあえて制定する必要はなかったわけである。

しかし現実はそうではなく，力関係で圧倒的に使用者が優位に立っていた。そして労働者に過酷な契約内容を呈示してその受諾を迫ったのである。労使が対等ならば当然に拒否できたはずの過酷・劣悪な契約条件を，他に生活の資を得る手段を持たない労働者は，生きるために呑まざるをえなかった。労使の力関係は対等ではなく，もともと**市民法を適用する前提が崩れていた**のである。したがって労使間の契約関係をそのままの状態で私的自治にゆだねることは困難であった。

ただ，労使間の関係は私的契約関係であることに違いはないので，これを国家の管理下におくようなことは許されない。そこで，労働者を側面から支援して労働契約関係を適正なものにし，もって私的自治のあるべき姿に戻すために市民法を部分的に修正したのが[2]**社会立法**としての労働法である。

そのため，市民法の雇用契約と区別する意味で労働法においては労働契約という別の言葉が使われている。

---

[1] 市民法：国家の管理・介入を受けずに「市民が自由に活動できる」領域，すなわち私的領域についての基本的なルールを定めた法である。「自由に活動できる」とは，市民が自分達で自由に契約内容等を決定できることを意味する。近代市民改革を経て，市民に自由な活動が認められたことによって経済は飛躍的に活発化し，豊かな市民社会の基礎が形成された。

2．労働契約の特質

⑴労働契約とは

①労働者が使用者の指揮命令に従って自己の労働力を提供し，

②これに対して使用者が賃金を支払う，

ことを基本的な内容とする契約である。

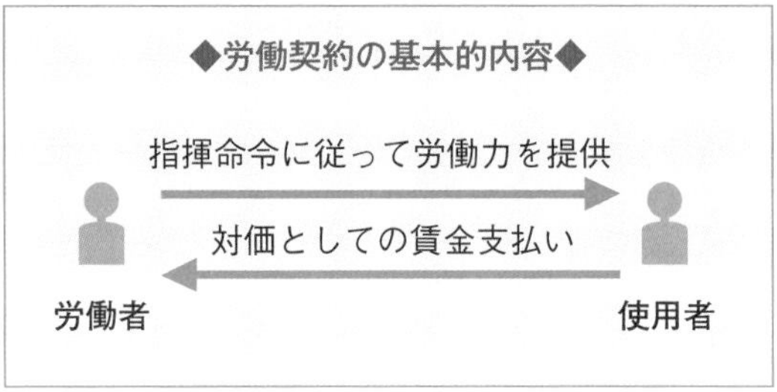

ただ，これだけでは具体的にどのように労働力を提供すべきかが明らかではない。また，労働者に比べて力関係で使用者が優位に立つ以上，使用者から一方的に不利な労働条件を押しつけられるおそれがある。そこで，①労働契約の具体的内容を明らかにしつつ，かつ②労働者に「人たるに値する生存」を確保させる必要がある。労働基準法や労働組合法はこれらのことを目的とするものである。

ところで，労働者の「人たるに値する生存」の確保は労働者の保護を徹底することによって達成されるように思われるかもしれないが，必ずしもそうではない。なぜなら，賃金の引き上げや年休日数の増加といった労働条件の向上は会社経営に大きな負担を強いるものであり，労働条件の向上のみを優先すると，会社の業績を悪化させ，最悪の場合には倒産に至って労働者は職そのものを失うことも考えられるからである。会社の経営が順調になされてこそ雇用の確保も労働条件の向上も望めるので，労働者保護のみに偏することは究極的に労働者の利益に合致するとは言い難い。したがって労働者保護のみを追求するのではなく，③**労使の利益の適正なバランス**を図る必要がある。そこで，労働法では「安定した労使関係秩序の形成」がもう一つの目標となると解されている。

---

[2] 社会立法：社会的弱者保護のために市民法を修正したもの。市民法の否定ではなく修正である点に注意。修正によって地位の対等性を回復させ，その分野における私的自治を適正に機能させることを狙いとする。

労働法の目的

① 労働契約の具体的内容（労働条件）を明らかにする。
② 人たるに値する生存を維持できるだけの労働条件を確保する。
③ 安定した労使関係秩序を構築する。
（労基法は主に①・②を担当し，労組法は②・③を担当する。）

⑵労働契約の特質

前記のような労働法の目的を実現するためには，前提として労働契約関係の特質を把握しておく必要がある。

ア）契約内容の変動的性格

労働契約における契約内容は，当事者がいったん合意すれば，その条件が恒久的に継続されるというわけではない。契約内容は社会・経済情勢の変化に伴って頻繁に改定されるのが実情である。これは売買のような1回的契約関係との大きな違いの一つといえる。

会社の業績が好調なら賃金も年休日数も増加するであろうし，反対に業績が悪化した場合には，雇用の確保のために賃金の引き下げすら甘受せざるをえない場合がある。これは契約内容の変更にほかならない。このように契約内容が絶えず変動する性格を有していることから，売買等一般の契約で通常行われている「当事者間で内容を詰める作業」は，労働契約ではさほど熱心には行われない。そのため，労働契約では契約内容が明確でない分を他の手段で補充する必要が生ずる。そしてそのようなものとして**就業規則**が大きな役割を果たしている。使用者としては，その都度個別に労働者と交渉して労働条件を定めていくよりも，就業規則で一度に済ませたほうが能率的なのである。

イ）組織的労働性

使用者は自らの事業目的のために，多数の労働者を雇用し，それらの者を有機的に組織して最も効率的な労働力の利用を図ろうとする。そのために**労働条件の集合的処理**が必要になってくる。始業・終業の時間や休憩時間，賃金体系を統一するなど，多数の労働者について労働条件の画一的取扱いが必要とされるのである。

そのため，労働条件は労使1対1の個別交渉によって決定されるのではなく，就業規則によって統一的な処理が行われることになる。ここにも，就業規則による労働条件決定の必要性と合理性が存する。

ウ）人的・継続的な契約関係

労働契約は，労働力の提供と利用を目的とする人的な関係を継続的に展開することを内容とするものである。

そこでこの点から，契約の付随的義務として両当事者の信頼関係に基づく義務が導かれ，これが契約の不明確性を補う一つの要素となっている。具体的には，使用者については安全配慮義務，労働者については競業避止義務や機密保持義務などがこれに該当する。

エ）従属性

契約当事者たる労使双方を比較した場合，両者の力関係としては，どうしても使用者が優位に立つ。そこで，労働者に著しく不利な労働契約内容を排除する必要がある。判例によって**権利濫用法理**が確立されている（現在ではその多くが法律に成文化されている）のはそのためである。

3．労働条件決定のシステム

(1)3つの決定方法（労働契約・就業規則・労働協約）

まず，労働条件は契約当事者の合意に基づいて決定されるべきもので，これが基本形である（契約が有効に成立していなければ，次に述べる労働協約や就業規則は意味をなさない。これらは労働契約の内容を具体化ないし変更するだけのものだからである）。

しかし，①使用者と労働者の1対1の交渉では，力関係の差から，通常，労働者は使用者の提示した労働条件を，その有利・不利を問わずそのまま受諾せざるをえないという欠点がある。また，②通常は，当事者が労働条件を細部に至るまで協議によって煮詰めていくという方法はとられず，労働契約それ自体は簡易な内容のものになりがちなので，他の方法で労働条件を具体的に定める必要がある。

そこで，

①に対して	・労働者が団結して，集団で使用者と労働条件について交渉すれば，1対1の交渉の場合よりはるかに有利な労働条件を獲得できる。 **〔労働組合が結成されている場合〕** →労働条件は，組合が締結する**労働協約**によって決定される。 **〔労働組合が結成されていない場合〕** →この場合は労働契約によるほかはないので，**労働基準法**が最低基準を強行的に規律することで最低限必要な労働条件を確保している。
②に対して	・労働基準法が賃金の支払方法や労働時間などの基本的な労働条件を定めている。 →労働基準法の定める労働条件は，具体的な労働条件のほんの一部にすぎない。 ⬇ そこで… **〔労働協約による決定〕** →労働組合が結成されていれば，この方法によることができる。 **〔就業規則による決定〕** →労働組合が結成されていなければ，集団的労働条件の決定は

	できない。そこで，この場合にはなんらかの手段によって具体的な労働条件を決定しておく必要がある。 ⬇ ・そのようなものとして，使用者の一方的な作成にかかる就業規則という方法がとられる。労働者がこれに不服である場合には，組合を結成して使用者と団体交渉を行い，ストの威嚇の下に使用者の譲歩を引き出して，これを労働協約として締結すればよい。 ・使用者の一方的な作成にかかるとはいっても，最低労働条件は労基法によってガードされているので，使用者はそれ以下の労働条件を就業規則に定めることができず（仮に定めても無効となり，その無効となった部分は労基法の定める労働条件に置き換えられる），また労基法が定めていない労働条件については，判例が権利濫用法理によって制約を加えているので，使用者に一方的作成権を認めることそれ自体が直ちに労働者に不利益となるものではない。

⑵集団的労働条件の決定

労働条件の最低基準は労働基準法が強行的に規定しているので，労働契約・就業規則によってこれ以下の労働条件を定めることはできないが，労働基準法の定める労働条件はあくまで「人たるに値する生存を確保するための最低基準」にすぎないので，「より豊かに生きるための労働条件」を獲得するには，「労使が対等の立場で契約を締結する」というシステムを構築しておく必要がある。

しかし，１対１の決定システムではそれは困難であり，そこで組合を結成して，労働者が集団の威力で地位の対等性を回復し，それによって労働条件を決定するという集団的労働条件の決定（**労働条件の集団的取引**）の方法が認められている。

1	**組合結成**	・組合結成は「労働条件の集団的取引」の第一歩である。 ・労働組合は労働者の利益の擁護団体であるから，使用者の言いなりになるようなものであってはならず，そのため，自主性や独立性などといった「労働組合の要件」を満たすことが必要とされている。 ・労働組合として認められれば，その活動にさまざまな法的な保護が与えられる（争議行為に対する民事・刑事両免責，不利益取扱いからの保護など）。
2	**団体交渉**	・組合は，組合員の労働条件について使用者と交渉する権限を有する。 ・使用者には誠実交渉義務が課せられており，また，正当な理由なくして組合の団交申入れを拒否することはできない。

3	**争議行為**	・使用者には誠実交渉義務はあっても譲歩の義務はない。そこで，譲歩を獲得するための手段として，労働者側に争議権が保障されている。 ・争議権は団体交渉を促進するためのものであり，力の対等を確保しつつ使用者の譲歩を引き出すための手段であって，それは一方的に組合側に有利な手段というわけではない。争議行為中は，労働者もノーワーク・ノーペイの原則によって賃金を得られないからである。
4	**労働協約**	・団体交渉ないし争議行為を通じて労使が合意に至れば，合意内容は労働協約として規定される。
5	**不当労働行為**	・上記のような集団的労働条件決定のシステムが十分に機能するためには，組合が労働者のために活動できるように，使用者の不当な干渉が排除されていなければならない。そのために制度化されたものが不当労働行為救済制度である。 ・労働委員会は，使用者の不当な干渉に対して，排除命令などの救済命令を発することができる。

4．労働法の学習方法

労働法も時間の許容範囲での対策を考えざるをえない。

本書では，解説をかなり詳しく書いているので，最小限度の時間しか確保できない場合には，「労働法の基本構造」を十分に把握したうえで過去問練習を繰り返すという方法がベストであろう（地方上級であれば，ほぼこれで十分と思われる）。

ただ，労働法は，試験によって出題内容やレベルが異なっているので，それぞれの試験に合わせた対策をとる必要がある。国家総合職では，出題数が少ないので，「テキストを読んでから問題演習」というのは効率が悪い。科目選択でないことも考慮すると，地方上級の過去問で労働法の感覚をつかんだうえで，国家総合職の過去問を繰り返して知識レベルを高めるという方法がベストであろう。労働基準監督官は，労働法が必須科目で出題数も多いので，それなりに知識を固めておく必要がある。内容的にも行政解釈など細かな知識が要求されるので，同様に地方上級や市役所の過去問で労働法の感覚をつかんだうえで，労基の過去問を繰り返し，出題のクセをつかみながら，時間の許す範囲で過去問の関連分野の知識を最新の改正部分が掲載されているテキストでまとめておくという方法がよい。基礎的な問題も多く含まれているので，それらを確実に得点していけば，十分に合格ラインは超えられるはずである。また，労働法は市役所では出題がなくなったが良問も多いので掲載している。

合格者に学ぶ「スー過去」活用術

公務員受験生の定番問題集となっている「スー過去」シリーズであるが，先輩たちは本シリーズをどのように使って，合格を勝ち得てきたのだろうか。弊社刊行の『公務員試験受験ジャーナル』に寄せられた「合格体験記」などから，傾向を探ってみた。

自分なりの「戦略」を持って学習に取り組もう！

テーマ１から順番に一つ一つじっくりと問題を解いて，わからないところを入念に調べ，納得してから次に進む……という一見まっとうな学習法は，すでに時代遅れになっている。

合格者は，初期段階でおおまかな学習計画を立てて，戦略を練っている。まずは各章冒頭にある「試験別出題傾向と対策」を見て，自分が受験する試験で各テーマがどの程度出題されているのかを把握し，「掲載問題リスト」を利用するなどして，**いつまでにどの程度まで学習を進めればよいか，学習全体の流れをイメージ**しておきたい。

完璧をめざさない！ザックリ進めながら復習を繰り返せ！

本番の試験では，６～７割の問題に正答できればボーダーラインを突破できる。裏を返せば**３～４割の問題は解けなくてもよい**わけで，完璧をめざす必要はまったくない。

受験生の間では，**「問題集を何周したか」**がしばしば話題に上る。問題集は，１回で理解しようとジックリ取り組むよりも，初めはザックリ理解できた程度で先に進んでいき，何回も繰り返し取り組むことで徐々に理解を深めていくやり方のほうが，学習効率は高いとされている。**合格者は「スー過去」を繰り返しやって，得点力を高めている。**

すぐに解説を読んでもOK！考え込むのは時間のムダ！

合格者の声を聞くと**「スー過去を参考書代わりに読み込んだ」**というものが多く見受けられる。科目の攻略スピードを上げようと思ったら「ウンウンと考え込む時間」は一番のムダだ。過去問演習は，解けた解けなかったと一喜一憂するのではなく，**問題文と解説を読みながら正誤のポイントとなる知識を把握して記憶することの繰り返し**なのである。

分量が多すぎる！という人は，自分なりに過去問をチョイス！

広い出題範囲の中から頻出のテーマ・過去問を選んで掲載している「スー過去」ではあるが，この分量をこなすのは無理だ！と敬遠している受験生もいる。しかし，**合格者もすべての問題に取り組んでいるわけではない。**必要な部分を自ら取捨選択することが，最短合格のカギといえる（次ページに問題の選択例を示したので参考にしてほしい）。

書き込んでバラして……「スー過去」を使い倒せ！

補足知識や注意点などは本書に直接書き込んでいこう。**書き込みを続けて情報を集約していくと本書が自分オリジナルの参考書になっていく**ので，インプットの効率が格段に上がる。それを繰り返し「何周も回して」いくうちに，反射的に解答できるようになるはずだ。

また，分厚い「スー過去」をカッターで切って，章ごとにバラして使っている合格者も多い。**自分が使いやすいようにカスタマイズ**して，「スー過去」をしゃぶり尽くそう！

学習する過去問の選び方

●具体的な「カスタマイズ」のやり方例

本書は約139問の過去問を収録している。分量が多すぎる！と思うかもしれないが，合格者の多くは，過去問を上手に取捨選択して，自分に合った分量と範囲を決めて学習を進めている。

以下，お勧めの例をご紹介しよう。

❶必修問題と◆のついた問題に優先的に取り組む！

当面取り組む過去問を，各テーマの「**必修問題**」と◆マークのついている「**実戦問題**」に絞ると，およそ全体の４割の分量となる。これにプラスして各テーマの「**POINT**」をチェックしていけば，この科目の典型問題と正誤判断の決め手となる知識の主だったところは押さえられる。

本試験まで時間がある人もそうでない人も，ここから取り組むのが定石である。まずはこれで１周（問題集をひととおり最後までやり切ること）してみてほしい。

❶を何周かしたら次のステップへ移ろう。

❷取り組む過去問の量を増やしていく

❶で基本は押さえられても，❶だけでは演習量が心もとないので，取り組む過去問の数を増やしていく必要がある。増やし方としてはいくつかあるが，このあたりが一般的であろう。

◎基本レベルの過去問を追加（難易度「＊」の問題を追加）
◎受験する試験種の過去問を追加
◎頻出度Ａのテーマの過去問を追加

これをひととおり終えたら，前回やったところを復習しつつ，まだ手をつけていない過去問をさらに追加していくことでレベルアップを図っていく。

もちろん，あまり手を広げずに，ある程度のところで折り合いをつけて，その分復習に時間を割く戦略もある。

●掲載問題リストを活用しよう！

「**掲載問題リスト**」では，本書に掲載された過去問を一覧表示している。

受験する試験や難易度・出題年度等を基準に，学習する過去問を選別する際の目安としたり，チェックボックスを使って学習の進捗状況を確認したりできるようになっている。

効率よくスピーディーに学習を進めるためにも，積極的に利用してほしい。

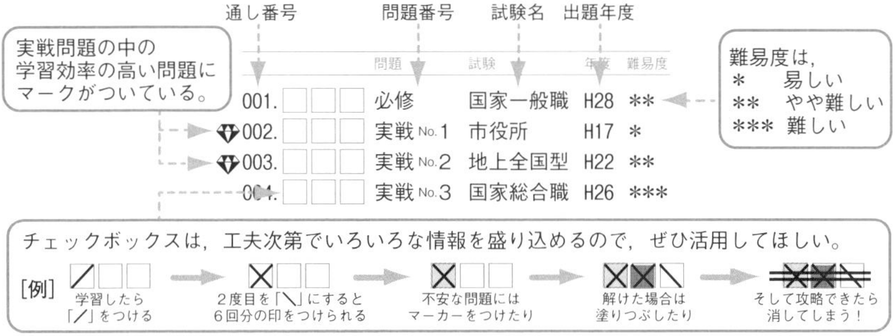

掲載問題リスト

本書に掲載した139問を一覧表にした。□に正答できたかどうかをチェックするなどして，本書を上手に活用してほしい。

第1章 個別的労働関係法

テーマ 1 労働契約

		問題	試験	年度	難易度
	001. □□□	必修	地方上級	R元	**
◆	002. □□□	実戦 No. 1	地方上級	H15	*
	003. □□□	実戦 No. 2	市役所	H28	*
	004. □□□	実戦 No. 3	労働基準監督官	H20	*
◆	005. □□□	実戦 No. 4	地方上級	H19	**
◆	006. □□□	実戦 No. 5	労働基準監督官	R元	**
	007. □□□	実戦 No. 6	労働基準監督官	R5	**
◆	008. □□□	実戦 No. 7	労働基準監督官	R3	**
◆	009. □□□	実戦 No. 8	国会総合職	R4	**

テーマ 2 解雇

		問題	試験	年度	難易度
	010. □□□	必修	国家総合職	H29	**
◆	011. □□□	実戦 No. 1	市役所	H17	*
	012. □□□	実戦 No. 2	地上全国型	H26	*
	013. □□□	実戦 No. 3	地方上級	H11	*
◆	014. □□□	実戦 No. 4	地上特別区	H18	*
	015. □□□	実戦 No. 5	地方上級	H14	**
◆	016. □□□	実戦 No. 6	労働基準監督官	H23	**
◆	017. □□□	実戦 No. 7	労働基準監督官	H30	**
	018. □□□	実戦 No. 8	労働基準監督官	R3	**
	019. □□□	実戦 No. 9	国家総合職	R2	***

テーマ 3 賃金

		問題	試験	年度	難易度
	020. □□□	必修	地上全国型	R4	*
◆	021. □□□	実戦 No. 1	市役所	H11	*
◆	022. □□□	実戦 No. 2	地上全国型	H7	*
◆	023. □□□	実戦 No. 3	地上全国型	H30	*
	024. □□□	実戦 No. 4	地方上級	H16	*
◆	025. □□□	実戦 No. 5	労働基準監督官	H17	**
	026. □□□	実戦 No. 6	地方上級	H18	**
◆	027. □□□	実戦 No. 7	国家総合職	H25	**
	028. □□□	実戦 No. 8	労働基準監督官	R4	**
	029. □□□	実戦 No. 9	労働基準監督官	H26	**
◆	030. □□□	実戦 No.10	国家総合職	R4	**
	031. □□□	実戦 No.11	国家総合職	R3	***

テーマ 4 労働時間, 休日・休暇

		問題	試験	年度	難易度
	032. □□□	必修	地上全国型	H28	*
◆	033. □□□	実戦 No. 1	地方上級	H7	*
	034. □□□	実戦 No. 2	地上全国型	H18	*
	035. □□□	実戦 No. 3	地方上級	H2	*
◆	036. □□□	実戦 No. 4	地上全国型	H20	*
◆	037. □□□	実戦 No. 5	労働基準監督官	H21	**
	038. □□□	実戦 No. 6	地上全国型	H24	**
◆	039. □□□	実戦 No. 7	国家総合職	H27	**
◆	040. □□□	実戦 No. 8	労働基準監督官	R4	**
	041. □□□	実戦 No. 9	労働基準監督官	R3	**
	042. □□□	実戦 No.10	国家総合職	R元	***

テーマ 5 年次有給休暇

		問題	試験	年度	難易度
	043. □□□	必修	地方上級	H19	**
	044. □□□	実戦 No. 1	国家総合職	H3	*
◆	045. □□□	実戦 No. 2	地方上級	H14	*
	046. □□□	実戦 No. 3	国家総合職	H11	*
◆	047. □□□	実戦 No. 4	国家総合職	H6	**
	048. □□□	実戦 No. 5	労働基準監督官	H22	***
	049. □□□	実戦 No. 6	労働基準監督官	H25	**
	050. □□□	実戦 No. 7	国家総合職	R2	***

テーマ 6 安全衛生

		問題	試験	年度	難易度
	051. □□□	必修	労働基準監督官	R5	**
◆	052. □□□	実戦 No. 1	労働基準監督官	H30	**
◆	053. □□□	実戦 No. 2	労働基準監督官	R2	**
◆	054. □□□	実戦 No. 3	労働基準監督官	R3	**
	055. □□□	実戦 No. 4	労働基準監督官	R4	**

テーマ 7 労災補償

		問題	試験	年度	難易度
	056. □□□	必修	労働基準監督官	R3	**
◆	057. □□□	実戦 No. 1	労働基準監督官	R4	**
◆	058. □□□	実戦 No. 2	労働基準監督官	R5	**
	059. □□□	実戦 No. 3	労働基準監督官	R元	***
	060. □□□	実戦 No. 4	国家総合職	R5	***

テーマ 8 年少者・妊産婦等

	問題	試験	年度	難易度
061.	必修	労働基準監督官	H25	**
062.	実戦 No.1	市役所	H6	*
063.	実戦 No.2	市役所	H17	*
064.	実戦 No.3	地方上級	H17	*
065.	実戦 No.4	労働基準監督官	H30	***
066.	実戦 No.5	労働基準監督官	R4	**
067.	実戦 No.6	国家総合職	R5	**

テーマ 9 就業規則, 懲戒

	問題	試験	年度	難易度
068.	必修	労働基準監督官	H28	**
069.	実戦 No.1	地上特別区	H4	*
070.	実戦 No.2	地方上級	H9	*
071.	実戦 No.3	地方上級	H2	*
072.	実戦 No.4	地方上級	H9	*
073.	実戦 No.5	地方上級	H15	**
074.	実戦 No.6	地方上級	H25	**
075.	実戦 No.7	国家総合職	H27	**
076.	実戦 No.8	国家総合職	H30	**
077.	実戦 No.9	国家総合職	H30	***

テーマ 10 労働基準法の総合問題

	問題	試験	年度	難易度
078.	必修	労働基準監督官	R2	**
079.	実戦 No.1	市役所	H30	**
080.	実戦 No.2	労働基準監督官	H27	**
081.	実戦 No.3	労働基準監督官	H27	**
082.	実戦 No.4	労働基準監督官	H29	**
083.	実戦 No.5	労働基準監督官	R3	**
084.	実戦 No.6	労働基準監督官	R元	**

第2章 集団的労使関係法

テーマ 11 労働組合

	問題	試験	年度	難易度
085.	必修	国家総合職	R4	**
086.	実戦 No.1	地上特別区	H3	*
087.	実戦 No.2	地上全国型	H21	*
088.	実戦 No.3	市役所	H9	*
089.	実戦 No.4	地方上級	H24	*
090.	実戦 No.5	地方上級	H14	*
091.	実戦 No.6	国家総合職	H11	**
092.	実戦 No.7	地上全国型	H27	**
093.	実戦 No.8	国家総合職	H26	**
094.	実戦 No.9	労働基準監督官	R2	**
095.	実戦 No.10	国家総合職	R元	***

テーマ 12 団体交渉

	問題	試験	年度	難易度
096.	必修	地上全国型	H26	**
097.	実戦 No.1	地方上級	H13	*
098.	実戦 No.2	地方上級	H18	*
099.	実戦 No.3	地上東京都	H2	*
100.	実戦 No.4	地方上級	H11	*
101.	実戦 No.5	労働基準監督官	H9	**
102.	実戦 No.6	国家総合職	H29	**
103.	実戦 No.7	国家総合職	H24	**
104.	実戦 No.8	地上全国型	H4	**

テーマ 13 争議行為・組合活動

	問題	試験	年度	難易度
105.	必修	地上全国型	H22	**
106.	実戦 No.1	地方上級	H7	*
107.	実戦 No.2	地方上級	H10	*
108.	実戦 No.3	地方上級	H17	***
109.	実戦 No.4	国家総合職	R2	**
110.	実戦 No.5	国家総合職	H28	**
111.	実戦 No.6	国家総合職	R5	**
112.	実戦 No.7	国家総合職	H22	**

テーマ14 労働協約

			問題	試験	年度	難易度
	113.	☐☐☐	必修	地上全国型	H18	*
	114.	☐☐☐	実戦 No.1	市役所	H8	*
♦	115.	☐☐☐	実戦 No.2	地方上級	H11	*
♦	116.	☐☐☐	実戦 No.3	労働基準監督官	H10	**
	117.	☐☐☐	実戦 No.4	国家総合職	H22	***
	118.	☐☐☐	実戦 No.5	国家総合職	H10	**
♦	119.	☐☐☐	実戦 No.6	国家総合職	H27	**
	120.	☐☐☐	実戦 No.7	国家総合職	R3	**
	121.	☐☐☐	実戦 No.8	国家総合職	R5	**
	122.	☐☐☐	実戦 No.9	国家総合職	H24	***

テーマ15 不当労働行為

			問題	試験	年度	難易度
	123.	☐☐☐	必修	市役所	H26	*
♦	124.	☐☐☐	実戦 No.1	市役所	H10	*
♦	125.	☐☐☐	実戦 No.2	市役所	H29	*
	126.	☐☐☐	実戦 No.3	地上全国型	H24	*
♦	127.	☐☐☐	実戦 No.4	労働基準監督官	H9	**
	128.	☐☐☐	実戦 No.5	地方上級	H11	**
♦	129.	☐☐☐	実戦 No.6	国家総合職	H25	**
	130.	☐☐☐	実戦 No.7	国家総合職	H2	***
	131.	☐☐☐	実戦 No.8	国家総合職	R3	***

テーマ16 労働紛争の処理・労使関係

			問題	試験	年度	難易度
	132.	☐☐☐	必修	国家総合職	H23	**
♦	133.	☐☐☐	実戦 No.1	労働基準監督官	H28	**
	134.	☐☐☐	実戦 No.2	労働基準監督官	H29	**
♦	135.	☐☐☐	実戦 No.3	国家総合職	H21	**
♦	136.	☐☐☐	実戦 No.4	労働基準監督官	R3	**
	137.	☐☐☐	実戦 No.5	労働基準監督官	R元	**
♦	138.	☐☐☐	実戦 No.6	地上全国型	R元	*
	139.	☐☐☐	実戦 No.7	国家総合職	H30	***

第 1 章　個別的労働関係法

第1章 個別的労働関係法

試験別出題傾向と対策

試験名		国家総合職					国家専門職（労働基準監督官）					地方上級（全国型）				
年度		21–23	24–26	27–29	30–2	3–5	21–23	24–26	27–29	30–2	3–5	21–23	24–26	27–29	30–2	3–5
頻出度	テーマ　出題数	4	4	5	6	5	17	18	15	14	18	3	3	3	2	3
A	1 労働契約	2	1	1		1	2	3	2	2	3	2		2	1	
B	2 解雇	1		1	1		1	2	1	1	1					1
A	3 賃金		1	1		2	3	4	1	2	1				1	1
A	4 労働時間，休日·休憩	1		1	1		3	2	4	2	3	1	1			
C	5 年次有給休暇				1		1	1								
C	6 安全衛生						3	3	3	3	3					
B	7 労災補償				1	1	3	1	2	3	3					
B	8 年少者・妊産婦等		1			1		1	1	1	2			1		
A	9 就業規則，懲戒		1	1	2		1	1	1				1			1
C	10 労働基準法の総合問題						2	2	2	3	2		1			

個別的労働関係法の分野では労働基準法を中心に出題されるが，同法には労働条件に関する関係法令が多数存在しており，このような関係法令についても，しばしば出題の素材とされている。主要なものは，パートタイム・有期雇用労働法，最低賃金法，育児・介護休業法などである。

● 国家総合職

労働法分野では，毎年3問が出題される。基準法と組合法の配分は，ほぼ拮抗しているが，組合法に若干の比重が置かれている。基準法では，条文と主要判例の比較的素直な問題に加え，長文の判例の空欄補充の問題などの時間のかかる問題が多く出題されている。以前は，基礎的な知識の問題が大半を占め，労働法は点の取りやすい科目とされていた。しかし，近年は複雑な問題が増加してきているのが目につく。これは組合法でも同様で，基礎的な問題と細かな知識の問題が組合わせて出題されており，他の選択科目との難易度調整が目的のようである。

ただ，国家総合職は科目選択ではなく問題選択となっているので，解きやすい問題を中心に選んでいけばよい。大半の問題は，過去問を一通り潰しておけば正解できるものが多いので，その意味で過去問はしっかりくり返し解いて知識を正確にしておきたい。

● 国家専門職（労働基準監督官）

「労働基準」監督官という性格から，労働基準法分野の出題が大半を占める。一方，労働組合法分野の問題は，毎年1題程度と少ない。

労働基準監督官の問題は五肢択一形式が一般的であるが，他の試験と異なり，それぞれの選択肢に2つ以上の論点が含まれるという，やや変わった特徴がある。また，省令や通達などの行政法規・解釈が多く素材とされていることから，全体として複雑で難解な印象を受けることが多い。しかし，ただ，その中でも，大半の問題は，正答肢に過去問で出題された（それもポイント部分）をもってきて，それ以外の肢を，いわば惑わし肢として配置するなど，解き方を工夫すれば正解に達しやすいように一定の配慮がなされている。したがって，複雑さなどに惑わされることなく，過去問で「どこがポイントか？」「最低限，どの範囲の知識を抑えておけばよいか？」などをしっかりと見極めておくことが重要である。また，この分野では，高度プロフェッショナル制度など，近時的な問題が素材として取り上げられることが多いので，近年の法改正部分や，話題性の多い分野（例：介護休業など）については，一通り知識を整理しておきたい。

● 地方上級

出題数が2題程度と少ないが，労働法は，それほど時間をかけずに一定レベルまで実力を高めることが容易な科目なので，できれば全問正解を狙う気持ちで取り組みたい。個別的労働関係法分野では，賃金や就業規則などのいわゆる重要テーマの部分から，条文と主要判例の基礎的な問題が出題される。他の試験でも頻繁に出題されている箇所を中心に，手を広げずに基礎的な知識を固めておけば十分である。

労働契約

必修問題

労働者Aと使用者Bの間で締結された期間の定めのある労働契約に関する次の記述のうち，妥当なものはどれか。 【地方上級・令和元年度】

1 AとBとの間の労働契約の期間は，両当事者の合意があれば，1か月から10年までの期間内で自由に締結することができる。

2 AとBとの間の労働契約は**有期労働契約**であるが，使用者Bは労働者Aを，必要に応じて，その期間の途中で自由に解雇することができる。

3 AとBとの間の契約は有期労働契約であるが，労働者Aに，年次有給休暇の権利が発生することはない。

4 Aが，有期労働契約の契約期間満了時に当該契約が更新されると期待することに合理的な理由があると認められ，契約期間の満了日までの間に，AがBに対し，当該契約の**更新の申込み**をした場合において，Bが当該申込みを拒絶することが，客観的に合理的な理由を欠き社会通念上相当と認められないときは，Bは，従前の有期労働契約の内容である労働条件と同一の労働条件で当該申込みを承諾したものとみなされる。

5 Bとの間で締結された2つ以上の有期労働契約の契約期間を**通算した期間が5年を超える**Aが，Bに対し，現に締結している有期労働契約の契約期間が満了する日までの間に，当該満了する日の翌日から労務が提供される期間の定めのない労働契約の締結の申込みをしたときでも，Bが当該申込みを承諾したとみなされることはない。

難易度 ＊＊

必修問題の解説

1× 労働契約の期間について，下限に制約はないが，上限は原則３年である。

労働契約に期間を定める場合，**下限について特に制限はない**。したがって，期間を１日とすることも可能である。

一方，**長期は原則３年という制約がある**（労基法14条１項柱書）。これは，労働者を**不当に長期にわたって拘束することを避ける**ためである。すなわち，期間を定めた場合，労働者にはその期間中の労働提供義務がある。そこで，転職の自由を考慮して，長期の上限を３年と定めたものである。

2× 労働契約に期間を定めた場合，その期間内は原則として解約できない。

労働契約に期間を定めるとは，「**その期間は雇用を維持する**」，「その期間は労務を提供する」義務を負うということである。つまり，契約当事者には契約の法的拘束力が発生する。したがって，「社会情勢の急激な変化によって事業継続が困難になった」など，**やむを得ない事由がなければ，契約の解除（解雇）はできない**（労契法17条１項）。

3 × **労働契約の有期・無期にかかわらず，法定の要件を満たせば年休権が発生。**

年次有給休暇の権利は，雇入れの日から６か月間継続勤務し，全労働日の８割以上出勤した労働者に当然に発生する（労基法39条１項）。

これは，一定期間のほとんどを出勤している者に，**給与（生活）の心配なく心身のリフレッシュの時間を保障しよう**とするものであるから，契約が有期か無期かによって差を生じるようなものではない。

4 ◎ **有期契約の更新が期待できる状況下での更新申込みには承諾の効果あり。**

妥当である。前半は，たとえば，「１年の雇用期間がこれまでも問題なく更新されてきた」，あるいは「上司から『まじめに働いていれば雇用が継続される』といわれて勤務に精励してきた」などといった状況下で，労働者Ａも更新を期待していたという場合である。

このような場合に，Ａが期間満了前に「今回も更新を希望する」といえば，使用者がそれを拒絶することに合理性がなければ，**前回と同一の条件で申込みを承諾したとみなされる**（労契法19条柱書２号）。

5 × **有期契約の期間が５年を超えて繰り返された場合は無期転換を請求できる。**

まず「２つ以上の有期労働契約」とは，「昨年度に引き続き今年度も」などという意味で，たとえば「１年の雇用期間が，もう何度も更新されている」といった状況のことである。そして，これがあまりに長期にわたるようだと，**労働者の雇用の安定を図る意味でも問題がある**し（例：人生設計ができないなど），雇用調整を使用者の都合でできるという意味で濫用につながりやすい。そこで，法は，このような状況が５年を超えて繰り返された場合には，その時点の有期契約の期間満了前に，労働者が期間の定めのない労働契約の締結の申込みをしたときは（**無期転換**），使用者は当該申込みを承諾したものとみなすことにした（労契法18条１項前段）。いわゆる「**５年ルール**」と呼ばれるものである。

正答 4

F O C U S

労働契約は，基準法分野の出発点となる重要部分である。問題に当たる際には，労使間に現実に存在する力関係の差を考慮しつつ，両者の実質的対等性を確保することを常に心掛けておく必要がある。

POINT

重要ポイント 1 労働条件基準

①労働条件は，労働者が人たるに値する生活を営むための必要を充たすべきものでなければならない。

②労基法で定める基準に達しない労働条件を定める労働契約は，その部分については無効となる。**労基法の定める労働条件基準**は，**そこから下げることは絶対に許されないとする最低基準**であるから，労働者の任意の同意があっても同じである。その場合，無効となった部分は労基法で定める基準による。

③法の定める労働条件基準は，事実として労働が行われている限り，たとえ労働契約が無効であっても適用される。

④使用者には，労働契約の締結に際して労働条件明示義務がある。

また，次の**5つについては書面の交付が必要**とされている。ⓐ期間，ⓑ就業場所と業務，ⓒ労働時間･休日･休憩，ⓓ賃金，ⓔ退職･解雇

⑤明示された労働条件と実際の労働条件が異なる場合，労働者は即時に労働契約を解除できる（なお解除権行使に期間制限はない）。

⑥⑤で，就業のために住所を移した労働者が解除から14日以内に帰郷する場合には，使用者は必要な費用を負担しなければならない。

⑦労働条件は，通常，職場の統一基準である就業規則によって決定される。

⑧就業規則で定める基準に達しない労働条件を定める労働契約は，その部分については無効とされ，この場合，無効となった部分は就業規則で定める基準による。

反対に，労働契約で定められた労働条件が就業規則の労働条件を上回る場合には，労働契約の定めが適用される。すなわち，**労働契約と就業規則が異なる場合は，労働者に有利な方が優先適用される**。

重要ポイント 2 労働契約

①労働契約は，当事者の合意のみで成立する諾成契約である。

②**親権者・後見人は未成年者に代わって労働契約を締結することはできない**。労働契約は，未成年者自身がその法定代理人の同意を得て自らこれを締結しなければならない。

③親権者・後見人または行政官庁は，労働契約が未成年者に不利であると認める場合には，将来に向ってこれを解除できる。

④使用者は，労働契約の不履行について違約金を定め，または損害賠償額を予定する契約をしてはならない。

⑤使用者は，前借金その他労働することを条件とする前貸しの債権と賃金を相殺してはならない。

⑥**労契法にいう使用者**は，**労働契約の締結当事者**たる者をいう（労契法は，「その使用する労働者に対して賃金を支払う者」と定義するが，意味は同じ）。これに対して，**労基法の使用者**は，**具体的な労働条件を決定しうる立場にある者**をいう。

⑦労基法は，同居の親族のみを使用する事業及び家事使用人については適用がないが，労契法は家事使用人の場合には適用がある。
⑧労契法には，仕事と生活の調和（ワーク・ライフ・バランス）に関する規定が置かれている。

重要ポイント3 労働契約の期間

①労働契約で期間を定める場合には，次のような制限がある。
長期は原則として「最長３年」である。例外として，ⓐ一定の事業完了に必要な期間を定める場合には完了までの期間，ⓑ厚生労働大臣の定める基準に該当する高度の専門知識を有する者との契約や，満60歳以上の者との契約の場合には最長５年まで期間設定が可能である。
②期間途中の解約は，労使双方ともに，**やむを得ない事由があれば即時解除ができる**（民法628条，労契法17条１項）。
③短期労働契約が反復更新された場合の雇止めは，
ⅰ）**実質的には期間の定めのない契約となっている**場合，**雇止めは解雇**に当たる。→解雇権濫用法理が適用されるので，解雇には客観的に合理的な理由があり，社会通念上相当とされることが必要となる。
ⅱ）反復更新されたが，いまだ期間の定めが「形式的なものにすぎない状態」にはなっていない場合，雇止めは更新拒絶の意思表示となる。この場合は，期間満了により契約は終了する。
④労働契約で契約期間を定めていない場合，使用者による解雇は，解雇権濫用法理（労契法16条）や，解雇制限（労基法19条）などの制約に服する。

重要ポイント4 労働者の採用・試用

①使用者が労働者の思想・信条を理由に採用を拒否しても違法ではない。
②**採用内定**があれば，労使間に「**始期付･解約権留保付労働契約**」が成立する（一般的なケースの場合）。
③企業の採用内定通知は，労働者が応募としてなした労働契約の申込みに対する承諾に当たる。
④**内定取消し**は自由ではない。「**解約権留保の趣旨，目的に照らして，客観的に合理的な理由が存在し，社会通念上相当として是認することができる場合**」にのみ許される。
⑤応募者側からの内定辞退（始期付･解約権留保付労働契約の解除）は自由である。この場合，辞退申入れから２週間で解除の効果が発生する。
⑥自治体における採用内定の通知は事実上の行為にすぎず，採用の確定的な意思表示ないしは始期付または条件付採用行為ではない。
⑦**試用**は**解約権留保付労働契約**（一般的なケースの場合）であり，試用期間中の解雇には，「解約権留保の趣旨，目的に照らして，客観的に合理的な理由が存し社会通念上相当として是認されうる場合」であることが必要とされる。

重要ポイント5 配転・出向

①同一企業内における職務内容や勤務場所の変更のための人事異動を配置転換という。

②使用者は，業務上の必要があれば配転命令が出せる。また，当該配転が「企業の合理的運営に寄与する」と認められる限り，「業務上の必要性」を認定できる。

③転勤命令につき業務上の必要性が存する場合であっても，当該転勤命令が他の不当な動機・目的をもってなされたものであるときには，権利の濫用として無効になる。

④異なる企業間で行われる人事異動を出向という。これには次の2種がある。

ⅰ）在籍出向…出向元との労働契約は終了しない。出向期間中は休職扱いになる。

ⅱ）移籍出向…出向元企業を退職，出向先企業との新たな雇用関係成立。

⑤在籍出向の要件…出向命令は，ⓐ関連会社間の日常的な出向などでは，就業規則の規定と事前の包括的な同意で足りる。ⓑ労働条件の大幅変更を伴う場合には，労働者の個別の同意を得るなどの厳格な要件が必要となる。

なお，**復帰命令には労働者の同意は必要でない**。

⑥移籍出向を命ずるには，労働者の個別の同意が必要。

重要ポイント6 短時間労働者・派遣労働者

①**短時間労働者**にも，労働基準法や最低賃金法などの**労働者保護法は全面的に適用**される。ただ，短時間であることに伴う変容を一部で受けることがあるだけである。

②週所定労働日数が4日以下でも，週の所定労働時間が30時間未満の者については，通常の労働者と同じ日数の年休が与えられる。

③雇用保険については，週所定労働時間が20時間未満の労働者については給付の対象から除外されている。

④派遣労働において，労働契約の当事者は派遣元事業主と労働者である。

⑤労働者は，派遣先事業主の指揮命令を受けるが，派遣先事業主との間に労働契約は存在しない。

⑥労働者派遣事業はすべて許可制とされ，行政官庁の許可を受けなければ事業を営むことができない（労働者派遣法平成27年改正）。

⑦正社員や契約社員として雇用されることをはじめから想定して派遣される場合を，紹介予定派遣という。

実戦問題1 基本レベル

* **No.1** **労働基準法に規定する労働契約に関する記述として，判例，通説に照らして，妥当なのはどれか。** 【地方上級・平成15年度】

1 労働契約は，期間の定めのないものを除き，一定の事業の完了に必要な期間を定めるもののほかは，3年を超える期間について締結することが一切禁じられている。

2 使用者は，労働契約の締結に際し，労働者に対して賃金，労働時間その他の労働条件を明示しなければならないが，書面により明示すべき労働条件は賃金に関する事項に限られる。

3 労働契約は，その内容が未成年者に不利と認められる場合，将来に向かって解除することができ，当該契約を解除することができるのは親権者または後見人に限られる。

4 最高裁判所の判例では，使用者が新規採用に当たり，労働者の適性を評価，判断する目的で労働契約に期間を設けた場合であっても，当該期間は原則として契約自体の存続期間であって，試用期間ではないとした。

5 使用者は，労働契約の締結に際し，当該契約の不履行について労働者に一定の金額の支払いを約束させ，または労働者の不法行為に基づく損害賠償額を予定する契約をしてはならない。

* **No.2** **採用内定に関する次の記述のうち，妥当なのはどれか。ただし，争いがある場合は判例による。** 【市役所（B日程）・平成28年度】

1 労働関係法規は，労働時間や賃金を前提としたものであるため，内定者にこれを適用することは不可能であり，労働関係法規は内定者には適用されない。

2 内々定は，その実態はさまざまであり，法的特徴を確定することが難しいため，法的拘束力を認める余地はない。

3 内定者が入社前研修を受けた場合，これを労務の提供とみなすことはできないため，報酬請求権は発生しない。

4 内定という労働契約が交わされた以上，内定取消しには解約権についての濫用法理が適用され，客観的に合理的で，社会通念上相当と是認された場合のみ取消しが認められる。

5 内定取消しへの法的救済は，期待権侵害などの不法行為に対する損害賠償のみが可能である。

＊No.3 **短時間労働者に関するア～エの記述のうち，妥当なもののみをすべて挙げているのはどれか。**

なお，短時間労働者とは「１週間の所定労働時間が同一の事業所に雇用される通常の労働者の１週間の所定労働時間に比し短い労働者」をいう。

【労働基準監督官・平成20年度】

ア：短時間労働者について，所定労働日数が週４日を超える者は，雇入れの日から起算して１年６か月間継続勤務し，かつ全労働日の８割以上出勤することにより通常の労働者と同じ日数の年次有給休暇が与えられるが，所定労働日数が４日以下の者には年次有給休暇は与えられない。

イ：使用者は，期間の定めのない労働契約下にある短時間労働者を解雇しようとする場合においては，少なくとも30日前にその予告をしなければならない。30日前に予告をしない場合は，30日分以上の平均賃金を支払わなければならない。

ウ：短時間労働者は，雇用保険についてはすべての者が適用を受けるが，健康保険・厚生年金保険については，１日または１週の所定労働時間および１月の所定労働日数が通常の就労者のおおむね２分の１以上の者のみが適用を受ける。

エ：使用者は，短時間労働者との労働契約の締結に際し，短時間労働者に対して賃金，労働時間その他の労働条件を明示しなければならない。

1　ア，イ
2　ア，ウ
3　イ，ウ
4　イ，エ
5　ウ，エ

実戦問題 1 の解説

No.1 の解説　労働契約

→ 問題はP.25　正答5

1 ×　労働契約の期間の上限は原則３年であるが，一定の例外がある。

厚生労働大臣が定める基準に該当する専門的知識等を有する労働者との間に締結される労働契約，および満60歳以上の労働者との間に締結される労働契約の場合には，長期５年までの労働契約を締結することが認められている（労基法14条１項柱書カッコ書き１・２号）。

2 ×　賃金，労働時間等の基本的な労働条件は書面で明示する必要がある。

書面により明示すべき労働条件は，①労働契約の期間，②就業の場所・従事すべき業務，③労働時間・休日・休暇など，④賃金，⑤退職・解雇に関する事項である（労基法15条１項後段，労基則５条２項・３項）。

3 ×　内容が未成年者に不利な労働契約については行政官庁にも契約解除権がある。

親権者と**後見人**のほかに，**行政官庁**にも**契約解除権が認められている**（労基法58条２項）。

未成年者に親権者や後見人がいない場合や，親権者や後見人に未成年者の保護を十分に期待できないような場合に，子の福祉の観点から，行政官庁に後見的作用を行わせようというものである。なお，前半は正しい。

4 ×　労働者の適性を評価，判断する目的での契約期間は試用期間である。

判例は，従業員の新規採用において，使用者が契約に期間を設けた場合，「その設けた**趣旨・目的が労働者の適性を評価・判断するためのもの**であるときは，期間満了により雇用契約が当然に終了する旨の明確な合意が当事者間に成立しているなどの特段の事情が認められる場合を除き，右期間は**契約の存続期間ではなく，試用期間である**」とする（最判平２・６・５，神戸弘陵学園事件）。

5 ◎　使用者は，労働契約不履行の違約金の定めや賠償の予定をしてはならない。

正しい。このような定めは，労働者の退職・転職の自由を奪い，不当な人身拘束になるとして禁止されている（労基法16条）。

No.2 の解説　採用内定

→ 問題はP.25　正答4

1 ×　労働契約は採用内定時に成立し，労働関係法規もその時から適用される。

採用内定があれば，一般的なケースとして，**労使間に「始期付・解約権留保付労働契約」が成立する**（最判昭54・７・20，大日本印刷事件）。すなわち，労働契約が成立する以上，**労働関係法規も同時に適用**される。

ただし，始期付きであることから，期限までは労務提供義務や賃金支払い義務が生じないなど，内定であることによる一定の制約は受ける。

2 ×　内々定も，拘束の度合いによっては採用内定と認められることもありうる。

内々定は，採用内定を出せる時点（いわゆる採用解禁日）以前に，企業が人材を確保する手段として普及してきた制度である。そして，通常のパターンとしては，求職者は，内々定が出た複数の企業の中から1社を絞り込んで，解禁日以降にその企業と内定関係に入っていくことが多い。したがって，**内々定の段階ではいまだ労使間に法的拘束力を伴う契約関係の成立は認められない**。しかし，内々定にもさまざまなパターンがあり，「就職先を弊社に限定して他社の採用試験を受けないことを約すれば内々定を出す」など，**事実上採用内定もしくはその予約と解される場合**もありうる。したがって，そのような場合であれば，**採用内定と同様の法的拘束力が認められる**ことになる。

3 × **研修は使用者の指揮命令下に労務を提供するもので報酬請求権が発生する。**

研修その他いかなる名目であれ，使用者の指揮命令下に労務を提供すれば，報酬請求権が発生する。そして，内定により，労使間に労働契約関係が成立していれば，**入社前研修**であっても，それは**労務の提供**にほかならず，使用者は**報酬を賃金として支払う義務がある**。

4 ◎ **内定取消しは客観的に合理的な理由があり，社会通念上相当な場合のみ可能。**

正しい。判例は，採用内定の取消しが可能なのは，「内定当時知ることができず，また知ることが期待できないような事実であって，これを理由として採用内定を取り消すことが解約権留保の趣旨，目的に照らして**客観的に合理的**と認められ**社会通念上相当**として是認することができるものに限られる」としている（最判昭54・7・20，大日本印刷事件）。

5 × **内定取消しへの法的救済として，債務不履行の主張が可能な場合もある。**

使用者の恣意的な内定取消しについては，期待権侵害を理由とする不法行為に基づく損害賠償請求や，**誠実義務違反を理由とする債務不履行基づく損害賠償請求**が可能である。

また，内定取消しがやむを得ないとされた場合でも，企業側が取消しに至る過程で信義則上必要とされる説明を怠ったとして損害賠償責任が課された例もある（大阪地判平16・6・9，パソナ〔ヨドバシカメラ〕事件）。

No.3 の解説　短時間労働者

→問題はP.26 **正答4**

パートタイマーと呼ばれる短時間労働者は，一家の家計を中心になって支える「正社員」の労働に比して一般に低く見られがちであるが，パートタイマーであっても家計を支え，その重要な部分を担っていることに変わりはなく，これらの者に対する保護が基本的に「正社員」と異なるべき必然性はない。したがって，**パート労働者にも，労働基準法や最低賃金法などの労働者保護法は全面的に適用される**。ただ，短時間であることに伴う修正を一部で受けることがあるだけである。

ア × **週所定労働日数が4日以下でも，一定の要件を満たせば年休権が発生する。**

週所定労働日数が4日以下でも，週の所定労働時間が30時間未満の者については，**通常の労働者との比例での特別の休暇日数が与えられている**（労基法39条3項，労基則24条の3）。

また，前半の年休権成立の要件は，「1年6か月間継続勤務し」ではなく，「6か月間継続勤務し」が正しい（労基法と労基則の同条項）。

◆パートタイマーの年休日数

週所定労働日数	1年間の所定労働日数	雇入れの日から起算した継続勤務期間						
		6か月	1年6か月	2年6か月	3年6か月	4年6か月	5年6か月	6年6か月以上
4日	169日から216日まで	7日	8日	9日	10日	12日	13日	15日
3日	121日から168日まで	5日	6日	6日	8日	9日	10日	11日
2日	73日から120日まで	3日	4日	4日	5日	6日	6日	7日
1日	48日から72日まで	1日	2日	2日	2日	3日	3日	3日

イ○ 短時間労働者の解雇の場合も，解雇予告手続きが必要である。

妥当である。通常の労働者と同じ扱いとなっている。

ウ× 週所定労働時間が20時間未満の労働者には，雇用保険給付はない。

前半については，**雇用保険**（失業保険）の制度は，労働者が失業した場合にその生活の安定を図り，再就職のための求職活動を容易にするために設けられた制度である（雇用保険法1条参照）。したがって，短時間労働者のうちでも，「小遣い稼ぎのためのちょっとしたアルバイト」などといった生活保障措置を講ずる必要がないものについては，あえて失業給付の対象とする必要はない。そのため，**週所定労働時間が20時間未満の労働者については給付の対象から除外されている**（同6条1号）。

後半については，「おおむね2分の1以上」ではなく，「おおむね4分の3以上」である。

エ○ 使用者は，短時間労働者の場合であっても，労働条件の明示義務を負う。

妥当である。通常の労働者と区別する必要はないので，同じ扱いとなっている。

以上から，妥当なものは**イ**と**エ**であり，**4**が正答となる。

実戦問題❷　応用レベル

＊＊
No.4　労働基準法に規定する労働契約に関する記述として，判例，通説に照らして，妥当なのはどれか。　【地方上級・平成19年度】

1　使用者は，労働契約に付随して貯蓄の契約をさせ，または貯蓄金を管理する契約をしてはならないので，労働者の貯蓄金をその委託を受けて任意に管理することは禁止されている。

2　使用者は，労働契約の不履行について違約金を定め，または損害賠償金を予定する契約をしてはならず，労働者の債務不履行により現実に生じた損害について損害賠償を請求することはできない。

3　使用者は，労働契約の締結に際し，労働者に賃金，労働時間その他の労働条件を明示しなければならないが，労働条件のうち賃金または労働時間が事実と相違する場合に限り，労働者は即時に労働契約を解除することができる。

4　最高裁判所の判例では，公務員としての採用内定の通知は，単に採用発令の手続きを支障なく行うための準備手続きとしてされる事実上の行為ではなく，職員としての地位を取得させることを目的とする確定的な意思表示ないしは始期付または条件付採用行為であるとした。

5　最高裁判所の判例では，いったん特定企業との間に一定の試用期間を付した雇用関係に入った者に対する留保解約権の行使は，解約権留保の趣旨，目的に照らして，客観的に合理的な理由が存し，社会通念上相当と是認されうる場合にのみ許されるとした。

＊＊
No.5　労働契約法等に関する次の記述のうち，最も妥当なのはどれか。
【労働基準監督官・令和元年度】

1　労働契約は，労働者が使用者に使用され労働し，使用者がこれに対し賃金を支払うことについて，労使が合意することにより成立するが，この場合の労働契約の成立要件である合意は，労働の内容や賃金の額等に関する具体的な合意であることを要し，また，契約書等の書面によらない口頭の合意では，労働契約の成立要件は満たされない。

2　労働契約法は，事業に使用されて労働契約関係にある労働者を保護するために，労働条件の最低基準を罰則と行政監督付きで規定したものであり，個別的労働関係法に分類される。一方，労働組合法や労働関係調整法は，労働組合の組織・運営や労働組合と使用者の協議・交渉など団体的労使関係に関する事項を規定したものである。

3　使用者が労働者に出向を命ずることができる場合においても，当該出向の命令が，その必要性や対象労働者の選定に係る事情その他の事情に照らして，権利を濫用したものと認められる場合には，当該出向命令は無効となる。

4 労働契約法上，使用者は，労働者と合意することなく，就業規則の変更により，労働者の不利益に労働契約の内容である労働条件を変更することはできず，また，労使の合意があっても，就業規則の変更に合理性が認められない場合には，労働者の不利益に労働条件を変更することはできないと規定されている。

5 客観的に合理的な理由を欠き，社会通念上相当であると認められない解雇は，使用者が権利を濫用したものとして無効になるが，労働基準法の解雇予告手当が支払われた場合には，解雇理由のいかんにかかわらず，当該解雇は有効となる。

＊＊
No.6 労働契約等に関するア～エの記述のうち，妥当なもののみをすべて挙げているのはどれか。 【労働基準監督官・令和５年度】

ア：就業規則は，一企業全体の労働者集団の労働条件を設定するために作成されるものであるため，使用者が労働者との合意に基づいて就業規則を変更することにより，事業場単位で労働条件を労働者の不利益に変更することはできない。

イ：就業規則の変更が，使用者の受ける利益の程度，労働条件変更の予見可能性，変更前後の就業規則の内容の連続性等の状況に照らして相当なものである場合，労働者の受ける不利益の程度にかかわらず，使用者は就業規則の変更により労働条件を一方的に不利益に変更することができる。

ウ：出向は，出向元企業との現労働契約の合意解約と出向先企業との新労働契約の締結をその内容として含むため，使用者がこれを行うためには労働者の個別具体的な同意が必要とされる。また，出向は，専ら出向前後の業務内容の連続性に照らして使用者が権利を濫用したものと認められる場合には，無効となる。

エ：有期労働契約が過去に反復して更新されたなどの一定の事情があるときに，労働者が契約期間が満了する日までの間に当該有期労働契約の更新の申込みをした場合，使用者が従前の有期労働契約の内容である労働条件と同一の労働条件で当該申込みを承諾したものとみなされることがある。

1 ア，ウ
2 ア，エ
3 イ，ウ
4 イ
5 エ

No.7 ＊＊ **労働者派遣に関する次の記述のうち，最も妥当なのはどれか。**

【労働基準監督官・令和３年度】

1 労働者派遣とは，自己の雇用する労働者を，当該雇用関係の下に，かつ，自己の指揮命令を受けて，他人のために労働に従事させることをいう。労働者派遣事業については，労働基準監督署長への届出により事業を営むことができる。

2 労働者派遣法においては，物の製造業務，建設業務，農業・水産業の業務について労働者派遣事業を営むことが原則として禁止されているが，これらの業務であっても，日々または30日以内の期間を定めて雇用するいわゆる日雇労働者を派遣することは例外的に認められている。

3 派遣元事業主は，派遣労働者として雇用しようとする労働者に対しては，派遣労働者としての雇用であることを明示しなければならない。一方，派遣元事業主が，その雇用する労働者であって，派遣労働者として雇い入れた労働者以外のものを新たに労働者派遣の対象としようとするときは，業務命令として行うため，当該労働者にその旨を明示して，その同意を得る必要はない。

4 派遣元事業主は，同一の組織単位に継続して３年間派遣される見込みがある派遣労働者に対し，派遣先への直接雇用の依頼や新たな派遣先の提供等の派遣終了後の雇用を継続させる措置を講ずる義務がある。

5 派遣先事業主が，派遣労働者を労働者派遣の禁止業務に従事させたり，無許可の事業主から労働者派遣を受け入れるなどの行為を行った場合には，その理由のいかんを問わず，派遣先事業主は，派遣元事業主との労働条件よりも高い賃金額を内容とする労働契約を，当該行為のあった日から30日以内に派遣労働者に対して申し込まなければならない。

No.8 ＊＊ **有期雇用労働者に関するア～オの記述のうち，妥当なもののみをすべて挙げているのはどれか。**

【国家総合職・令和４年度】

ア：通常の労働者と同視すべき有期雇用労働者については，事業主は，賃金，教育訓練，福利厚生，安全衛生，解雇などの労働者の待遇において，有期雇用労働者であることを理由に差別的取扱いをしてはならない。

イ：事業主は，有期雇用労働者の基本給，賞与その他の待遇のそれぞれについて，通常の労働者の待遇との間において，職務の内容等の事情のうち，当該待遇の性質・目的に照らして適切と認められるものを考慮して，不合理と認められる相違を設けてはならない。

ウ：有期雇用労働者について，事業主には，通常の労働者への転換を推進するための措置を講じる義務があり，通常の労働者の募集を行う場合には，有期雇用労働者を優先して採用しなければならない。

エ：有期雇用労働者が，使用者に対し有期労働契約の更新を求めた場合，使用者は，原則として更新を拒否することはできず，更新拒否について客観的に合理的な理由があり，社会通念上相当であると認められるときに限り，更新を拒否することができる。

オ：有期雇用労働者が，同一の使用者との間で有期労働契約の更新を繰り返し，その通算契約期間が5年を超えたときは，当該労働者と使用者との間の有期労働契約は，自動的に期間の定めのない労働契約へ転換される。

1　ア，イ
2　ア，エ
3　イ，オ
4　ウ，エ
5　ウ，オ

実戦問題2の解説

No.4の解説　労働契約

→問題はP.30　**正答5**

1× **強制貯金は禁止されているが，委託に基づく貯蓄金管理は禁止されていない。**

労働契約に付随して行われる貯蓄の契約や貯蓄金の管理契約は**強制貯金**と呼ばれ，契約締結を雇用の条件とするなど，その名のとおり，使用者の強制によって行われる。そして，貯金を使用者が管理していると，退職を言い出しにくいし，またすんなり戻してくれるかどうかもわからない。また，使用者が違約金という名目で違法な相殺をするような場合，生活に追われている労働者が訴訟で取り戻すのは大変である。

この種の契約は，**劣悪な労働条件でも労働者が辞めにくいように労働者の足止め策として使われる**。そのため，法は明文でこれを禁止している（労基法18条1項）。

一方，労働者の委託を受けて貯蓄金を管理することは，上記のような弊害がないので認められている（任意貯金の許容）。ただし，その要件は極めて厳格である（同条2～7項）。

2× **損害賠償額の予定は禁止されているが，事後の賠償請求は可能である。**

違約金の定めや**損害賠償額を予定する契約**は，**1**と同様に**労働者の足止め策として利用**され，退職の自由を不当に制限することから，労基法は明文でこれを禁止している（労基法16条）。しかし，労働者の債務不履行により現実に生じた損害について使用者が損害賠償を請求しても，特段退職の自由が制限されることはない。したがって，損害賠償の請求はなんら差し支えない。

3× **賃金や労働時間も含めて，労働条件が事実と異なれば即時解除ができる。**

労働基準法は，使用者から「明示された労働条件が事実と相違する場合」には，労働者は即時解除ができるとしているが（労基法15条2項），そこにいう「労働条件」の種類を特に限定していない。したがって，**賃金や労働時間以外の労働条件が事実と相違する場合**でも，労働者は**即時解除ができる**。

4× **地方公務員の内定通知は事務手続上の事実行為で，労働契約の成立ではない。**

判例は，自治体の職員の採用に関し，「採用内定の通知は，単に採用発令の手続を支障なく行うための**準備手続としてされる事実上の行為**にすぎず，その者を職員として採用し，職員としての地位を取得させることを目的とする確定的な意思表示ないしは始期付または条件付採用行為と目すべきものではない」としている（最判昭57・5・27，東京都建設局事件）。

5◎ **留保解約権の行使は，客観的に合理的で，社会通念上相当な場合のみ可能。**

正しい（最大判昭48・12・12，三菱樹脂事件）。合理性や社会的相当性を欠く労働契約の解約（実質的な解雇）は，労働者の地位を著しく不安定なものにするので認められない。

No.5の解説　労働契約法等

→問題はP.30　正答3

1 ×　労働契約は，労務の提供と賃金支払いの合意によって有効に成立する。

労働契約における債権・債務の中核部分は，**労務の提供とその対価としての賃金の支払い**である。したがって，この2点についての**合意が労働契約の成立要件となる**（労契法6条）。よって前半は正しい。

その際，使用者は，労働者に対して賃金や労働時間，従事すべき業務等の労働条件を明示しなければならない（労基法15条1項前段，労基則5条1項本文）。また，労働契約の期間や，就業の場所・従事すべき業務，賃金の決定や支払いの方法等の**特に重要な労働条件については，書面で明示する必要がある**（労基則5条3項・4項）。ただ，これは明示義務であって，合意が口頭で行われた場合でも労働契約の成立要件は満たす。

2 ×　労働条件の最低基準を罰則と行政監督付きで規定したのは労基法である。

本肢の，「労働条件の最低基準を罰則と行政監督付きで規定した」というのは，労働契約法ではなく，労働基準法のほうである。

労働基準法は，人たるに値する生活を営むための労働条件の最低基準（労基法1条1項）を，罰則（同法117条以下）と行政監督付き（同法97条以下）で**使用者に強制的に順守させようとするもの**である。

これに対して，労働契約法は，労働契約に関する基本的事項を規定するもので，同法には罰則や行政監督に関する規定は設けられていない。

なお，「労働契約法が個別的労働関係法に分類される」こと，また後半部分については正しい。

3 ◎　出向命令が権利の濫用と認められる場合には，その命令は無効となる。

妥当である（労契法14条）。なお，出向についてはNo.6 **ウ**で詳しく説明する。

4 ×　労働契約法には，合理性のない就業規則の変更を禁止する旨の規定はない。

前半は正しい（労契法9条本文）。しかし，後半は，そのような規定は労働契約法には設けられていないので誤り。

5 ×　解雇予告手当の支払いによって，権利濫用の解雇が有効となることはない。

解雇予告手当の支払いと，権利濫用による解雇が無効であることとは別次元の問題であり，両者はリンクするものではない。

解雇予告手当（労基法20条）は，解雇の有効性を前提に，労働者が生存（生活費）を維持しつつ，**次の職を探す時間的猶予を確保しようとするもの**である。一方，**権利濫用による解雇はそもそも無効**であるから，使用者が行った解雇には，何らの効力も認められない（労契法16条）。したがって，予告手当を支払っても当該解雇が有効となるわけではない。

No.6の解説　労働契約等

→問題はP.31　正答5

ア× 就業規則は，一企業全体ではなく，事業場単位で作成される。

就業規則は，一企業全体ではなく，**事業場単位で作成**される。事業場ごとに労働条件は異なるはずだからである（本社と工場など）。また，その作成・変更について労働者との合意は必要でない（労基法89条柱書，90条1項）。

不利益変更については，たとえば，経済情勢の悪化に伴い，雇用維持のためにやむを得ず賃金を引き下げる就業規則の変更を行うなど，「労働者の受ける不利益の程度，労働条件の変更の必要性，変更後の就業規則の内容の相当性，労働組合等との交渉の状況その他の**就業規則の変更に係る事情に照らして合理的なもの**であるときは」認められる（労契法9条・10条本文）。

イ× 変更の必要性や内容の合理性があるなどの要件を満たせば，不利益変更可。

アの記述参照（労契法9条・10条本文）。

ウ× 出向とは，出向元企業の従業員の地位を保持したまま他企業で就労すること。

出向とは，出向元企業の従業員としての地位を保持したまま，長期間にわたり他企業（出向先企業）で労務に従事するものである。本肢の「解約と新契約の締結」とは出向ではなく**転籍**のことである。

出向は，労働者の労働条件に大きな変更を伴うことから，使用者が**出向を命ずるには，労働者の個別の同意もしくは労働協約等に明示の根拠規定がある場合**でなければならず，かつその内容も，**基本的な労働条件や復帰に関する事項等がある程度具体的に把握できていなければならない**。そうでないと，労働者は出向を受け入れるかどうかの判断ができず，使用者の出向命令によって一方的に不利益な労働条件を押し付けられかねないからである（最判昭48・10・19，東京高判昭47・4・26，日東タイヤ事件）。

また，出向の命令が，その**必要性，対象労働者の選定に係る事情その他の事情に照らして，その権利を濫用したものと認められる場合には，その命令は無効**とされる（労契法14条）。本肢の「専ら出向前後の業務内容の連続性に照らして」などの事象は，濫用権判断の要素ではない。

エ○ 有期契約反復更新で，要件充足すれば期間満了前に同一条件で更新申込み可。

妥当である。たとえば更新が繰り返されて，それが常態化し，労働者が次回も当然に更新されると期待していたような場合など，一定の事情があるときには，労働者からの更新の申込みがあれば，使用者は，**それを拒絶することに合理性がなく，拒絶が社会通念上相当と認められないとき**は，従前の有期労働契約の内容である労働条件と**同一の労働条件で当該申込みを承諾したものとみなされる**（労契法19条柱書1号）。

以上から，妥当なのは**エ**のみであり，正答は**5**である。

No.7の解説　労働者派遣

→問題はP.32　正答4

1 ×　労働者派遣は，自己の雇用する労働者を他人のために労働に従事させること。

派遣された労働者は，派遣先の業務に従事するのであるから，そこで**指揮命令**を行うのは派遣元事業主ではなく，**派遣先事業主**である（労働者派遣法2条1号）。

また，労働者派遣事業を行おうとする者は**厚生労働大臣の許可**を受けなければならず，単なる届出では足りない（同法5条1項）。悪質な派遣元事業主を排除するためである（平成27年の法改正によって，許可制に統一された）。

2 ×　物の製造業務や農業・水産の業務では，労働者派遣は禁止されていない。

派遣法で派遣が禁止されているのは，港湾運送業務，建設業務，警備業務の3つであり（労働者派遣法4条1項），このほかに，同法の委任によるものとして，**病院等での医療関係業務**がある（同項3号，労働者派遣令2条1項）。

そして，これらについては，いわゆる**日雇派遣も認められていない**（労働者派遣法35条の4第1項，労働者派遣令4条1項）。

3 ×　派遣労働者以外の雇用者を派遣の対象とするときは，その者の同意が必要。

派遣労働者として雇用されたわけではないのに，「派遣する」とされることは，**当該労働者の労働条件に関わること**であるから，使用者はその雇用する労働者を，その者の**同意を得ずに一方的に派遣することはできない**（労働者派遣法32条2項）。なお，前半は正しい（同条1項）。

4 ◎　派遣元は，特定有期雇用派遣労働者の雇用安定措置を講ずる義務がある。

妥当である。本肢のように「同一の組織単位に継続して3年間派遣される見込みがある」とすると，当該派遣労働者は，3年後にはその組織の業務内容を一定程度習熟して職場に慣れているはずである。したがって，本人もその職場での雇用を継続したいと希望することは十分に考えられる。それにもかかわらず，単に有期雇用というだけで，たとえば「次の派遣先が決まらずに職を失う」などとなると，本人の不利益は甚だしい。そこで，法は，このような**特定有期雇用派遣労働者**（雇用の安定を図る必要性が高いと認められる者）の雇用確保のために，**派遣元事業主に，派遣先への直接雇用を依頼させ，それが実らなかった場合でも，新たな派遣先の提供等の派遣終了後の雇用を継続させる措置を講ずべき義務を課している**（労働者派遣法30条1・2項）。

5 ×　悪意・有過失の違法派遣の場合は，直接雇用の申込みがあったと見なされる。

違法な派遣が行われた場合において，派遣先事業主がそのことを知っていたか，もしくは過失で気づかなかった場合には，ペナルティとして，派遣先事業主は，その時点における当該派遣労働者に係る労働条件と**同一の労働条件を内容とする労働契約（直接雇用）の申込みをしたものとみなされる**（労働者派遣法40条の６第１項)。

この場合，当該派遣労働者が１年以内に（同２項）申込みを承諾すれば，直接雇用の労働契約が成立する。

No.8 の解説　有期雇用労働者

→ 問題はP.32　**正答 1**

ア ○　通常の労働者と同視すべき有期雇用労働者への差別的取扱いは禁止。

妥当である。**有期雇用労働者**とは，雇用期間が１年などと期間を区切って労働契約を締結している労働者のことである。契約社員などという呼称が用いられることが多い。

そして，この有期雇用労働者については，たとえ雇用期間が限定されていても，**業務内容が正社員と同じならば，賃金や福利厚生，教育訓練のいずれの面でも待遇について正社員と区別すべき合理性はない**。したがって，そのような労働者については，差別的取扱いが禁止されている（パートタイム・有期雇用労働法－短時間労働者及び有期雇用労働者の雇用管理の改善等に関する法律－９条）。

イ ○　正社員とパート労働者・有期雇用労働者との間の不合理な待遇差は禁止。

妥当である。事業主は，その雇用する短時間・有期雇用労働者の待遇と，それに対応する正社員の待遇との間に不合理と認められる相違を設けてはならない（パートタイム・有期雇用労働法８条）。

なお，ある待遇差があって，有期雇用労働者がそれを不合理と考える場合，当該労働者は事業主に待遇差の合理性に関する説明を求めることができる（同法14条２項）。また，その点について紛争が生じた場合には，**都道府県労働局長において，紛争解決の手続きを行う体制が整備されている**（同法24条，25条）。

ウ ×　通常の労働者を募集する場合も，有期雇用労働者を優先採用する義務はない。

前半は正しい（パートタイム・有期雇用労働法13条）。

ただ，後半については，事業主としては，自らの事業展開に最も適した人材を選んで採用したいであろうから，**より条件にマッチした人材が応募してきた場合には，そちらを優先採用することも認められてよい**。したがって，必ずしも有期雇用労働者を優先して採用しなければならないわけではない。

エ ×　更新請求できる有期労働者は，一定の要件を満たした者であることが必要。

すべての有期雇用労働者において，「契約更新を請求した場合に，使用者が更新拒否できない」となるわけではない。それでは，契約期間を定めた意味がなくなる。

使用者が，**原則として更新を拒否できない**とされるのは，更新が繰り返されて，それが常態化し，労働者が次回も当然に更新されると期待していたような場合のように，期間の定めが形式的なものになっていて，その**労働契約が実質的には期間の定めのない契約と異ならない状態になっていた**などの場合である（労契法19条）。

オ × **反復更新通算期間が５年超なら，期間の定めのない労働契約の申込みが可。**

いわゆる**５年ルール**のケースであるが，その場合でも自動的に期間の定めのない労働契約へと転換されるわけではない。本人が有期雇用をそのまま継続したいと考える場合もあるからである。したがって，**無期転換を臨むのであれば，その旨の申込みが必要**である（労契法18条１項前段）。

以上から，妥当なものは**ア**と**イ**であり，正答は**1**である。

解雇

必修問題

解雇に関するア～オの記述のうち，妥当なもののみをすべて挙げているのはどれか。ただし，争いのあるものは判例の見解による。

【国家総合職・平成29年度】

ア：労働者が，解雇の予告がされた日から退職の日までの間において，当該**解雇の理由について証明書**を請求した場合，使用者は，遅滞なくこれを交付しなければならず，当該証明書には，労働者の請求しない事項を記入してはならない。

イ：労働者が業務上の負傷・疾病による療養のため休業する期間及び女性労働者が**産前産後休暇**によって休業する期間中は，使用者は，いかなる理由であっても解雇権を行使することができない。

ウ：使用者は，労働者を解雇しようとする場合，30日前にその予告を行うか，30日分以上の**平均賃金**を支払わなければならず，労働者の責めに帰すべき事由に基づいて解雇するときであっても，使用者はこれらの義務を免れない。

エ：日々雇い入れられる労働者が１か月を超えて引き続き使用されるに至った場合には，労働基準法上の**解雇予告義務**の規定の適用がある。

オ：**使用者の責めに帰すべき事由**による解雇を無効とする判決が得られた場合，労働者は，使用者に対し，解雇されてから無効判決を得るまでの間の賃金を請求することができ，解雇期間中に他の職に就いて利益を得ていたとしても，当該利益を控除しない全額を請求することができる。

1　エ
2　ア，イ
3　ア，エ
4　ウ，オ
5　エ，オ

難易度　＊＊

必修問題の解説

ア○　解雇の理由証明書には，労働者の請求しない事項を記入してはならない。

妥当である。**解雇理由証明書**は，労働者が再就職活動をする際に必要なものであり，使用者は退職の日までの間において労働者からの請求があった場合には，遅滞なくこれを交付しなければならない（労基法22条２項本文）。

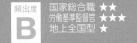

また，証明書には，労働者の請求しない事項を記入してはならない（同条３項）。使用者の一面的で主観的な内容を無断で記載されると，求職（再就職）活動の不当な阻害になりかねないからである。

イ× **業務災害と産前産後の休業期間中ともに，解雇が認められる場合がある。**

まず，労働者が業務上の負傷・疾病による療養のため休業する期間については，使用者が労基法81条の規定にしたがって**打切補償を支払う場合**には解雇することができる。また，業務災害と産前産後の休業期間中ともに，天災事変その他**やむを得ない事由のために事業の継続が不可能となった場合**には解雇が可能である（労基法19条１項但書）。

ウ× **労働者の責めに帰すべき事由に基づく解雇では解雇予告手続は必要でない。**

解雇予告手続は，経営不振による廃業など，労働者側に責めに帰すべき事由がなく行われる突然の解雇について，再就職活動を安心して行えるようにするための制度である。したがって，**労働者の責めに帰すべき事由に基づく解雇**の場合には，解雇予告手続を経ずに**即時解雇ができる**（労基法20条１項但書）。

エ○ **日雇い雇用者が１か月を超えて使用される場合，解雇予告規定の適用がある。**

妥当である。日々雇い入れられる労働者が１か月を超えて引き続き使用されるに至った場合には，労働者に**継続雇用の期待**が生じる。したがって，生活保障のために突然の雇用打ち切りへの対処が必要なことから，**解雇予告手続が必要**とされている（労基法21条柱書但書１号）。

オ× **解雇期間中の中間収入の控除は，平均賃金の4割相当額以内に限られる。**

判例は，労基法26条が「労働者の労務給付が使用者の責に帰すべき事由によって不能となった場合に使用者の負担において労働者の最低生活を平均賃金の６割以上の限度で保障せんとする趣旨に出たものであるから，労働基準法26条の規定は，労働者が民法536条２項にいう『使用者の責めに帰すべき事由』によって解雇された場合にもその適用がある」として，**特約なき限り平均賃金の4割までは控除をなしうる**としている（最判昭37・７・20，米軍山田部隊事件）。

以上から，妥当なものは**ア**と**エ**であり，**3**が正答となる。

正答 3

FOCUS

解雇は出題される論点が限られていて，類似の問題が繰り返し出題される傾向にある。この分野はテーマとしても重要で，出題数も多いので，過去問をフォローしておけば容易に得点源になりうる。ただし，解雇関連の条文は構成が複雑なので，十分に知識を整理しておく必要がある。

POINT

重要ポイント 1 労働契約の終了事由

①労働契約の終了事由には，期間満了，合意解約，辞職･解雇，定年がある。

②合意解約の場合には，労基法の解雇制限規定の適用はない。

③期間の定めがある場合でも，当事者双方はやむを得ない事由があれば即時解除できる（民法628条，労契法17条１項）。

④期間の定めがない場合は，

ⅰ）労働者側からの解約申入れ（辞職）はいつでも自由にできる（２週間経過時点で労働契約終了）。

ⅱ）民法上は，使用者はいつでも自由に労働者を解雇できるとされている（民法627条１項）。しかし，それでは労働者の生存が脅かされることから，労働法は解雇権濫用法理（労契法16条），解雇制限（労基法19条），解雇予告手続（労基法20条）など，さまざまな面からこれを修正している。

重要ポイント 2 解雇に対する規制

①解雇は，**客観的に合理的な理由を欠き，社会通念上相当であると認められない場合**は，その権利を濫用したものとして，無効となる。

②普通解雇事由がある場合においても，使用者は常に解雇しうるものではなく，当該具体的な事情のもとにおいて，解雇に処することが著しく不合理であり，社会通念上相当なものとして是認することができないときには，当該解雇の意思表示は，解雇権の濫用として無効になる。

③解雇事由は，就業規則に必ず記載しておかなければならない（労基法89条３号）。

④労働者は，使用者から解雇の予告がなされた場合には，**解雇の効力が生じる日以前**でも，使用者に**解雇理由証明書**を請求できる。

⑤労働者が，**退職の場合**において，使用期間，業務の種類，その事業における地位，賃金，退職事由（解雇の場合は，その理由を含む）について証明書を請求した場合，使用者は遅滞なくこれを交付しなければならない（**退職時の証明**）。

⑥解雇理由証明書（解雇以前の段階で請求），退職時の証明（退職後に請求）のいずれについても，使用者は労働者の請求しない事項を記入してはならない。

⑦解雇が無効であれば，労働者は解雇期間中の賃金の支払いを使用者に請求できる。この場合，**労働者が他で働いて得た収入があれば，平均賃金の6割に達するまでは**（つまり最大４割までは），これを**控除して支払うことができる**。

重要ポイント 3 解雇禁止

①ⓐ業務上の負傷･疾病のための療養期間とその後30日間，ⓑ産休期間とその後30日間は解雇が禁止される（ただし，これらの期間中に解雇予告を行うことは違法ではない。すなわち，労働者が療養を終えて職務に復帰した時点で解雇の予告を行い，その後30日を経過した時点で解雇することは可能）。

②ⓐで打切補償を支払った場合，ⓐⓑでやむを得ない事由で事業継続が不可能とな

った場合には例外的に解雇できる。
③「やむを得ない事由のために事業の継続が不可能となった」か否かについては，行政官庁の認定が必要とされる。

重要ポイント4 解雇予告手続

①労働者の解雇（合理性があるなどの適法な解雇）には，「少なくとも30日前の予告ないし30日分以上の平均賃金の支払い」が必要。
②トータルで30日分の賃金が確保されていればよいので，「15日前の予告＋15日分の平均賃金の支払い」などでも可。
③解雇予告手続の例外（即時解雇）…次の２つの場合には即時解雇できる。
　ⓐやむを得ない事由で事業継続が不可能となった場合
　ⓑ労働者の責めに帰すべき事由で解雇する場合
④**即時解雇**には，濫用防止のために行政官庁の**解雇予告除外認定が必要**である。
⑤即時解雇の事由が客観的に存在していれば，解雇予告除外認定を受けない即時解雇も無効とならない（解雇予告除外認定は確認手続き）。
⑥即時解雇事由がないのに即時解雇した場合（解雇予告義務違反の解雇）には，使用者が即時解雇に固執しなければ，「30日経過もしくは30日分の平均賃金」の支払いによって解雇の効力が生じる。
⑦解雇予告手続は，短期の就労者等には適用が除外される。
⑧懲戒解雇事由に該当する者（即時解雇が可）について，解雇予告手続を経て普通解雇にすることは差し支えない。

重要ポイント5 整理解雇

①余剰人員の人員整理を目的とする解雇を整理解雇という。
②整理解雇が適法となるための要件は次のとおり。

①人員削減の必要性	・人員削減が，企業経営上やむをえない手段と考えられること。
②整理解雇の手段を選択せざるをえないこと	・先に出向や希望退職の募集等の手段を講じたことが必要。それでもなお整理解雇を行わざるをえないという状況がなければならない。
③整理解雇基準の合理性・公正性	・勤務成績や企業に対する将来の貢献度などを基準にすることは，経営改善という観点から合理性が認められる。 ・正職員の整理解雇に先立って臨時職員の雇止めを行うことは許される。
④手続の妥当性	・組合との協議を経ることが必要。 ・労働者に対する十分な説明が必要。

実戦問題❶　基本レベル

＊No.1　解雇に関する次の記述のうち，妥当なものはどれか。

【市役所・平成17年度】

1　使用者は，労働者の解雇に際して30日前の予告または30日分以上の平均賃金の支払いが義務づけられており，これについて例外は存しない。

2　使用者は，労働者が業務上の傷病によって療養のために休業する期間や，女性の産前産後の休業期間中は労働者を解雇できないが，その期間経過後であれば解雇することができる。

3　労働契約に期間が定められている場合には，使用者はその期間満了前においては，いかなる場合であっても労働者を解雇することができない。

4　使用者は，労働者をやむをえない事由に基づいて解雇する場合でも，労働者に損害があれば，必ずそれを賠償しなければならない。

5　解雇は，客観的に合理的な理由を欠き，社会通念上相当であると認められない場合は，その権利を濫用したものとして無効となる。

＊No.2　労働関係の終了に関する次の記述のうち，妥当なものはどれか。

【地方上級（全国型）・平成26年度】

1　無断欠勤や遅刻を繰り返し，再三の注意・指導を受けたにもかかわらず，これを直そうとしない社員に対して，労働義務の不履行を理由に懲戒解雇することは，合理的な理由があり社会通念上相当なものとして許される場合がある。

2　解雇予告をせず，かつ予告手当も支払われずになされた解雇は無効であるから，解雇の通知後30日の期間が経過したとしても解雇の効力が生じることはない。

3　就業規則に定められている懲戒解雇事由以外の理由でなされた懲戒解雇は無効であり，民法上も当然に不法行為が成立する。

4　使用者は，労働者に懲戒解雇事由があった場合には懲戒解雇をしなければならないので，あえて普通解雇を選択することは許されない。

5　使用者が人員整理を目的とした整理解雇をする際には，人員削減の必要性や手続きの妥当性が満たされていれば足り，解雇回避の努力を講じたことや解雇対象者の選定が客観的，合理的な基準に基づいていることなどは必要ない。

No.3 ＊ **解雇に関する次の記述のうち，妥当なものはどれか。**

【地方上級（全国型）・平成11年度】

1 使用者は，労働者を解雇しようとする場合，少なくとも30日前にその予告（解雇予告）をしなければならず，対象労働者が日々雇用の者であるときを除き，季節的業務従事者や試用期間中の者であるときでも，この解雇予告義務は免除されない。

2 使用者の解雇予告義務は，懲戒解雇の場合を除き，天災事変その他やむをえない事由のために事業の継続が不可能となったからといって免除されるものではない。

3 解雇予告を欠いた解雇通知は，即時解雇としては無効であるが，その後30日を経過するか，または予告手当の支払いがあれば，その時から効力を生ずるとするのが判例である。

4 労働者が業務上負傷しまたは疾病にかかり，その療養のために休業する期間，女性の産前産後の休業期間およびその後30日間は解雇してはならず，打切補償を支払ってもこの義務は解除されない。

5 使用者は，産前産後・業務災害の場合の解雇制限期間内は，解雇の意思表示をすることはもちろんであるが，解雇予告をすることをも含めて禁じられているとするのが判例である。

No.4 ＊ **労働基準法に規定する使用者の解雇権に関するA～Dの記述のうち，妥当なものを選んだ組合せはどれか。**

【地方上級（特別区）・平成18年度】

A：使用者は，労働者が疾病による療養のために休業する期間およびその後30日間は，その労働者を解雇してはならないが，天災事変のために事業の継続が不可能となった場合には，行政官庁の認定を受ければ，解雇することができる。

B：使用者は，労働者を解雇しようとする場合においては，少なくとも30日前に解雇の予告をするとともに，その労働者の30日分の平均賃金を支払わなくてはならない。

C：使用者は，日日雇い入れられる者を解雇しようとするときには，その雇用契約は期間の定めのないものであるので，1か月を超えて引き続き使用された場合においても，その者に対して解雇の予告をする必要はない。

D：使用者が労働者を解雇した場合において，その解雇が，客観的に合理的な理由を欠き，社会通念上相当であると認められないときには，権利を濫用したものとして，その解雇は無効となる。

1 A，C　**2** A，D　**3** B，C
4 B，D　**5** C，D

実戦問題1の解説

No.1の解説　解雇

→ 問題はP.44　**正答5**

1 × 労働者の帰責事由に基づく解雇など，解雇予告手続が不要な場合がある。

次の２つの場合，すなわち，①**天災事変その他やむをえない事由のために事業の継続が不可能となった場合**と，②**労働者の責に帰すべき事由に基づいて解雇する場合**には，**解雇予告手続は不要**である（労基法20条１項但書）。

①は，やむをえない事由で事業継続が不可能になった場合にまで解雇予告手続を要求するのは使用者に酷であること，②は，帰責事由のある者（例：使い込みが発覚して懲戒解雇されたような者）には解雇予告手続による保護を与えるのが妥当でないことが，その理由である。

2 × 業務災害療養期間や産休期間だけでなく，その後30日間も解雇はできない。

これらの期間中だけでなく，期間が経過した後30日間も解雇することができない（労基法19条１項本文）。

これは，労働者の体力が回復してから次の仕事を探すための時間的な余裕を確保する趣旨である。

3 × 使用者は，やむをえない事由があれば，有期労働契約の途中解除ができる。

期間が定められていても，やむをえない事由があれば，期間の途中で解雇することができる（労契法17条１項）。

たとえば，ダム工事の完成までを契約期間として定めていたが，そのダム工事が社会情勢の変化等で中止されたような場合などがその例である。

4 × やむをえない事由が使用者の過失による場合には，損害賠償の義務を負う。

賠償が必要となるのは，**3**の「やむをえない事由」が使用者の過失によって生じた場合である（民法628条後段）。

5 ◎ 解雇は，客観的に合理的な理由の存在と社会通念上相当であることが必要。

正しい（労契法16条）。いわゆる**解雇権濫用法理**である。

No.2の解説　労働関係の終了

→ 問題はP.44　**正答1**

1 ◎ 再三の注意でも無断欠勤や遅刻を繰り返す者を懲戒解雇できる場合がある。

正しい。ある社員が，無断欠勤や遅刻を繰り返し，再三の注意・指導を受けたにもかかわらず，これを直そうとしない場合，**業務に支障が出るとともに職場規律が乱れる可能性が大きい**。したがって，労働義務の不履行や著しい職場規律違反を理由に懲戒解雇することには合理的な理由があり，社会通念上相当なものとして許される場合がある（福岡地判昭49・８・１，大阪地判昭54・11・22，横浜地判昭56・６・26）。

2 × 予告を欠く解雇も，予告手当の支払いまたは30日の経過で効力を生じる。

予告義務違反の解雇であっても，使用者が即時解雇を固執する趣旨でない限り，解雇通知後「同条所定の30日の期間を経過するか，または通知の後に同条所定の予告手当の支払をしたときは，その**いずれかのときから解雇の効**

力を生ずる」（最判昭35・3・11，細谷服装事件）。その場合，労働者は予告義務違反を理由に予告手当の支払いを請求できる。

なお，使用者が即時解雇を固執する趣旨であれば，解雇は無効となる。その場合は，解雇が無効なので，当然のことに予告手当の請求はできない。

3 × **就業規則に規定のない事由での懲戒解雇は無効である。**

懲戒解雇は労働者にとって最も重大な制裁に当たるので，**その事由は就業規則に定められたものに限定**される。そのため，就業規則の懲戒解雇事由に該当しないにもかかわらずなされた懲戒解雇は無効である。

ただ，このような懲戒解雇であっても，それが直ちに不法行為を構成するわけではなく，不法行為となるか否かは民法709条の不法行為の要件を満たしているかどうかで判断されることになる。

4 × **使用者は，労働者に懲戒解雇事由があっても普通解雇を選択できる。**

労働者に懲戒解雇事由があっても，それが同時に普通解雇事由にも該当する場合であれば，使用者はあえて懲戒解雇を選択せず，普通解雇を選択することもできる。

5 × **整理解雇には，解雇回避努力や対象者選定の客観性・合理性などが必要。**

整理解雇の有効性は，①人員削減の必要性，②人員削減の手段として整理解雇を選択せざるをえないこと（解雇回避努力を尽くしたこと），③被解雇者選定の妥当性，④労働者・労働組合に整理解雇の必要性や具体的内容について十分な説明を行うという**手続に関する妥当性が確保されていること**などの要件が必要とされている（東京高判昭54・10・29，東洋酸素事件）。

No.3 の解説　解雇

→ 問題はP.45 **正答3**

1 × **季節業務従事者や試しの期間中の者は，解雇予告手続の適用対象ではない。**

解雇予告義務は，日々雇い入れられる者（日雇労働者）だけでなく，季節業務従事者や試用期間中の労働者についても免除されている（労基法21条本文1号・3号・4号）。

解雇予告手続は，労働者が突然の解雇によって被る生活の困窮を緩和しようとするものである。**日雇労働者**や**季節業務従事者**，**試用期間中の労働者**の場合は，労働契約の終了時期をある程度予想できるので，「突然の解雇によって生じる生活の困窮を緩和する」という解雇予告手続の趣旨はこれらの者には妥当しない。したがって，**手続の対象から除外されている**。

2 × **やむをえない事由で事業継続が不可能になれば解雇予告手続は不要である。**

天災事変その他やむをえない事由のために事業の継続が不可能となった場合にも，労働者の責に帰すべき事由に基づいて解雇する場合と同様に，解雇予告手続が免除されている（労基法20条1項但書）。

事業場が類焼によって焼失したり，震災で倒壊するなどして事業の継続が不可能になったような場合にまで，使用者に全従業員への解雇予告手当の支払いを強制することは（それも刑罰の制裁の下に－労基法119条１項，最高６か月の懲役），使用者に，あまりにも酷にすぎるからである。

3 ◎ 予告を欠く解雇も，予告手当の支払いまたは30日の経過で効力を生じる。

正しい（最判昭35・3・11，細谷服装事件）。No.2 選択肢**2**参照。

4 × 業務災害で療養中でも，打切補償を支払えば解雇は可能である。

労働者が業務上負傷しまたは疾病にかかり，その療養のために休業する場合，使用者はその費用で療養補償を行わなければならないが（労基法75条），**療養後３年を経過しても負傷や疾病が治らない場合**には，使用者は労働力の提供がないまま補償のみを継続しなければならないので，補償の支払継続はかなり重い負担となる。

そこで，「平均賃金の1,200日分」の**打切補償を支払う**ことによって以後の補償義務を免ずるとともに（労基法81条），**労働者を解雇することを認めた**ものである（労基法19条１項但書）。なお，打切補償だけでは労働災害によって労働能力を喪失した労働者の保護に十分ではないことから，現行制度上，強制加入である労災保険によって終身補償が行われている。

5 × 解雇制限の30日間に解雇予告をすることは禁じられていない。

解雇予告をすることは禁じられていない。労働者は**産休期間や労働災害による療養中の期間**は労働能力を失っているので，この期間中に解雇が行われると労働者の生存が脅かされることから，法はこの期間中の解雇を制限しており，また**その後の30日**についても同様に解雇を制限している（労基法19条１項本文）。

そこで，この期間内に解雇予告ができるかが問題となるが，同条は解雇を制限しているだけであって解雇予告まで制限しているわけではないとして，判例は**解雇予告を行うこと自体は禁じられていない**とする（水戸地裁龍ケ崎支判昭55・1・18，東洋特殊土木事件）。労働能力を回復した後であれば，30日の求職のための準備期間をおいて解雇することは，必ずしも不当でないとの考慮があるものと思われる。

No.4 の解説　使用者の解雇権　→ 問題はP.45　正答２

A ○ 天災事変等の事由で事業継続が不可能になれば解雇予告手続は不要である。

妥当である。労基法は，「労働者が疾病による療養のために休業する期間及びその後30日間は，その労働者を解雇してはならない」と定めているが（労基法19条１項本文），これは，労働者が労働能力を喪失している時期および労働能力の回復に必要な期間中の解雇を認めると，労働者の生存を危うくするからである。

しかし，**天災事変のために事業の継続が不可能となれば，使用者は雇用を継続できる力を奪われている**状態なので，このような場合に解雇を認めないと使用者に酷にすぎる。そのため，解雇が認められている（同項但書）。

なお，行政官庁の認定は，そのような事実が実際に存在するかどうかを確認するために必要とされている要件である（同条２項）。

B × **30日前に解雇の予告をすれば，30日分の平均賃金を支払う必要はない。**

労基法が，**解雇予告手続**として30日前の予告または30日分以上の平均賃金の支払いを必要としたのは（労基法20条１項本文），生存（つまり賃金）を確保しつつ労働者が次の職を探すためには，最低限30日の余裕が必要と判断したためである。したがって，**30日の生存を保障するための賃金が確保されていればよい**ので，本肢は，30日前の予告と30日分以上の平均賃金の支払いの両者をともに必要としている点が誤り。

C × **日雇い雇用の者が１か月を超えて使用された場合には解雇予告手続が必要。**

使用者が**解雇予告手続を免れる方便として，日雇い形式を悪用するおそれがある**ことから，たとえ契約上は日々雇い入れられる者（日雇労働者）となっていても，その労働者が**１か月を超えて引き続き使用されるに至った場合には，解雇予告手続が必要**とされている（労基法21条柱書但書，柱書本文１号）。

D ○ **解雇は，客観的に合理的な理由の存在と社会通念上相当であることが必要。**

妥当である（労契法16条）。判例が確立した解雇権濫用法理が，法律によって明文化されたものである。

以上から，妥当なものは**A**と**D**であり，**2**が正答となる。

◆平均賃金

平均賃金とは，労働基準法で登場するさまざまな手当その他の金員（金銭）の算定の基準となる賃金のことである。

この平均賃金は，**労働者の通常の生活資金をありのままに算出することによって，その生活を保障する**という観点から，原則として，「算定すべき事由の発生した日以前３か月間にその労働者に対し支払われた賃金の総額を，その期間の総日数で除して」算出されている（労基法12条１項本文）。

労基法でこの平均賃金が用いられているのは，以下の５つの場合である（いずれも，通常の生活資金を基礎に算出することが合理的なものばかりである。これ以外の，たとえば宿日直手当などは「通常の生活資金を基礎に算出することが合理的」といえるわけではないので，平均賃金は算定の基礎とはされない）。

①解雇予告手当…平均賃金の30日分以上（20条）
②休業手当…１日につき平均賃金の６割以上（26条）
③年次有給休暇における「有給」分を平均賃金で支払う場合の賃金額（39条）
④休業補償等の災害補償給付の基準となる額（76条～82条）
⑤減給制裁の制限額…１回の額は平均賃金の１日分の半額まで（91条）

実戦問題2 応用レベル

No.5 ＊＊ **労働基準法に規定する使用者の解雇権に関する記述として，妥当なのはどれか。** 【地方上級・平成14年度】

1 使用者は，労働者が業務上負傷し療養のために休業する期間において，天災事変その他やむをえない事由で事業の継続が不可能となった場合，その事由について行政官庁の認定を受けなくても，その労働者を解雇することができる。

2 使用者は，労働者が業務上疾病にかかり療養のため休業する期間において，打切補償を行ってその労働者を解雇しようとする場合，解雇の事由について行政官庁の認定を受けなければならない。

3 使用者は，労働者を解雇しようとする場合，天災事変その他やむをえない事由で事業の継続が不可能となったときは，行政官庁の認定を受けたうえでその労働者に対して解雇の予告をしなければならない。

4 使用者は，労働者の責に帰すべき事由に基づいてその労働者を解雇する場合，その事由について行政官庁の認定を受ければ，予告を要せずにその労働者を解雇することができる。

5 使用者は，試の使用期間中の労働者を解雇しようとするときは，その労働者が14日を超えて引き続き使用されるに至った場合であっても，予告を要せずに解雇することができる。

No.6 ＊＊ **解雇に関する次の記述のうち，最も妥当なのはどれか。**

【労働基準監督官・平成23年度】

1 使用者は，労働者が業務上負傷し，または疾病にかかり療養のために休業する期間及びその後30日間は，その労働者を解雇してはならないが，この場合の療養には治療後の通院等も含まれる。また，産前産後の女性が労働基準法の規定によって休業する期間及びその後の60日間についても，その労働者を解雇できない。

2 労働基準法第20条第１項の解雇予告義務の規定は，①日日雇い入れられる者，②試用期間中の者，などについては適用されない。ただし，①の者が２週間を超えて引き続き使用されるに至った場合，②の者が１か月を超えて引き続き使用されるに至った場合においては，同規定が適用される。

3 使用者は，労働者を解雇しようとする場合においては，原則として，少なくとも30日前に予告をしなければならず，30日前に予告をしない使用者は，30日分以上の平均賃金を支払わなければならない。この予告日数は，平均賃金を１日分支払った日数だけ短縮できる。

4 労働者の退職時の証明については，使用期間，業務の種類等について，使用者は，労働者からの証明書の請求の有無にかかわらず遅滞なくこれを交付しなければならない。また，労働者が解雇された場合にあっては，解雇を巡る紛争の未然防止の観点から，使用者は，労働者から解雇事実のみについて証明書を請求された場合でも，解雇した理由を明記しなければならない。

5 使用者が整理解雇を行うに当たっては，配転，出向，一時帰休，希望退職などの他の手段によって解雇回避の努力を行うこととされているが，これらの手段を試みず直ちに整理解雇を行ったとしても解雇権の濫用には当たらない。また，整理解雇を避けることができない場合には，整理解雇は有効とされるが，この場合における被解雇者の選定は，勤続年数の短い労働者から行うことが原則とされている。

**
No.7 解雇，退職等に関する次の記述のうち，最も妥当なのはどれか。

【労働基準監督官・平成30年度】

1 使用者は，労働者が業務上負傷しまたは疾病にかかり療養のために休業する期間及びその後の30日間については，当該労働者を解雇してはならない。ただし，天災事変その他やむを得ない事由のため事業継続が不可能となった場合は，当該期間中の解雇が認められる。この場合においては，当該事由について労働基準監督署長の認定を受けなければならない。

2 使用者が，労働者に対し退職勧奨を行う際には，当該労働者が自由意思によりこれに応じる場合であっても，解雇の場合と同様，退職日の30日前までに行う義務がある。また，退職日の30日前までに行われた退職勧奨については，その態様が半強制的ないし執拗なものであっても，労働者に対する損害賠償責任が発生する余地はない。

3 経営上必要とされる人員削減のため整理解雇を行う場合において，労働基準法上，使用者に義務付けられているのは，配転・出向・希望退職の募集等他の手段により解雇回避の努力をすることおよび，被解雇者の選定について客観的・合理的な基準を設定することの二つであり，これら二つの要件を満たさない整理解雇は，同法違反となり，罰則が適用される。

4 使用者は，労働者が退職する場合において，当該労働者からの請求があった場合は，14日以内に賃金を支払い，積立金や貯蓄金等を返還する義務がある。また，ここにいう労働者の退職は，必ずしも労働者の任意退職に限定されないが，懲戒解雇によって退職する場合や期間満了により自動的に雇用契約が終了する場合は含まれない。

5 退職手当の決定，計算，支払の方法等については，絶対的必要記載事項として就業規則に必ず記載する必要があり，また，任意退職，解雇，定年制などの退職に関する事項については，その定めをする場合には，相対的必要記載事項として就業規則に記載する必要がある。

＊＊
No.8 **解雇に関する次の記述のうち，最も妥当なのはどれか。**

【労働基準監督官・令和３年度】

1 使用者は，労働者を解雇しようとする場合においては，少なくとも60日前にその予告をしなければならない。また，この予告日数は平均賃金１日分を支払った日数だけ短縮することができるが，短縮することができる日数は最大14日が限度である。

2 使用者は，天災事変その他やむを得ない事由のために事業の継続が不可能となった場合に限り，解雇予告または解雇予告手当の支払を要しない。また，これらの場合に当たるとして即時解雇するには，労働者の過半数を代表する者の同意を得た上で，労働基準監督署長の認定を受けなければならない。

3 解雇予告義務の規定は，原則として，①日日雇い入れられる者，②６か月以内の期間を定めて使用される者，③試用期間中の者，については適用されない。また，①の者や③の者については，１か月を超えるような長期間，引き続き使用されるに至った場合においても解雇予告義務の規定は適用されない一方，②の者が所定の期間を超えて引き続き使用されるに至った場合においては同規定が適用されるようになる。

4 解雇は，客観的に合理的な理由を欠き，社会通念上相当であると認められない場合は，その権利を濫用したものとして無効となる。また，解雇のうち，整理解雇とは企業が経営上の必要性以外の理由で任意の労働者を解雇するものであるが，整理解雇が解雇権の艦用とならないかどうかについては，裁判例では，専ら人員削減の必要性に着目した判断が行われてきた。

5 労働者が，解雇の予告をされた日から退職する日までの間において，当該解雇の理由について証明書を請求した場合には，使用者は，遅滞なくこれを交付しなければならない。また，当該証明書には，労働者の請求しない事項を記入してはならない。

実戦問題2の解説

No.5の解説　使用者の解雇権

→問題はP.50　正答4

1 ×　業務災害休業中にやむをえない事由で解雇するには行政官庁の認定が必要。

解雇するには，**やむをえない事由の存在**について**行政官庁の認定が必要**である（労基法19条2項）。

これは，客観的にやむをえない事由が存在しないのに，使用者が恣意的な判断でこれが存在すると主張して，労働能力を喪失している労働者を不当に解雇することを防止しようとするものである。行政官庁の客観的な判断を介入させれば，このような不当な解雇を阻止できる。

2 ×　打切補償を行って解雇する場合には，行政官庁の認定は必要でない。

打切補償を行ってその労働者を解雇しようとする場合には，解雇の事由について**行政官庁の認定は必要でない**（労基法19条2項）。

解雇の事由について行政官庁の認定が必要とされるのは，使用者の恣意的な判断による不当な解雇を防止し，それによって労働能力を喪失している労働者の生存を危うくしないようにするためである。したがって，その対象は「やむをえない事由のために事業の継続が不可能となった」かどうかであって，打切補償による解雇の是非ではない。打切補償を行っている場合には，労働能力を喪失している労働者の生存を危うくするおそれはないからである。

3 ×　やむをえない事由で解雇する場合は即時解除でき，解雇予告手続は不要。

天災事変その他やむをえない事由で事業の継続が不可能となった場合に労働者を解雇するには，解雇予告手続は必要でない（労基法20条1項但書）。

4 ◎　労働者の帰責事由での解雇には，行政官庁の認定が必要だが即時解除が可能。

正しい（労基法20条1項但書，3項）。たとえば会社の金を横領して懲戒免職に処せられたような労働者についてまで，30日前の解雇予告または30日分以上の予告手当の支払いを義務づけるのは不合理である。この場合には，使用者は即時解雇ができる。

ただし，使用者が予告手当の支払いを免れる目的で「労働者の責に帰すべき事由」に基づく解雇を装うおそれがあるので，「労働者の責に帰すべき事由」の存在については行政官庁の認定（**解雇予告除外認定**）が必要とされている（労基法20条3項）。

なお，この除外認定は，解雇予告除外事由に該当する事実が存在するか否かを行政官庁が公的に確認する行為であり，**除外事由が存在**する限り，行政官庁の認定がなくても，**即時解雇は無効にならない**。

ただし，除外認定を怠った場合，使用者には刑罰の制裁が科せられることになる（労基法119条1号）。

5 ×　試し期間中の労働者が14日を超えて使用される場合は，解雇予告手続が必要。

試の使用期間中であっても，その労働者が14日を超えて引き続き使用されるに至った場合には，解雇予告手続が必要である（労基法21条柱書但書，柱書本文4号）。これは，使用者が解雇予告手続を免れる方便として「試しの使用期間」を悪用するおそれがあることから，それを防ぐためである。

No.6 の解説　解雇

→ 問題はP.50　**正答3**

1 ×　産前産後の休業の場合の解雇制限期間は，休業期間とその後の30日である。

産前産後の休業の場合も，業務災害による療養中の労働者と同様に，解雇が制限されているのは休業期間とその後の30日である（労基法19条1項本文）。

なお，本肢にいう「療養」には治療後（症状固定後）の通院等は含まれない（→この点は知識としては細かいので，本肢の正誤判断は，「産前産後の休業」の部分で行えばよい）。

2 ×　日雇い雇用者が1か月を超えて使用される場合，解雇予告規定の適用がある。

①の「2週間」，②の「1か月」が誤り。それぞれ以下の表のようになっている。解雇予告手続は，労働者が次の職を探すために必要な時間的余裕を確保して，突然の解雇がもたらす労働者の生活の困窮を緩和しようとするものである。したがって，就労が短期間で終了するなど，**解雇予告手続が設けられた趣旨に合致しない場合には，この手続は必要でない**。そのようなものとして，法が定める適用除外には，以下のものがある（労基法21条但書1～4号）。

	適用除外	解雇予告義務規定の適用あり
①	日々雇い入れられる者	1か月を超えて引き続き使用されるに至った場合
②	2か月以内（季節的業務では4か月以内）の期間を定めて使用される者	所定の期間（2か月，季節的業務の場合は4か月）を超えて引き続き使用されるに至った場合
③	試用期間中の者	14日を超えて引き続き使用されるに至った場合

そして，これらの者についても，所定の期間を超えて引き続き使用されるに至るなど，**雇用の継続を予測させる一定の事由が発生した場合**には，「突然の解雇がもたらす生活の不安」という事態が生じてくるので，上表のように**解雇予告手続が必要**とされている（労基法21条但書）。

3 ◎　解雇予告日数は，平均賃金を1日分支払った日数だけ短縮できる。

正しい。**トータルで30日の生存を保障するための賃金が確保されていればよい**ので，本肢のような取扱いも認められる（労基法20条2項）。

4 ×　使用者は，退職時の証明書の請求がなければ，これを交付する必要はない。

退職時の証明書（労基法22条1項）は，請求があった場合に遅滞なくこれを交付しなければならない。また，解雇事由証明書には，労働者の請求しない事項を記入してはならない（同条3項）。

5 ×　解雇回避の努力を行うことなくなされた整理解雇は解雇権の濫用で無効。

整理解雇には，解雇回避の努力を行うことが必要であり，これを経ずになされた整理解雇は，解雇権の濫用（労契法16条）として無効である。

また，被解雇者の選定は，**客観的で合理的な基準**を設定し，これを公正に適用して行うことを要する。何がこれに当たるかは，欠勤日数，勤続年数などの企業貢献度など，諸般の事情を考慮して判断されるが，必ずしも勤続年数の短い労働者から行うことが原則とされているわけではない（→この点の正誤判断も，**1**と同様，知識としては細かいので，本肢の正誤判断は，前半部分で行えばよい）。

No.7の解説　解雇，退職等

→問題はP.51　**正答1**

1 ◎ 天災事変等の事由で事業継続が不可能になれば解雇予告手続は不要である。

妥当である。前半については労基法19条1項本文，後半については同項但書並びに同条2項により正しい。

2 × 自由意思による退職の場合は，解雇予告手続は必要でない。

前半については，退職勧奨があっても，**労働者が自由意思で退職する場合は解雇ではない**ので，解雇予告手続（労基法20条1項本文）は不要である。後半については，**社会的相当性を逸脱した態様での半強制的ないし執拗な退職勧奨は不法行為を構成**し，それを受けた労働者への損害賠償責任を生ぜしめうるとするのが判例である（最判昭55・7・10，下関商業高校事件）。

3 × 整理解雇の有効要件を満たさない解雇は，解雇権の濫用として無効である。

労基法は，人たるに値する労働条件の最低基準について規定するものであるから（労基法1条），解雇についても，「業務災害で療養中に解雇してはならない」とか（同法19条1項本文），正当な解雇の場合の手続き（同法20条）など，**最低限必要な準則しか定めておらず**，本肢のような整理解雇に関する具体的な規定は労基法には規定されていない。

解雇についての一般的な準則は労契法が定めるが，そこでも，濫用的解雇は無効である旨の規定が存するにとどまる（労契法16条）。

整理解雇の有効要件（→No.2選択肢5の解説参照）**を満たさない解雇は，解雇権の濫用として無効**である。ただし，労基法に整理解雇に関する規定がないことから，同法違反とはならず，罰則の適用もない。

4 × 懲戒解雇などの場合も，請求により7日以内に賃金等を支払う必要がある。

使用者は，労働者の退職の場合において，当該労働者からの請求があった場合は，7日以内に賃金を支払い（すでになされた就労分の賃金については支払義務がある），積立金や貯蓄金等を返還する義務がある（労基法23条1項）。これらは，**本来労働者が権利を有するものであるから，退職理由のいかんによって差異を生じるものではない**。したがって，懲戒解雇によって退職する場合や，期間満了により自動的に雇用契約が終了する場合にも同様の請求ができる。

5 × 解雇等の退職に関する事項は，必ず就業規則に記載しなければならない。

任意退職，解雇，定年制などの退職に関する事項は，労働条件として最も重要なものの一つであるから，必ず就業規則に記載しなければならない（**絶対的必要記載事項**，労基法89条３号）。

一方，退職手当は，それを設けるかどうかは任意であるから，それにかかわる事項は，その制度を設ける場合に記載すべきことになる（労基法89条３号の２，**相対的必要記載事項**）。

No.8 の解説　解雇

→ 問題はP.52 **正答５**

本問の肢**3**のように，細かな知識が羅列されている場合は，どれかメインの知識に対象を絞って正誤判断して，それが誤りとわかれば，それで先に進めばよい。たいていは，その中で最も主要な部分に判断の素材が置かれていることが多いので，「細かな知識で煩わしい」と考えずに，より合理的な解き方を工夫するようにしよう。

1 × **解雇予告手続は，30日前にしなければならない。**

使用者は，労働者を解雇しようとする場合においては，原則として，少なくとも30日前に予告をしなければならず，30日前に予告をしない使用者は，30日分以上の平均賃金を支払わなければならない（労基法20条１項本文）。この**予告日数は，平均賃金を１日分支払った日数だけ短縮できる**（同条２項）。また，短縮できる日数に制限はない。

労基法が，解雇予告手続として30日前の予告または30日分以上の平均賃金の支払いを必要としたのは，**生存（つまり賃金）を確保しつつ労働者が次の職を探すために，最低限30日の生活保障が必要**と判断したためである。

労基法が定める労働条件の基準は，「最低限これだけは確保したい」というものであるから（労基法１条２項），本肢の「60日」は「最低限」としては長すぎる。

2 × **労働者の帰責事由に基づいて解雇する場合も，解雇予告手続は不要である。**

本肢の，**天災事変その他やむを得ない事由のために事業の継続が不可能となった場合**だけでなく，**労働者の責に帰すべき事由に基づいて解雇する場合**も解雇予告手続は不要である（労基法20条１項但書）。

なお，**即時解雇には行政官庁（労働基準監督署長）の認定が必要**であるが（同法20条３項，19条２項），労働者の過半数代表者の同意などは必要とされていない。行政官庁の認定は，使用者の恣意的な判断による不当な解雇を防止するためである。

3 × **２か月以内の期間を定めて使用される者には，解雇予告手続は不要である。**

前半については，②の「６か月以内」が誤りで，「２か月以内」が正しい。「２か月以内の期間を定めて使用される者」の場合は，労働者も当初から短期雇用ということを理解しているので（例：夏休みだけのアルバイトなど），解雇予告手続は必要とされていない（労基法21条柱書本文２号）。

また，期間についていえば，季節的業務に４か月以内の期間を定めて使用される者についても解雇予告手続は不要である（同３号）。

後半については，①の者が１か月を超えて，また③の者が14日を超えて引き続き使用されるに至った場合，さらに②の者が所定の期間を超えて引き続き使用されるに至った場合には解雇予告手続が必要になる（同条柱書ただし書）。

4 × **整理解雇には，解雇回避の努力や対象者選定の客観性・合理性などが必要。**

整理解雇の有効性は，①**人員削減の必要性**，②**人員削減の手段として整理解雇を選択せざるをえないこと**（解雇回避努力を尽くしたこと），③**被解雇者選定の妥当性**，④**労働者・労働組合に整理解雇の必要性や具体的内容について十分な説明を行う**という手続に関する妥当性が確保されていることなどの要件が必要とされている（東京高判昭54・10・29，東洋酸素事件）。

なお，前半は正しい（労契法16条）。

5 ◎ **解雇の理由証明書には，労働者の請求しない事項を記入してはならない。**

妥当である。**退職時の証明**（解雇の場合について労基法22条１項カッコ書き）は，労働者が再就職活動をする際に必要になるなどのものであるから，**解雇の予告がされた日から退職の日までの間**において，当該解雇の理由について**証明書を請求**した場合，使用者は，遅滞なくこれを交付しなければならず（労基法22条２項本文），当該証明書には，**労働者の請求しない事項を記入してはならない**（同条３項）。

実戦問題❸　難問レベル

＊＊＊
No.9　解雇に関するア～オの記述のうち，妥当なもののみをすべて挙げているのはどれか。　【国家総合職・令和２年度】

ア：使用者が，労働者の業務命令違反を理由として懲戒解雇の意思表示をしたところ，その後に，当該労働者の年齢詐称の事実が判明した場合，具体的な懲戒の適否は，その理由とされた非違行為との関係において判断されるべきものであり，懲戒当時に使用者が認識していなかった非違行為は，特段の事情のない限り，当該懲戒の理由とされたものでないことが明らかであるから，当該懲戒解雇の無効確認訴訟において，年齢詐称の事実をもって懲戒解雇の有効性を根拠付けることはできないとするのが判例である。

イ：有期労働契約であっても，当該有期労働契約が過去に反復して更新されたことがあるものであって社会通念上無期労働契約と同様の状態になっていると認められる場合，又は労働者が当該有期労働契約の更新を期待することにつき合理性があると認められる場合には，使用者が期間満了時に雇止めの意思を通知したとしても，その雇止めにつき，客観的合理性・社会的相当性が認められなければ，雇止めは認められず，労働者が更新の申込みをすれば，当該有期労働契約は無期労働契約に転換される。

ウ：使用者は，労働者を解雇した場合においては，労働者の請求の有無にかかわらず，使用期間，業務の種類，事業における地位，賃金及び解雇の具体的理由を記載した証明書を，遅滞なく労働者に交付しなければならない。

エ：使用者の責めに帰すべき事由によって解雇された労働者が，解雇期間中に他の職に就いて利益を得たときは，使用者は，当該労働者に解雇期間中の賃金を支払うに当たり，その利益の額を賃金額から控除することができるが，その賃金額のうち労働基準法所定の平均賃金の６割に達するまでの部分については利益控除の対象にすることができないとするのが判例である。

オ：使用者は，天災事変その他やむを得ない事由により事業の継続が不能になった場合に限り，30日分以上の労働基準法所定の平均賃金を支払わなくても，労働者を予告なく解雇することができるが，それ以外の場合に解雇をするには，少なくとも30日前に労働者にその予告をするか，30日分以上の平均賃金を支払わなければならない。また，解雇予告の日数は，平均賃金を支払った日数分だけ短縮することができる。

1　ア，エ
2　イ，エ
3　ウ，オ
4　ア，イ，オ
5　イ，ウ，エ

実戦問題3の解説

No.9の解説 労働関係の終了

→問題はP.58 正答1

ア○ 懲戒処分後に判明した非違行為を処分理由に追加することは原則として不可

妥当である。判例は，「**具体的な懲戒の適否は，その理由とされた非違行為との関係において判断されるべき**ものである」として，「懲戒当時に使用者が認識していなかった非違行為は，特段の事情のない限り，当該懲戒の理由とされたものでないことが明らかであるから，その存在をもって当該懲戒の有効性を根拠付けることはできない」とする（最判平8・9・26，山口観光事件）。

イ× 要件を満たす有期労働契約で更新申込みがあると，同一内容で更新される。

本肢の前半にあるような場合，すなわち，有期労働契約が反復更新されるなどによって，労働者が次回も更新されると期待しうるだけの合理性が認められる場合には，雇止め（更新拒絶）は実質的には解雇と同様である。したがって，雇止めに客観的合理性・社会的相当性が認められなければ，その雇止めは権利濫用として無効となる。そうなると，「雇止めは行われなかった」ことになるので，労働者から更新の申込みがあれば，契約は更新となり，**使用者は従前の有期労働契約と同一条件（有期労働契約）で申込みを承諾したものとみなされる**（労契法19条）。

なお，この場合は有期労働契約での更新であって，無期労働契約への転換とは異なることに注意。後者の場合は，いわゆる**5年ルール**に関する法の要件（労契法18条）を満たすことが必要となる。

ウ× 退職時の証明書は，労働者からの請求があった場合に交付すればよい。

退職時の証明（解雇の場合については労基法22条1項カッコ書き）は，労働者が再就職活動などをする際に必要になるものであるから，使用者は労働者から請求された場合に交付すればよい（同条1項）。

エ○ 解雇期間中の中間収入の控除は，平均賃金の4割相当額以内に限られる。

妥当である。判例は，休業手当（労基法26条）の趣旨に鑑み，**控除できるのは「平均賃金の6割」に達するまで**とする（最判平18・3・28，いずみ福祉会事件）。

オ× 労働者の帰責事由に基づいて解雇する場合も，即時解雇ができる。

労働者の責めに帰すべき事由に基づいて解雇する場合にも解雇予告手続が必要とするのは不合理だからである（労基法20条1項但書）。

以上から，妥当なものは**ア**と**エ**であり，正答は**1**である。

賃金

必修問題

賃金に関する次の記述のうち，妥当なものはどれか。

【地方上級（全国型）・令和４年度】

1 **労働基準法上の賃金**には，従業員である労働者が，客から直接受け取るチップも含まれる。

2 未成年者の**親権者**または**後見人**は，未成年者の賃金を，未成年者に代わって受け取ることができる。

3 **出来高払制**その他の請負制で使用する労働者については，使用者は，労働時間に応じた一定額の賃金の保障をする義務はない。

4 使用者に責任のない事由による休業の場合においては，使用者は，休業期間中当該労働者に，その**平均賃金**の100分の60以上の手当を支払わなければならない。

5 **地域別最低賃金**を定める場合に，地域における労働者の生計費を考慮するに当たっては，生活保護に係る施策との整合性に配慮するものとされる。

難易度 ＊

必修問題の解説

賃金とは，労働の報酬として労働者が使用者から受け取る対価のことである。そして，大多数の労働者にとって，賃金は生活を維持するための唯一の糧であり，その賃金が適正かつ確実に支払われるのでなければ，労働者は生存を脅かされてしまう。そこで，労働基準法は，労働者が確実に賃金を確保できるように厳格な規制を敷いている。

1× **賃金は，労働の対償として「使用者」が支払うものである。**

賃金は労働の「対価」としての性格を有していなければならず，またそれは，労働力を提供してもらった対価であるから，「使用者が支払う」ものでなければならない。客が手渡すチップはこれに当たらない。

2× **未成年者の賃金を，その親権者または後見人に支払うことは許されない。**

親が**未成年者の賃金を横取りするという弊害を防止**するために，法は親権者・後見人の代理受領を禁止している（労基法59条）。

3× **出来高払制の場合も，労働時間に応じた一定額の賃金が保障される。**

使用者は，出来高払制その他の請負制で使用する労働者については，労働時間に応じて一定額の賃金の保障をしなければならない。

歩合制などの出来高払制は，労働者に，生活維持に必要な賃金を得るために苛酷な労働を強いるおそれがあり，また，出来高が低い場合には労働者の経済生活（生存）が脅かされることにもなりかねない。過去には，「目標の歩合を達成できない場合には，その月の仕事をすべて未完成として賃金を一切支払わない」などといった不当な制度を採用する事例も存在した。

このような弊害から，労基法は**出来高払制**の場合においても，労働者の生存確保のために**労働時間に応じて一定額の賃金を保障しなければならない**としている（労基法27条）。

4 × **休業手当は，使用者に帰責事由がある休業の場合に支払いの義務が生じる。**

使用者は，その**責めに帰すべき事由による休業**の場合においては，休業期間中，労働者に平均賃金の100分の60以上の手当を支払わなければならない。これを**休業手当**というが（労基法26条），その要件は，休業が「責めに帰すべき事由による」ことであるから，想定外の災害による操業停止など，使用者に責任のない事由による休業の場合には休業手当の支払義務は生じない。

5 ◎ **地域別最低賃金は，生活保護に係る施策との整合性に配慮しつつ定められる。**

妥当である。最低賃金には，地域別最低賃金と特定最低賃金の２種がある。

◆２種の最低賃金

①**地域別最低賃金**…各都道府県ごとに決められ，その都道府県で働くすべての労働者（正社員，派遣社員，パート・アルバイト等の区別なく）に適用される最低賃金である（いわば，基本となる最低賃金）。

②**特定最低賃金**…特定の産業または職業について設定される最低賃金である。この最低賃金は，①よりも高い水準で設定される。

これは，「労働の負荷が大きい産業なので，より高水準の賃金を確保したい」とか，「高賃金を武器に優秀な人材を確保したい」など，特定の産業や職業の特性により，関係労使の申し出に基づいて，必要と判断された場合に決定される。

このうち，①は全労働者に適用されるが，②の特定最低賃金は，65歳以上の労働者等の一定範囲の者は適用除外とされている。そして，**全労働者に適用される最低賃金が生活保護よりも低い水準で定められると，労働意欲をそぐおそれがある**ことから，生活保護に係る施策との整合性に配慮するものとされている（最賃法９条２項・３項）。

正答 5

FOCUS

労基法上，賃金には極めて厳格な規制が敷かれており，賃金は重要なテーマの１つとなっている。法規制は詳細にわたるが，出題の対象とされる条文は限られており，それらを素材に類似の問題が繰り返される傾向にある。

POINT

重要ポイント 1 賃金の意義

①賃金とは，労働の対償として，使用者が労働者に支払うすべてのものをいう。
②労働契約や就業規則等によって使用者に支払いの義務があるものは賃金，そうでないもの（任意的･恩恵的給付）は賃金ではない。また，使用者以外の者が支払うもの（例：レストランの客が渡したチップ）は賃金ではない。
③出張旅費は，労働者が業務を遂行するために要する費用を企業が支弁するもので，労働の対償ではなく，賃金に当たらない。
④賞与も就業規則等に規定があり，使用者に支払義務があれば賃金に当たる。
⑤賞与には将来の労働意欲の向上策という要素が強く含まれているので，引き続き勤務する者を支給対象者とする趣旨で**支給日在籍要件を設けても違法ではない**。
⑥退職金も就業規則等に規定があり，使用者に支払義務があれば賃金に当たる。
⑦退職金には功労報償的性格があるので，その額は諸般の要件を勘案して退職時に初めて確定する。したがって，「一定期間内に同業他社へ転職したときは，退職金を減額または不支給とする」などの**退職金減額･没収条項は有効**である（賃金全額払いの原則に違反しない）。

重要ポイント 2 賃金支払いにおける４原則

①賃金の確実な支払い確保のために，次の４原則が法定されている。通貨払い，直接払い，全額払い，毎月一回以上定期日払い，である。
②**通貨払いの原則**･･･賃金は強制通用力のある貨幣で支払わなければならない（日本円のみ，外国通貨は不可）。
　ⅰ）小切手（種類を問わない）や物による支払いは不可。
　ⅱ）例外は，法令もしくは労働協約に別段の定めがある場合（したがって労働協約によれば，現物支給も可），厚生労働省令で定める賃金について確実な支払いの方法で厚生労働省令で定めるものによる場合（具体的には，労働者の同意を要件として，賃金の金融機関口座への振込みや，厚生労働大臣が指定する「○○ペイ」などの資金移動業者の口座への資金移動，退職金について銀行振出自己宛小切手や郵便為替などの支払いが確実なものを交付することなど）。
③**直接払いの原則**･･･賃金は直接労働者に支払わなければならない。
　ⅰ）代理人（親権者･後見人などを含む），賃金債権の譲渡人への支払いは不可（賃金債権が譲渡された場合でも，直接労働者に賃金を支払わなければならない）。
　ⅱ）使者への支払いや法に基づく差押えは可。
　ⅲ）使者と代理人は，労働者本人への支払いと同視できるかどうかで区別する（例：風邪で欠勤した夫に頼まれて妻が給料を取りに来る場合は使者）。
④**全額払いの原則**･･･賃金は，その全額を労働者に支払わなければならない。
　ⅰ）賃金との相殺は禁止。ただし，調整的相殺（ただし，労働者の経済生活の安

定を脅かさない時期，方法・額でなされることが必要）や労働者が自由意思で相殺に同意した場合は可。

ⅱ）法が定める例外…ⓐ法令に別段の定めある場合と（所得税の源泉徴収など），ⓑ過半数代表者との書面による労使間協定がある場合（例：組合費の給与からの天引き，すなわちチェック・オフ）の２つ。

ⅲ）労働者が賃金請求権を自由意思で放棄した場合には，その放棄は有効である。

⑤**毎月一回以上定期日払いの原則**

ⅰ）年俸制の場合も，分割額を毎月一回以上支払わなければならない。

ⅱ）定期日とは「10日」，「25日」など特定の日のこと。「毎月第三金曜日」などと定めることは不可。

ⅲ）例外…ⓐ臨時に支払われる賃金（例：夏と冬のボーナス），ⓑ厚生労働省令で定める賃金（１か月を超える期間の精勤手当，勤続手当など）。

⑥**非常時払い**…すでに働いた分の「既往の賃金」については，支払期日前の非常時払いが認められている。

⑦**出来高払い**…賃金を出来高払いとする場合，使用者は労働時間に応じて一定額の賃金を保障しなければならない。

重要ポイント３ 休業手当

①**休業手当**…使用者の帰責事由による休業の場合，使用者は平均賃金の100分の60を労働者に支払わなければならない（労働者の生存の確保）。

②休業手当にいう「帰責事由」とは，天災事変のような不可抗力を除くすべての事由をいう。

③休業手当と民法の危険負担との関係…労働者は，いずれも請求が可能である。ただし，民法のほうが，要件が厳しいので，（例：他組合のストによる休業の場合，民法では使用者に帰責事由なし－請求不可－と判断される），休業手当は民法で請求が認められない場合のセーフティネットの役割を果たすことになる。

重要ポイント４ 賃金に関するその他の問題

①争議行為中は，労働者は労務を提供していないので，使用者は労働の対価としての賃金を支払う必要はない（これをノーワーク・ノーペイの原則という）。

②賃金二分論…判例はこの説を明確に否定し，賃金カットの範囲は，労働協約の定めまたは労働慣行の趣旨に照らして個別的に判断すべきであるとしている。

③通常の賃金債権の消滅時効期間は３年，退職金のそれは５年である。

④**割増賃金**…時間外・休日労働・深夜労働などの割増率の算定の基礎となる賃金には，家族手当，通勤手当等の「労働の時間や内容と関係のない労働者の個人的な事情で変動する賃金」は含まれない。また，賞与等の臨時に支払われた賃金や，１か月を超える期間ごとに支払われる賃金も除外されている。これ以外の賃金は，すべて算入の基礎に含まれる。

実戦問題❶ 基本レベル

＊
No.1 労働基準法の規制を受ける賃金に関する次の記述のうち，妥当なものはどれか。
【市役所・平成11年度】

1 賃金とは，労働の対償としてのものであるか否かにかかわらず，使用者が労働者に支払うすべての金銭をいう。

2 客が労働者に対して手渡すチップも，労働に対して支払われるものであるから，賃金に含まれる。

3 賃金は，労働者に直接支払うのが原則であるが，未成年者の両親などの法定代理人に支払うことは許される。

4 厚生年金保険法の規定に基づいて賃金の一部を控除して支払うのは，法令の規定による賃金の全額払原則の例外である。

5 小切手は，通貨と同様に強制通用力を有するので，小切手で賃金を支払うことは，通貨払いの原則に違反しない。

＊
No.2 賃金に関する次の記述のうち，妥当なものはどれか。
【地方上級（全国型）・平成７年度】

1 賃金は，その全額を支払わなければならないから，使用者が労働者に対して不法行為に基づく損害賠償債権を有する場合でも，当該債権をもって賃金債権と相殺できないというのが判例である。

2 賃金は，通貨で支払われなければならず，通勤定期券などによる賃金の現物支給は，労働協約の定めに基づく場合であっても違法である。

3 賃金は直接労働者に支払われなければならないが，未成年の労働者に代わって，親権者が賃金を受け取ることは許される。

4 賃金はその全額を支払わなければならないから，ある月の賃金について過払いをした場合であっても，別の月の賃金から当該過払い分を控除することはできない。

5 賃金は，その全額を支払わなければならないから，労働者が賃金債権を放棄した場合でも，使用者は，放棄された賃金を当該労働者に支払わなければならない。

No.3 * **賃金支払いの原則に関する次の記述のうち，妥当なものはどれか。ただし，争いがあるものについては判例の見解による。**

【地方上級（全国型）・平成30年度】

1 直接支払い原則は，労働者に直接賃金を支払わなければならないという原則であるが，賃金が民事執行法などの法律の範囲内で差し押さえられた場合，使用者は差押債権者に支払ってもよい。

2 通貨支払い原則は，賃金の全部または一部を通貨以外で支払ってはならないとする原則であるが，いかなる場合についても例外は認められていない。

3 毎月一回以上一定期日支払い原則は，労働者の経済的安定を趣旨としたものであるが，年俸制は例外とされている。

4 労働者が賃金の受取りを放棄し，それが個人の自由意思で有効とみなされた場合でも，賃金を支払わないことは認められていない。

5 倒産などによる賃金未払いは，当該産業の関連団体が一時的に立替払いする。

実戦問題 1 の解説

No.1 の解説　賃金

→問題はP.64　正答4

1 × **賃金とは，労働の対償として使用者が労働者に支払うものをいう。**

すなわち，労働の対償でなければ賃金ではない（労基法11条）。それゆえ，労働の対償ではない単なる**任意的恩恵的給付**にすぎないものは**賃金には当たらない**。

2 × **賃金は，労働の対償として「使用者」が支払うものである。**

したがって，客が手渡すチップは賃金ではない。

3 × **未成年者の賃金を，その法定代理人に支払うことは許されない。**

親が未成年者の賃金を横取りするという弊害を防止するために，法は親権者・後見人の代理受領を禁止している（労基法59条）。

4 ◎ **法律で認められた社会保険料等の控除は，賃金全額払いの原則に反しない。**

正しい。賃金は，その全額を支払わなければならないのが原則であるが，例外として法令に別段の定めがある場合にはその一部を控除して支払うことができる（労基法24条1項但書）。そして，これに基づいて所得税・地方税の源泉徴収や，社会保険料の源泉控除が行われている。厚生年金保険料の控除もその1例である（厚生年金保険法84条）。

5 × **小切手で賃金を支払うことは，賃金の通貨払いの原則に違反する。**

賃金は強制通用力のある貨幣で支払わなければならず，小切手で支払うことは許されない。

賃金の通貨払いの原則（労基法24条1項）にいう**通貨**とは，**わが国において強制通用力のある貨幣**をいう。これは，労働者に不便や危険を伴う支払手段を禁止することで，労働者の経済生活の安定を図ることを趣旨とする。

小切手は，振出人たる使用者の預金口座に現実に小切手金額に相当する預金残高がなければ，支払いは行われない。したがって，**小切手による支払いは労働者にとって危険を伴うもの**で，これによる支払いは**通貨払いの原則に違反**することになる。なお，小切手が取引上現金と同様に扱われている（つまり支払い確実な）**銀行の自己宛小切手**の場合にも，労働者にとっては**換金の手間と時間が必要**な「不便を伴う支払手段」として，やはり通貨払いの原則に違反するとされている（ただし，退職金に関する例外として労基則7条の2第2項）。

◆銀行の自己宛（振出）小切手とは

小切手とは，簡単にいえば，所持人がこれを銀行に持参して呈示すれば，振出人の口座（振出人である使用者が銀行に開設している当座預金口座）から小切手金額を支払ってもらえるというものである。また，銀行の自己宛（振出）小切手とは，上記にいう「振出人の口座＝銀行そのもの」というもの。つまり銀行が「自分が支払いの責任者です」というものである。そして，銀行が自己の支払義務の履行に必要な資金を持ってないということはおよそ考えられないので，この小切手は取引社会で現金と同様の扱いがなされている。

なお，退職金の小切手による支払いは，金融機関のＩＴ化が現在のように進んでいない時代の方法で，現在では退職金も銀行振込みによる場合がほとんどである（労基則7条の2第2項柱書，第1項柱書1号）。

No.2 の解説　賃金

→ 問題はP.64　正答 1

1 ◎ 使用者は，労働者に対する賠償請求権と賃金を相殺することは許されない。

正しい。賃金は，大多数の労働者にとって，その生活を支えるほとんど唯一の糧となるものであり，その意味で労働者の生存の基礎をなす重要なものである。そのため判例は，労働者の生存確保を優先して，労基法24条が規定する**賃金全額払いの原則**には**相殺禁止の趣旨が含まれる**とする（最判昭36・5・31，日本勧業経済会事件）。

すなわち判例は，「**労働者の賃金は，労働者の生活を支える重要な財源で，日常必要とするもの**であるから，これを労働者に**確実に受領させ，その生活に不安のないようにすることは，労働政策の上から極めて必要なこと**であり，労働基準法24条1項が，賃金は同項但書の場合を除きその全額を直接労働者に支払わねばならない旨を規定しているのも，右にのべた趣旨を，その法意とするものというべきである。しからば同条項は，労働者の**賃金債権に対しては，使用者は，使用者が労働者に対して有する債権をもって相殺することを許されないとの趣旨を包含する**ものと解するのが相当である。このことは，その債権が不法行為を原因としたものであっても変りはない」とする。

◆賃金債権との相殺の禁止

たとえば，給料が１か月20万円の労働者が，作業中に機械の操作を誤って故障させ，その修理費用として100万円の損害を会社に与えたとする。その場合，賃金債権と損害賠償債権はともに金銭債権であるから，原則からいえば，会社は５か月にわたって賃金全額との相殺が可能なはずである。しかし，生活の資を賃金のみに頼っている労働者は，５か月はおろか，たとえ１か月でも賃金が相殺によってまったく受領できないとなると，その生計を維持することは困難で，たちまち生存が脅かされることになる。そこで，人の基本的な価値である生存の重要性にかんがみ，全額払い原則には相殺禁止が含まれていると解釈するのである。この場合，労働者は，生活を切り詰めて少しずつ弁済していく以外にはなく，その間はずっと債務不履行状態が継続されることになるが，労働者の生存が危うくなるよりも，そのほうがマシだと考えるわけである。

2 × 賃金は，労働協約に定めがあれば，通貨以外のものでの現物支給ができる。

労働協約に別段の定めがある場合には，通貨以外のもので支払うことができる（労基法24条1項但書）。

労働協約は，労働者の利益を擁護するための団体である労働組合が締結するものであるから，労働者に不利益となるおそれがなく**現物給付が認められている**。たとえば，業績悪化に見舞われた家電メーカーが，組合と協定を結んでボーナスの一部を自社製品の購入券で支払うなどがその例である。

3 × 未成年者の賃金を，その法定代理人に支払うことは許されない。

親が未成年者の賃金を横取りするという弊害を防止するために，法は親権者・後見人の代理受領を禁止している（労基法59条）。

4 × 賃金債権との相殺は原則禁止であるが，過払い賃金の調整的相殺は許される。

賃金債権による相殺は原則として許されないが，過払賃金の清算のための**調整的相殺**については，**労働者の経済生活の安定を脅かさない時期，方法・額でなされる限り，例外的に認められている**（最判昭44・12・18，福島県教組事件）。

たとえば，月半ばの15日にその月の給与の全額が支払われるという場合を例にとって考えてみよう。この場合，給与の半額はすでに労働を終えた分の対価であるが，残りの半額は月の後半に行われるはずの労働に対する給与の前払いとしての性格を持つ。したがって，仮に月の後半に労働者が６日間ストライキに参加したとすると，ストライキ中は原則として賃金請求権が発生しないことから（**ノーワーク・ノーペイの原則**），使用者は月半ばの賃金支払いにおいて労働者に６日分を払いすぎたことになる。そこで，翌月以降の賃金からこの６日分を差し引くという調整が行われる。これは相殺に当たるものであるが，賃金債権について相殺が禁止される趣旨が労働者の生存を脅かさないという点にあるので，「過払いの６日分を，２日分ずつ３か月に分割して差し引く」など，労働者の経済生活の安定を脅かさない時期，方法および額で行われる調整については認められるとされている。

5 × 労働者が任意に放棄した場合には，使用者は賃金を支払う必要はない。

賃金債権も任意の放棄は可能であり，その場合，使用者は賃金を支払わなくても全額払いの原則には反しない（最判昭48・1・19，シンガー・ソーイング・メシーン事件）。たとえば，部下の不祥事の責任をとって辞職した管理職が，会社に対してすまないと思い，退職金の１割を辞退するような場合である。

No.3の解説　賃金支払いの原則

→問題はP.65　**正答１**

1 ◎ 法律に基づく差押えの場合には，差押債権者に賃金を支払うことができる。

妥当である。賃金は，その全額を直接労働者に支払わなければならない。これが原則である（労基法24条１項本文，**賃金の直接払いの原則**）。

ただ，労働者がなんらかの債務を負っていて，賃金の中から少しずつでも支払いができるのに，それを怠っているような場合には，債権者としては，法に基づいて差押えをせざるを得ない。そして，**差押え**があった場合には，使用者は差押債権者に賃金を支払うことができる。ただし，**その額は，労働者の生活を脅かさない範囲に限定されている**（民事執行法152条）。

2 × 賃金は，労働協約に定めがあれば，通貨以外のもので現物支給ができる。

賃金は，強制通用力のある（つまり日本中どこでも使える）通貨で支払わなければならない。これが原則である（労基法24条1項本文，**賃金の通貨払いの原則**）。労働者としては，**通貨で支払ってもらうことで不便なくその生活を維持できる**からである。

ただし，これには例外があり，たとえば**労働協約に別段の定めがあれば，通貨以外のもので支払うことができる**（同項但書）。たとえば，この協約の定めに基づいて，通勤手当に代えて定期券を支給するなどの場合である。

3 × **年俸制であっても，賃金の支給は毎月一回以上定期日に行うことを要する。**

法は，労働者の生存確保の観点から，賃金は毎月一回以上一定の期日に支払わなければならないと定めている（労基法24条2項本文，**毎月一回以上一定期日払いの原則**）。

この趣旨は，賃金の決定方法が年俸制による場合にも妥当する。年俸制だからといって，「1年後に全額を一括して支払う」などというのでは，労働者は生活を維持できないからである。

また支払日は一定期日でなければならないので，年間の変動幅が大きい「**毎月第4週の金曜日**」などとする定めは，月ごとの変動幅が大きく，**労働者の経済生活を脅かすおそれがあるので認められない**。

4 × **労働者が賃金債権を任意に放棄した場合には，その放棄は有効である。**

判例は，賃金債権放棄の意思表示は，それが**労働者の自由な意思に基づく**ものであると認めるに足りる合理的な理由が客観的に存在するときは**有効**であるとする（最判昭48・1・19，シンガー・ソーイング・メシーン事件）。

このような場合にまで，使用者に賃金支払いを強制する必要はないからである。

5 × **倒産などによる賃金の未払い分は，政府が一時的に立替払いをする。**

労働者の生活の安定を図るには，国による立替払いの制度が最も確実である。そこで，法整備によって本肢のような場合に**政府が賃金の立替払いを行う**制度が設けられている（賃金の支払の確保等に関する法律7条）。

実戦問題❷　応用レベル

＊＊
No.4　労働基準法に規定する賃金に関する記述として，判例，通説に照らして，妥当なのはどれか。　【地方上級・平成16年度】

1　賃金とは労働の対償として支払われるものであるから，退職金や結婚祝金，災害見舞金は，支給条件が就業規則等に明確に規定され，その支払が使用者の義務とされている場合でも労働基準法上の賃金には該当しない。

2　賃金は通貨で支払わなければならないが，法令に別段の定めがある場合に限り，労働者本人の指定する本人名義の預金口座への振込または金融機関が支払保証をした小切手の交付により賃金の支払を行うことができる。

3　最高裁判所の判例では，労働者が賃金の支払を受ける前にその賃金債権を他に譲渡した場合でも，使用者は直接当該労働者に賃金を支払わねばならず，賃金債権の譲受人が，自ら使用者にその支払を求めることは許されないとした。

4　最高裁判所の判例では，使用者が労働者に対して有する債権と労働者の賃金債権とを相殺することは労働基準法に違反するが，当該使用者の債権には，労働者の不法行為に基づく損害賠償債権は含まれないとした。

5　使用者の責に帰すべき事由による休業の場合，使用者は賃金の6割以上の手当を支払う義務を負うが，原材料不足や資金難など，使用者に起因する経営上，管理上の障害による休業の場合は手当を支払う義務がない。

＊＊
No.5　労働基準法上の賃金に関する記述として妥当なのはどれか。

【労働基準監督官・平成17年度】

1　賃金は，当該事業場の労働者の過半数で組織する労働組合があるときはその労働組合，労働者の過半数で組織する労働組合がないときは労働者の過半数を代表する者との書面による協定がある場合には，通貨以外のもので支払うことができる。

2　賃金は，一定の期日を定めて，期日が特定されるとともに，その期日が周期的に到来するものでなければならないので，「毎月15日から20日までの間」に支払うというような支払方法は，期日が特定しないので許されないが，「毎月第2土曜日」に支払うというような支払方法は，期日が特定され周期的に到来するものとなっているので許される。

3　労働者の個人的な吉凶禍福に際して使用者が任意に与える結婚祝金，死亡弔慰金，災害見舞金等については，発生的には恩恵的であることから，賃金とはみられず，労働協約，就業規則，労働契約によって，あらかじめ支給条件の明確なものであっても，賃金とはみなされない。

4　使用者の責に帰すべき事由により1日の所定労働時間の一部のみ休業がなされた場合であっても，その日について平均賃金の100分の60に相当する金額を支払わなければならないので，現実に就労した時間に対して支払われる賃金が平均賃金の100分の60以上に相当する金額に満たない場合には，少なくともその差額を支払わなければならない。

5 賃金計算期間を毎月１日から末日とし賃金支払日を翌月10日としている事業場において，労働者が，ある年の10月15日に発生した大規模地震によって災害を受けその非常の費用に充てるため，当該地震の翌日である10月16日に，当月10月１日から末日までの１か月分の賃金全額を使用者に対して請求した場合に，使用者はその全額を支払わなければならない。

＊＊
No.6 労働基準法に規定する賃金に関する記述として，通説に照らして，妥当なのはどれか。 【地方上級・平成18年度】

1 使用者は，賃金を通貨で支払わなければならないので，小切手による賃金の支払いや通勤定期券による通勤手当の支給は，いかなる場合であっても行うことができない。

2 使用者は，賃金の全額を支払わなければならないので，使用者が賃金から所得税を源泉徴収する場合には，事業場の労働者の過半数で組織する労働組合があるときは，その労働組合と書面による協定を締結しなければならない。

3 使用者は，賃金を直接労働者に支払わなければならないので，労働者本人の受領が確実であっても，労働者の使者に対して賃金を支払うことはできない。

4 使用者は，労働者が請求する場合には，その理由にかかわらず，支払期日前であっても，既往の労働に対する賃金を必ず支払わなければならない。

5 使用者は，出来高払制その他の請負制で使用する労働者については，労働時間に応じて一定額の賃金の保障をしなければならない。

＊＊
No.7 賃金に関するア～オの記述のうち，妥当なもののみをすべて挙げているのはどれか。ただし，争いのあるものは判例の見解による。

【国家総合職・平成25年度】

ア：退職金及び賞与について，その支給の有無及び基準が専ら使用者の裁量に委ねられているものであったとしても，使用者から労働者に給付されるものであれば賃金と解される。

イ：賞与の支給について，慣行等に基づき，支給対象期間には勤務していたが支給日に在籍していなかった自発的退職者に対して賞与を支給しないことは，支給対象期間に勤務していたにもかかわらず賞与を支給しないこととなるため，違法である。

ウ：退職金について，その支給に一定の条件を付することは禁止されていないが，退職後のある程度の期間内に競合する同業他社に就職した退職社員に支給する退職金の額を一般の自己都合による退職の場合の半額とする就業規則上の定めは，功労報償的性格を有する退職金を不当に減額するものであり，無効である。

エ：賃金は，原則として，直接労働者に支払わなければならないが，賃金債権が労働者から第三者に譲渡された場合には，その旨の通知が使用者になされさえすれば，使用者は当該第三者に支払を行うことができる。

オ：使用者が，労働者に対して有する債権と労働者の賃金債権を相殺することは，賃金全額払の原則に違反し許されないが，使用者が労働者の同意を得て労働者の賃金債権に対してする相殺は，当該同意が労働者の自由な意思に基づいてされたと認めるに足りる合理的理由が客観的に存在する場合は，同原則に違反しない。

1 エ　**2** オ　**3** ア，エ　**4** ア，オ　**5** イ，ウ

＊＊

No.8 賃金に関する次の記述のうち，最も妥当なのはどれか。

【労働基準監督官・令和４年度】

1 労働基準法上，賃金は，法令に別段の定めがある場合または過半数組合若しくは過半数代表者との間で締結した労使協定がある場合を除き，労働者に対しその全額を支払わなければならないとされているから，これらの場合に該当しない限り，使用者による賃金債権の相殺は，過払賃金の清算のための調整的相殺や労働者の同意を得て行う相殺も含め，許されないとするのが判例である。

2 客観的に合理的理由のない解雇による労働者の就労不能の場合には，労働基準法第26条の規定が適用され，民法第536条第２項の規定は適用されないから，使用者は，当該労働者に対し，当該就労不能期間について平均賃金の100分の60の手当を支払えば足り，それ以上の賃金支払義務を負うことはない。

3 労働基準法上，監督または管理の地位にある者については，労働時間，休憩及び休日に関する規定の適用が除外されるから，使用者は，これらの者に対し，時間外労働，休日労働及び深夜労働についての割増賃金を支払う必要はなく，また，年次有給休暇を与える必要もない。

4 割増賃金の基礎から除外される賃金は，名称のいかんを問わず実質的に判断されるから，例えば，家族手当と称されていても，扶養家族の有無・数などの個人的事情を度外視して一律の額で支給される手当は，割増賃金の基礎から除外できない一方，生活手当，物価手当などと称していても，扶養家族の有無・数によって算定される手当であれば，割増賃金の基礎から除外できる。

5 労働基準法上の割増賃金に関し，1か月の合計が45時間までの時間外労働及び深夜労働については2割5分以上，1か月の合計が45時間を超えた時間外労働については5割以上，休日労働については3割5分以上の率が，それぞれ割増率として定められているから，例えば，休日労働中に1日8時間を超える労働が行われた場合には，当該8時間を超える労働時間について，使用者は6割以上の割増率による割増賃金を支払う必要がある。

（参考）労働基準法

（休業手当）

第26条　使用者の責に帰すべき事由による休業の場合においては，使用者は，休業期間中当該労働者に，その平均賃金の百分の六十以上の手当を支払わなければならない。

民法

（債務者の危険負担等）

第536条（第1項略）

2　債権者の責めに帰すべき事由によって債務を履行することができなくなったときは，債権者は，反対給付の履行を拒むことができない。この場合において，債務者は，自己の債務を免れたことによって利益を得たときは，これを債権者に償還しなければならない。

＊＊
No.9　**最低賃金に関する次の記述のうち，最も妥当なのはどれか。**

【労働基準監督官・平成26年度】

1 最低賃金法では，使用者は，最低賃金の適用を受ける労働者に対し，その最低賃金額以上の賃金を支払わなければならないとされている。この規定に違反した場合は，地域別最低賃金については罰則があるが，特定最低賃金については，船員に係るものを除き，罰則はない。

2 最低賃金には地域別最低賃金と特定最低賃金があるが，どちらの最低賃金も必ず定めなければならないこととされており，また，地域別最低賃金については，現行においては，全ての都道府県において，時間額と日額の両方で定められている。

3 地域別最低賃金は，都道府県知事が決定することとされており，決定するに当たっては，地域における労働者の生計費及び賃金等を考慮して定めることとされているが，労働者の生計費を考慮するに当たって，生活保護に係る施策との整合性に配慮することまでは求められていない。

4 A県で労働者派遣事業を営む会社甲に雇用されている労働者Xが，派遣されて，B県にある会社乙で働いている場合，労働者Xに適用される最低賃金は，A

県で定められている最低賃金であるが，労働者Xに対して，当該最低賃金額以上の賃金を支払う義務があるのは派遣先の会社乙である。

5 最低賃金額に達しない賃金で労働契約を締結していた場合は，その労働契約全体が無効となる。また，地域別最低賃金は，原則としてパートタイマーやアルバイトなどの非正規労働者を除いた労働者に適用されるため，例えば使用者の指揮命令下で働いている高校生のアルバイトについては，最低賃金額未満の額で労働契約を締結しても違法ではない。

＊＊
No.10 最低賃金法に関する次の記述のうち，妥当なのはどれか。

【国家総合職・令和４年度】

1 最低賃金法では，最低賃金の額は，都道府県労働委員会の勧告に基づいて，時間単位で定められる。最低賃金には，一定の地域ごとの地域別最低賃金と，特定の産業について地域別最低賃金を下回る最低賃金を定める特定最低賃金がある。

2 派遣労働者については，賃金を支払うべき使用者は派遣元の使用者であることから，最低賃金も派遣元の事業場の属する地域の最低賃金が適用される。

3 使用者は，最低賃金の適用を受ける労働者に対し，その最低賃金額以上の賃金を支払わなければならない。最低賃金の適用を受ける労働者と使用者との間の労働契約で最低賃金額に達しない賃金を定めるものは，その部分について無効とされ，無効となった部分は，最低賃金と同様の定めをしたものとみなされる。

4 労働基準監督署長及び労働基準監督官は，使用者の最低賃金の履行を監督する。労働基準監督官には，事業場への立入り，物件の検査，関係者への質問の権限が与えられているが，最低賃金法に違反する罪についての捜査や被疑者の逮捕を行う司法警察員の職務権限は与えられていない。

5 最低賃金法では，地域別最低賃金は，地域における労働者の生計費及び賃金並びに通常の事業の賃金支払能力を考慮して定められなければならないと規定し，最低賃金額の水準についても，最低賃金は生活保護の給付水準を下回ってはならないと明文で規定している。

実戦問題2の解説

No.4の解説 賃金

→問題はP.70 正答3

1 × **支給基準が明確であり使用者に支払義務があるものは賃金である。**

支給条件が就業規則等に明確に規定され，その**支払いが使用者の義務**とされている場合には，**労働基準法上の賃金**に当たる。

労働基準法上，賃金とは「名称の如何を問わず，労働の対償として使用者が労働者に支払うすべてのもの」をいう（労基法11条）。使用者が労働契約や就業規則等で支払いが義務づけられているものは，労働の報酬として使用者が契約上の給付義務を負うものであり，単に使用者が好意から給付する性質のものではない。

このように，**給付が法的な義務として強制されるもの**は，労働者が労働したからこそ支払義務が生じるものであり，それは**労働の対償**といえる。それゆえ，その名目がどのようなものであれ，支給条件が就業規則等に明確に規定され，その支払いが使用者の義務とされている場合には賃金に該当する。

2 × **小切手による賃金の支払いは，通貨払いの原則に反し認められない。**

本人名義の預金口座への振込みは認められるが，たとえ金融機関が支払保証をしたものであっても，小切手の交付による賃金の支払いは，労働者に換金の不便を与えるので，**賃金の通貨払いの原則**（労基法24条1項）に反し，認められない。

たとえば，年末に，銀行の窓口が閉まったあとの時間に小切手を渡された場合，労働者は年明けの銀行営業日まで賃金を受領できず，経済生活が脅かされるおそれがある。

なお，銀行振込の方法によることは，労働者の同意があれば認められている（労基法24条1項但書，労基則7条の2第1項1号）。

3 ◎ **賃金債権が譲渡された場合でも，賃金を譲受人に支払うことは許されない。**

正しい。判例は，「労働基準法24条1項が『賃金は直接労働者に支払わなければならない』旨を定めて，使用者たる賃金支払義務者に対し罰則をもってその履行を強制している趣旨に徴すれば，労働者が賃金の支払を受ける前に**賃金債権を他に譲渡した場合においても**，その支払についてはなお同条が適用され，使用者は**直接労働者に対し賃金を支払わなければならず**，したがって，右賃金債権の譲受人は自ら使用者に対してその支払を求めることは許されない」とする（最判昭43・3・12，小倉電話局事件）。

4 × **使用者は，労働者に対する賠償請求権と賃金を相殺することは許されない。**

労働者の不法行為に基づく損害賠償債権と賃金を相殺することも許されないとするのが判例である（最判昭36・5・31，日本勧業経済会事件）。

5 × **使用者に起因する休業の場合，使用者は休業手当の支払い義務を負う。**

使用者に起因する経営上，管理上の障害による休業の場合にも，休業手当の支払義務が生じる。

No.5の解説　賃金

→問題はP.70　正答4

1 ×　賃金の通貨払い原則の例外は，労働協約に定めがあれば認められる。

すなわち，**賃金の通貨払い原則**については，労使協定（労働者の過半数を代表する者との書面による協定）による例外扱いは認められていない（労基法24条1項但書）。

通貨以外のものでの賃金の支払い（**現物給付**）は，労働者の生存にとって大きな脅威となるので，労働者の権利擁護団体である労働組合が，構成員に不利益とならないと判断して労働協約を締結した場合にはじめて例外が認められる（すなわち，**労働協約によらなければならず，労使協定によることはできない**）。

また，その対象者も当該組合の組合員だけに限られる。

原　則	例　外
通貨払い	①法令に別段の定めがある場合 ②労働協約に別段の定めがある場合 ③厚生労働省令で定める賃金について確実な支払の方法で厚生労働省令で定めるものによる場合
全額払い	①法令に別段の定めがある場合 ②労使協定がある場合

2 ×　賃金は，毎月1回以上，特定の日を定めて支払わなければならない。

「毎月第2土曜日」という定めは，月によって7日から13日まで，7日もの変動幅があるので，一定期日払いの原則（労基法24条2項本文）に違反する。

3 ×　支給基準が明確であり，使用者に支払義務があるものは賃金である。

労働協約，就業規則，労働契約によって，あらかじめ支給条件が明確になっているものは賃金に当たる。

4 ◎　使用者に帰責事由ある休業では，平均賃金の100分の60の支払い義務を負う。

正しい。使用者の責に帰すべき事由による休業がなかったならば，労働者は1日分の賃金を丸ごと得られたはずであるから，就労した時間に対して支払われる賃金が休業手当の額に満たない場合には，使用者は少なくともその差額を支払う必要がある（行政解釈）。

5 ×　賃金の非常時払いの請求に対して，使用者は既往の賃金の支払い義務を負う。

労基法は，「使用者は，労働者が出産，疾病，災害その他厚生労働省令で定める非常の場合の費用に充てるために請求する場合においては，支払期日前であっても，既往の労働に対する賃金を支払わなければならない」と規定する（労基法25条，**賃金の非常時払い**）。すなわち，**既往の労働に対する賃金を支払えばよく，賃金全額を支払う必要はない**。

No.6の解説 賃金

→問題はP.71 正答5

1 × **労働協約に定めがあれば，通勤定期券を現物支給することは許される。**

毎月の賃金を小切手で支払うことはできないが，**退職手当**の場合にはその額が大きいことから，実際上の便宜を考慮して，**銀行の自己宛小切手や銀行が支払保証した小切手などによる支払いも認められている**（労基法24条1項但書，労基則7条の2第2項）。

毎月の給与の場合とは異なり，労働者に小切手換金のための手間と時間を負担させても，労働者の経済生活の安定を脅かすおそれがないからである。

また，通勤定期は，労働協約に「通勤費の支給を定期券で行う」旨の定めをすることにより，定期券による支給（現物支給）が認められている（労基法24条1項但書）。

2 × **法律で認められた所得税等の控除は，賃金全額払いの原則に反しない。**

所得税の源泉徴収（所得税法183条1項）は法令に基づいて行われるもので，賃金の全額払いの原則の例外として認められている（労基法24条1項但書）。

3 × **賃金を使者に支払うことは賃金の直接払いの原則に反しないので許される。**

賃金を代理人に支払うことは許されないが，**使者は労働者本人と同一視できることから，使者に支払うことは許される**。

賃金の直接払いの原則（労基法24条1項）は，職業紹介者等が賃金を代理受領して中間搾取を行うことや，年少者の賃金を親（法定代理人）が奪い去るなどの弊害を排除することを目的とする。

使者とは，家計を同じくする配偶者のように**労働者本人と同一視できる者**をいうが，夫が病気で会社を休んでいるときに，家計を同じくする妻が給与を代わって受領してもこのような弊害は生じないので，使者による受領は認められている。

4 × **賃金の非常時払いの請求に対して，使用者は既往の賃金の支払義務を負う。**

使用者は，労働者が出産，疾病，災害その他厚生労働省令で定める**非常の場合の費用に充てるために請求**する場合においては，支払期日前であっても，**既往の労働に対する賃金を支払わなければならない**（労基法25条）。

本肢にあるように，「その理由にかかわらず，必ず支払わなければならない」というわけではない。

5 ◎ **出来高払制の場合も，労働時間に応じた一定額の賃金が保障される。**

正しい。いわゆる出来高払制であるが，使用者はこの場合にも労働時間に応じて一定額の賃金を保障しなければならない（労基法27条）。

No.7の解説 賃金

→問題はP.71 正答2

ア × **支給の有無や基準が専ら使用者の裁量に委ねられているものは賃金ではない。**

労基法上，賃金とは，「名称の如何を問わず，労働の対償として使用者が労働者に支払うすべてのものをいう」(労基法11条)。そして，ここで「労働の対償として」とは，**労務提供の対価として，契約上使用者に支払いが義務付けられるかどうかで判断**される。

イ× **賞与についての支給日在籍要件の定めは有効である。**

賞与は，必ずしも支給対象期間中の労務の対価としての賃金たる性格を有するものではなく，その中には，**将来の労働意欲の向上策**という要素が強く含まれている。したがって，引き続き勤務する者を支給対象者とする趣旨で，このような支給日在籍要件を設けても違法ではないとされている（最判昭57・10・7，大和銀行事件)。

ウ× **同業他社への転職者に退職金を減額支給する旨の定めは違法ではない。**

判例は，「会社がその退職金規則において，退職後一定期間の同業他社への就職制限に反して同業他社に就職した退職社員に支給すべき退職金につき，その点を考慮して，支給額を一般の自己都合による退職の場合の半額と定めることも，本件**退職金が功労報償的な性格を併せ有する**ことにかんがみれば，合理性のない措置であるとすることはできない」とする（最判昭52・8・9，三晃社事件)。

エ× **賃金債権の譲渡で対抗要件を具備しても，譲受人への支払いは違法となる。**

賃金は，労働者にとって生活の唯一の糧である。したがって，それを奪うことは生存を脅かすことにもつながりかねない。そのため，賃金債権が譲渡され，対抗要件が備えられても，使用者が譲受人に賃金債権を支払うことは賃金の直接払いの原則（労基法24条1項本文）に違反する違法な行為とされる。

たとえ，賃金債権の譲渡が認められず，労働者が債務不履行に陥っても，その生存を確保すべき利益のほうが上回るからである。

オ○ **労働者の自由な意思に基づく賃金債権との相殺は違法ではない。**

妥当である。判例は，労働者の同意を得て行う相殺は，その同意が労働者の自由な意思に基づいてされたものであると認めるに足りる合理的な理由が客観的に存在するときは，賃金全額払いの原則に違反しないとする（最判平2・11・26，日新製鋼事件)。

以上から，妥当なものは**オ**のみであり，**2**が正答となる。

No.8 の解説　賃金

→ 問題はP.72　**正答4**

1× **賃金債権との相殺は，調整的相殺や労働者の同意がある場合は許される。**

賃金は，労働者の経済生活を維持するために不可欠のものであり，その全額が支払われなければならない（**全額払いの原則**，労基法24条1項)。したがって，労働者が備品を壊したなどという場合でも，使用者は賃金と備品の損害を相殺することはできず，賃金を全額支払ったうえで別途賠償を請求する必要がある。

ただし，賃金の過払いが生じた場合に，その精算のために行われる**調整的相殺は，労働者の経済生活の安定を害さない限り，相殺禁止の例外として許容される**（最判昭44・12・18，福島県教組事件）。

また，労働者がその自由な意思に基づき同意した場合も相殺が認められる（最判平2・11・26，日新製鋼事件）。

2 × **客観的に合理的な理由のない解雇は，解雇権の濫用として無効である。**

客観的に合理的な理由を欠き，社会通念上相当であると認められない解雇は，その**権利を濫用したものとして無効**とされる（労契法16条）。

そして，このような無効な解雇により就労できなかった場合，それは「債権者（労務の提供を相手に請求できる者，つまり使用者）の責めに帰すべき事由によって（債務者たる労働者が）債務を履行すること（労務の提供）ができなくなったとき」に当たるから，**法は，使用者がその責任を負うべきとして，反対給付（賃金支払義務）の履行を拒めないとする**（民法536条2項）。

すなわち，使用者は，「平均賃金の100分の60」ではなく，「賃金の全額」を支払わなければならない。

3 × **管理・監督者についても，深夜割増賃金の支払いは必要である。**

前半は正しい（労基法41条柱書・2号）。しかし，**深夜労働に関する規制は体に大きな負荷のかかる深夜時間帯の特性に着目したものであるから**（深夜はできるだけ避けて欲しいし，やむを得ず行わせる場合にはその負荷の大きさに見合うだけの対価を支払うべき），**適用除外の対象には含まれない**（深夜割増賃金の請求可，最判平21・12・18，ことぶき事件）。

また，適用除外されるのは，労基法の労働時間，休日・休憩の規定であるから，年次有給休暇の規定は適用除外されない。管理・監督者の一例として，銀行の支店長があげられることがあるが，年次有給休暇は，賃金を保障しながら「自分の生活をアレンジ」できるゆとりを与えて，より豊かな「人たるに値する生存」を確保しようとするものであり，この趣旨は，このような者にも妥当する。支店長だから「有給なしで働け」というのは酷である。

4 ◎ **割増賃金の基礎から除外される賃金は，名称を問わず実質的に判断される。**

妥当である。割増賃金は，法定労働時間を超過することによる労働者の身体的・精神的な負担に対する補償の意味と，加算による賃金増加で時間外労働の抑制の効果を狙ったものである。したがって，その**基礎とされる賃金は労働そのものに対する対価が基礎とされる**べきで，それとは関係のない労働者の個人的事情に基づく手当などは割増賃金の基礎から除外される。そして，これに該当するか否かは，名称の如何を問わず実質的に判断される（昭22・9・13発基17号）。

このような趣旨から，個人的事情を度外視して一律の額で支給される手当は，割増賃金の基礎から除外されないが（奈良地判昭56・6・26，壺坂観光事件），**扶養家族の有無・数によって算定される手当は割増賃金の基礎から**

除外されることになる（昭22・11・5基発231号）。

5 × 法定休日に8時間を超えて労働させても，割増率は加算されない。

後半から先に説明すると，**法定休日は労働日ではない**ので「1日8時間労働」の原則（労基法32条2項）の適用はない。そのため，8時間を超えて労働させても割増率は加算されず，「割増率は3割5分以上」のままである。

前半については，休日労働や深夜労働については正しいが，時間外労働については「45時間」ではなく「60時間」が正しい（労基法37条1項本文，割増賃金率令）。

No.9 の解説　最低賃金

→ 問題はP.73　**正答 1**

最低賃金には，**地域別最低賃金**と**特定最低賃金**の2種類がある。前者は，産業や職種の区別なく，都道府県内の事業場で働く労働者と使用者のすべてに適用される最低賃金である。一方，後者は，特定地域内の特定の産業について，地域別最低賃金より金額水準の高い最低賃金を定めることが必要と認めるものについて設定される最低賃金である。

1 ◎ 最低賃金法では，地域別と異なり，特定では船員以外での罰則はない。

正しい（最賃法40条）。

2 × 地域別最低賃金とは異なり，特定最低賃金の定めは必須ではない。

地域別最低賃金は，全労働者の賃金額の下限を画するものであるから，必ずこれを定めなければならない（最賃法9条1項）。これに対して，特定最低賃金は，関係労使の申出に基づき最低賃金審議会が地域別最低賃金よりも金額水準の高い最低賃金を定めることが必要と認めた産業について設定される（最賃法15条）。

3 × 最低賃金は，生活保護に係る施策との整合性に配慮すべきものとされる。

最低賃金は，生活保護に係る施策との整合性に配慮すべきものとされている（最賃法9条3項）。

最低賃金が生活保護受給基準を下回るような事態になれば，労働者の労働意欲を阻害しかねないからである。

4 × 都道府県をまたぐ場合，派遣労働者には派遣先での最低賃金が適用される。

派遣労働者には，派遣先の最低賃金が適用される（最賃法13条）。同一事業場で労働者ごとに最低賃金が異なる事態は好ましくないからである。

5 × 労働契約の賃金が最低賃金に達しない場合は，最低賃金が優先適用される。

最低賃金額に達しない賃金で労働契約を締結していた場合は，その契約部分は無効となる。この場合，無効となった部分は最低賃金と同様の定めをしたものとみなされる（最賃法4条2項）。また，地域別最低賃金は非正規労働者を含む全労働者に適用される。

No.10の解説 最低賃金法

→ 問題はP.74 正答3

1 × 特定最低賃金は，地域別最低賃金を上回るものでなければならない。

特定最低賃金は，特定地域内の特定の産業について，**地域別最低賃金より金額水準の高い最低賃金を定めることが必要と認めるものについて設定される最低賃金**である（最賃法16条）。

なお，最低賃金の額は，厚生労働大臣または都道府県労働局長が最低賃金審議会の調査審議を求め，その意見を聴いて時間単位で決定される（同法10条1項，15条2項，3条）。

2 × 派遣中の労働者には，派遣先の地域の地域別最低賃金が適用される。

派遣労働者についての最低賃金は，派遣元ではなく，派遣先の事業場の属する地域の最低賃金が適用される。就労場所の他の労働者には，その地域の最低賃金が適用されているのに，**派遣労働者だけは別の最低賃金が適用されるというのは，地域別最低賃金の趣旨に反する**からである。

なお，前半は正しい。労働者派遣について，法は，「自己の雇用する労働者を，当該雇用関係の下に，かつ，他人の指揮命令を受けて，当該他人のために労働に従事させることをいい，当該他人に対し当該労働者を当該他人に雇用させることを約してするものを含まないものとする」と定義する（労働者派遣法2条1号）。すなわち，派遣労働者と雇用関係を有するのは派遣元であって派遣先ではない。そして，**賃金は労働契約を締結している使用者が支払うべきもの**であるから，賃金支払い義務があるのは派遣元の事業主である。

3 ◎ 最低賃金額に達しない賃金の定めは無効で，その場合は最低賃金が適用。

妥当である。最低賃金法は，労働基準法の最低賃金に関する定めを，より具体化するために独立の法律として分離したものであり，母法である労働基準法と同様に，**「これ以下に下げることは絶対に許されない」とする労働条件の最低基準を示すもの**である（労基法28条，13条）。そのため，**最低賃金額に達しない賃金を定める部分は無効**とされ，その場合，無効となった部分は最低賃金と同様の定めをしたものとみなされる（最賃法4条2項）。

4 × 労働基準監督官には，司法警察員としての職務権限が与えられている。

労働基準監督官には，最低賃金法に違反する罪についての捜査や被疑者の逮捕を行う**司法警察員**の職務権限が与えられている（最賃法33条）

5 × 最低賃金額の水準は，生活保護施策との整合性に配慮するものとされる。

最低賃金額が生活保護の水準を下回ることは，労働意欲を阻害しかねず，好ましいことではない。ただ，最低賃金の決定手続きが複雑なことから，法は，一律に最低賃金は生活保護の給付水準を下回ってはならないとするのではなく，**生活保護に係る施策との整合性に配慮すべき**ものと規定している（最賃法9条3項）。

実戦問題❸　難問レベル

＊＊＊
No.11　賃金に関するア～オの記述のうち，妥当なもののみをすべて挙げているのはどれか。ただし，争いのあるものは判例の見解による。

【国家総合職・令和３年度】

ア：労働基準法上の賃金とは，賃金，給料，手当，賞与その他名称のいかんを問わず，労働の対償として使用者が労働者に支払うすべてのものをいい，退職金や賞与は，その支給の有無や支給基準が専ら使用者の裁量に委ねられているものであっても，同法にいう賃金に当たる。

イ：賃金は全額通貨で支払わなければならないのが原則であり，使用者が通貨以外のもので賃金を支払う場合は労働協約の定めを要するが，銀行振出自己宛小切手は，取引界において現金同様に扱われていることから，使用者は，労働協約の定めによらなくても，あらゆる賃金を当該小切手で支払うことができる。

ウ：自社株式をあらかじめ設定した価格で将来において購入する権利を付与するいわゆるストック・オプションについては，これを就業規則に定めて労働者に付与する制度として実施する場合には，労働基準法上の賃金に当たる。

エ：賃金は直接労働者に支払わなければならないのが原則であり，労働者の親権者その他法定代理人への支払や，労働者の委任を受けた任意代理人への支払は，いずれもこの原則に違反し許されない。労働基準法は，未成年者は独立して賃金を請求することができ，親権者または後見人は未成年者の賃金を代わって受け取ってはならないと規定し，未成年者に対する賃金直接払の原則を明確化している。

オ：賃金はその全額を支払わなければならないのが原則であるところ，労働者が退職に際し賃金に当たる退職金債権を放棄する旨の意思表示をした場合に，それが労働者の自由な意思に基づくものであると認めるに足りる合理的な理由が客観的に存在するときは，当該意思表示は有効である。

1　ア，イ
2　ア，エ
3　イ，ウ
4　ウ，オ
5　エ，オ

実戦問題3の解説

No.11の解説　賃金

→問題はP.82　正答5

ア×　支給の有無や基準が専ら使用者の裁量に委ねられているものは賃金ではない。

賃金とは労働の対償であって（労基法11条），ここで対償とは**労務提供の反対給付として使用者が契約上の支払義務を負うもの**をいう。

したがって，支給するか否か，またいかなる基準で支給するかが専ら使用者の裁量に委ねられているものは，使用者が**法的な支払義務を負うものではないので，賃金ではない**（単なる任意的恩恵的給付）。

イ×　小切手で賃金を支払うことは，賃金の通貨払いの原則に違反する。

賃金は強制通用力のある貨幣で支払わなければならず，小切手で支払うことは**賃金の通貨払いの原則**（労基法24条1項）**に違反し**許されない。

ウ×　ストック・オプションは，労働基準法上の賃金には当たらない。

ストック・オプションとは，会社が，役員や従業員に，将来において特定の金額で自社の株式を購入する権利を付与することをいう。たとえば，権利行使価格が1株100円で10,000株のストック・オプションの権利が与えられたとして，会社が業績を上げ，株価が3,000円になったところでこの権利を行使したとする。その場合，会社から株式を「100円×10,000株＝1,000,000（百万円）」で発行してもらい（この株式は新株として発行），それを株式市場で売却すると，「3,000円×10,000株＝30,000,000（三千万円）」が得られ，売却代金三千万円と購入代金百万円の差額の二千九百万円が報酬（譲渡益）になる。会社が業績を上げて株価が上がれば上がるほど譲渡益も大きくなることから，役員や従業員の業績向上に対するモチベーションアップにつながるという効果がある。

ただ，このような効果を持つストック・オプションも，それ自体は労基法上の賃金ではない。なぜなら，**いつ権利行使して，いつ市場で売却するかは労働者が自由に決めてよいので，「労働の対償（＝賃金）」という性格を有するとはいえない**からである。

エ○　未成年者の賃金を，法定代理人や任意代理人に支払うことは許されない。

妥当である。賃金は労働者の生活の糧となる重要なものであるから，それが確実に労働者の手元に渡るように，法は**賃金の直接払い**を明文で規定している（労基法24条1項本文）。

そして，未成年者の思慮が足りないことに乗じて，周囲の者が未成年者の賃金を横取りするおそれがあるとして，法は**親権者・後見人の代理受領を禁止**し（労基法59条），また同様の趣旨から，労働者が第三者に賃金の受領権限を付与する委任（代理）契約は無効とされる。すなわち，**任意代理人への支払いも直接払い規定違反となる**。

オ○　労働者が賃金に当たる退職金債権を任意放棄した場合，その放棄は有効。

妥当である（最判昭48・1・19，シンガー・ソーイング・メシーン事件）。

以上から，妥当なものは**エ**と**オ**であり，正答は**5**である。

労働時間，休日・休憩

必修問題

労働基準法上の労働時間に関する次の記述のうち，妥当なものはどれか。ただし，争いがある場合には判例による。【地方上級（全国型）・平成28年度】

1 医師は治療行為を求められたら，これを拒むことができないので，病院に勤務する勤務医には，労働基準法上の労働時間規制は適用されない。

2 警備会社で労働に従事する警備員の**仮眠時間**は，対応等を迫られるなど，労働から完全に解放されているといえないときは，仮眠時間であっても**労働時間**として扱われる。

3 労働者を代表する過半数代表として適法に選出されていない者が，**36協定**を締結したときであっても，当該協定は有効となる。

4 **裁量労働制**を採用する際には，あらかじめ対象労働者について労働時間として算定される時間を決めておく必要はない。

5 所定労働時間を超えて労働した時間数を問わず，残業代をあらかじめ固定する**固定残業代**の賃金規程は無効である。

難易度 ＊

必修問題の解説

1 × 病院に勤務する勤務医にも，労働基準法上の労働時間規制が適用される。

勤務医は，「職業の種類を問わず，事業または事務所に使用される者で，賃金を支払われる者」（労基法９条）に該当する。したがって，**労基法上の労働者**であり，労基法上の労働時間規制が適用される。

医師法で，「診療に従事する医師は，診察治療の求があった場合には，**正当な事由がなければ，これを拒んではならない**」とされているが（医師法19条１項），これはあくまで診療に従事している場合，つまり**勤務中の場合**であり，労働時間規制とは次元の異なる問題である。

2 ◎ 仮眠時間も労働から完全に解放されているといえなければ労働時間である。

正しい。労働時間とは，実際に労務に従事している時間のことではなく，**労働者が使用者の指揮監督の下にある時間**をいう。

そして，仮眠時間であっても，仮眠室への在室が義務づけられ，また仮眠時間中に警報が鳴った場合はビル内の監視室に移動して原因の除去を行うなど，**随時必要な措置を講じることが義務づけられている場合には，労働からの解放は保障されていない**。したがって，このような時間は「使用者の指揮監督の下にある時間」として労働時間になる（最判平14・２・28，大星ビル管理事件）。

3 × **過半数代表として適法に選出されていない者が締結した三六協定は無効。**

労基法は，労働時間の上限を原則１日８時間，１週40時間と規定しており(労基法32条)，これを超えて労働させることを刑罰の制裁をもって禁止している（同119条柱書１号)。通称「**三六協定**」と呼ばれる労基法36条の**時間外・休日労働協定**は，労働者の過半数代表者（過半数労働組合，それがなければ過半数代表者）と使用者との書面による協定によって，厳格な労基法の労働時間規制を免除してもらえるというものである（No.1選択肢５参照)。したがって，三六協定はそのような重要な効果をもたらすものであるから，**必ず過半数代表者が締結しなければならず，その要件を満たしていない協定は無効**である（東京高判平９・11・17，トーコロ事件)。

4 × **裁量労働制では，予め労働時間として算定される時間を決める必要がある。**

裁量労働制とは，業務の遂行方法を大幅に労働者の裁量に委ねざるをえないなどの理由で，「**労使協定で定めた労働時間を労働したものとみなす**」という制度である（労基法38条の３および４)。したがって，労働時間として算定される時間は必ず決めておかなければならない（労基法38条の３第１項２号，38条の４第１項３号)。

5 × **残業代をあらかじめ固定する固定残業代の賃金規程も直ちに無効ではない。**

たとえば**固定残業代**が20時間分とされている場合に，実際の残業時間がそれ以下にとどまれば，その賃金規程は有効である。これに対して，実際の残業時間が20時間を超える場合には，**労働者は超過分の残業代を請求することができる**（大阪地判昭63・10・26，関西ソニー販売事件)。

なお，近年，固定残業代制を巡るトラブルが増えていることから，厚労省は，この制度を採用する場合には，①固定残業代を除いた基本給の額，②固定残業代に関する労働時間数と金額等の計算方法，③固定残業時間を超える時間外労働，休日労働および深夜労働に対して割増賃金を追加で支払う旨を明示するよう指導している。

正答 2

FOCUS

労働時間規制は，その構成が複雑なために難解な部分の一つになっている。国家総合職および労働基準監督官試験では，複雑な条文の構成がそのまま素材として用いられるので，条文の把握は必須である。これに対して，地方上級の場合には，制度の趣旨と基本的な構成が把握されていれば足りるので，試験によって合理的な対応をとる必要がある。

POINT

重要ポイント 1 労働時間の意義

①労働時間とは，使用者の指揮監督の下にある時間をいう。実際に作業している時間ではない。作業と作業の間の待機時間である手待時間も労働時間に含まれる。

②仮眠時間中，仮眠室における待機と警報や電話等に対して直ちに相当の対応をすることを義務付けられているような場合には，仮眠時間も労働時間にあたる。

③不活動時間も，労働からの解放が保障されていない場合は労働時間に当たる（マンション管理員の管理室消灯までの時間）。

重要ポイント 2 法定労働時間の弾力化

①労働時間は休憩時間を除く時間で，１日８時間，１週40時間が原則。

②法定労働時間の弾力化の制度には，ⓐ１か月以内，ⓑ１年以内，ⓒ１週間単位の各変形労働時間制，ⓓフレックス・タイム制の４つがある。

③**１か月以内**（１か月単位）

ｉ）期間を平均して１週40時間以内になっていればよい。

ⅱ）労使協定･就業規則（もしくはこれに準ずるもの）による定めが必要

ⅲ）時間外労働は，１日８時間を超えた労働時間を定めた場合→その定めを超えた時間，それを除き，１週40時間を超えた労働時間を定めた場合→その定めを超えた時間，前２者を除き，単位期間の総枠（単位期間が28日－４週－なら160時間）を超えた時間が時間外労働となる。

④**１年以内**（１年単位）

ｉ）③のｉと同じ要件が必要

ⅱ）必ず労使協定によらなければならない。

ⅲ）時間外労働は③ⅲと同じような考え方で算出する。

ⅳ）１日・１週の労働時間と連続労働日数について上限規制あり

⑤**１週間単位**

ｉ）１週40時間以内で，各労働日の労働時間を１日10時間まで延長可

ⅱ）労使協定が必要

ⅲ）前週末までに翌週のタイムスケジュールを労働者に通知。

ⅳ）業種による規制あり（規模30人未満の小売業，旅館，料理，飲食店の事業のみ導入可）。

⑥**フレックス・タイム制**とは，３か月以内の単位期間（清算期間）の中で，労働者が始業･終業時間を自由に設定できる制度。

単位期間を平均して，１週の労働時間が法定労働時間の範囲内に収まっていなければならない。就業規則と労使協定の両者が必要で，精算期間中の総労働時間を超えた分が時間外労働となる。なお，コアタイムを設けるかどうかは自由である。

重要ポイント 3 労働時間のみなし制

①労働時間のみなし制には，労働時間の算定が困難な場合の事業場外労働と，裁量労働制の２種がある。
②労働時間の算定が困難な事業場外労働の場合，「みなし」による労働時間計算が認められている。
③みなしの方法は，ⓐ業務遂行に通常必要とされる時間（を働いたものとみなす），ⓑ労使協定で定める，ⓒ前二者がなければ所定労働時間（通常は１日８時間）のいずれか。
④労働時間の算定が可能であれば，「みなし制」をとることはできない。
⑤裁量労働制とは，業務遂行の方法や時間配分等を労働者の裁量に委ね，その場合に一定時間労働したものとして扱う制度。
⑥裁量労働制は，事業場外労働のみなし制と同様に労働時間の算定が困難ゆえに，これを「みなす」という制度である。
⑦裁量労働制には専門業務型と企画業務型の２種がある。
　ⅰ）専門業務型･･･デザイナーやプログラマーなどの専門技術者が対象。通常の時間管理になじまないので，本来的に裁量労働制が適合しやすいもの。
　ⅱ）企画業務型･･･一般のホワイトカラーが対象。その中で，時間管理になじみにくいのは新製品開発など一部の職種に限られる。そのため，むやみな「対象者の範囲拡大防止」措置がとられている。
⑧上記２種の**みなし制**は，いずれも**労働時間の算定以外の労働条件（休日・休憩・休暇等）には影響を及ぼさない**。

重要ポイント 4 休憩

①休憩とは，労働時間の途中で，労働（＝使用者の指揮命令下）から完全に開放される時間のことをいう。
②休憩は，労働時間の途中に与えなければならず，始業･終業に接した時間に付与することは認められない。
③休憩時間は，労働時間が６時間を超え８時間までであれば45分，８時間を超える場合には１時間を与えなければならない。
④休憩時間は，労働から完全に解放される時間であるから，使用者が休憩時間中の電話対応を労働者に義務づけることは許されない。
⑤休憩時間は自由利用が原則であり，外出を制限するには合理的な理由（例：百貨店で休憩を利用した従業員の商品持ち出しを防ぐなど）が必要である。
⑥職場内で休憩する場合は，職場秩序の遵守が義務づけられる。したがって，使用者による，職場内のビラ配布や政治活動の制限は自由利用の原則に抵触しない。
⑦休憩は，事業場単位で一斉付与が原則である。ただし，労使協定で交替制による付与も可能である（銀行や商店などで採用されることが多い）。

重要ポイント5 休日

①休日は週に1回設けるのが原則（週休制の原則）。しかし，4週に4回設けることもできる。

②休日をどの曜日にするか，あるいは祝日を休日とするか等は就業規則等で自由に定めることができる。

③休日の事前の振替えがあると，労働日と休日が入れ替わる。

④休日に勤務させた場合に代休を与えるかどうかは任意である。この場合，代休を付与しても，すでに休日勤務がなされた日の労働が労働日の労働に変わるわけではない（3割5分以上の休日割増手当の支払いが必要）。

重要ポイント6 時間外・休日労働

①時間外労働とは，法定労働時間を超えて労働した時間をいう。また，休日労働とは，法定休日における労働をいう。

②法定労働時間を超えない残業時間（法内超勤）は，労基法上の時間外労働には当たらない。同様に，法定外休日の労働も労基法上の休日労働には当たらない。

③使用者は，災害その他避けることのできない事由によって臨時の必要がある場合には，行政官庁の許可を得て，その必要の限度で労働者に時間外・休日労働をさせることができる。事態急迫のために行政官庁の許可を受ける暇がない場合には，事後に遅滞なく届け出ることが必要とされる。

④使用者が，非常事由以外で，一般的な業務上の必要に基いて労働者に時間外・休日労働を命じるには，過半数組合（それがない場合は過半数代表者）と時間外・休日労働協定（三六協定）を締結し，これを行政官庁に届け出る必要がある。

⑤三六協定は免罰的効果を与えるにすぎないので，使用者が残業を命ずるには，就業規則や労働協約，労働契約で残業義務を規定することが必要である。

⑥割増率や算定の基礎となる賃金については，No.5の解説の表を参照。

重要ポイント7 適用除外

①労働時間や休日・休憩に関する労基法の規制は，農畜・水産業従事者，管理・監督者，機密事務取扱者，監視・断続労働従事者には適用されない。

②適用除外される「労働時間，休憩及び休日に関する規定」には，深夜業の規制に関する規定は含まれない。それゆえ**管理・監督者も深夜割増賃金を請求できる**。

③管理・監督者…たとえ店長などの名称が付されていても，勤務時間が使用者に管理されていて出退勤の自由がなければ管理・監督者に該当しない。

④監視・断続労働従事者…該当認定には行政官庁の許可が必要。許可は適用除外の効力要件である。

実戦問題1 基本レベル

＊No.1 労働時間に関する次の記述のうち，妥当なのはどれか。

【地方上級・平成7年度】

1 毎週少なくとも1回の休日を与えなければならないという，いわゆる週休制の原則は，4週間を通じ4日以上の休日を与える使用者には適用されない。

2 使用者は，労働時間が6時間を超えるときは，少なくとも1時間の休憩時間を労働時間の途中に与えなければならない。

3 通常の労働をした労働者が追加労働として行う宿直・日直の勤務は，必ず時間外労働・休日労働として扱わなければならない。

4 休憩時間は，労働時間の一部であることから，休憩時間中に職場を離れる等の行為は認められない。

5 時間外労働や休日労働は，割増賃金を支払えば，使用者はいつでも自由に命じることができる。

＊No.2 労働時間に関する記述として，妥当なのはどれか。

【地方上級（全国型）・平成18年度】

1 労働基準法は，使用者は，労働者に1日8時間，1週40時間を超えて労働させてはならないと規定しているが，この規定はいわゆる管理職には適用されない。

2 災害等による臨時の必要がある場合には，使用者はその必要の限度で労働者に時間外・休日労働をさせることができるが，使用者がこれを行わせるには，行政官庁の許可などは必要でない。

3 裁量労働制は，労働時間の配分などを労働者の裁量にゆだねたうえで，その場合の労働時間計算を協定で定める時間労働したものとみなすという制度であって，休憩や休日などの規定を排除するものではないから，使用者には法所定の休憩を与える義務がある。

4 事業場外の労働についてみなし労働時間制を適用した場合には，たとえ事業場外で労務に従事した時間の算定が可能であっても，所定労働時間を労働したものとして時間の算定を行うことができる。

5 労働時間とは実際に労務に従事している時間ではなく，使用者の指揮監督の下に置かれている時間をいい，待機時間なども使用者の指揮の下に待機している場合には労働時間に該当するが，仮眠時間はいかなる意味でも労働時間には含まれない。

No.3 ＊ **フレックスタイム制に関する次の記述のうち，妥当なものはどれか。**

【地方上級（東京都）・平成２年度】

1 この制度は，就業規則で使用者が定めることのみで，その効力が認められる。

2 この制度は，日ごとの業務に著しい繁閑の差を生ずる事業においてのみ認められている。

3 この制度では，一定期間（清算期間）とその期間における総労働時間を定め，この清算期間を通算して法定労働時間の総枠を超えた時間だけが時間外労働となる。

4 労働者の選択した以外の時間帯でも，研修などのために使用者側からの要請があるときは出勤の義務が生じ，これに違反すれば懲戒の対象となる。

5 労働者は１日の労働時間を自由に選択できるので，この制度の適用を受ける場合には，使用者は労働者に休憩を与える必要はない。

No.4 ＊ **労働基準法に規定する労働時間に関する記述として，通説に照らして，妥当なのはどれか。**

【地方上級（全国型）・平成20年度】

1 労働基準法で定める休憩時間は労働時間に含まれ，その間，労働者は使用者の指揮監督下に置かれる。

2 １か月単位の変形労働時間制では，使用者は，労働者の過半数で組織する労働組合と，１か月以内の一定の期間を平均し１週間当たりの労働時間が40時間を超えて労働させることができるとする書面協定を結ぶことができる。

3 使用者は，労働者の過半数で組織する労働組合との書面協定により，１か月を超え１年以内の一定の期間を平均し１週間当たりの労働時間が40時間を超えない定めをしたときは，特定の日に８時間を超えて労働させることができる。

4 使用者は，労働組合等との書面協定がなくても，日ごとの業務に著しい繁閑の差があり，各日の労働時間を特定し難いすべての事業において，労働時間が週40時間以内であれば，１日について10時間まで労働させることができる。

5 三六協定は使用者と労働者代表の協定であるので，使用者は，それを行政官庁に届け出ることなく時間外労働を命じても，労働基準法に違反しない。

実戦問題1の解説

No.1 の解説　労働時間

→ 問題はP.89　正答 1

1 ◎ 週休制の原則は４週を通じ４日以上の休日を与える使用者には適用されない。

正しい。たとえば舞台興行などのように一定期間継続して集中的に労務に従事する必要のある職種もあることから，法は**４週を通じ４日以上の休日を与える使用者**については**週休制の原則を適用しない**としている（労基法35条２項，**変形休日制**という）。

2 × 労働時間が６時間を超えるときに与えるべき休憩時間は45分以上である。

労基法が要求する休憩時間は，労働時間が６時間を超える場合が45分以上，８時間を超える場合が１時間以上である（労基法34条１項）。

3 × 宿日直がほとんど労働する必要のない勤務の場合は時間外等としなくてよい。

宿直・日直が，「常態としてほとんど労働する必要のない勤務」としてなされるものであれば，時間外労働・休日労働として扱わなくてもよい。

たとえば，学校の教師が，通常の勤務終了後に，修学旅行引率中の同僚教師から学校に連絡が入る場合に備えて，連絡係として交替で学校に泊まり込むような場合である。このような勤務は，非常事態に備えて待機するもので，**常態としてほとんど労働する必要のないもの**である。したがって，労基法の厳格な労働時間規制を及ぼさなくても，労働者に苛酷な労働を強いることにはならない。そのため，このような「断続的な労働」（労基法41条３号）の性質を有する勤務については，**労基法の労働時間規制の適用が除外**されている（労基法41条本文）。

なお，同じ宿直・日直であっても，それが通常の勤務の延長として（たとえば当番制などで）なされているような場合であれば，時間外労働・休日労働として扱わなければならない。

4 × 休憩時間とは労働者が労務から完全に解放される時間のことである。

それは，労働時間の一部ではない。したがって，休憩時間中に職場を離れることは，原則として自由である。

休憩時間は労働時間ではないので，労働者は，この時間中は**使用者の指揮命令から完全に解放される必要がある**。そのため，使用者はこの時間を労働者に自由に利用させなければならず（**休憩時間自由利用の原則**，労基法34条３項），合理的理由がない限り，労働者が職場を離れることを禁止することはできない。

5 × 労働者に時間外労働や休日労働をさせるは，三六協定の締結が必要である。

使用者が労働者に時間外・休日労働を命じるには，時間外・休日労働協定（三六協定）の締結と，労働者の時間外・休日労働義務が発生するための根拠規定（労働協約や就業規則等で定められる）の両者が必要である。単に割増賃金を支払えばよいというわけではない。

◆三六協定

三六協定とは，労使間の時間外・休日労働協定のことをいう（労基法36条が規定する協定なので，三六協定と呼ばれる）。

労働者がより人間らしい生活を営むためには，長時間労働から解放され，自ら自由に使える時間を確保する必要があり，そのためには労働時間の短縮が重要な要素となる。そこで労基法は，１日８時間・１週40時間を原則とする法定労働時間を設定して（労基法32条），使用者がこれを超えて労働者に労働させることを，刑罰の制裁の下に禁止している（同119条１号）。

しかし，現実には時間外・休日労働が必要となる場合もあることから，その場合に備え，いくつかの厳格なハードルを設けて法定労働時間の原則がなし崩しにされないように注意しつつ，実際の要請に対処している。そして，そのハードルの一つが三六協定であり，これは時間外・休日労働のためには過半数労働組合（これがない場合には労働者の過半数代表者）との書面による労使協定が必要であり，さらにこれを行政官庁に届け出なければならないとするものである（労基法36条）。

No.2 の解説　労働時間

→ 問題はP.89 **正答３**

1 × 管理職であっても，管理・監督的地位になければ労働時間規制が適用される。

労基法の労働時間規制は，「管理職か否か」ではなく，「管理・監督的地位（労務管理上経営者と一体的立場）にあるかどうか」によって，適用か不適用かが分かれる。

2 × 臨時の必要に基づく時間外・休日労働には行政官庁の許可が必要である。

これは，臨時の必要が客観的に存在しないにもかかわらず，それがあるとして労働者に時間外・休日労働を強いるような事態を，行政官庁の許可権限の行使によって防止しようとするものである（労基法33条１項）。

3 ◎ 裁量労働制を採用している場合でも，法所定の休憩を与える義務がある。

正しい。**裁量労働制**とは，業務の遂行方法を大幅に労働者の裁量にゆだねざるをえないなどの理由で，**「労使協定で定めた労働時間を労働したものとみなす」という制度**である（労基法38条の３および４）。

すなわち，それは**労働時間の便宜的な算出方法にすぎず，それ以上のものではない**。したがって，この制度の下でも，使用者は，法所定の休憩や休日を労働者に与える義務がある。

4 × 労働時間の算定が可能であれば，労働時間のみなし制をとることはできない。

事業場外労働のみなし労働時間制は，たとえば新聞記者が外で取材活動を行う場合のように，事業場外での労働時間の算定が困難な場合に，「一定の労働時間を労働したものとみなす」という制度である（労基法38条の２第１項本文）。**労働時間の算定が可能**であれば，**みなし制をとることは許されない**。

5 × 仮眠時間も，使用者の指揮命令下に置かれている場合には労働時間に当たる。

仮眠時間であっても，仮眠室への在室が義務づけられ，また仮眠時間中に警報が鳴った場合は，ビル内の監視室に移動して原因の除去を行うなど，随時必要な措置を講じることが義務づけられている場合には，労働からの解放は保障されていない。したがって，このような時間は「使用者の指揮監督の下にある時間」として労働時間になる（最判平14・2・28，大星ビル管理事件）。

No.3 の解説　フレックスタイム制

→ 問題はP.90 **正答3**

フレックスタイム制とは，労働者が始業・終業の時間を自らの判断で自由に決定できる制度であり，その目的は，他の変形労働時間制と同様，労働時間の短縮の点にある。

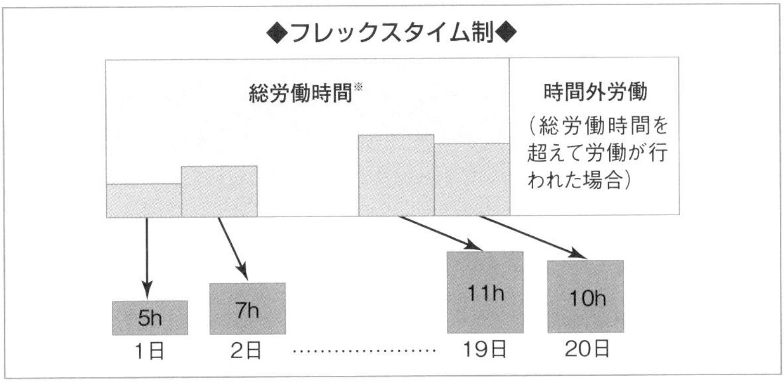

※総労働時間は，3か月以内の単位期間（たとえば1月あるいは1週など）を決定したうえで，その単位期間（清算期間）が1週であれば40時間，1月であれば160時間などとして定められる。

※総労働時間を超えない限り，時間外労働とはならないので，三六協定の締結や割増賃金の支払いは必要でない。

※実労働時間が総労働時間に足りない場合は，欠勤時間として扱われる。

1 ×　過半数労働組合（または過半数代表者）との書面による労使協定が必要。

そして，この中で**フレックスタイム制**の対象労働者の範囲や清算時間，総労働時間などが取り決められる（労基法32条の3）。

2 ×　フレックスタイム制を採用できる事業場に特段の制限はない。

「日ごとの業務に著しい繁閑の差を生ずる事業」において認められるのは，**1週間単位の非定型的変形労働時間制**の場合だけである（労基法32条の5）。

この変型制では，労働時間の特定が使用者の指示（通知）によって行われ，毎週，**その週ごとに労働時間が不規則に変更される**。したがって，労働者の生活上の負担が大きいことから，法は適用対象を「日ごとの業務に著しい繁閑の差が生ずることが多く，かつ，これを予測したうえで就業規則その他これに準ずるものにより各日の労働時間を特定することが困難であると認められる**厚生労働省令で定める事業」に限定**している（具体的には，旅館や飲食店などがその対象となる）。

これに対し，労働時間の管理が労働者にゆだねられる**フレックスタイム制では，そのような限定は必要でない**ので，労使協定があればいかなる業態でもこれを採用しうる。

3 ◎ **清算期間を通算して，法定労働時間を超えた時間が時間外労働となる。**

正しい。通算時間が法定労働時間を超えれば，それは時間外労働である。

4 × **労働者の選択外の時間帯では，使用者の要請があっても出勤の義務はない。**

要請にとどまり，強制でなければ，その時間帯は労働時間とはならず，労働者に労働義務は生じない。したがって，出勤の義務は生じないので，出勤しなくても懲戒の対象とすることはできない。

5 × **法所定の労働時間を超えれば，使用者は労働者に休憩を与える必要がある。**

その日の**労働時間が６時間を超え８時間以内であれば45分，８時間を超える場合には１時間の休憩時間**を与えなければならない（労基法34条）。

休憩は，一定時間労働が継続されることによって生じる労働者の身体的・精神的疲労を回復させるためのものであり，フレックスタイム制の場合にもその趣旨は同様に妥当する。

No.4 の解説　労働時間

→ 問題はP.90 **正答３**

1 × **休憩時間とは労働者が労務から完全に解放される時間のことである。**

休憩時間とは労働者が労務から完全に解放される時間であり，労働時間の一部ではない。したがって，休憩時間については使用者の指揮監督権は及ばない（労基法34条３項）。

2 × **１か月単位の変形制では，期間の平均が40時間以内であることが必要。**

本肢は，40時間を「超えて」ではなく，「超えない範囲において」の誤り（労基法32条の２）。

なお，本肢は時間外労働協定（三六協定）に関するもののようにも読めるが，同協定は時間外労働をさせる必要のある具体的事由などを定めるもので（労基則16条），問題文にあるような「１か月以内の一定の期間を平均し１週間当たりの労働時間が40時間を超えて労働させることができる」といった内容を定めるものではない。

◆1か月単位の変形労働時間制（例）◆

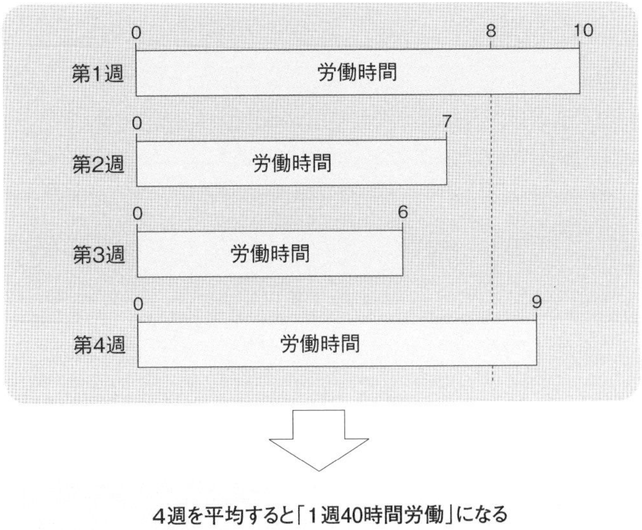

3 ◎ 変形労働時間制では，特定の日に8時間を超えて労働させることができる。

正しい（労基法32条の4）。本肢は，**1年以内の期間の変形労働時間制**である。

この変形労働時間制は，たとえば，「中元や歳暮の時期は忙しいが，その他の時期は比較的暇」という業態の会社において，暇な時期の1日の労働時間を短くし（例：1日6時間労働），その短くした分（8時間－6時間＝2時間）を中元や歳暮の時期に振り向ける（例：1日10時間労働）ことを認めようというものである。

労働者にとっては，年間の労働時間の短縮を図れるというメリットがあり，使用者にとっては時間外労働を減らせるので賃金の負担を軽くできるというメリットがある（中元・歳暮の時期には，10時間を超えて初めて時間外労働となる）。ただ，この制度をとった場合，上例でいえば，労働者は中元・歳暮の時期には毎日10時間労働を強いられることになり，労働者の健康管理や生活に大きな影響を及ぼす。そこで，**この制度の採用**に際しては，労働者自身の意見を反映させるために，**法は労使協定の締結を必要としている**。

4 × 1週間単位の非定型的変形労働時間制を採用できる事業は限定されている。

本肢は，**1週間単位の非定型的変形労働時間制**であり，「すべての事業」ではなく，「日ごとの業務に著しい繁閑の差が生ずることが多く，かつ，これを予測した上で就業規則その他これに準ずるものにより各日の労働時間を特定することが困難であると認められる厚生労働省令で定める一定の事業」に限定されている点が誤り（労基法32条の５，労基則12条の５）。

具体的には，客からの予約状況などによって繁閑の差が大きい旅館や飲食店などが対象事業となっている。

5 × **三六協定は，行政官庁への届出が義務づけられている。**

時間外・休日労働が，労働者の生活や健康に及ぼす影響が大きいことから，行政官庁による指導・監督を図る必要性に基づくものである（労基法36条１項）。

実戦問題2 応用レベル

＊＊ No.5 労働時間に関する次の記述のうち，最も妥当なのはどれか。

【労働基準監督官・平成21年度】

1 災害その他避けることのできない事由によって臨時の必要がある場合においては，使用者は行政官庁の許可を受けて，その必要の限度において法定の労働時間を延長し，または法定の休日に労働させることができるが，業務の繁忙，機械の定期的な修理を行う場合も上記の非常事由に該当する。

2 労働時間を延長し，若しくは休日に労働させた場合，または深夜に労働させた場合においては，通常の労働時間または労働日の，それぞれ2割5分以上の率で計算した割増賃金を支払わなければならないこととされ，この割増賃金の算定の基礎となる賃金には名称の如何を問わず，すべての手当を含めなければならない。

3 労働基準法における労働時間，休憩及び休日に関する規定は，農業，畜産・水産業に従事する者については，これらの産業が天候・季節等の自然条件に強く影響されるため適用除外とされている。また，事業の種類にかかわらず監督若しくは管理の地位にある者または機密の事務を取り扱う者についても，適用除外とされている。

4 1年以内の期間の変形労働時間制を採用するには，労使協定は必要ないものの就業規則その他これに準ずるものにより，対象期間を平均して1週間当たりの労働時間が40時間を超えないように対象期間中の労働日と各労働日の所定労働時間を定める必要があるが，常時10人未満の労働者を使用する商業・サービス業については，特例として44時間とされている。

5 裁量労働制は，労働基準法所定の業務について労使協定でみなし労働時間を定めた場合には，実際の労働時間数に関係なく協定で定める時間数労働したものとみなす制度である。このため，休憩時間や時間外及び休日労働，深夜労働等に関する規制は適用除外となり，みなし労働時間が法定労働時間を超える場合も割増賃金を支払う必要はない。

＊＊ No.6 労働時間に関する次の記述のうち，妥当なものはどれか。

【地方上級（全国型）・平成24年度】

1 労働基準法41条2号の「監督若しくは管理の地位にある者」（管理監督者）とは，一般的には部長，工場長など労働条件の決定その他労務管理について経営者と一体的な立場にある者の意であり，名称にとらわれず実態に即して判断すべきものと定義されており，銀行の支店長代理はこの管理監督者には当たらない。

2 監視または断続的労働に従事する者に労働時間等に関する規制の適用を除外するには，行政官庁の許可を得る必要はない。

3 突発業務が発生しない限り睡眠をとってもよいとされる仮眠時間は，突発業務が発生した際にこれに対応する時間を除いて実作業に従事していない以上，労働基準法上の労働時間には当たらないとするのが判例である。

4 事業場外で業務に従事するトラックの運転手については，タイムカードで労働時間が管理されている場合であっても，事業場外労働のみなし労働時間制を適用することができる。

5 労働基準法41条2号の管理監督者に該当する労働者については，時間外，休日労働の割増賃金だけでなく，深夜労働の割増賃金も請求することができないとするのが判例である。

＊＊
No.7 **労働時間，休憩及び休日に関する次の記述のうち，妥当なのはどれか。**

【国家総合職・平成27年度】

1 休日に労働が行われたが，事後的な振替により代休日が付与された場合，振替前の休日の労働に対して休日労働の割増賃金を支払う必要はない。

2 時間外労働及び休日労働の割増賃金の割増率は，時間外労働については原則として2割5分以上，休日労働については3割5分以上とされており，労働者が休日に深夜労働に及ばない8時間を超える労働をした場合，使用者は労働者に6割以上の割増率で計算した割増賃金を支払わなければならない。

3 使用者は，満1歳未満の生児を育てる女性が請求したときは，法定の休憩時間のほか，1日2回各々少なくとも30分の育児時間を与えなければならないが，育児時間を勤務時間の始めまたは終わりに与えたり，1回にまとめて60分としたりすることは許されない。

4 フレックスタイム制を採用した場合には，清算期間における法定労働時間の総枠を超えた時間が時間外労働となり，労働基準法第36条に基づく協定において，清算期間を通算して時間外労働をすることができる時間及び1日について延長することができる時間を定めなければならない。

5 裁量労働のみなし労働時間制は，実際の労働時間に関係なく，労使間で定められた時間労働したものとみなす制度であるが，同制度においても，時間外労働や深夜労働等に関する法規制の適用を受けるから，みなし労働時間が法定労働時間を超える場合や，深夜時間帯に労働が行われた場合には，割増賃金を支払わなければならない。

＊＊ No.8 労働時間や休日等に関する次の記述のうち，最も妥当なのはどれか。

【労働基準監督官・令和４年度】

1 労働基準法で規定する監視または断続的労働に従事する者については，通常の労働者と比較して労働密度が疎であるという性質に鑑み，労働基準監督署長に事前に届出を行うことにより，労働時間に関する規定が適用除外となるが，休憩，休日及び深夜労働については，当該者に対する適用除外の規定はない。

2 労働基準法で規定された高度プロフェッショナル制度は，高度の専門的知識等を有し，一定の年収要件を満たす労働者を対象として，労働時間，休憩及び休日の規定を適用しない制度であるが，深夜労働の割増賃金に関する規定は適用除外とならない。また，同制度の適用に当たって，対象労働者の同意を得ることは，法令上義務付けられていない。

3 使用者は，１日の労働時間が６時間を超える場合は少なくとも45分，８時間を超える場合は少なくとも１時間の休憩時間を労働時間の途中に与えなければならないが，労働時間の途中であれば，どの時点で付与してもよく，また，休憩時間を分割して与えることも可能である。

4 年次有給休暇は休養や活力の養成を目的とすることから，分割の最低単位は，労働基準法制定以来，一労働日とされてきたが，2008年に同法が改正され，仕事と生活の調和を促進するため，就業規則に必要な手続を規定し労働基準監督署長に届出を行うことを要件として，１年に10日の年次有給休暇の範囲内で時間単位による取得が認められることとなった。

5 災害等の事由により臨時の必要がある場合，使用者は，事前に行政官庁に届出を行うことにより，１日８時間，１週40時間の法定労働時間を延長して労働者を働かせることができるが，この場合であっても，１週１日または４週４日の法定休日での労働は認められず，また，行政官庁への届出を事後に行うことは認められていない。

＊＊
No.9 労働時間や年次有給休暇に関する次の記述のうち，最も妥当なのはどれか。

【労働基準監督官・令和３年度】

1 労働基準法における労働時間は，現実に精神または肉体を活動させている時間とされているため，例えばビル管理人の深夜仮眠時間については，使用者から業務についての指示を受けることはないから，労働時間に該当することはない。

2 労働基準法においては，１週及び１日の最長労働時間の設定である法定労働時間が定められているが，使用者は，事業場の労使協定を締結し，それを行政官庁に届け出れば，その協定の定めるところにより法定労働時間を超えて労働時間を延長して労働させることができる。

3 労働基準法においては，使用者は，労働者に対して毎週少なくとも１回の休日を与えなければならないと規定されており，同法の規定により，すべての使用者は就業規則を作成のうえ，当該規則において休日を週のいずれかの曜日に特定しなければならない。

4 年次有給休暇の権利は，その雇入れの日から起算して１年間継続勤務し，全労働日の８割以上出勤した労働者に発生するものである。また，その権利は労働者の請求によって初めて生じるとするのが判例である。

5 フレックスタイム制とは，労働者が，単位期間である１か月の間で一定時間数労働することを条件として，１日の労働時間を自己の選択する時に開始し，かつ終了できる制度であり，当該制度を設定する場合，労働者が勤務すべき時間帯（コアタイム）を必ず定めなければならない。

実戦問題2の解説

No.5の解説　労働時間

→問題はP.97　正答3

1 ×　時間外・休日労働が認められる非常事由に，業務の繁忙などは含まれない。

業務の繁忙，機械の定期的な修理を行う場合は，本肢の「非常事由」には該当しない。

使用者は，災害その他避けることのできない事由によって臨時の必要がある場合には，行政官庁の許可を受けて，その必要の限度において労働時間を延長し，または休日労働をさせることができる（労基法33条１項本文）。

しかし，単なる業務の繁忙の場合は，通常の時間外・休日労働の手続き（就業規則等への規定と三六協定の締結）で対応すべきものである。また，機械の定期的な修理は，あらかじめ業務計画に組み込んで，通常の勤務時間の中行うべきものであるから，いずれも「非常事由」には当たらない。

2 ×　休日労働の割増率は「３割５分以上」である。

まず，割増率は，次のようになっている。

時間外労働	休日労働	深夜労働
２割５分以上	３割５分以上	２割５分以上

上表において，２つ以上の事由が重複した場合，割増率はそのまま加算される。

したがって前半は正しい。しかし，後半については，休日は労働日ではないので「１日８時間労働」の原則の適用はない。そのため，８時間を超えて労働しても，割増率は３割５分以上である。

なお，**１か月について60時間を超えて時間外労働**をさせた場合は，その超えた時間の労働については，**割増率は５割以上**に引き上げられる（労基法37条１項但書）。

また，**割増賃金**は**「通常の労働時間または労働日の賃金」を基礎に算定**されるので（労基法37条１・４項），**次のような賃金は，割増賃金の算定の基礎から除外**されている（同５項，労基則21条）。

①	労働の内容や量と関係のない賃金 →家族手当，通勤手当，別居手当，子女教育手当，住宅手当
②	臨時に支払われた賃金
③	１か月を超える期間ごとに支払われる賃金 →賞与，１か月を超える期間の精勤手当など

3 ◎　管理・監督者や機密の事務取扱者などには労働時間等の規制は適用されない。

正しい（労基法41条２号）。

4 ×　１年単位の変形労働時間制の採用は必ず労使協定によらなければならない。

１年以内の期間の変形労働時間制は，長期間にわたって長時間労働が続く可能性があるので，労働者の健康や生活への影響がより大きくなる。そのため，労働者の意思を反映させて労働者保護を図る見地から，**必ず労使協定によらなければならない**（労基法32条の４）。

5 × **裁量労働制の下でも，法所定の休憩や休日を労働者に与える義務がある。**

裁量労働制においても，**休憩時間や時間外および休日労働，深夜労働等に関する法規制は依然として及ぶ**。また，みなし労働時間が法定労働時間を超える場合は割増賃金を支払わなければならない。

裁量労働制（労基法38条の３，同38条の４）は，業務の内容について高い専門性や創造性が要求されるため，使用者が業務遂行の方法や労働時間の配分などに具体的な指示を行うことが適当ではなく，これを労働者の裁量に委ね，その場合の労働時間については一定時間労働したものとして扱おうという制度である。すなわち，この制度は，**労働時間の算定が困難なので一定時間労働したものとして扱う**というにすぎない。したがって，休憩等や割増賃金などの労基法の規制は，この制度の適用対象者にも依然として及ぶ。

No.6 の解説　労働時間

→ 問題はP.97　**正答 1**

1 ◎ **銀行の支店長代理は労働時間規制の適用除外となる管理監督者ではない。**

ここで**管理監督者**（労基法41条２号）とは，「労務管理について経営者と一体的立場にある者」をいう。具体的には，**出退勤の自由が確保され**（それゆえ労働時間規制になじまない），また，通常の労働者の時間外勤務手当に代わるものとして**十分な特別手当が支給されている**ような者である。部長等の役職名がつけられていても，出退勤の時間が決められ，十分な特別手当も支給されてないなどという場合には，管理・監督者には当たらない。

銀行の支店長代理は，出退勤の自由がなく，銀行の機密事項に関与することもなく，また経営者と一体となって銀行経営を左右する仕事に携わることもないとされ，管理監督者には該当しないとされている（静岡地判昭53・３・28，静岡銀行事件）。なお，支店長については，支店長代理と異なり管理・監督者とされている（昭52・２・28基発104号の２，105号）。

◆労働基準法上の労働時間規制の職種による適用除外

業務の特殊性から，労働時間や休日・休憩に関する労基法の規制になじまない職種がある。これらについては，労基法の労働時間，休日・休憩の規定は適用されない。

労基法は，このような職種として，①農業，畜産・水産業に従事する者（労基法41条１号），②管理・監督者および機密の事務を取り扱う者（同２号），③監視・断続労働従事者（同３号）の３つをあげている。

2 × **監視・断続労働従事者の該当認定には行政官庁の許可が必要である。**

これは，使用者が一方的に監視・断続労働に該当するとして労働時間の法規制を免れるような事態を回避すべき要請が，特に強いことが理由である

（労基法41条3号）。

そのため，行政官庁の許可は監視・断続労働従事者への労働時間規制の適用除外の**効力要件**とされている。

3 × **仮眠時間も，使用者の指揮命令下にある時間として労働時間に該当する。**

判例は，「仮眠時間中，労働契約に基づく義務として，仮眠室における待機と警報や電話等に対して直ちに相当の対応をすることを義務付けられている」ような場合には，**使用者の指揮命令下に置かれている**ものとして，その時間は労働時間にあたるとする（最判平14・2・28，大星ビル管理事件）。

4 × **事業場外の労働時間管理が可能ならば，みなし労働時間制は適用できない。**

事業場外労働の**みなし労働時間制**は，たとえば新聞記者が外で取材活動を行う場合のように，事業場外での**労働時間の算定が困難な場合**に，「一定の労働時間を労働したものとみなす」という制度である（労基法38条の2第1項本文）。

タイムカードで労働時間が管理されていて，労働時間の算定が可能であれば，みなし制をとることは許されない。

5 × **管理監督者も深夜労働の割増賃金も請求することができる。**

深夜労働に関する規制は，身体的に大きな負担を強いる深夜時間帯の特性に着目したものである。したがって，管理監督者であっても適用除外はなされない（最判平21・12・18，ことぶき事件）。

No.7の解説　労働時間，休憩および休日　→問題はP.98　正答5

1 × **代休が付与されても，休日に労働していれば割増賃金を支払う必要がある。**

すでに休日労働が行われているので，割増賃金の支払いが必要である。

2 × **休日に8時間を超えて労働させた場合の割増率は3割5分以上でよい。**

休日は労働日ではないので「1日8時間労働」の原則（労基法32条2項）**の適用はない**。そのため，8時間を超えて労働しても，休日労働と時間外労働の割増率が加算されるのではなく，**割増率は3割5分以上**でよい。

まず，基本の割増率をもう一度確認しておこう。

時間外労働	休日労働	深夜労働
2割5分以上	3割5分以上	2割5分以上

そして，2つ以上の事由が重複した場合は次のようになる。

①	休日労働＋時間外労働	3割5分以上 （休日労働には時間外労働自体がない）
②	休日労働＋深夜労働	3割5分以上＋2割5分以上＝6割以上
③	時間外労働＋深夜労働	2割5分以上＋2割5分以上＝5割以上

3 × 育児時間を勤務時間の始めや終わりに与え，また60分まとめて与えてもよい。

育児時間は生児を育てるのに必要な時間として，母親の育児に対する便宜を考慮して与えられるものであるから，**母親が請求する限り，時間帯は勤務時間の始めまたは終わりであってもよく**，またその時間も1日1回60分という形態でもかまわない。

4 × フレックスタイム制では1日の延長時間についての時間外労働協定は不要。

フレックスタイム制では，問題前半にあるように，清算期間における法定労働時間の**総枠を超えた時間が時間外労働**となる（労基法32条の3）。そのため1日の延長時間について協定する必要はない。

5 ◎ みなし労働時間制でも時間外・深夜労働については割増賃金の支払いが必要。

正しい。**みなし労働時間制**は，労働時間の算定が困難であることから，便宜的に一定時間を労働したものと「みなす」という制度であって，それ以上のものではない（労基法38条の3・4）。したがって，労働時間の算定以外の法規制はそのまま適用されるので，**みなし労働時間が法定労働時間を超える場合や，深夜時間帯に労働が行われた場合には，割増賃金を支払わなければならない**。

No.8 の解説　労働時間や休日等

→ 問題はP.99　**正答3**

1 × 監視・断続労働従事者の該当認定には行政官庁の許可が必要である。

これは，使用者が一方的に監視・断続労働に該当するとして**労働時間の法規制を免れるような事態を回避すべき要請が特に強いことが理由**である（労基法41条柱書・3号）。

そのため，行政官庁の許可は監視・断続労働従事者への労働時間規制の**適用除外の効力要件**（許可がないと監視・断続労働従事者として扱えない）とされている。

また，深夜労働に関する規制は時間帯の特性に着目したものであるから，適用除外の対象には含まれない（深夜割増賃金の請求可）。

2 × 高プロ制度では深夜割増も不適用，また制度適用には本人の同意が必要。

高度プロフェッショナル制度とは，高度の専門知識等を有し，一定の年収要件（年収1,075万円以上を想定）を満たした労働者を対象に，労使委員会の決議や労働者本人の同意を条件に，**労働基準法上の労働時間，休憩，休日，深夜割増賃金に関する規定を適用しないという制度**である（労基法41条の2第1項柱書本文）。

すなわち，働き方そのもの（労働時間管理）を労働者の自主的管理に任せようというものである。したがって，**深夜労働の割増賃金に関する規定も適用除外となる**。ただ，自主的管理では働き過ぎに陥るリスクがあることから，使用者による健康確保措置の実施が必要で，制度の導入には労使委員会の決議や労働者本人の同意が要件とされる。

3 ◎ 休憩は，労働時間の途中に与えなければならず，また分割付与も可能である。

妥当である。**休憩とは，労働時間の途中で，労働から完全に開放される時間のこと**をいう。長時間の労働が継続すると，疲労が蓄積したり集中力が途切れて労働災害が発生しやすくなるなど，労働者の健康や安全に悪影響を及ぼす。そこで，労働者のリラックスとリフレッシュのために設けられたのが休憩時間である。そのため，**休憩は，労働時間の途中に与えなければならず**，始業・終業に接した時間に付与するなどのことは認められない。

なお，法は分割付与について特段の制限を設けていないので，**分割付与も可能**である（労基法34条1項）。

4 × 労使協定により，1年に5日以内での時間単位の年休取得が認められる。

本肢は，「2008年に同法が改正され」までは正しい（なお，途中で，行政解釈－昭63・3・14基発150号－により，使用者が認める場合には半日単位での取得も認められるようになった）。

その後，上記の法改正により，過半数労働組合（それがないときは過半数代表者）との書面による協定により，**1年に5日以内での時間単位の年次有給休暇の付与が認められる**ことになった（労基法39条4項）。

5 × 臨時の必要に基づく時間外・休日労働には行政官庁の許可が必要である。

これは，臨時の必要が客観的に存在しないにもかかわらず，それがあるとして労働者に時間外・休日労働を強いるような事態を，行政官庁の許可権限の行使によって防止しようとするものである（労基法33条1項本文）。

臨時の必要がある場合には，法定休日での労働も認められる（同上）。たとえば，大雨災害で職場が浸水被害を受けたため，早急に業務を再開できるように職員に休日労働を求めるなどという場合がこれに当たる。

なお，事態急迫のために行政官庁の許可を受ける暇がない場合には，事後に遅滞なく届け出ることが必要である（同項但書）。

No.9 の解説　労働時間や年次有給休暇

→ 問題はP.100　正答2

1 × 仮眠時間も，使用者の指揮命令下に置かれている場合には労働時間にあたる。

労働時間とは，使用者の指揮命令の下にある時間をいう（最判平12・3・9，三菱重工長崎造船所事件）。

そして，仮眠時間であっても，仮眠室への在室が義務づけられ，また仮眠時間中に警報が鳴った場合はビル内の監視室に移動して原因の除去を行うなど，**随時必要な措置を講じることが義務づけられている場合には，労働からの解放は保障されていない**。したがって，このような時間は「使用者の指揮命令の下にある時間」として労働時間になる（最判平14・2・28，大星ビル管理事件）。

2 ◎ 三六協定の締結と行政官庁への届出で，労働時間規制の例外が認められる。

妥当である。前半について，労基法32条。後半について，同法36条1項

（いわゆる**三六協定**である）。

3 × **休日は毎週少なくとも１回の付与が必要だが，曜日の特定までは必要でない。**

前半は正しい（労基法35条１項）。しかし，**法は曜日の特定までは要求していない**ので，特定は法律上必須ではないと解されている。

ただし，労働者に休息を与え，自由な時間を確保するという週休制の趣旨に照らし，行政監督上，就業規則で休日を特定するよう指導がなされている（昭63・３・14基発150号）。

4 × **年休権は，法定の要件を満たすことで法律上当然に発生する権利である。**

年次有給休暇の権利は，法定の要件（６か月間継続勤務し，かつ全労働日の８割以上勤務，労基法39条１項）**を満たすことによって法律上当然に発生する**（最判昭48・３・２，林野庁白石営林署・国鉄郡山工場事件）。これは労働者の請求を待って初めて生じるものではない。

5 × **フレックスタイム制において，コアタイムを設けるかどうかは任意である。**

フレックスタイム制とは，１か月以内の単位期間（清算期間）の中で，労働者が始業・終業時間を自由に設定できる制度である（労基法32条の３第１項２号）。

そして，この制度において，**コアタイム**（社員相互の連絡や意思疎通などのために，全員をそろえる目的で出勤が義務づけられる時間帯）**を設けるかどうかは任意であり，必ず設けなければならないわけではない**。最初から全員をそろえる時間帯を設けておくか，それとも必要が生じた場合に必要な人員をそろえるかなどは，職種の特性などによって異なるであろうから，この制度を導入する際に，導入する側が柔軟に判断すればよい。

実戦問題3　難問レベル

＊＊＊
No.10　労働時間に関するア～オの記述のうち，妥当なもののみをすべて挙げているのはどれか。
【国家総合職・令和元年度】

ア：法定労働時間を超えて労働させることを時間外労働という。就業規則で所定労働時間を7時間と定めている場合，8時間まで延長したときの1時間は，時間外労働ではないから，その範囲内で労働させる限り，使用者は割増賃金の支払義務を負わない。

イ：労働基準法上の労働時間に当たるか否かは，労働者が実際に使用者に命じられた作業に従事していると評価できるか否かにより客観的に定まるものであるところ，使用者から，作業に当たり作業服や安全保護具等を装着することを義務付けられ，それらの装着を事業所内の所定の更衣所等で行うものとされている場合であっても，始業前に行う作業服や安全保護具等の装着に要する時間は，実際に作業に従事している時間とは評価できないから，労働時間に当たらないとするのが判例である。

ウ：労働基準法は，使用者に対し，労働者に休憩時間を自由に利用させるべきことを定めている。使用者が，事業所内でビラを配布することについて，それが休憩時間中に行われるか否かを問わず，一律に使用者の許可を要する旨を就業規則で定めた場合，休憩時間中のビラの配布につき許可を要するとした部分は，労働者の休憩時間を自由に利用する権利に対する不当な制約であって無効であるとするのが判例である。

エ：使用者は，時間外労働又は深夜労働をさせた場合には2割5分以上，休日労働をさせた場合には3割5分以上の割増賃金を支払わなければならない。また，時間外労働と深夜労働が重複した場合には5割以上，休日労働と時間外労働が重複した場合には6割以上の割増賃金を支払わなければならない。

オ：裁量労働のみなし労働時間制は，実際の労働時間に関係なく，労使間で定められた時間を労働したものとみなす制度であるが，同制度においても，時間外労働や深夜労働に関する法規制の適用を受けるから，みなし労働時間が法定労働時間を超える場合や，深夜労働が行われた場合には，割増賃金を支払わなければならない。

1　ア，オ
2　イ，エ
3　ウ，オ
4　ア，エ，オ
5　イ，ウ，エ

実戦問題③の解説

No.10の解説　労働時間

→問題はP.107　**正答1**

ア○　割増賃金の支払いが必要とされるのは，法定労働時間を超えた場合である。

妥当である。就業規則で法定労働時間よりも短い時間を定めている場合，**法定労働時間である1日8時間**（労基法32条1項）**に達するまでの残業時間は時間外労働ではない**。したがって，その時間の労働については，法定の割増賃金（労基法37条1項本文）を支払う義務はない。

イ×　事業所内で，業務の準備行為等を義務付けられた時間は労働時間である。

判例は，「労働者が，就業を命じられた業務の準備行為等を事業所内において行うことを使用者から義務付けられ，又はこれを余儀なくされたときは，当該行為を所定労働時間外において行うものとされている場合であっても…労働基準法上の労働時間に該当する」とする（最判平12・3・9，三菱重工長崎造船所事件）。

同判例の事案で具体的に争点とされたものについて，労働時間性の肯否を表にまとめると次のようになる。

	労働時間か否か	理　由
入退場門と更衣所間の移動	×	・使用者の指揮命令下に置かれたものと評価できない。
更衣所での作業服・保護具等の着脱	○	・使用者から実作業に当たり，作業服・保護具等の装着を義務づけられていた。 ↓ 作業服および保護具等の着脱等は，使用者の指揮命令下に置かれたものと評価することができ，その着脱等に要する時間は，それが社会通念上必要と認められる限り，労働基準法上の労働時間に該当する。
更衣所と作業場間の移動	○	・本来の作業に不可欠の準備行為で，使用者の指揮命令下に置かれたものと評価できる。
休憩時間中における作業服および保護具等の一部の着脱	×	・使用者は，休憩時間中，就業を命じた業務から労働者を解放して社会通念上休憩時間を自由に利用できる状態に置けば足りる。
洗身	×	・実作業の終了後に事業所内の施設において洗身等を行うことを義務づけられてはおらず，特に洗身等をしなければ通勤が著しく困難であるとまではいえなかった。 ↓ 使用者の指揮命令下に置かれたものとは評価できない。

ウ × **休憩時間中に施設内でビラ配布等を行うには施設管理者の許可が必要。**

判例は，ビラ配布等を行うについて施設管理者の許可を要するとしても，休憩時間の自由利用原則（労基法34条３項）には違反しないとする（最判昭52・12・13，電電公社目黒電報電話局事件）。

同判例は，休憩時間の自由利用といってもそれは時間を自由に利用することが認められたものにすぎず，自由利用が企業施設内において行われる場合には，使用者の企業施設管理権に基づく合理的な規制による制約を免れることはできない。そして，**施設内で貼紙やビラ配布等を行うことは，その内容いかんによっては企業の運営に支障を来し企業秩序を乱すおそれがある**ことから，このような行為を管理者の許可にかからせることは合理的な制約といえる，とする。

エ × **休日に８時間を超えて労働させた場合の割増率は３割５分以上でよい。**

休日は労働日ではないので「１日８時間労働」の原則（労基法32条２項）**の適用はない**。そのため，８時間を超えて労働しても，休日労働と時間外労働の割増率が加算されるのではなく，割増率は３割５分以上でよい。

なお，それ以外は正しい。詳細は，No.7選択肢2参照。

オ ○ **みなし制でも法定労働時間超過分や深夜労働には割増賃金の支払いが必要。**

妥当である。みなし制は，労働時間の算定が困難な場合に，定められた時間を労働したものとみなすものであるから，超過分や深夜労働については，割増賃金の支払いが必要になる。

以上から，妥当なものは**ア**と**オ**であり，正答は**1**である。

第1章 個別的労働関係法

年次有給休暇

必修問題

労働基準法に規定する年次有給休暇に関する記述として，判例，通説に照らして，妥当なのはどれか。 【地方上級・平成19年度】

1 未消化の年次有給休暇は，翌年に繰り越すことが認められず，また，使用者が相当分の手当を支払って未消化の年次有給休暇を買い上げることは，明らかに違法である。

2 年次有給休暇は労働者の個人的な権利であるので，使用者は，労働者の過半数で組織する労働組合との書面による協定により，年次有給休暇を与える時季に関する定めをすることはできない。

3 最高裁判所の判例では，労働者が年次有給休暇をどのように利用するかは労働者の自由であるが，年次有給休暇の利用目的を明らかにしないことまたはその明らかにした利用目的が相当でないことを，使用者の**時季変更権**行使の理由としうることは，一般的に認められるものであるとした。

4 最高裁判所の判例では，**一斉休暇闘争**を，労働者がその所属の事業場において，その業務の正常な運営の阻害を目的として，全員一斉に休暇届を提出して職場を放棄・離脱するものと解するときは，その実質は年次休暇に名を借りた同盟罷業にほかならず，本来の年次休暇権の行使でないとした。

5 最高裁判所の判例では，年次有給休暇の権利は，法律上当然に労働者に生じる権利ではなく，労働者の請求を待って初めて生じるものであり，労働者の休暇の**時季指定**の効果は，当該休暇の請求に対する使用者の承認により成立するとした。

難易度 ＊＊

必修問題の解説

1 × 未消化の年次有給休暇は，翌年に繰り越すことができる。

労基法上の請求権の消滅時効は2年とされており（労基法115条），**通説**は，これに基づいて**未消化の年次有給休暇の翌年への繰越しを認めている**。

なお，後半は正しい。すなわち，ここにいう「**年休の買上げ**」とは，労働者が年休を使えないようにするために，事前に一定の対価で買い上げる旨を約することをいう。このような行為は，**法が認めた年休権の行使を阻害することになるので違法**とされている。

2 × **労使協定により，５日を超える年休日数の計画的な消化が可能になる。**

年休の消化率を高めるために，このような協定の締結が認められている(労基法39条６項，**計画年休制度**という)。

たとえば，「職場の全員が交替で１週間の夏季休暇を取れるようにするために，各自の年休をこの夏季休暇に振り向ける」などといった利用のしかたである。この場合，**５日分は各労働者が自由に使えるように留保**しておいて，**それを超える分について，計画年休制度のために使うことが認められている**。

3 × **年休の利用目的について使用者が干渉することは許されない。**

判例は，「年次休暇の利用目的は労基法の関知しないところであるから，休暇の利用目的のいかんによって時季変更権を行使することは，利用目的を考慮して年次休暇を与えないことに等しく，許されない」とする（最判昭62・７・10，弘前電報電話局事件）。

4 ◎ **一斉休暇闘争は年休取得に名を借りた争議行為であり，年休は成立しない。**

正しい。判例は，**一斉休暇闘争**は，「**本来の年次休暇権の行使ではない**のであるから，これに対する使用者の時季変更権の行使もありえず，一斉休暇の名の下に同盟罷業に入った労働者の全部について，**賃金請求権が発生しない**ことになる」とする（最判昭48・３・２，林野庁白石営林署・国鉄郡山工場事件）。

5 × **年休権は，法定の要件を満たすことで法律上当然に発生する権利である。**

年次有給休暇の権利は，**法定の要件**（６か月間継続勤務し，かつ全労働日の８割以上出勤，労基法39条１項）**を満たすことによって法律上当然に発生**する（最判昭48・３・２，林野庁白石営林署・国鉄郡山工場事件）。これは労働者の請求を待って初めて生じるものではない。

仮に労働者の請求によって初めて生じるとすると，労働者が請求しなければ年休権は発生しないことになる。そして，このように解すると，使用者の無言の圧力によって労働者が年休の請求をためらうことも考えられる。そのため，判例は，法定の要件を満たせば法律上当然に年休権が発生するとしている。

正答 4

FOCUS

この分野の問題は，特定の判例から繰り返し頻繁に出題されるのが特徴である。そこで素材とされる判例の数は限られており，その判例を理解しておけば比較的容易に正答を選択できる。その意味で，得点源になりうる分野といえる。

重要ポイント1 年次有給休暇の趣旨・要件

①年次有給休暇は，賃金を保障しながら「自分の生活をアレンジ」できるゆとりを与えて，より豊かな「人たるに値する生存」を確保しようとするものである。
②休暇日は，必ずしもこれを休養（労働力の回復）に使う必要はない。
③年休権は，**雇入れの日から６か月間継続勤務**し，**全労働日の８割以上出勤**した労働者に発生する（最初は10労働日）。
④雇入れの日が起算日であるから，就業規則で「年度開始の日を起算日とする」などと定めても無効である（逆に，労働者に有利な算定をする場合は有効）。
⑤「全労働日の８割以上出勤」の算定をするに際しては，業務上の傷病による休業期間，育児・介護休業期間，産休期間は欠勤扱いとすることはできない。
⑥付与日数は６か月を基点として，20日に達するまで１年ごとに加算が行われる。
⑦過半数組合（ない場合は過半数代表者）との労使協定の締結により，年に５日を限度に時間単位で年休を与えることができる。
　労使協定では，時間単位年休を認める対象労働者の範囲，日数，１時間以外の時間を単位とする場合はその時間（例：１回の取得は２時間を単位とする）などを定める（『30分』など，１時間未満の単位を定めることはできない）。
　なお，仮に日数を５日と定めた場合，当該労働者の所定労働時間が８時間であれば，５日×８時間＝40時間が時間単位年休の取得可能時間となる。
⑧休暇取得日の賃金は，平均賃金または所定労働時間労働した場合に支払われる通常の賃金のいずれかで算定した賃金で支払うことを要する。
　いずれにするかは，就業規則その他これに準ずるものによって定められる。
　労使協定を締結すれば，健康保険法40条１項に定める標準報酬月額の30分の１に相当する金額で支払うこともできる。

重要ポイント2 年休権の法的性質・使用者の時季変更権

①年休権は法定の要件（６か月間継続勤務し，全労働日の８割以上出勤）が満たされることにより法律上当然に生ずる権利であり，労働者の請求を待って初めて成立するものではない。
②業務上の傷病により療養のために休業した期間，産前産後の休業期間は全労働日に含まれ，年休権の算定においては労働者は出勤したものとみなされる。
③全労働日とは，「労働者が労働契約上労働義務を課せられている日」をいい，法定外休日はこれに含まれない。
④労働者が時季を指定したときは，使用者はその時季の年休取得が「事業の正常な運営を妨げる」と認められる合理的な理由があれば時季変更権を行使できる。
⑤使用者は，労働者の年休が「事業の正常な運営を妨げる」場合には，時季変更権を行使できる。その際，代わりの年休日を提案する必要はない。
⑥**「事業の正常な運営を妨げる」**とは，年休取得日における**当該労働者の労務の提供が事業の運営に不可欠**であり，かつ**代替要員の確保が困難**な場合をいう。
⑦労働者の年休請求に対して，使用者の時季変更権の行使が遅滞なくなされた場合

には，それが休暇期間が開始した後になされた場合であっても適法な時季変更権の行使として認められる。

⑧代替要員の確保が常に困難であるという状況において，労働者が年休を請求した場合には，代替要員の確保が常に困難であることを理由とする時季変更権の行使は許されない。

重要ポイント3 年休自由利用の原則

①年次有給休暇の利用目的は労基法の関知しないところであり，休暇をどのように利用するかは使用者の干渉を許さない労働者の自由である。

②他の事業場における違法争議の支援目的でも，年休権の行使は適法である。

③**一斉休暇闘争**のための年休請求は，年休権行使に名を借りたストライキにほかならず，**年休権としては認められない**（賃金請求権は発生しない）。

④労働者が時季を指定したところ，その日にたまたま所属組合がストに突入したので，争議行為に参加する意図でそのまま休暇を取ったという場合も，同様に年休権の行使は違法である（スト参加の扱いになる）。

重要ポイント4 計画年休制度

①労使協定によって，各労働者の「5日を超える分の年休日」を計画的な年休消化のために用いることができる（5日分は各労働者に留保しなければならない）。

②労使協定は，過半数労働組合がある場合にはその組合と，ない場合には労働者の過半数代表者との間で締結する。

　過半数労働組合がある場合には，労働者の過半数代表者との間で協定を締結することはできない。

③計画年休制度は，これに反対の労働者も拘束する。

重要ポイント5 年次有給休暇のその他の問題点

①年休権の時効は2年（未消化年休分は翌年度まで持ち越せる）。

②年休権の事前買上げは違法であるが（年休取得を抑制する効果があるため），すでに時効消滅した分について，事後に手当を支給しても違法ではない。

③年休権行使を強く抑制する効果を持つ次のような行為は違法である。

　ｉ）賞与の算定で年休取得日を欠勤扱いとすること。

　ⅱ）年休取得日が多いことを理由に昇給･昇格で不利に扱うこと。

　これに対し，年休取得を理由に皆勤手当を控除する措置は，権利の行使の抑制効果が小さいため，判例は公序に反する無効なものとまではいえないとする。

実戦問題❶ 基本レベル

＊
No.1 年次有給休暇に関する次の記述のうち，妥当なのはどれか。

【国家総合職・平成３年度】

1 年次有給休暇の権利は，労働者が法定された客観的要件を充足したときに法律上当然生ずる権利であり，労働者の請求を待って初めて生ずる権利ではないとするのが判例である。

2 年次有給休暇をどのように利用するかは，使用者の干渉を許さない労働者の自由であるとされているので，使用者の時季変更権の行使を無視した一斉休暇闘争の場合も年次有給休暇は成立するとするのが判例である。

3 労働者はすべて平等に取り扱わなければならないから，１年以上勤務した労働者に対しては，その勤務年数の長短にかかわらず，すべて同一日数の年次有給休暇が与えられなければならない。

4 年次有給休暇は労働者の個人的権利であるから，たとえ使用者が当該事業場の過半数の労働者を組織する労働組合との書面による協定により年次有給休暇を与える時季についての定めをしても，その定めは無効である。

5 使用者は，労働者が取得した年次有給休暇の期間については，就業規則に別段の定めがある場合を除き，当該労働者に対し最低賃金法に定める最低賃金を支払えば足りる。

＊
No.2 労働基準法に規定する年次有給休暇に関する次の記述のうち，判例，通説に照らして，妥当なものはどれか。 【地方上級・平成14年度】

1 年次有給休暇の権利は，労働者が６か月間の継続勤務と全労働日の８割以上の出勤という要件を充足したからといって法律上当然に生ずるものではなく，その労働者の請求によって初めて生じる。

2 年次有給休暇の利用は，使用者の干渉を許さない労働者の自由であるから，労働者は年次有給休暇をとる際にその使途を使用者に申告する必要がなく，仮に申告した使途と別の使途に用いたとしても年次有給休暇の成立に影響がない。

3 年次有給休暇は，労働者の完全な個人的使用のためのものであるから，使用者は，労働者の過半数で組織する労働組合との書面による協定によっても，年次有給休暇を与える時季に関する定めをすることが一切できない。

4 使用者は，労働者がその権利として有する年次有給休暇を享受することを妨げてはならないという不作為義務を負うが，労働者の希望する時季に年次有給休暇が実現するよう状況に応じた配慮をするという義務を負うことがない。

5 使用者は，事業の規模や年次有給休暇請求者の職場での配置などについて合理性の観点から個別具体的に判断する必要はなく，単に繁忙という理由だけで年次有給休暇の時季変更権を適法に行使することができる。

＊
No.3 年次有給休暇に関する次の記述のうち，妥当なのはどれか。

【国家総合職・平成11年度】

1 いわゆる一斉休暇闘争の場合においても年次有給休暇は成立するから，使用者は原則として労働者の請求する時季に休暇を与えなければならず，また，闘争に参加した労働者の賃金請求権は消滅しないとするのが判例である。

2 使用者による時季変更権行使の意思表示は，事業の正常な運営を妨げる事由の存否を判断するために必要な合理的期間以上に遅延させてはならず，また，必ず年休日開始前になされることを要するとするのが判例である。

3 労働者が，使用者の業務計画，ほかの労働者の休暇予定等との事前の調整を経ることなく，具体的時季を特定して長期かつ連続の年次有給休暇の時季指定をした場合においても，使用者は時季変更権の行使に当たって，休暇の時季，期間等につき裁量的判断の余地は認められないとするのが判例である。

4 使用者が時季変更権を行使するに当たっては，使用者の側から代わりの年休日を提示する必要があると解するのが通説である。

5 使用者が時季変更権を行使する際には，使用者の側が代替要員確保の努力をすることが前提となるから，人員不足のために代替要員の確保が常に困難であるという状況であれば，時季変更は許されないと解するのが通説である。

実戦問題1の解説

No.1の解説　年次有給休暇

→問題はP.114　正答1

1◎　年休権は，法定の要件を満たすことで法律上当然に発生する権利である。

正しい（最判昭48・3・2，林野庁白石営林署・国鉄郡山工場事件）。

2×　一斉休暇闘争は年休取得に名を借りた争議行為で，年休権の行使ではない。

判例は，一斉休暇闘争は年次休暇に名を借りた同盟罷業にほかならず，適法な年休権の行使ではないとする（最判昭48・3・2）。

3×　付与日数は6か月を基点として，20日に達するまで1年ごとに加算される。

なお，加算方法は以下のとおりである（労基法39条2項）。

継続勤務期間	6か月	1年6か月	2年6か月	3年6か月	4年6か月	5年6か月	6年6か月～
付与日数	10日	11日	12日	14日	16日	18日	20日

4×　年休の計画的な消化のための労使協定は，個々の労働者を拘束する。

いわゆる**計画年休制度**であり，労使協定が締結されれば労働者もこれに拘束される（労基法39条6項）。

5×　年次有給休暇にいう「有給」は，その労働者の通常の賃金が基準となる。

最低賃金ではなく，平均賃金または所定労働時間労働した場合に支払われる通常の賃金のいずれかで算定した賃金を支払う必要がある。このいずれにするかは，就業規則その他これに準ずるものによって定められる（労基法39条9項本文）。

なお，労使協定を締結すれば，健康保険法40条1項に定める標準報酬月額を30で割った額に相当する金額によることも認められている（同項但書）。

No.2の解説 年次有給休暇

→問題はP.114 正答2

1 × **年休権は，法定の要件を満たすことで法律上当然に発生する権利である。**

年次有給休暇の権利は，法定の要件を満たすことによって法律上当然に発生する（最判昭48・3・2，林野庁白石営林署・国鉄郡山工場事件）。これは労働者の請求を待って初めて生じるものではない。

2 ◎ **年休の利用目的について使用者が干渉することは許されない。**

正しい。年休制度の趣旨は，労働者に賃金を保障しながら「自分の生活をアレンジ」できるゆとりを与えて，より豊かな「人たるに値する生存」を確保しようとするものである。したがって，年次有給休暇をどのように利用するかは労働者の自由であり，使用者はこれに干渉できないとされる（**年休自由利用の原則**）。そのため，労働者は年休の使途目的を使用者に申告する必要がなく，また，仮に申告した使途と別の使途に用いたとしても，使用者はその点について干渉を許されないので，年次有給休暇の成立に影響はない。

3 × **使用者は，労使協定で年休を与える時季に関する定めをすることができる。**

使用者は，過半数労働組合（それがない場合には労働者の過半数代表者）と労使協定を締結すれば，その協定の定めに従って年休を与えることができる。これを**計画年休制度**という（労基法39条6項）。

この制度は，労働者の年休取得を制約しようとするものではなく，その反対に年休の消化率をアップするために導入されたものである。すなわち，1人では気がねがあって年休を取りにくいというわが国の職場の実情を踏まえ，「集団で計画的に取れば，上司や同僚の目をはばからずに年休を取ることができるだろう」として導入されたものである。この制度では労働者が個人的に使うための年休日数として5日を留保し，その余りの日数を計画的に消化することが認められている。

4 × **使用者は労働者が希望する時季に年休取得できるよう配慮する義務を負う。**

使用者は，労働者がその権利として有する年次有給休暇を享受することを妨げてはならないという不作為義務を負うだけでなく，**労働者の希望する時季に年次有給休暇が実現するよう状況に応じた配慮をするという義務も負う**（最判昭62・7・10，弘前電報電話局事件）。

たとえば，「勤務割によってあらかじめ定められていた勤務予定日につき休暇の時季指定がされた場合であってもなお，使用者は，労働者が休暇を取ることができるよう状況に応じた配慮をすることが要請される」（同前判例）などがその例である。

5 × **使用者は，単に繁忙という理由だけで時季変更権を行使することはできない。**

使用者には，労働者の希望する時季に年次有給休暇が実現するよう状況に応じた配慮をするという義務が課せられている。したがって，時季変更権の行使には，単に業務が繁忙という理由だけでは足りず，年休請求日におけるその労働者の労働が，所属部署の業務運営に不可欠であり，かつ代替要員の確保が困難という場合でなければならない。

No.3の解説　年次有給休暇

→ 問題はP.115　正答5

1 ×　一斉休暇闘争は年休取得に名を借りた争議行為で，年休権の行使ではない。

判例は，いわゆる**一斉休暇闘争**は**年次休暇に名を借りた同盟罷業**にほかならず，それは「本来の年次有給休暇権の行使ではないのであるから，これに対する使用者の時季変更権の行使もありえず一斉休暇の名の下に同盟罷業に入った労働者の全部について**賃金請求権が発生しない**」とする（最判昭48・3・2，林野庁白石営林署・国鉄郡山工場事件）。

2 ×　使用者の時季変更権の行使は，年休請求に対して遅滞なくなされればよい。

労働者の年休請求に対して，使用者の時季変更権の行使が遅滞なくなされた場合には，休暇期間が開始した後でも適法な時季変更権の行使として認められる（最判昭57・3・18，電電公社此花電報電話局事件）。

この判例の事案は次のようなものである。

労働者Aは，当日出社せず，始業時刻の20分前になって，電話で宿直職員を通じて，理由を述べずにその日1日分の年休を請求した。これに対して，所属長であるB課長は，事務に支障が生ずるおそれがあると判断したが，休暇を必要とする事情のいかんによっては業務に支障が生ずるおそれがある場合でも年次休暇を認めるのを妥当とする場合があると考え，Aに直ちに連絡するよう電報を打った。その後，Aは午後3時頃出社し，理由を明らかにすることを拒んだため，直ちに年次休暇の請求を不承認とする意思表示をした。

このような事情の下で，判例は，時季変更権の行使が事前にされなかったことのゆえに直ちに不適法となるものではなく，客観的に時季変更権を行使しうる事由が存し，かつ，その行使が遅滞なくされたものである場合には，適法な時季変更権の行使があったものとしてその効力を認めるのが相当であるとする（同前判例）。

3 ×　長期の年休請求に対しては，使用者の時季変更権に裁量の余地が認められる。

判例は，**長期の年休取得**に対する「使用者の時季変更権の行使については，右休暇が事業運営にどのような支障をもたらすか，右休暇の時期，期間につきどの程度の**修正，変更を行うかに関し，使用者にある程度の裁量的判断の余地を認めざるを得ない**」とする（最判平4・6・23，時事通信社事件）。

その理由として，判例は，労働者の年休が長期のものであればあるほど，使用者において**代替勤務者を確保することの困難さが増大**するなど事業の正常な運営に支障をきたす蓋然性が高くなり，使用者の業務計画，他の労働者の休暇予定等との事前の調整を図る必要が生ずるのが通常であること。また，使用者にとっては，労働者が時季指定をした時点において，その長期休暇期間中の当該労働者の所属する事業場において予想される業務量の程度，代替勤務者確保の可能性の有無，同じ時季に休暇を指定する他の労働者の人数等の**事業活動の正常な運営の確保にかかわる諸般の事情について，これを正確に予測することは困難**で，当該労働者の休暇の取得がもたらす事業運営への支障の有無，程度につき，蓋然性に基づく判断をせざるをえないことなどを挙げている。

4 × **時季変更権行使の際に使用者から代わりの年休日を提示する必要はない。**

通説はそのように解している。すなわち，年休は，労働能力を回復させるための休息を目的としたものではない。それは，労働者が自由にアレンジできる時間を認めることによって，「より人間らしい生存」を確保しようとするものである。したがって，**その日に年休を取得できない場合に，別のどの日に年休を取得するかは完全に労働者の自由な判断にゆだねざるをえない**（たとえば，友人の結婚式に出席するために年休を請求したところ，使用者から時季変更権を行使されたという場合，**使用者が代わりの日を年休日として提示しても意味がない**）。

5 ◎ **「代替要員の確保が常に困難」を理由とする時季変更権行使は許されない。**

正しい。**代替要員の確保が常に困難**であるという状況において，業務に支障が出ることを理由とする使用者の時季変更権の行使を認めるとすると，労働者はいつまでも年休権を行使できないことになってしまうが，それでは年休を認めた意味がない。それゆえ，このような場合には**時季変更権の行使は許されない**とするのが通説である。

実戦問題❷ 応用レベル

＊＊
No.4 年次有給休暇に関する次の記述のうち，判例に照らし，妥当なのはどれか。

【国家総合職・平成6年度】

1 労働基準法39条１項にいう全労働日とは，労働者が労働契約上労働義務を課せられている日のみならず，実質的にみて労働義務のない日，たとえば祝日，土曜日，年末・年始休日も含まれる。

2 具体的時季指定に関し，たとえば，勤務割の変更は前々日までになすべしとの協約規定がある場合でも，就業規則においてかかる具体的時季指定を休暇日の一定日数ないし一定時間前までになすべきことを規定することはできない。

3 具体的な時季指定に対する時季変更権の意思表示に関しては，請求された年次有給休暇日を承認しないというものでは足りず，代わりの年次有給休暇日を提案する必要がある。

4 すでに年次有給休暇取得が承認されていた日に，ストライキが繰り上げられた際，年次有給休暇請求を維持して争議目的で職場を離脱した行為は，年次有給休暇制度の趣旨に反し年次有給休暇の効果は認められない。

5 年次有給休暇取得者に対して，賞与の算出や昇給上の要件たる出勤率の算定に当たり年次有給休暇取得日を欠勤日として扱ったり，さらに，精皆勤手当てを減額ないし不支給とする扱いは無効である。

＊＊＊
No.5 休暇に関する次の記述のうち，最も妥当なのはどれか。

【労働基準監督官・平成22年度】

1 使用者が事業場の労働者の過半数で組織する労働組合と書面による協定を締結して，いわゆる年次有給休暇の計画的付与が実施され，休暇日が具体的に定められた場合には，これに反対する労働者は，その日を年休日とせずに他の日を年休日と指定することはできない。

2 年次有給休暇の時季変更権は，事業の正常な運営を妨げる際に行使できるが，事業の正常な運営を妨げるか否かの判断については，使用者が業務遂行上，何らかの支障があると判断すれば足りる。また，当該時季変更権の行使に際して，使用者に代替要員確保の努力までも要求するものではない。

3 労働者が，退職時に退職日までの間のすべての勤務日を一括して年次有給休暇として時季指定した場合，使用者に時季変更をする日がないため，このような年次有給休暇の取得は許されない。他方，労働者が複数日の年次有給休暇を時季指定する場合，休暇は分割できないので使用者が休暇の一部について時季変更権を行使することはできない。

4 労働者は年次有給休暇の使途を使用者に説明する義務を負うが，その取得は自由にできるものであることから，労働者が業務の正常な運営の阻害を目的として全員が一斉に年次有給休暇を取得するいわゆる「一斉休暇闘争」として年次有給休暇を取得する場合であっても，判例は一貫して年次有給休暇の行使を認めている。

5 年次有給休暇を取得した日に対する賃金について，使用者は労働基準法第12条に規定された平均賃金額を支払う必要があり，所定労働時間労働した場合に支払われる通常の賃金額を支払うことは，賃金の減額になることから許されない。

＊＊

No.6 休憩，休日および年次有給休暇に関する次の記述のうち，最も妥当なのはどれか。 【労働基準監督官・平成25年度】

1 使用者は，労働時間が6時間を超える場合においては少なくとも30分，8時間を超える場合においては少なくとも1時間の休憩時間を，労働時間の途中に2回以上に分けて与えなければならない。

2 休憩時間は，金融や運送業などのサービス業も含め一斉に与えることが原則であるが，当該事業場において，労使協定が締結され，行政官庁の許可を受けたときに限り，休憩時間を一斉に与える必要はない。

3 使用者は，雇い入れの日から起算して6か月間継続勤務し，全労働日の8割以上出勤した労働者に対して，継続し，又は，分割した10労働日の有給休暇を与えなければならない。

4 パートタイムの労働者の年次有給休暇については，1週間の所定労働時間が30時間未満であり，かつ，週の所定労働日数が4日以下の労働者や1週間の所定労働時間が30時間未満であり，かつ，年間の所定労働日数が216日以下である労働者には，年次有給休暇が付与されない。

5 使用者は，労使協定の有無にかかわらず，就業規則その他これに準ずるもので定めることにより，年次有給休暇の日数のうち3日を超える部分について，その定める時季に年次有給休暇を与えることができる。

実戦問題2の解説

No.4の解説　年次有給休暇

→問題はP.120　**正答4**

1 ×　年休権の要件の１つである全労働日には，労働義務のない日は含まれない。

全労働日とは，「労働者が労働契約上労働義務を課せられている日」をいい，**法定外休日はこれに含まれない**とするのが判例である（最判平４・２・18，エス・ウント・エー事件）。

年休は，雇入れの日から起算して６か月間継続勤務し，全労働日の８割以上出勤した場合に成立するが（労基法39条１項），ここでいう「全労働日」に祝日や年末・年始などの法定外の休日が含まれるかが問題となる。判例のように解すると分母が小さくなるので「８割」が達成しやすくなり，労働者には有利である。

〔単純化して２週間で考えてみると…〕

日	月	火	水	木	金	土
1	②	3	4	5	6	7
8	9	10	11	12	⑬	14

＊週休２日（土曜・日曜は休日）
＊２日と13日を祝日とする。
＊そうすると要出勤日は８日

〔第１説〕「全労働日」に法定外休日は含まれない（判例）。
全労働日―８日（祝日を除外）　その８割 ― 6.4日
→１日休んでも年休権成立（**労働者に有利**）。

〔第２説〕「全労働日」に法定外休日も含まれる。
全労働日―10日（祝日を算入）　その８割 ―８日
→年休権を成立させるためには，１日も休むことができない（**労働者に不利**）。

2 ×　代替要員の確保のため「時季指定は○日前までになすべき」との規定は有効。

勤務割の変更と時季指定とは異なるので，就業規則にこのような規定を設けても労働協約に抵触するわけではない。そして，このような規定も，**代替要員の確保を容易にするためのものであれば，合理性が認められる**ので有効な規定となる（最判昭57・３・18，電電公社此花電報電話局事件）。

3 ×　時季変更権行使の際に使用者から代わりの年休日を提示する必要はない。

時季変更権の意思表示は，「その日の年休取得は承認できない」といったもので足り，代わりの年休日を提案しなければならないというものではない（最判昭57・３・18）。

4 ◎　年休取得に名を借りた争議参加行為の場合には，年休権の行使ではない。

正しい。本件は，労働者Ａがある特定の日（２月28日）に年休を請求しておいたところ，Ａが所属するＢ労働組合が，争議行為の日程を当初の予定日からその日（2月28日）に繰り上げたことから，年休日と争議行為の日がたまたま重なることになってしまったという事案である。Aは使用者Cが年休を事実上承認しているのを幸いに，争議行為に参加する意図で年休請求を取り下げず，そのまま職場を離脱した。

判例は，このような職場離脱は「業務を運営するための**正常な勤務体制が存在することを前提として，その枠内で休暇を認める**という年次有給休暇制度の趣旨に反するもので，本来の年休権の行使とはいえない」として，Aに年休は成立しないとした（最判平3・11・19，国鉄津田沼電車区事件）。

5 × **年休取得を賞与算定や昇給の要件で不利益に取り扱うことは許されない。**

賞与の算出や昇給上の要件たる**出勤率の算定**に当たり**年次有給休暇取得日を欠勤日として扱うことは許されない**が，**精皆勤手当については，これを減額ないし不支給としても違法とはならない。**

①**賞与・昇給**…賞与に関しては，賞与も賃金であり，年休期間中の賃金支払いを義務づけている39条9項の趣旨に反すること（最判平4・2・18，エス・ウント・エー事件），昇給に関しては，このような取扱いが年休権行使を抑制し，年休権を保障した趣旨を実質的に失わしめること（最判平元・12・14，日本シェーリング事件）がその理由である。

②**精皆勤手当**…判例は，「年次有給休暇の取得を理由に皆勤手当を控除する措置は，望ましいものではないとしても，労働者の同法上の年次有給休暇取得の権利の行使を抑制し，ひいては同法が労働者に右権利を保障した趣旨を実質的に失わせるものとまでは認められないから，公序に反する無効なものとまではいえない」とする（最判平5・6・25，沼津交通事件）。

No.5の解説　年次有給休暇

→ 問題はP.120　**正答 1**

1 ◎　年休の計画的な消化のための労使協定は，個々の労働者を拘束する。

正しい。労使間で年次有給休暇の計画的取得を進める旨の合意が成立した場合，その合意には法的効力が認められる。したがって，ある労働者が個人的に計画年休日の年休取得に反対の場合にも，協定で指定された日は年休日となる。

計画年休制度（労基法39条６項）は，同僚や上司に気兼ねして年休取得を控えるというわが国の職場の実情を考慮して，年休を計画的かつ強制的に取得させることによって消化率を高めようとするものである。労使間の合意に法的効力がないとすれば，この法の目的は達成できないので，**反対の労働者もこの協定に法的に拘束される**と解されている。

なお，年度当初に休暇付与の計画が策定された場合であっても，判例は，計画策定の時点では予測できなかった事態発生の可能性が年度途中で生じた場合には，使用者は「業務の正常な運営を阻害する」場合に認められている時季変更権を行使できるとする点に注意（最判昭58・９・30，高知郵便局事件）。

2 ×　労働者の年休請求に対して，使用者は代替要員の確保に努める義務がある。

「事業の正常な運営を妨げる」といえるためには，年休取得日のその労働者の労働が，担当業務を含む相当な単位の業務の運営にとって不可欠であり，かつ代替要員を確保するのが困難という状況のあることが必要とされる。したがって，業務運営に不可欠な者からの年休請求であっても，使用者が**代替要員確保の努力をしないまま直ちに時季変更権を行使することは許されない**ことになる。

3 ×　長期の年休請求に対しては，使用者の時季変更権に裁量の余地が認められる。

後半については，時季変更権の行使も認められる（最判平４・６・23，時事通信社事件）。

前半については，**退職前の一括年休請求**は，その性質上時季変更権の行使ができなくても**違法な請求ではない**とされている。

4 ×　一斉休暇闘争は年休取得に名を借りた争議行為で，年休権の行使ではない。

一斉休暇闘争は年休権の行使としては認められないとする（最判昭48・３・２，林野庁白石営林署事件，国鉄郡山工場事件）。

5 ×　所定労働時間労働した場合に支払われる通常の賃金額を支払うこともできる。

休暇取得日の賃金は，平均賃金または所定労働時間労働した場合に支払われる通常の賃金のいずれかで算定した賃金で支払う（労基法39条９項本文，いずれにするかは就業規則等で定める）。

年次有給休暇に対する賃金の算定は，下記のいずれかの方法を選択して行う。

①平均賃金	就業規則その他これに準ずるもので定める
②所定労働時間労働した場合に支払われる通常の賃金	
③健康保険法40条1項に定める標準報酬月額の1/30相当額	過半数労働組合（それがない場合は労働者の過半数代表者）との書面による労使協定で定める

No.6の解説　休暇，休日および年次有給休暇

→問題はP.121　正答3

1 ×　労働基準法上，休憩時間を分割して付与することは要求されていない。

労働時間が6時間を超える場合においては，少なくとも45分の休憩時間を与えなければならない（労基法34条1項）。休憩時間を分割するかどうかについては，労働基準法は特段の制限を設けていない。したがって，**分割付与は可能であるが，それは使用者の義務ではない**。

2 ×　一斉付与の適用除外には労使協定があればよく，行政官庁の許可は不要。

平成10年改正以前の労基法では，行政官庁の許可が要件とされていた。これは，「一斉付与を強制しなければ，労働者は休憩を取れない」という以前の時代の労働環境が背景となっていた。現在は，**一斉付与の例外を設けるかどうかは労使の自治に委ねればよい**とされ，行政官庁の許可は例外の要件から外されている（労基法34条2項但書）。

3 ◎　6か月間継続勤務や全労働日の8割以上出勤などが年休権成立の要件である。

正しい（労基法39条1項）。年次有給休暇についての基本知識である。

4 ×　パートタイムの労働者にも，一定の要件のもとに年休権が認められている。

週所定労働時間が30時間未満で，かつ，所定労働日数が週4日以下または年間216日以下の労働者についても，一定の日数の年次有給休暇が認められている（労基法39条3項，労基則24条の3）。その付与日数については，テーマ1「労働契約」No.3アの表を参照のこと。

なお，週所定労働時間数が30時間以上の労働者および週所定労働日数が5日以上（または1年間の所定労働日数が217日以上）の労働者については，通常の労働者と同じ日数の年次有給休暇が与えられる。

5 ×　計画年休制度の導入には，労使協定の締結が必要である。

いわゆる**計画年休**であるが，これを行うには労使協定が必要である。また，その日数は「3日を超える部分」ではなく「**5日を超える部分**」である（労基法39条6項）。

実戦問題❸　難問レベル

＊＊＊
No.7　年次有給休暇（以下「年休」という。）に関する次の記述のうち，妥当なのはどれか。ただし，争いのあるものは判例の見解による。

【国家総合職・令和２年度】

1　使用者は，事業場の過半数労働者で組織する労働組合又は過半数労働者を代表する者との書面による協定により，年休を与える時季に関する定めをしたときは，その定めに従って労働者に年休を与えることができる。ただし，年休は労働者の個人的な権利であるから，その定めをすることができる年休日は年５日までとされ，また，当該協定の効果は，これに反対する労働者には及ばない。

2　労働者が請求していた年休の時季指定日に，たまたまその所属する事業場において予定を繰り上げてストライキが実施されることになり，当該労働者が，当該ストライキに参加しその事業場の業務の正常な運営を阻害する目的をもって，当該請求を維持して職場を離脱した場合であっても，当該請求に係る時季指定日に年休が成立する。

3　労働者が，使用者の業務計画，他の労働者の休暇予定等との事前の調整を経ることなく，始期と終期を特定して長期かつ連続の年休の時季指定をした場合であっても，これに対する使用者の時季変更権の行使については，当該労働者の年休の取得がもたらす事業運営への支障の有無，程度に関して蓋然性に基づく判断をすることは労働基準法の趣旨に反する不合理なものとして許されないから，使用者に裁量的判断の余地はない。

4　労働者が行った年休の時季指定に対して使用者が時季変更権を行使する場合，使用者は，代わりに年休を付与する時季を指定しなければならないため，使用者が労働者の年休の時季指定を「承認しない」という意思表示のみでは，使用者に時季変更権行使の意思表示があったとはいえない。

5　年休の権利は，労働基準法が規定する要件の充足により，法律上当然に労働者に生ずるものであって，その具体的な権利行使に当たっても，年休の成立要件として「使用者の承認」という観念をいれる余地はなく，年休の利用目的は同法の関知しないところであり，休暇をどのように利用するかは，使用者の干渉を許さない労働者の自由である。

実戦問題3の解説

No.7の解説　年次有給休暇

→問題はP.126　正答5

1 ×　労使協定により，５日を超える年休日数の計画的な消化が可能になる。

使用者は，過半数労働組合または労働者の過半数代表者との「年休を与える時季」についての労使協定に基づき，有給休暇の日数のうち**５日を超える部分について，その定めに従って年休を与えることができる**（労基法39条６項，**計画年休制度**）。

そして，この労使協定で休暇日が具体的に定められた場合には，それに**反対の労働者をも拘束する**。そうでないと，年休の消化促進というこの制度の趣旨が生かせないからである。

2 ×　年休取得に名を借りた争議参加行為の場合には，年休は成立しない。

労働組合のスト予定日が繰り上がったため，その組合に所属する組合員がたまたま請求していた年休の時季指定日と重なってしまったが，当該組合員はそのまま年休請求を維持して職場を離脱したという事案で，判例は，このような職場離脱は「業務を運営するための**正常な勤務体制が存在することを前提として，その枠内で休暇を認める**という年次有給休暇制度の趣旨に反するもので，本来の年休権の行使とはいえない」として，当該組合員に年休は成立しないとした（最判平３・11・19，国鉄津田沼電車区事件）。

3 ×　長期の年休請求には，使用者の時季変更権に裁量の余地が認められる。

判例は，**長期の年休取得**に対する「使用者の時季変更権の行使については，当該休暇が事業運営にどのような支障をもたらすか，また，休暇の時期，期間につきどの程度の**修正，変更を行うかに関し，使用者にある程度の裁量的判断の余地を認めざるを得ない**」とする（最判平４・６・23，時事通信社事件）。

4 ×　時季変更権行使の際に使用者から代わりの年休日を提示する必要はない。

時季指定日に年休を取得できない場合に，**別のどの日に年休を取得するかは労働者の自由である**から，使用者の側から代わりの年休日を提案する必要はない。したがって，労働者から請求された年休日に対して「承認しない」という意思表示があれば，それで時季変更権行使の意思表示があったと認められる（最判昭57・３・18，電電公社此花電報電話局事件）。

5 ◎　年休の利用目的について使用者が干渉することは許されない。

妥当である。判例は本肢のように判示している（最判昭48・３・２，林野庁白石営林署事件）。

安全衛生

必修問題

労働安全衛生法に関する次の記述のうち，最も妥当なのはどれか。

【労働基準監督官・令和５年度】

1 **労働安全衛生法の目的**は，労働災害の防止のための危害防止基準の確立，責任体制の明確化及び自主的活動の促進の措置を講ずるなど，その防止に関する総合的計画的な対策を推進することにより，労働者とその家族の安全と健康を確保することであり，快適な職場環境の形成を促進することまでは目的とされていない。

2 労働安全衛生法は，「**過労死等**」を，業務上の過重な負荷による脳血管疾患・心臓疾患を原因とする死亡などを含むものとした上で，その防止のための政府の施策として，毎年７月第１週を過労死等防止啓発週間と定め，それにふさわしい各種事業を実施することとしている。

3 **産業医**は，労働者の健康管理等を行うに必要な医学の知識に基づいて誠実にその職務を行い，必要があると認めるときは，事業者に対して労働者の健康管理等について勧告を行うことができる。勧告を受けた事業者は直ちにこれに従わなければならないが，労働者の健康情報を保護する観点から，勧告の内容を衛生委員会または安全衛生委員会へ報告することは求められていない。

4 事業者は，定期的な一般健康診断等の結果の**異常所見者**に対する事後措置について，医師または歯科医師の意見を聴かなければならず，この意見を勘案し，必要と認めるときは，就業場所の変更，作業の転換，労働時間の短縮，深夜業の回数の減少等の措置を講じなければならない。

5 心理的な負担の程度を把握するための検査等（**ストレスチェック制度**）の主たる目的は，精神疾患の発見であり，事業者は，６月以内ごとに１回，定期に，労働者に対して，ストレスチェックを行わなければならず，労働者は，特段の理由がない限り，これに応じる義務がある。

難易度 ＊＊

必修問題の解説

細かな知識の肢が並んでいるが，十分な知識がない場合でも簡単に諦めるのではなく，「常識的にもっともだ」とか，「内容的に特に引っかかるところがない」というものを選んでみるのもよい。本問では，肢**4**が内容も常識的であることから，これを正解として選ぶのが穏当であろう。

1 × **安衛法は，労働者の安全と健康の確保及び快適な職場環境形成が目的。**

労働安全衛生法は，労働者が安全で快適な職場で就労できるようにすることで，**労働者が健康を維持しながら日々の業務に精励できる環境を整えることを目的とする**（安衛法１条）。

すなわち，労働者が安心して日々の業務に精励するためには，快適な職場環境の形成は何よりも重要であり，同法はこの点もまた目的としている。一方で，同法は「労働者」の働きやすい環境の形成を目的としているので，労働者の「家族」の安全と健康の確保は同法の目的ではない。

2 × **「過労死等」の定義を定めているのは，過労死等防止対策推進法である。**

前半については，上記の通り（過労死等防止対策推進法２条）。後半については，毎年11月を過労死等防止啓発月間として，その趣旨にふさわしいシンポジウムやキャンペーンなどの各種事業が実施されている（同法５条）。

3 × **産業医の勧告内容について，事業者には衛生委員会等への報告義務がある。**

前半は正しい（安衛法13条３項，５項前段）。しかし，後半について，**事業者はこの勧告を尊重しなければならない**とされているが（同条５項後段），直ちにこれに従うことまでは義務付けられていない。ただ，勧告の趣旨を尊重する必要があることから，事業者は，当該**勧告の内容等を衛生委員会または安全衛生委員会に報告することを求められている**（同条６項）。

4 ◎ **健診等の異常所見者には，医師等への意見聴取と相応措置を講じる義務あり。**

妥当である。前半について，安衛法66条の４。後半について，安衛法66条の５第１項前段。

5 × **ストレスチェックの目的は，メンタルヘルス不調の未然防止にある。**

ストレスチェックの主たる目的は，精神疾患の発見ではなく，労働者がそれを通じて**労働者のメンタル面の不調を未然に防止する**点にある。また，ストレスチェックは，１年以内ごとに１回，定期に行うことが事業者に義務付けられているが（安衛法66条の10第１項，安衛則52条の９），メンタル面という事情もあって，労働者がこれに応じるかどうかは任意である。

正答 4

FOCUS

労働安全衛生法に関する問題は，労働基準監督官の試験では毎年必ず１題が出題されるが，他の試験でこの分野の問題が出題されることはほとんどない。技術的で実務的な要素が強いことがその理由であろう。労働基準監督官でも細かな知識の問題が随所に登場するが，解き方を工夫することで学習の効率を上げながら正答を導く確率を高められるので，問題を解きながら，その工夫を考えるようにしよう。

重要ポイント 1 労働安全衛生法

①労働安全衛生法は，労働基準法と相まって，職場における労働者の安全と健康を確保するとともに，快適な職場環境の形成を促進することを目的とする。

②労働安全衛生法は，事業場を単位として適用される。また，同じ敷地内に事務棟と工場が併設されているような場合には，両者は別の事業場として扱われる。安全衛生の基準が異なるからである。

③事業者は，労働安全衛生法が定めるルールを遵守することで災害を防止する義務を負うが，ここで事業者とは「事業を行う者で，労働者を使用するもの」をいう（安衛法2条3号）。

具体的に事業者とは，使用者が法人組織の場合にはその法人が，また個人事業の場合には事業主個人がこれにあたる。

④事業者は，労働災害の防止のための最低基準を守るだけでなく，快適な職場環境の実現と労働条件の改善を通じて職場における労働者の安全と健康を確保し，国が実施する労働災害の防止に関する施策に協力しなければならない（安衛法3条）。

⑤労働者は，労働災害を防止するため必要な事項を守るほか，事業者その他の関係者が実施する労働災害の防止に関する措置に協力するように努めなければならない（安衛法4条）。

⑥一定規模（政令で定める規模）の事業場では，安全衛生に関する実質的な最高責任者である総括安全衛生管理者を選任し，その者に安全管理者，衛生管理者または技術的事項を管理する者の指揮をさせるとともに，労働者の危険または健康障害の防止措置等の業務を統括管理させなければならない。

⑦総括安全衛生管理者の指揮の下で，負傷と疾病のうちの主に負傷に関する対策を担当するのが安全管理者である。

安全管理者は，選任が必要な業種において選任することが義務付けられている（安衛法11条，安衛則4条）。

⑧総括安全衛生管理者の指揮の下で，負傷と疾病のうちの主に疾病に関する対策を担当するのが衛生管理者である。

衛生管理者は，業種にかかわらず，常時50人以上の労働者を使用する事業場において，その規模に応じた人数を選任することが義務付けられている（安衛法12条，安衛則7条）。

⑨常時使用する労働者が50人未満の小規模事業場では，総括安全衛生管理者や安全管理者，衛生管理者の選任義務はないので，その代わりに10人以上50人未満の事業場では，安全衛生推進者または衛生推進者を選任しなければならない（安衛法12条の2）。

⑩事業者は，政令で定める規模の事業場ごとに，医師のうちから産業医を選任し，その者に労働者の健康管理等を行わせなければならない（安衛法13条）。

⑪事業者には，労働者の意見を反映させる場として，安全委員会（安衛法17条），衛生委員会（同18条），安全衛生委員会（同19条）の設置義務がある。

実戦問題❶ 基本レベル

＊＊
No.1 労働安全衛生法に関する次の記述のうち，最も妥当なのはどれか。

【労働基準監督官・平成30年度】

1 労働安全衛生法は，労働基準法に従来規定されていた安全衛生の基準を発展させた法律であり，労働基準法と相まって，職場における労働者の安全と健康を確保すること等を目的としている。一方で，労働安全衛生法は，労働基準法とは異なり，常時使用する労働者数が30人未満の事業者については，原則として規制の対象としていない。

2 常時30人以上の労働者を使用する事業場においては，衛生管理者を選任し，衛生に関する技術的事項を管理させなければならない。この場合，衛生管理者として当該技術的事項の管理を行えるのは，医師または歯科医師の資格を有する者に限られる。

3 黄りんマッチ，ベンジジン，石綿（アスベスト）などの有害物については，労働者の健康障害防止の観点から，製造については禁止されているものの，輸入や譲渡については原則として禁止されていない。

4 事業者は，安全衛生のために，機械等による危険や労働者の墜落のおそれのある場所等に係る危険などを防止するために必要な措置を講じなければならないが，労働者についても，事業者が講ずるこれらの措置に応じて必要事項を守る義務が課せられており，違反に対しては罰則の適用もある。

5 事業者は，メンタルヘルス対策の観点から，労働者の心理的な負担の程度を把握するため，医師または保健師による検査（ストレスチェック）を行わなければならないが，当該検査の対象者は，時間外労働が１か月当たり100時間を超え，かつ，疲労の蓄積が認められる労働者に限られる。

＊＊
No.2 労働安全衛生法に関する次の記述のうち，最も妥当なのはどれか。

【労働基準監督官・令和２年度】

1 業種のいかんを問わず常時50人以上の労働者を使用する事業場においては，安全管理者を選任しなければならず，また，建設業，運送業，製造業，各種商品小売業等の業種であって常時50人以上の労働者を使用する事業場に限っては，衛生管理者を選任しなければならない。

2 労働者の定義は労働安全衛生法と労働基準法では異なっており，労働安全衛生法上の労働者には，労働基準法では適用除外となっている「同居の親族のみを使用する事業または事務所に使用される者及び家事使用人」も含まれる。

3 労働者の作業行動から生ずる労働災害については，労働者が自ら気を配り防止すべき義務が罰則付きで定められているため，事業者に対しては，当該労働災害を防止するための必要な措置を講ずべき義務は課されていない。

4 建設業や造船業等，複数の事業者が関与する請負によって事業が遂行される場合であっても，安全衛生の責任主体が不明確となることはないため，元方事業者や注文者に対して労働災害防止のための義務は課されていない。

5 事業者は，健康診断の項目に異常の所見があると診断された労働者に対する事後措置について，医師または歯科医師の意見を聴かなければならず，この意見を勘案し，必要と認めるときは，就業場所の変更，作業の転換，労働時間の短縮などの措置を講じなければならない。

＊＊ No.3 労働安全衛生法に関する次の記述のうち，最も妥当なのはどれか。

【労働基準監督官・令和３年度】

1 ボイラー，クレーン，ゴンドラ等の危険な件業を必要とする機械等については，労働者の安全を確保するため，事業者に製造の許可や検査等が義務付けられているが，黄りんマッチ，ベンジジン等の有害物については，その製造や使用等に係る規制は設けられていない。

2 すべての事業場においては，労働者の危険防止の基本対策や労働災害の再発防止策を審議する安全委員会の設置が義務付けられている。また，労働者の健康障害の防止や健康保持・増進を図るための基本対策を審議する衛生委員会の設置が義務付けられているのは，常時100人以上の労働者を使用する事業場である。

3 事業者は，単に労働安全衛生法で定める労働災害の防止のための最低基準を守るだけでなく，快適な職場環境の実現と労働条件の改善を通じて職場における労働者の安全と健康を確保するようにしなければならず，また，国が実施する労働災害の防止に関する施策に協力するようにしなければならない。

4 事業者は，半年以内ごとに１回，労働者に対し，①職場における心理的な負担の原因，②心理的な負担による心身の自覚症状，③職場における支援について，衛生管理者による労働者の心理的な負担の程度を把握するための検査（ストレスチェック）を実施しなければならず，また，労働者はこの検査に応じる義務がある。

5 事業者は，労働者に対する定期的な健康診断の実施に努めなくてはならず，健康診断結果の異常所見者に対する事後措置について，都道府県労働局長の意見を聴かなければならない。また，必要により，受診した労働者に労働基準監督署による保健指導を受けさせるように努めなければならない。

No.4 ＊＊ **労働安全衛生法に関する次の記述のうち，最も妥当なのはどれか。**

【労働基準監督官・令和４年度】

1 事業者は，産業医に対して，事業場全体で講じている健康確保措置の内容，事業場で就労する労働者全員の１か月当たりの労働時間の平均値などの情報を提供する義務を負うが，月80時間を超える長時間の時間外労働を行った労働者の氏名やその超えた時間等，個々の労働者の情報を提供する義務は負っていない。

2 事業者のうち，建設業及び製造業の事業者に限り，労働者の雇入れ時や雇入れ時から３年が経過した際のほか，作業内容の変更を行う際や危険・有害業務へ従事させる際に，安全衛生教育を行うことが義務付けられている。また，これらの業種以外の事業者に対しても，上記の場合において安全衛生教育を行う努力義務が課せられている。

3 労働安全衛生法で規定されている医師による面接指導は，１か月120時間以上の時間外労働を行い，心理的負担の程度が大きいと判断された労働者のみを対象に実施が義務付けられている一方，時間外労働が１か月120時間未満の者で本人が申し出た者に対しては，医師による面接指導に代えて，保健師による保健指導を行えばよいこととされている。

4 労働安全衛生法では，複数の事業者が関与し，安全衛生の責任主体が不明確となりがちな請負による事業の遂行について，請負業者や発注者に対して，労働災害防止のための義務が課せられており，元方事業者に対しては，同法を遵守させるために関係請負人及びその労働者を指導し，違反是正を指示する義務が課せられている。

5 労働安全衛生法では，事業者に対し，労働者の危険や健康障害を防止するために必要な措置を講ずる義務が課せられているほか，労働者の作業行動から生ずる労働災害を防止するために必要な措置として，危険な場所や作業における不注意な行動を防止するための注意喚起等を行う必要があるとされる一方，労働者に対しては，このような労働者の危険や健康障害を防止するための義務は課せられていない。

実戦問題1の解説

No.1 の解説　労働安全衛生法

→問題はP.131　**正答4**

1 ×　職場における労働者の安全・健康の確保等は，すべての事業場で求められる。

職場における安全衛生の確保は，労働者の人数いかんにかかわらず，すべての事業場で求められることであるから，労働者を一人でも使用していれば、安衛法の規制の対象となる（安衛法2条3号）。なお，前半は正しい（同法1条）。

2 ×　衛生管理者は，常時50人以上の労働者を使用する事業場で選任義務あり。

本法の目的である「労働者の安全と健康の確保」は，「安全」が怪我の防止，そして「健康」が病気の予防のことを意味すると考えておけばよい。

そして，病気の予防のためには，一定の専門性が必要で，法は，これを担わせるために，専門知識を有する医師や歯科医師等（他に，労働衛生コンサルタントやこれら以外で厚生労働大臣の定める者）を**衛生管理者**として選任すべきことを求めている（安衛法12条1項，安衛則10条）。

ただ，これらの選任には，費用等の関係で小規模事業者では困難という事情があることから，労働安全衛生法施行令は，この義務を負う事業場を「**常時50人以上の労働者を使用する事業場**」としている（安衛法施行令4条）。

3 ×　黄りんマッチ等の有害物については，製造に加え，輸入や譲渡も原則禁止。

黄りんマッチ，ベンジジン，ベンジジンを含有する製剤その他の**労働者に重度の健康障害を生ずる物**で，政令で定めるもの（石綿も含まれる，安衛令16条1項4号）は，**製造，輸入，譲渡，提供，使用のすべてが禁止されている**（安衛法55条）。

4 ◎　労働者には，事業者が講ずる危険などの防止措置について遵守義務がある。

妥当である（安衛法26条）。事業者が，いかに安全衛生のために，機械等による危険（同法20条1号）や，労働者の墜落のおそれのある場所等に係る危険などを防止するために必要な措置（同法21条2項）を講じていたとしても，労働者がそれを遵守しなければ，「職場における労働者の安全と健康の確保」（同法1条）は図れない。それどころか，**一人の労働者が遵守しないことによって，他の労働者が労働災害に巻き込まれる事態すら生じうる**。

そのため，法は，労働者にも，労働災害を防止するため必要な事項を遵守し，事業者その他の関係者が実施する労働災害の防止に関する措置に協力すべき義務を課しており（同法4条，32条6項，33条3項），**違反に対しては罰則の適用もある**（同法120条1号）。

5 ×　ストレスチェックの対象者は，常時使用される労働者である。

ストレスチェックは，いわば定期健康診断のメンタル版として位置づけられるものである。したがって，その対象者は，定期健康診断と同じく常時使用される労働者であり，頻度も年1回以上とされている（常時50人以上の労働者を使用する事業場では法的義務，常時50人未満の場合は努力義務である。安衛法66条の10，13条1項，附則4条，安衛令5条）。

No.2の解説　労働安全衛生法

→ 問題はP.131　正答5

1 ×　常時50人以上の労働者を使用する事業場では，衛生管理者の選任が必要。

本肢は両者が逆である。

労災の内容は怪我と病気に分けられるが，このうち，**怪我への対策の責任者が安全管理者**で，**病気への対策の責任者が衛生管理者**である。

そして，業種のいかんを問わず常時50人以上の労働者を使用する事業場において選任が義務付けられているのが衛生管理者であり（安衛法12条１項，同法施行令４条），建設業や運送業など，作業での安全管理が必要な業種で常時50人以上の労働者を使用する事業場において選任が義務付けられているのが安全管理者である（安衛法11条１項，同法施行令３条，２条１・２号）。

快適な職場環境の形成促進（安衛法１条）という安衛法の目的は，「事業場の業種いかんにかかわらず」達成されなければならない目標であり，そのために必要とされるのが衛生管理者である。これに対して，怪我への対策を司る安全管理者は，建設業や運送業，製造業のような「労働災害発生のリスクが高い事業場」で選任が必要とされる者である。

2 ×　労働者の定義は，労働安全衛生法と労働基準法で同じである。

労働安全衛生法は，労基法の安全衛生の章（労基法第５章）を具体化したものであり，**両者の労働者概念は同じ**である（労基法９条，安衛法２条２号）。したがって，安衛法の適用対象に「同居の親族のみを使用する事業又は事務所に使用される者及び家事使用人」は含まれない（安衛法２条２号カッコ書き）。

3 ×　事業者には，労災防止に必要な措置を講ずべき義務が課されている。

事業者は，労働者の作業行動から生ずる労働災害を防止するため必要な措置を講じなければならない（安衛法24条）。

これは，作業環境の安全を図るべき事業者の責務である。

4 ×　複数事業者が関与する請負事業では，元方事業者等に労災防止義務がある。

建設業や造船業，鉄鋼業などでは，発注者から仕事を受注した事業者が，**他の事業者に下請けという形で仕事を発注する**ことが一般的に行われている。ただ，それらの仕事は，**危険を伴う労災発生率の高い仕事**であることが多く，そのため，法は，**元方事業者**（特定の作業場で仕事の一部を下請けに行わせている者）や**注文者**（受注した仕事を分割して下請けに行わせている者）**に対して，下請事業者**（関係請負人という）**の労災防止に必要な措置を講ずべき義務を課している**（安衛法29条，31条）。

5 ◎　健診等の異常所見者には，医師等への意見聴取と相応措置を講じる義務あり。

妥当である。前半について，安衛法66条の４。後半について，安衛法66条の５第１項前段。

No.3の解説　労働安全衛生法

→ 問題はP.132 正答3

1 × 黄りんマッチ等の有害物では，製造や使用について規制が設けられている。

前半は正しい（安衛法37条1項，38条1項本文，別表第一）。しかし，黄りんマッチやベンジジン等の**有害物について，法は製造や使用についての規制を設けている**ので（同法55条），後半は誤り。

2 × 安全委員会は，すべての事業場で設置が義務付けられているわけではない。

安全委員会の設置が義務付けられているのは，林業や鉱業等の一定の業種であって，常時使用労働者が50人以上（安衛法施行令8条柱書1号），ないし100人以上（同2号）の事業場である（安衛法17条1項）。

一方，**衛生委員会**の設置が義務付けられているのは，常時50人以上の労働者を使用する事業場である（安衛法18条1項，安衛令9条）。

3 ◎ 事業者には，職場における労働者の安全と健康を確保する責任がある。

妥当である（安衛法3条1項）。

4 × ストレスチェックは，衛生管理者ではなく医師や保健師等が実施する。

ストレスチェックの実施は，「半年以内ごとに1回」ではなく「1年以内ごとに1回」が正しく（安衛法66条の10第1項，安衛則52条の9），その実施者は「衛生管理者」ではなく「**医師，保健師，その他検査を行うために必要な知識についての一定の研修を受けた歯科医師，看護師等**」が正しい（安衛法66条の10第1項，安衛規則52条の10第1項）。また，ストレスの程度がプライバシーと関係している点などを考慮して，労働者がストレスチェックを受けるかどうかは労働者の義務ではなく，その任意の判断に委ねられている。

5 × 事業者による定期健康診断の実施は，努力義務ではなく法的な義務である。

前半については，**健康診断は努力義務ではなく法的な義務**であり（安衛法66条1～3項），異常所見者に対する事後処置については，事業者は「医師または歯科医師」の意見を聴かなければならない（安衛法66条の4）。後半については，健康診断の結果，特に健康の保持に努める必要があると認める労働者に対し，事業者は「医師または保健師」による**保健指導を行うように努めなければならない**（安衛法66条の7）。

No.4の解説　労働安全衛生法

→ 問題はP.133 正答4

1 × 事業者は，産業医に対して，長時間労働者の氏名等の情報提供義務がある。

事業者が産業医に提供を義務づけられている情報（安衛法13条4項）の中に，事業場全体で講じている健康確保措置の内容（安衛則14条の2第1項1号）や，月80時間を超える長時間労働を行った労働者の氏名やその超えた時間等（同項2号）は含まれるが，労働者全員の1か月あたりの労働時間の平均値などの情報は含まれていない。

2 × **すべての事業における事業者には，安全衛生教育を行う義務がある。**

事業者には，労働者の雇入れ時や作業内容の変更を行う際，あるいは危険有害業務に従事させる際に，作業手順等の省令で定める事項に関して**安全衛生教育**を行うことが義務付けられている（安衛法59条，安衛則35条１項）。これは**すべての事業における事業者の法的義務**であって，建設業等特定の事業者のみの義務ではない。また，安全衛生教育は上記の場合に行えばよく，「３年経過した際」にまで義務付けられているわけではない。

3 × **過労死ライン（月80時間以上）を超えた者には，医師の面接指導が必須。**

医師による面接指導の対象となる労働者とは，「１か月80時間以上の時間外労働を行い，疲労の蓄積が認められる者」である（安衛法66条の８第１項，安衛則52条の２第１項本文）。

これに満たない者で一定の要件を満たす者については，事業者に，**保健師等による保健指導などの面接指導に準ずる措置**を講ずべき努力義務が課せられている（安衛法66条の９，安衛則52条の８第１項）。

4 ◎ **請負業者や発注者には，労働災害防止のための義務が課せられている。**

妥当である（安衛法29条１・２項）。

5 × **労働者にも，危険や健康障害を防止するための義務が課せられている。**

労働者の危険や健康障害を防止するために必要な事業者の措置については，安衛法20条以下参照。また，労働者の作業行動から生ずる労働災害を防止するために必要な措置を講じることについては同法24条。

さらに，**労働者にも，事業者が講じる措置に応じて，必要な事項を守るべき義務が課せられている**（同法26条）。

労災補償

必修問題

労災保険に関する次の記述のうち，最も妥当なのはどれか。

【労働基準監督官・令和３年度】

1　労災保険は，業務上の事由または通勤による労働者の負傷，疾病，傷害，死亡等に対して**迅速かつ公正な保護**をするため，必要な保険給付を行い，併せて，それらにより負傷し，または疾病にかかった**労働者の社会復帰**の促進，当該労働者およびその**遺族の援護**，労働者の安全および衛生の確保などを図る制度である。

2　労災保険は，政府が管掌するものであり，国の直営事業や官公署の事業を含め，労働者を使用する全事業に労災保険法が適用される。ただし，労働者を使用する事業のうち，労働者５人未満のものについては，業種に関係なく同法の**適用除外**とされている。

3　事業主は，労災保険の保険関係成立の日から30日以内に**保険関係成立届**を所轄の労働局長，労働基準監督署長または公共職業安定所長に提出しなければならない。この届出をせず，保険料を納めていない事業主の下で発生した労働災害については，保険給付はなされない。

4　中小事業主，自動車運送業・土木建築業等の個人事業主・一人親方，これら事業主の事業の従事者，海外派遣者などについても，労働者災害補償保険法上の労働者として位置付けられており，当然に労災保険の被保険者となる。

5　労災保険の**保険料**は，事業主と労働者が半分ずつ負担する。保険料は，賃金総額に労災保険料率を乗じて算出され，労災保険料率は，すべての適用事業の過去３年間の業務災害及び通勤災害の災害率などを考慮して，すべての業種に対して同一の率を厚生労働大臣が定める。

難易度　＊＊

必修問題の解説

1◎　労災保険は，業務災害に備えて国が事業主の補償を肩代わりする制度。

　妥当である。労働者が業務上負傷し，または疾病にかかった場合，すなわち業務中ないし業務に起因する負傷・疾病（**業務災害**）については一般の健康保険は使えず（健康保険法55条１項），**使用者が全面的に療養等に関する補償義務を負わなければならない**（労基法75条１項）。

しかし，使用者に十分な補償能力がない場合も考えられるので，万一の業務災害の場合に備えて，国が**強制加入の保険制度を設け，事業主の補償義務を肩代わりしようというのが労災保険制度である**（労災保険法１条）。

2 × **労災保険法は，国の直営事業や官公署の事業については適用されない。**

公務員については，別の災害補償制度があるので（国家公務員災害補償法，地方公務員災害補償法），労災補償保険法の適用除外になっている（労災保険法３条２項）。また，農林水産業で零細事業，たとえば労働者数５人未満の個人経営の農業で，特定の危険または有害な作業を主として行う事業以外のもの，などについても，労災発生の蓋然性の低さや保険料の負担などを考慮して，暫定措置として原則任意加入とされている（同法附則12条）。

3 × **労災保険関係は，事業主が事業を開始した時点で自動的に成立する。**

まず，前半は，「30日以内」ではなく「10日以内」（労働保険料徴収法４条の２第１項），そして，「労働局長」ではなく「労働基準監督署長」が正しい（同法施行規則４条２項）。ただ，これらはあまり気にする必要はなく，理解すべきは後半である。すなわち，**労災保険関係は，届出などの手続きをしているかどうかにかかわらず，事業を開始した時点で自動的に成立する**（同法３条）。そうすることで，医療保険が使えない業務災害から生ずる怪我や病気などから，万全のカバーによって労働者を保護しているわけである。そのため，**事業主が保険料を納めていなくても，すでに労災保険関係は成立している**ので，仮に納付がなければ，滞納となって国税徴収の例によって強制的に（差押え・公売・換価）徴収されることになる（同法30条）。

4 × **労災保険の被保険者は，「使用する者」ではなく「使用される者」である。**

自分で事業する場合は，そこでの負傷・疾病は基本的に自ら責任を負うべきである。したがって，中小事業主や個人事業主，一人親方などは「使用される者」ではないので被保険者とはなりえない。

なお，労災保険法は国内法なので，海外派遣者には適用されない。

5 × **労災保険の保険料は，事業主がその全額を負担し，労働者に負担はない。**

労災保険とは，**本来は事業主が業務災害によって生じた療養等の補償義務を履行する代わりに，保険給付でこれを賄おうとするもの**であるから，保険料は保険契約の当事者である**事業主が全額負担**すべきものである。

なお，保険率は業種ごとに定められるが（労働保険料徴収法施行規則別表第一），この点はあえて覚えなくてよい。

正答 1

FOCUS

大半の問題は，労災保険制度の趣旨など基礎の部分の理解がなされていれば，それで正解が出せるように構成されている。見た目の印象とは違い，得点源になり得る分野といえる。

POINT

重要ポイント1 労災保険制度の仕組み

①労働者が業務上負傷し，または疾病にかかった場合は，使用者が，その費用で必要な療養を行い，または必要な療養の費用を負担しなければならない。すなわち，業務災害には健康保険は使えない。

そこで，負担等の補償能力のない使用者がある場合に備えて，労災保険という保険制度が用意されている。

②労災保険制度は政府が管掌（運営）する。

③労災保険は強制加入であり，労働者を一人でも使用する事業主（営利かどうかを問わない）は，事業開始の時点で自動的に加入となる。保険加入手続きを済ませたかどうか，あるいは保険料を支払ったかどうかは問わない。

これは，労災事故から強力に労働者を保護するための措置である。

④保険料未納の場合には，国から督促がなされ，最終的には国税徴収の例によって強制徴収される。

⑤保険料は事業主が全額これを負担し，労働者は負担しない。

⑥補償される者は，「職業の種類を問わず，事業又は事務所に使用される者で，賃金を支払われる者」（労基法９条）である。

すなわち，基本的に「全労働者」であり，パートタイマーであるとか，１日限りの日雇い，アルバイト，あるいは外国人労働者であるかどうかなどは一切問わない（国内で働く限り外国人労働者も，それも不法就労であっても対象である）。

例外は，まず公務員。これは別の法律で災害補償制度が設けられていることが理由。もう一つは，一定規模以下の農林水産業については，暫定任意適用事業とされている。ただし，この事業でも，従業員の半数以上が希望する場合には，事業主は労災保険の加入手続きをしなければならない。

⑦補償される者は，事業主から「使用される者」であるから，「使用する者」，すなわち中小事業主，個人事業主，一人親方等は対象外である。また，国内法が適用されない海外派遣中の者も対象外である。

ただし，これらの者も，自らに労災が降りかからないとはいえないので，一定の条件を満たした場合に特別加入が認められている。

重要ポイント2 保険給付の対象

①保険給付の対象となるには，業務遂行中に生じた災害，もしくは業務を原因として生じた災害と認められることが必要である。

②事業主の支配ないし管理下にあれば，業務遂行性が認められ，保険給付の対象となる。

③業務を原因として生じた災害と認められることの証明が困難な場合もあることから，法はその証明の困難性を回避して迅速に被災者の救済を図るため，労災の対象となるものをあらかじめ列挙している（労基則別表第一の二）。

具体的には，業務上の負傷に起因する疾病のほか，紫外線にさらされる業務による皮膚疾患などの物理的因子による疾病，身体に過度の負担のかかる作業態様に起因する疾病，化学物質等による呼吸器疾患等の疾病，ウイルス等の病原体にさらされる業務に起因することの明らかな疾病，長時間労働を原因とする脳・心臓疾患や，業務による心理的負荷（ストレス）を原因とする精神障害などがそれである。

⑤労働災害には，業務災害のほか，通勤災害もある。

⑥通勤災害とは，「通勤による労働者の負傷，疾病，障害，死亡等」をいう（労災保険法１条）。通勤災害に対しては，業務災害の場合に準じた労災補償給付が労働者に行われる。

⑦通勤とは，住居と就業の場所との間の往復など，労働者が就業に関して合理的な経路および方法により行う移動をいい，その経路を逸脱・中断（例：途中で喫茶店に寄ってコーヒーを飲むなど）した場合には，当該逸脱・中断の間およびその後の移動は通勤とされない。

⑧ただし，逸脱・中断が，日常生活上必要な行為であって厚生労働省令で定めるもの（労災保険法施行規則８条）をやむを得ない事由により行うための最小限度のものである場合は，当該逸脱または中断の間を除き通勤とされる。

　たとえば，通勤路途中のスーパーに寄り，夕食の食材を買って元の通勤路に戻って帰宅した場合は通勤として保険の対象となるが，同僚と居酒屋で飲酒して帰宅したような場合は対象とならない（やむを得ず行う最小限度性がない）。

重要ポイント3 保険給付の内容

①保険給付の内容としては，負傷・疾病の場合は，療養（補償）給付，休業（補償）給付，傷病（補償）年金，介護（補償）給付の４つがある。

　このうち，療養補償給付は業務災害に対して，また療養給付は通勤災害に対して行われる。休業，傷病，介護の場合も同様で，たとえば，業務災害では休業補償給付，通勤災害では休業給付となる。

②死亡の場合には，葬祭料と遺族（補償）給付の２つがある。

③葬祭料は実際に葬祭を行った者に支給される。必ずしも遺族に支給されるとは限らない。

④療養（補償）給付とは，治療の費用を補償する給付である。

⑤休業（補償）給付とは，療養で労働ができないために生存維持のための給付であり，賃金を受けない日の４日目から１日につき給付基礎日額の100分の60に相当する額が支給される。

⑥療養期間が長期に渡った場合，休業給付が年金に移行することがあり，それが傷病（補償）年金である。

⑦遺族（補償）給付は，遺族補償年金として支給されるのが原則。受給権者は，内縁配偶者を含む配偶者，子，父母，孫，祖父母または兄弟姉妹であって，被災者の死亡当時その者と生計を同じくしていた者であるが，このうちの上記の順の最優先順位の者だけが受給できる（労災保険法11条）。全員が受給できるわけではない。

実戦問題1 基本レベル

＊＊
No.1 労災保険制度に関する次の記述のうち，最も妥当なのはどれか。

【労働基準監督官・令和4年度】

1 労災保険制度は，各事業場において組織される労働組合により運営されている制度であり，使用者が同制度に任意に加入して保険料を納めることにより，労働者に対する労災補償責任を当該保険料によって形成する各事業場の基金から補填する制度である。

2 使用者は，労働者の業務上の負傷や疾病等に対し，労働基準法に基づき療養補償や休業補償を行う義務を負っているが，当該業務上の負傷や疾病等に対して労災保険法による保険給付が行われた場合であっても，その価額の限度分の労働基準法上の給付の義務が免責されることはない。

3 労災保険給付の支給または不支給の決定は労働基準監督署長により行われるが，当該決定に不服がある者は，都道府県労働局の労働者災害補償保険審査官に審査請求をすることができ，また，審査官の決定に不服がある場合は，労働保険審査会に再審査請求をすることができる。

4 労災保険が給付されるのは，負傷や疾病のうち，業務に起因して発生したものであることが明確に確認できるものに限定されていることから，長時間労働を原因とする脳・心臓疾患や，業務による心理的負荷（ストレス）を原因とする精神障害は，保険給付の対象となることはない。

5 労災保険の給付について，業務上の災害に関しては，遺族補償給付など死亡した被災労働者の遺族に対して支給されるものがあるが，通勤による災害に関しては，死亡した労働者の遺族に対して支給されるものはない。

＊＊
No.2 労働災害の補償に関する次の記述のうち，最も妥当なのはどれか。

【労働基準監督官・令和5年度】

1 わが国の労災保険制度は，業務上の事由または通勤による労働者の負傷，疾病，障害に対して迅速・公正な保護をするため，必要な保険給付を行い，その労働者の社会復帰の促進を図ることを専らの目的としていることから，葬祭料は保険給付の内容に含まれない。

2 「労働者の業務上の負傷，疾病，障害または死亡」を業務災害という。労働基準法施行規則の別表において業務に起因して発生する可能性が高い事故及び疾病を列挙しており，当該労働者の業務と負傷等の結果との間に，条件関係が認められるときは業務上と認められる。

3 労災保険の保険関係は，事業の開始された日に成立し，事業主は，保険関係成立の日から30日以内に保険関係成立届を所轄労働基準監督署長に提出しなければならない。この届出をせず，保険料を納めていない事業主の下での労働災害については，保険給付が制限される。

4 使用者は，労働基準法の定める労災補償を行った場合に，同一事由については，補償をした価額の限度で民法上の損害賠償の責任を免れる。また，被災労働者またはその遺族に労災保険給付が行われた場合にも，支払われた価額の限度で同様に損害賠償の責任を免れると解されている。

5 労働者災害補償保険法において，労働者が故意に負傷，疾病，障害若しくは死亡またはその直接の原因となった事故を生じさせたときは，政府は保険給付を行わないと規定していることから，自殺については保険給付の対象となることはない。

＊＊＊
No.3 労働災害の補償に関するア～オの記述のうち，判例に照らし，妥当なもののみをすべて挙げているのはどれか。 【国家総合職・令和元年度】

ア：国が国家公務員に対して負担する安全配慮義務に違反し，公務員の生命，健康等を侵害し，同人に損害を与えたことを理由として，被災した国家公務員が国に対し損害賠償を請求する訴訟においては，原告が，その義務の内容を特定し，かつ，義務違反に該当する事実および被告の帰責事由について主張・立証する責任を負う。

イ：精神的健康（メンタルヘルス）に関する情報は，労働者にとって，自己のプライバシーに属する情報であり，通常は使用者が知ることが困難な性質のものであるから，労働者が自らの精神的健康に関する一定の情報を使用者に申告しなかった場合は，労働者の体調不良が過重な業務によって生じていることを使用者が認識し得る状況にあったとしても，使用者の安全配慮義務違反等に基づく損害賠償の額を定めるに当たり，過失相殺をすることができる。

ウ：業務の負担が過重であることを原因として労働者の心身に生じた損害の発生または拡大にその労働者の性格およびこれに基づく業務遂行の態様等が寄与した場合において，その性格が同種の業務に従事する労働者の個性の多様さとして通常想定される範囲を外れるものでないときは，その損害につき使用者が賠償すべき額を決定するに当たり，その性格等を，民法722条２項の類推適用によりその労働者の心因的要因としてしんしゃくすることはできない。

エ：一時的にわが国に滞在し将来出国が予定される外国人の事故による逸失利益を算定するに当たっては，予測されるわが国での就労可能期間内はわが国での収入等を基礎とし，その後は想定される出国先での収入等を基礎とするのが合理的である。

オ：労働者がいわゆる第三者行為災害により被害を受け，第三者がその損害につき賠償責任を負う場合において，賠償額の算定に当たり労働者の過失をしんしゃくすべきときは，その損害の額から労働者災害補償保険法に基づく保険給付の価額を控除し，その残額から過失割合による減額をするのが相当である。

1 ア，ウ
2 ア，オ
3 イ，エ
4 イ，オ
5 ウ，エ

（参考）民法
（損害賠償の方法及び過失相殺）
第722条（第１項略）
2　被害者に過失があったときは，裁判所は，これを考慮して，損害賠償の額を定めることができる。

＊＊＊
No.4 **労働災害に関する次の記述のうち，最も妥当なのはどれか。ただし，争いのあるものは判例の見解による。** 【国家総合職・令和５年度】

1 労働安全衛生法上，事業者は，労働者に対し，医師による健康診断を実施する義務を負い，労働者はそれを受診する義務を負う。一方で，就業規則や労働協約に基づく法定外健診については，労働者は，それを受診するかどうかを自由に決めることができ，受診義務を負うことはない。

2 業務負担が過重であることを原因として労働者の心身に生じた損害の賠償請求においても，民法の過失相殺の規定を類推適用して，損害の発生または拡大に寄与した被害者の性格等の心因的要因を一定の限度で斟酌することができる。例えば，責任感があり完璧主義の傾向のある労働者が，その性格も一因となってうつ病を悪化させ過労自殺に至った場合，その労働者の性格が同種の業務に従事する労働者の個性の多様さとして通常想定される範囲内のものであっても，損害賠償額の算定に当たっては，原則として過失相殺の規定が類推適用される。

3 事業者と直接の労働契約関係にない下請企業の労働者が，当該事業者の管理する設備等を用いて事実上その指揮監督下で稼働し，その作業内容も当該事業者の従業員とほとんど同じであるような場合においては，当該事業者は，当該下請企業の労働者との間で，特別な社会的接触の関係に入ったものとして，信義則上，安全配慮義務を負う。

4 労働者災害補償保険給付の対象となる業務災害とは，労働者の業務上の負傷，疾病，障害または死亡であるが，労働者が，故意にこれらの事由またはその直接の原因となった事故を生じさせたときは，保険給付の対象とならない。したがって，労働者が業務によりうつ病等の精神障害を発症し自殺に至った場合，自殺は故意による死亡であるから，保険給付の対象となることはない。

5 使用者による労働災害について労働者災害補償保険給付がされる場合においても，労働者やその遺族は使用者に対して民法上の損害賠償を請求することができ，その法律構成は不法行為によることも，債務不履行によることもできる。ただし，損害賠償請求と同一の事由に基づく保険給付がされる場合においては，損益相殺的な調整として，損害賠償額から常に控除される。

実戦問題1の解説

No.1の解説　労災保険制度

→問題はP.142　正答3

1 × 労災保険制度は，国が運営する公的保険で，事業主は強制加入とされる。

業務災害については一般の健康保険は使えず，使用者が全面的に療養等に関する補償義務を負わなければならない（労基法75条1項）。しかし，使用者に十分な補償能力がない場合も考えられるので，万一の業務災害の場合に備えて，**国が強制加入の保険制度を設け，事業主の補償義務を肩代わりしようというのが労災保険制度**である（労災保険法1条）。

したがって，この保険制度は国（政府）が運営する制度であり（労災保険法2条），**労災保険関係は，事業主が事業を開始した時点で自動的に成立する強制加入の制度**である（同法6条，労働保険料徴収法3条）。

2 × 保険給付が行われれば，その価額限度分の労基法上の給付義務は免責される。

労働者が業務上負傷し，または疾病にかかった場合には，使用者が全面的に療養等に関する補償義務を負わなければならない（労基法75条1項）。ただし，法は，「この法律（労基法）に規定する災害補償の事由について，労働者災害補償保険法…に基づいて**この法律の災害補償に相当する給付が行なわれるべきものである場合においては，使用者は，補償の責を免れる**」とする（同法84条1項）。

労災保険の保険料は事業主が全額負担していることから，労働者に二重取得を認めることは保険制度の趣旨に反するからである。

3 ◎ 労災保険給付の支給または不支給の決定については，不服申立てが可能。

妥当である（労災保険法38条1項，同法施行規則1条3項）。

なお，労災保険給付については，紛争が全体として相当数に及ぶことも予想されるので，その場合の裁判所の負担を軽減するために，**審査請求前置主義**（これは，処分の取消しの訴えは，当該処分についての審査請求に対する労働者災害補償保険審査官の決定を経た後でなければ提起できないとするもの）が取られていることに注意（労災保険法40条）。

4 × 長時間労働による疾患や，ストレス原因の精神障害も保険給付の対象となる。

労災保険は，業務中ないし業務から引き起こされたと判断できる負傷や疾病（業務災害）を保険給付の対象とする。これら業務によるものについては，本来は使用者が補償すべきものを保険で肩代わりすることが目的だからである。

本肢の長時間労働を原因とする脳・心臓疾患や，業務による心理的負荷（ストレス）を原因とする精神障害は，いずれも業務から引き起こされたと判断できるものであるから，保険給付の対象とされている（労基法75条2項，労基則別表第1の2第8号・9号）。

5 × 業務災害だけでなく，通勤災害に対しても，遺族補償が行われる。

自宅から職場への通勤などは，職場で業務を行うために不可欠の行為であり，業務と密接な関係があるといえるので，**労働災害として保険給付の対象**

とされている（労災保険法21条4号，22条の4）。

No.2の解説　労働災害の補償

→問題はP.142　正答4

1 ×　わが国の労災保険制度において，葬祭料も保険給付の内容に含まれる。

労働者が業務災害で死亡した場合に，葬祭が行われないという不都合な事態を避けるために，葬祭料も保険給付の対象とされている（労基法80条，労災保険法12条の8第1項5号）。なお，この給付は，遺族ではなく実際に「葬祭を行う者」に対して行われる（労災保険法12条の8第2項）。

2 ×　業務災害といえるためには，業務と負傷等との間に相当因果関係が必要。

まず，労災補償保険法は，「労働者の業務上の負傷，疾病，障害または死亡」を業務災害と定義している（労災保険法7条1項1号）。そして，労基法75条2項の委任を受けて，労基則35条及び同別表第一の二が業務に起因して発生する可能性が高い事故及び疾病を列挙している。

ただ，「業務上」といえるためには，「労働者の負傷，疾病，障害または死亡」が労務への従事と相当因果関係を有することが必要である。すなわち，条件関係では足りない。条件関係だと，業務との関連性が希薄なものにまで「業務災害」が広がることになり，妥当でないからである。

3 ×　労災保険関係は，事業主が事業を開始した時点で自動的に成立する。

前半は，「30日以内」ではなく「10日以内」が正しい（労働保険料徴収法4条の2第1項）。また，保険関係成立届は所轄労働基準監督署長または所轄公共職業安定所長のいずれに提出してもよいので，この点も誤り（労働保険料徴収法施行規則4条2項）。

後半は，届出をせずに保険料の納付がなければ，滞納となって国税徴収の例によって強制的に（差押え・公売・換価）徴収されることになるだけで（同法30条），保険給付が制限されることはない。

4 ◎　使用者は，労災補償を行った限度で，民法上の損害賠償の責任を免れる。

妥当である。**労災補償や労災保険**は，労働者が労働災害によって受けた損害のうち，速やかに補償される必要のあるものについて，その実現を図ろうとするもので，**損害の全部をカバーしているわけではない**。たとえば精神的損害に対する慰謝料や，入院に際して付き添い看護を依頼した場合のその費用などは，労災補償・労災保険の対象とはされていない。

そのため，労働者は，**労災補償や労災保険でカバーされない損害については民事上の損害賠償請求権を行使できる**。ただし，労災補償や労災保険で現実にカバーされた損害については，労働者は重ねて民事上の損害賠償請求権を行使することはできない（労災補償について労基法84条2項，労災保険について同条項類推適用）。賠償の二重取得を認める結果になるからである。

5 ×　一定要因の自殺については，労災の対象とされることがある。

前半は正しい（労災保険法12条の2の2第1項）。しかし，長時間労働やパワハラ，セクハラなどの業務における事象が原因で精神障害を発病した者が，「**正常の認識，行為選択能力が著しく阻害され，または自殺行為を思いとどまる精神的な抑制力が著しく阻害されている状態で自殺した**」と認められる場合には，結果の発生を意図した故意には該当しないとされ，この場合には**労災補償の対象**とされている（心理的負荷による精神障害の認定基準，平11・9・14基発545号）。

No.3の解説　労働災害の補償

→ 問題はP.143　**正答5**

ア×　国の安全配慮義務違反を主張する側は，帰責事由まで立証する必要はない。

本肢の場合，原告は，国の安全配慮義務の内容を特定し，かつ，義務違反に該当する事実を主張・立証する責任を負うが，被告の帰責事由について主張・立証する責任まで負うわけではない（最判昭56・2・16）。

帰責事由の立証は極めて困難で，これを原告に要求することは，損害賠償の請求を事実上不可能にするに等しいからである。

イ×　メンタルヘルスに関する情報の不申告を理由に過失相殺することは不可。

判例は，「**精神的健康**（いわゆるメンタルヘルス）に関する情報は，労働者にとって，**自己のプライバシーに属する情報**であり，通常は職場において知られることなく就労を継続しようとすることが想定される性質の情報であった」こと，「使用者は，労働者にとって過重な業務が続く中でその体調の悪化が看取される場合には，必要に応じてその業務を軽減するなど労働者の心身の健康への配慮に努める必要がある」ことなどから，**労働者が申告しなかったことをもって，過失相殺をすることはできない**とする（最判平26・3・24）。

ウ○　損害発生に労働者の性格等が寄与しても，通常想定の範囲内なら斟酌不可。

妥当である。判例は，「**労働者の個性の多様さとして通常想定される範囲**を外れるものでない限り，その性格及びこれに基づく業務遂行の態様等が業務の過重負担に起因して当該労働者に生じた損害の発生または拡大に寄与したとしても，そのような事態は使用者として予想すべきものということができる」として，本肢のように判示している（最判平12・3・24）。

エ○　一時滞在の外国人の逸失利益は，国内の就労期間内は国内の収入等で算定。

妥当である。判例は本肢のように判示している（最判平9・1・28）。

オ×　労災保険給付の控除は，過失相殺後の賠償額について行われる。

判例は，「損害の額から過失割合による減額をし，その残額から保険給付の価額を控除する方法によるのが相当である」とする（最判平元・4・11）。

以上から，妥当なものは**ウ**と**エ**であり，正答は**5**である。

No.4 の解説　労働災害

→ 問題はP.144　**正答3**

1 ×　労働者は，就業規則等に基づく法定外健診の受診義務を負う。

前半は正しい（労安衛法66条1項，5項本文）。しかし，後半について判例は，「**就業規則の規定内容が合理的なものであるかぎりにおいて，それが当該労働契約の内容となっている**」ことを前提に，「**要（健康）管理者**は，労働契約上，その内容の合理性ないし相当性が肯定できる限度において，健康回復を目的とする精密検診を受診すべき旨の健康管理従事者の指示に従うとともに，病院ないし担当医師の指定及び**検診実施の時期に関する指示に従う義務を負担している**」として，労働者の受診義務を肯定するので（最判昭61・3・13，電電公社帯広電報電話局事件），後半は誤り。

2 ×　損害拡大に労働者の性格が寄与しても，通常想定の範囲内なら過失相殺不可。

判例は，前半のように述べた上で，後半について，「労働者の性格が，同種の業務に従事する**労働者の個性の多様さとして通常想定される範囲を外れるものでない**場合には，裁判所は，使用者の賠償すべき額を決定するに当たり，その性格及びこれに基づく業務遂行の態様等を，心因的要因としてしんしゃくすることはできない」（すなわち，**過失相殺の規定の類推適用はできない**）とする（最判平12・3・24，電通事件）。

3 ◎　元請の指揮監督下で労働する等の事情があれば，元請は安全配慮義務を負う。

妥当である。判例は，下請企業の労働者が元請企業の作業場で労務の提供をするに当たり，**元請企業の管理する設備工具等を用い，事実上元請企業の指揮監督を受けて稼働し，その作業内容も元請企業の従業員とほとんど同じであった**などの事実関係の下においては，元請企業は，信義則上，当該労働者に対し**安全配慮義務を負う**とする（最判平3・4・11，三菱重工業事件）。

4 ×　業務でうつ病等の精神障害を発症し自殺に至った場合も労災の対象たりうる。

前半は正しい（労災保険法12条の2の2第1項）。しかし，長時間労働やパワハラ，セクハラなどの業務における事象が原因でうつ病などの精神障害を発病した者が，「**正常の認識，行為選択能力が著しく阻害され，または自殺行為を思いとどまる精神的な抑制力が著しく阻害されている状態で自殺した**」と認められる場合には，結果の発生を意図した故意には該当しないとされ，この場合には**労災補償の対象**とされている（心理的負荷による精神障害の認定基準，平11・9・14基発545号）。

5 ×　労災保険給付は損害賠償額から損益相殺として常に控除されるわけではない。

判例は，労災保険給付について，「民事上の損害賠償の対象となる損害のうち，当該保険給付による塡補の対象となる損害と同性質であり，かつ，**相互補完性を有するものについて，損益相殺的な調整を図るべき**」としており（最大判平27・3・4，フォーカスシステムズ事件），「常に控除される」とはしていないので，本肢は後半が誤り。

年少者・妊産婦等

必修問題

年少者および女性に関する次の記述のうち，最も妥当なのはどれか。

【労働基準監督官・平成25年度】

1 未成年者が労働契約を締結するには法定代理人の同意を要するが，親権者若しくは後見人または行政官庁は，**法定代理人の同意**を得て未成年者自身が締結した労働契約が**未成年者に不利**であると認める場合においては，将来に向かってこれを解除することができる。

2 労働基準法では15歳に満たない者を**年少者**として規定している。また，使用者が行政官庁の許可を受けなければ労働者として使用してはならないのは，満15歳に達するまでの者に限られる。

3 使用者は，満18歳に満たない者を午後10時から午前7時までの間において使用してはならない。ただし，**交替制**によって使用する満15歳以上の者については，男女を問わずこの時間帯においても業務に従事させることが許されている。

4 使用者は，いかなる場合においても**妊娠中の女性**については，他の**軽易な業務**に転換させなければならない。また，使用者は，いかなる場合においても妊娠中の女性に**深夜業**をさせてはならない。

5 生後満1年に達しない生児を育てる労働者は，労働基準法に規定される休憩時間のほか，1日2回各々少なくとも60分，その生児を育てるための時間を請求することができる。使用者は，この**育児時間**中は，男女を問わず当該労働者を使用してはならない。

難易度 ＊＊

必修問題の解説

1 ◎ 労働契約が未成年者に不利であれば，行政官庁もこれを解約できる。

正しい（民法5条1項，労基法58条2項）。行政官庁に契約解除権を認めたのは，労働契約が未成年者に不利と認められるにもかかわらず，親権者や後見人が未成年者の賃金をあてにして，契約の解除を怠るなどの事態に備えたものである。

なお，労働契約は継続的契約関係であるから，解除の効果は遡及せず，将来に向かってのみ効力を生ずる（民法630条）。

2 × 労働基準法にいう年少者とは，満18歳未満の者をいう。

労働基準法で特別の保護の対象となる**年少者とは満18歳未満の者**をいう（労基法57条1項参照）。また，使用者が行政官庁の許可を受けなければ労働者として使用してはならないのは，「満15歳に達した日以後の最初の3月31日が終了するまでの者」である（労基法56条1項）。これは，**義務教育期間の満了までは教育を優先させる**という配慮に基づくものである。

3 × 交替制による深夜業禁止の例外が認められるのは男性のみである。

「午後10時から午前7時」ではなく，「**午後10時から午前5時**」が正しい（労基法61条1項本文）。また，交替制による深夜業禁止の例外が認められるのは，「**満16歳以上の男性**」である（同項但書）。

4 × 妊娠中の女性の軽易業務への転換は，本人の請求が要件である。

軽易業務への転換も，また深夜業への就労制限も，ともに本人の請求が要件となっている（労基法65条3項，66条3項）。女性の社会的活動範囲が広がってきていることから，労働に対する妊娠中の女性の意思を尊重しようとするものである。

なお，女性の深夜業に対する規制は，妊産婦の場合（労基法66条3項）を除いて，平成11年4月1日から全面撤廃された。したがって，現在では**男女間に深夜業についての差異はなく**，女性も男性と同様に深夜業を行うことができる。

5 × 育児時間は，1歳未満の生児を育てる「女性」のみに認められる。

これは授乳等の便宜を考慮してのことである（労基法67条1項）。また，その時間は，1日2回各々少なくとも「30分」である（同条項）。

正答 1

FOCUS

年少者・妊産婦等からの出題数は比較的少ない。この分野は，法改正が相次いでなされているので旧法と新法の間で混乱を生じやすく，知識の正確性が重要になる。また，この分野は特別法が多いことも特徴の一つである。その中で，男女雇用機会均等法については，条文を丹念にフォローしておくべきであろう。

POINT

重要ポイント 1 年少者の労働条件

①一律の規制ではなく，就学年齢に合わせて段階的な規制が行われている。

②使用者は，児童が満15歳に達した日以後の最初の３月31日が終了するまでは，その児童を労働者として使用できない。

③親権者･後見人は，未成年の子に代わって労働契約を締結できない（民法の原則を修正)。一方，未成年の子は，親権者･後見人の同意を得なければ，労働契約を締結できない（民法の原則どおり)。

④未成年者は独立して賃金を請求できる。親権者･後見人は，子に代わって賃金を受領できない。

⑤満18歳未満の労働者には「１日８時間労働」の原則が厳格に適用される。時間外・休日労働は禁止され，変形労働時間制・フレックス・タイム制も一部の例外を除いて禁止される。

<table>
<tr><th>年　齢</th><th colspan="2">規制内容</th></tr>
<tr><td>満13歳未満</td><td>・映画製作・演劇の事業に限って労働可（いわゆる子役）</td><td rowspan="2">・行政官庁の許可が必要
・修学時間外のみ可
・修学に差し支えないことを証明する学校長の証明書･親権者または未成年後見人の同意書の備付けが必要</td></tr>
<tr><td>満13歳以上
満15歳未満</td><td>・非工業的業種で，児童の健康および福祉に有害でない軽易な労働の場合は可</td></tr>
<tr><td>満18歳未満</td><td colspan="2">・１日８時間，１週40時間労働制の原則が厳格に適用されており，32条の2から32条の5（変形労働時間制，フレックスタイム制)，36条（時間外･休日労働)，40条（労働時間･休憩の特例）は一部の例外を除いていずれも適用が排除される。
・深夜業・危険有害業務・坑内労働も原則禁止。
・労働者の責に帰すべき解雇の場合を除き，解雇された労働者が解雇の日から14日以内に帰郷する場合には，使用者は必要な旅費を負担しなければならない。</td></tr>
</table>

重要ポイント 2 妊産婦等

①妊娠中の女性および坑内労働に就労しない旨を申し出た産後１年を経過しない女性については，坑内でのすべての業務への就労が，それ以外の満18歳以上の女性については，坑内で行われる業務のうち人力により行われる掘削の業務その他の女性に有害な業務として厚生労働省令で定めるものへの就労が禁止される。

②妊娠中の女性および産後１年を経過しない女性は，妊娠・出産・保育等に有害な業務への就労が禁止される。

③②以外の女性も，重量物を扱う業務など,「妊娠･出産にかかる機能に有害な業務」への就労が禁止される。

④産前・産後の休業のうち，産前の休業は労働者からの請求が前提となるが，**産後の休業は強制的休業**である。

⑤休業期間は，産前の場合が６週間（多胎妊娠の場合にあっては14週間，いずれも

出産予定日から逆算），産後の場合が8週間（出産日から起算）である。

⑥**産後6週間が経過した後**は，女性が**請求すれば，医師が支障がないと認めた業務への就労が認められる**。

⑦産前・産後の休業を有給とする必要はない（労基法上「有給」とされるのは年次有給休暇のみ）。

⑧産休の取得を理由に，昇給・昇格で不利な取扱いをすることは違法である。
一方，産休の取得によって生じた技能・経験の遅れを理由として昇格が遅れても，これを違法とすることはできない。

⑨生後満1年に達しない生児を育てる女性は，法定の休憩時間以外に「1日2回・1回30分以上」の育児時間を請求できる。

⑩育児時間は，女性の請求があれば，これを「1回・1時間以上」にまとめることができる。

⑪生理日の休暇は，生理日の就業が「著しく困難」なことが要件である。

⑫**精皆勤手当の算定**において，生理日の休暇取得日を欠勤扱いとしても違法ではない（手当の額が少額で，休暇取得抑制効果が小さいことを考慮）。しかし，**昇給昇格の要件たる出勤率の算定**に当たり欠勤扱いとすることは違法である（不利益の程度が大きすぎて，権利行使を強く抑制する方向に作用するから）。

重要ポイント3 男女雇用機会均等法

①本法は，女性への性差別だけでなく，男性への性差別も禁止している。

②募集･採用，配置･昇進，教育訓練等について男女間で差別的取扱いをすることは許されない。

③共働き家庭で，「住宅資金の社内貸付は夫のみ」とすることは違法である。

④女性に対するセクハラだけでなく，男性に対するセクハラについても，使用者に必要な措置義務が課せられている。

⑤形式的には性別以外の事由を要件としていても，実質的には性別を理由とするいわゆる間接差別は，それが不合理なものである限り許されない。

実戦問題1　基本レベル

＊No.1　年少者の労働条件に関する次の記述のうち，妥当なものはどれか。

【市役所・平成6年度】

1　使用者は，児童が満15歳に達するまでは，これを使用してはならない。

2　親権者または後見人は，未成年者に代わって労働契約を締結してはならず，また未成年者の労働契約に同意権や取消権の行使という形で介入することも許されない。

3　行政官庁は，労働契約が未成年者に不利であると認める場合は，将来に向かってこれを解除することができる。

4　使用者は，満18歳未満の者に時間外労働をさせる場合は，1日2時間以内としなければならず，また休日労働をさせることは一切認められていない。

5　使用者は，満18歳未満の者が解雇の日から14日以内に帰郷する場合においては，必要な費用を負担しなければならず，これはその者が自己の責に帰すべき事由に基づいて解雇される場合も同様である。

＊No.2　女性の労働条件に関する次の記述のうち，妥当なものはどれか。

【市役所・平成17年度改題】

1　使用者は，女性を坑内で労働させてはならない。

2　労働基準法は，女性の産前産後の休業期間中は，賃金の6割を保障すると規定している。

3　使用者は，産後6週間を経過しない女性については，その女性が就労を請求した場合を除いて，この者を就業させることが禁止される。

4　使用者は，6週間以内に出産する予定の女性を就業させることができない。

5　使用者は，1歳未満の生児を育てる女性が請求したときは，法定の休憩時間のほかに1日2回，おのおの少なくとも30分の育児時間を与えなければならない。

実戦問題1の解説

No.1の解説 年少者の労働関係

→問題はP.154 正答3

1 × **最低入職年齢は満15歳に達した日以後の最初の3月31日が終了した時点。**

満15歳ではなく，満15歳に達した日以後の最初の3月31日が終了するまで，使用することができない（労基法56条1項）。

義務教育の終了までは，教育のほうを優先させようという趣旨である。

2 × **未成年者は，親権者・後見人の同意を得なければ労働契約を締結できない。**

親権者または後見人は，未成年者自身が労働契約を締結するのであれば，これに対して法定代理人として同意権や取消権を行使することはできる（民法4条，120条1項）。

民法上，親権者は法定代理人であり（民法824条本文），未成年者に代わって未成年者のために一切の法律行為をなす権限を有している。しかし，労基法はこれを一部修正しており，労働契約の締結についての法定代理権の行使を制限し，親権者（または後見人）が未成年者に代わって労働契約を締結することを禁止している（労基法58条1項）。子の賃金を生活費や遊興費に充てる目的で親が子の労働契約を締結して，その子を働きに出すなどといった，子を「くいもの」にする弊害を防止する趣旨である。したがって，**労働契約の締結は，未成年者自身がその法定代理人の同意を得て自らこれを締結しなければならない**。

なお，未成年者が自ら契約を締結する限り，同意についてはそのような弊はないので，民法の原則がそのまま妥当する。それゆえ，同意を得ないでなした労働契約は本人または親権者がこれを取り消すことができる（民法4条，120条1項）。

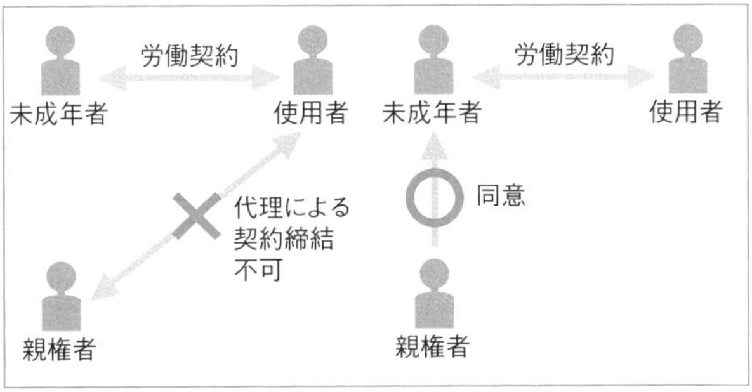

3 ◎ **行政官庁にも，未成年者に不利な労働契約の解除権が認められている。**

正しい（労基法58条2項）。

4 × **満18歳未満の年少者には，時間外・休日労働は認められていない。**

時間外労働は，労働者にかなりの負担を強いるものである。そこで，法は心身の発達途上にある年少者の健全な発育を図るために，年少者の時間外・休日労働を禁止している（労基法60条1項による同36条の適用排除）。

5 ×　帰責事由に基づく解雇で，行政官庁の認定を受ければ帰郷旅費支給は不要。

満18歳未満の者がその責に帰すべき事由に基づいて解雇され，使用者がその事由について行政官庁の認定を受けたときは，帰郷旅費を支払う必要はない（労基法64条但書）。

なお，ここで帰郷旅費の支払いが必要な場合についてまとめておこう。

●帰郷旅費の支払いが使用者に義務付けられる場合

①	労働条件が事実と相違する場合の即時解除において， →就業のために住居を変更した労働者が，契約解除の日から14日以内に帰郷する場合（労基法15条3項）
②	満18才未満の者が解雇の日から14日以内に帰郷する場合 →帰責事由に基づく解雇で，その事由について行政官庁の認定を受けたときは支払わなくてもよい。

No.2の解説　女性の労働基準

→ 問題はP.154　**正答5**

1 ×　女性の坑内労働の禁止は，妊娠中の女性や女性に有害な業務などに限定。

女性の坑内業務が制限されるのは，次の２つの場合である（労基法64条の２）。

	対象となる女性の範囲	制限の範囲
1	①妊娠中の女性 ②坑内業務に従事しない旨を申し出た産後１年を経過しない女性	坑内で行われるすべての業務
2	上記以外の満18歳以上の女性	坑内で行われる業務のうち人力により行われる掘削の業務その他の女性に有害な業務として厚生労働省令で定めるもの

平成19年４月施行の改正労基法以前においては，女性の坑内労働は，取材業務や医療業務などの一部の例外を除いて全面的に禁止されていた。しかし，経済界などから，坑内の工事への監督業務や施工管理業務などについて女性の進出を認めてほしいという要望が出され，これを受けて同改正法は「女性に有害な業務」を除いて，制限を解除した。

2 ×　労働基準法は，女性の産前産後の休業期間中の賃金を保障していない。

労基法上，労働者が就労しなくても使用者が金銭を支払う必要があるのは，年次有給休暇と休業補償の２つの場合だけである。これらに該当しない産前産後の休業期間を無給としても，違法にはならない。

なお，健康保険法は，産前産後の一定期間について，標準報酬月額の30分の１の３分の２に相当する額を出産手当金として支給し，産休期間中の生活保障を図っている（健康保険法102条）。

3 ×　産後６週間を経過しない女性は，本人の請求があっても就労が禁止される。

使用者は，**産後８週間を経過しない女性を就業させてはならない**。これは，出産で体力を著しく消耗している状態の中での就労が，母体の生命・健康を危うくすることを考慮したものである（労基法65条２項本文）。

ただ，産休が労基法上有給とされていないため，生活のために女性が働かざるをえないことを考慮して，**産後６週間を経過した女性が請求**した場合は，**医師が支障がないと認めた業務に就業させることができる**（同但書）。

4 ×　産前の休業は，労働者が請求した場合に与えればよい。

出産前の就労は，出産後の就労に比べれば，健康面での母体への負担が軽いことや，生活のために女性が働かざるをえないことを考慮して，休業するかどうかを労働者本人の判断にゆだねたものである（労基法65条１項）。

5 ◎　育児時間は請求が要件で，１日２回，時間は各々少なくとも30分である。

正しい（労基法67条１項）。

実戦問題❷　応用レベル

*
No.3　労働基準法に規定する年少者の労働関係に関する記述として，妥当なのはどれか。

【地方上級・平成17年度】

1　使用者は，映画の製作または演劇の事業については，満13歳に満たない児童を行政官庁の許可を受けることなく，その者の修学時間外に使用することができる。

2　親権者または後見人は，未成年者の同意を得て，未成年者に代わって労働契約を締結することができる。

3　親権者もしくは後見人または行政官庁は，労働契約が未成年者に不利であると認める場合においては，将来に向かってこれを解除することができる。

4　使用者は，いかなる場合であっても，満18歳に満たない者を午後10時から午前5時までの深夜の時間帯において使用してはならない。

5　満18歳に満たない者が解雇の日から14日以内に帰郷するときには，解雇がその者の責めに帰すべき事由による場合であっても，使用者は，帰郷に要する旅費を必ず負担しなければならない。

***
No.4　育児休業等に関する次の記述のうち，最も妥当なのはどれか。

【労働基準監督官・平成30年度】

1　事業主は，配偶者が専業主婦（夫）である労働者について，その養育する子が1歳未満であっても，労働者の過半数で組織する労働組合等と労使協定を定めることにより，当該労働者からの育児休業の申出を拒否することができる。

2　小学校就学の始期に達するまでの子を養育する労働者は，雇用されて6月に満たない者等であって，事業場の過半数労働組合又は過半数代表者と事業主との労使協定で対象外とされた者等を除き，その事業主に申し出ることにより，負傷し，又は疾病にかかった当該子の世話等のための休暇を取得することができる。

3　育児休業は1歳未満の子を養育する労働者が子が1歳になるまでの期間を特定して取得するものであるため，子が1歳になった以降も育児休業を延長したい旨の労働者からの申出については，事業主は一切応じる義務はない。

4　1歳未満の子を養育する有期契約労働者は，同一の事業主に1年以上継続して雇用されており，かつ，子が1歳6か月に達する日までに労働契約の期間が満了しない場合であっても，育児休業を取得することができない。

5　事業主が，その労働者が育児休業の申出をし，又は育児休業をしたことを理由として，当該労働者に対して解雇その他不利益な取扱いをした場合，労働基準法上の違反となり刑事罰の対象となる。したがって，労働基準監督官は，当該不利益な取扱いについて，同法に基づく指導・勧告や捜査を行うことができる。

＊＊
No.5 **育児・介護休業法に関する次の記述のうち，最も妥当なのはどれか。**

【労働基準監督官・令和４年度】

1 事業主は，満３歳に達しない子を２人以上養育する労働者が請求した場合に限り，所定労働時間を超えて労働させてはならない。また，この取扱いは，継続雇用期間が一定期間に満たない労働者については，就業規則に明記することにより，適用の対象外とすることができる。

2 労働者は，要介護状態にある配偶者を介護するために，介護休業を取得することができる。この場合の「要介護状態」とは，負傷や疾病等により６か月以上の期間にわたり常時介護を要する状態をいい，また，ここでいう「配偶者」には事実上婚姻関係と同様の事情にある者は含まれない。

3 事業主は，育児をする労働者から，育児・介護休業法で労働者のために義務付けられた休業や労働時間の措置に関し，苦情の申出を受けたときは，事業所に設置する苦情処理機関に処理を委ねる等，自主的な解決を図るよう努めなければならない。他方，介護をする労働者から苦情の申出を受けたときは，このような努力義務は課せられていない。

4 事業主は，労働者が，育児休業や介護休業，子の看護休暇や介護休暇を申し出たことや，これらの休業や休暇を取得したことを理由として，当該労働者に対して，解雇その他の不利益な取扱いをしてはならない。

5 事業主は，高等学校就学の始期に達するまでの子を養育する労働者が請求したときは，事業の正常な運営を妨げる場合を含め，原則として，深夜（午後10時から午前５時まで）に労働させてはならない。

＊＊
No.6 **ハラスメントに関するア～オの記述のうち，妥当なもののみを挙げているのはどれか。**

【国家総合職・令和５年度】

ア：男性職員Ａが男性職員Ｂの性的情報に関する噂を流布する行為は，雇用の分野における男女の均等な機会及び待遇の確保等に関する法律（男女雇用機会均等法）上のセクシュアル・ハラスメントには該当しないから，噂を流布されたＢは，都道府県労働局長に対して，同法に基づいて紛争調整委員会による調停を申請することはできず，個別労働関係紛争の解決の促進に関する法律に基づき，同委員会によるあっせんを申請することができるにとどまる。

イ：管理職員Ａが部下職員Ｂに対して１年余りにわたり強い嫌悪感等を与えるセクシュアル・ハラスメントを繰り返していたことに基づく，Ａに対する懲戒処分の有効性を判断するに当たって，ＡがＢから明白な拒否の姿勢を示されていなかったという事情は，Ａに有利な事情として考慮することが相当であるとするのが判例である。

ウ：ハラスメントをめぐる紛争のうち，マタニティ・ハラスメントやパワー・ハラスメントに関しては，都道府県労働局長が，紛争当事者の双方または一方に対して必要な助言，指導または勧告をすることはできるが，紛争調整委員会に調停をさせることはできない。

エ：労働基準法上，使用者は，妊娠中の女性職員が請求した場合には，その業務を他の軽易な業務に転換させなければならないところ，かかる妊娠中の軽易な業務への転換を契機としてなされた降格措置は，原則として，妊娠等を理由とする不利益取扱いを禁止した強行法規たる男女雇用機会均等法9条3項に違反し，無効となるとするのが判例である。

オ：上司により業務上必要かつ相当な範囲を超えて業務に関連して指導や叱責がなされた場合，当該指導や叱責を受けた者は，当該上司に対して不法行為責任を追求し得るほか，使用者に対しても，使用者責任や労働契約上の安全配慮義務（職場環境配慮義務）違反の債務不履行に基づいて，損害賠償請求をすることができる。

1　ア，イ
2　ア，オ
3　イ，ウ
4　ウ，エ
5　エ，オ

実戦問題2の解説

No.3の解説　年少者の労働関係　→問題はP.158　正答3

1 ×　演劇等の事業に満13歳未満の児童を使用するには行政官庁の許可が必要。

映画の製作または演劇の事業については，満13歳に満たない児童を使用することができるが，行政官庁の許可が必要である（労基法56条2項後段）。これは，児童福祉の観点から，国が後見的な監視を及ぼす趣旨である。

2 ×　親権者や後見人は，未成年者に代わって労働契約を締結できない。

親や後見人が未成年者を労働させて賃金をピンはねするなどといった，**未成年者を食いものにする行為の弊害を防止するため**である。したがって，労働契約の締結は，必ず未成年者自身が行わなければならず，法定代理権に基づき，あるいは同意があったことを理由として親権者や後見人が労働契約を締結することは認められない（労基法58条1項）。

3 ◎　未成年者に不利な労働契約は，親権者・後見人・行政官庁に解除権がある。

正しい（労基法58条2項）。一般の契約法理によれば，契約に期間の定めがある場合，当事者はそれに拘束されるので，途中で一方的に解約することは認められないはずである。しかし，労働契約においては，未成年者が未熟な判断で不利な契約を締結することも考えられるため，このような場合に備えて，労基法は特別な解除権を認めた。この**解除権は，労働契約の締結と異なり，親権者・後見人が直接行うことができる**。さらにこの解除権は，親権者・後見人が不在または十分な保護を尽くさないような場合に備えて，**行政官庁にも認められている**。

4 ×　交替制で使用する満16歳以上の男性については深夜業が認められる。

深夜業の禁止は，発育途上の年少者に身体・精神の両面で負担が大きいことから規定された。ただ，負担がそれほど大きくない形態（一定期間ごとに昼勤と夜勤が入れ替わる形態）での深夜業もあるので，その場合には例外が許容されている（労基法61条1項但書）。

5 ×　帰責事由に基づく解雇で，行政官庁の認定を受ければ帰郷旅費支給は不要。

解雇がその者の責めに帰すべき事由による場合には，使用者がその事由について行政官庁の認定を受けたときは帰郷旅費の支給義務を免れる（労基法64条但書）。

No.4の解説　育児休業等　→問題はP.158　正答2

1 ×　配偶者が専業主婦（夫）であることを理由に育児休業の拒否はできない。

以前は，配偶者が常態として子を養育できる者については，育児休業の拒否事由に該当するとされていたが，平成21年の法改正によって削除された。したがって，使用者はこのことを理由に育児休業の申出を拒否できない。

2 ◎　子の看護のための休暇は，雇用後6か月未満の者もこれを取得できる。

妥当である（育児・介護休業法16条の2第1項，16条の3第2項，6条1

項但書)。

雇用開始からの期間の長短にかかわらず，**看護の必要性が高い**からである。

3 × **育児休業は「1歳未満」が原則であるが，延長や再延長も認められている。**

育児休業は，「養育する1歳に満たない子」について申し出るのが原則である（育児・介護休業法5条1項，なお同法9条の2）。

しかし，**子が保育所に入れない等の場合**には1歳6か月まで延長でき（同法5条3項，同法施行規則6条），さらに，この期間は平成29年の法改正によって**2年まで延長**された（同法5条4項・5項，同法施行規則6条の2，同法9条2項2号）。

4 × **雇用期間1年以上で雇用の終了期間等に関する要件を満たせば育休取得可。**

法が育休請求に一定の制限を設けているのは，たとえば，1年の有期雇用労働者が，雇用後すぐに1年間の育休を申し出るというのでは雇用の意味がないからである。本肢のような場合には，育休請求が可能である（育児・介護休業法5条1項但書）。

5 × **育休について労基法に規定はなく，同法違反とはならない。**

したがって，刑事罰の対象とはならない。

No.5の解説　育児・介護休業法

→ 問題はP.159 **正答4**

マイナーなテーマであるが，今日的な問題でもあり，ある程度常識で判断すれば正解を導くのは容易であろう。知識をカバーできていない問題についても，簡単にパスするのではなく，一通り読んで，一般常識で解けないかを試してみるのも一案である。

1 × **3歳未満の子を1人でも養育する労働者が請求すれば，時間外労働は免除。**

前半は，本肢の「2人以上養育」が誤りなのは明らかで，法にそのような要件はない（育児・介護休業法16条の8第1項柱書本文）。**たとえ子どもが1人であっても**，親が残業をせずに「時間が来たら保育所に子どもを迎えに行く」，あるいは「買い物をして夕食を作る」など，**子育てに最低限必要な環境を整備する**ことは，本法の趣旨からして明らかである。

後半は，就業規則ではなく，労使協定が正しい（同前規定）。就業規則は使用者が一方的に作成できるが（労基法89条），**労使協定だと労働者の意見が反映される**ので，労働者保護の見地からはこちらの方が望ましい。

2 × **事実婚の配偶者の場合も，介護休業の取得は認められる。**

前半は，**要介護状態**とは，「負傷，疾病又は身体上若しくは精神上の障害により，厚生労働省令で定める期間（2週間以上）にわたり常時介護を必要とする状態」をいう（育児・介護休業法2条3号，同法施行規則2条）。

これも本法の趣旨からすると誤りと判断できる。すなわち，「6か月以上の期間にわたり常時介護を要する状態」でなければ介護休業を取得することができないとすると，その期間の生活は破壊されてしまう。そうすると，労働者は仕事を辞めざるを得ない（実際に，近年は介護離職―家族の介護を抱えている労働者が，仕事と介護を両立できないとして，やむを得ず会社を離職すること―が社会問題化してきている）。**2週間程度で回復の見通しが立たないのであれば，やはり休業を認めるべきである。**

また，ここでいう「配偶者」には事実上婚姻関係と同様の事情にある者は含まれる。**事実婚であっても，介護の必要性は法律婚の場合と何ら差異はない**からである（育児・介護休業法2条4号カッコ書き）。

3 × **育児・介護とも，事業主には苦情申出に対し自主解決を図る努力義務がある。**

事業主が苦情の**自主的解決**に努めなければならないことに関して，**育児と介護で区別する理由がない**からである。

すなわち，育児の場合と同様，介護の場合にも，労働者から苦情の申出を受けたときは，事業主に所定の努力義務が課せられている（育児・介護休業法52条の2）。

4 ◎ **育児・介護休業等は権利であり，申出や取得での不利益取扱いは禁止。**

妥当である。不利益取扱いを認めると，せっかく法が規定したこれらの権利が，**萎縮的効果**で制限されてしまう（育児・介護休業法10条，16条，16条の10，18条の2）。それを阻止するためには不利益取扱いを禁止しておく必要がある。

5 × **小学校就学の始期に達するまでの子を養育する労働者の深夜業は制限される。**

本肢は，「高等学校就学の始期に達するまで」ではなく，「小学校就学の始期に達するまで」が正しい。

できれば子が小学校を卒業するくらいまでは，親が夜も家庭にいることが望ましいが，経済的事情等でやむを得ない場合もあることから，**法は，深夜業の制限期間を「小学校就学の始期に達するまで」としている**（育児・介護休業法19条1項柱書本文）。

高等学校就学の始期に達すれば，深夜に親がいなくても，ある程度は理解できるであろうから，ここまでの時期を法で強制する必要はない。

No.6の解説 ハラスメント

→問題はP.159 正答5

ハラスメントは近時注目のテーマであるが，知識がなければ解けないわけではなく，一般常識的な判断で読んでいけば，かなりの確率で正解に達することができる。まず，**ア**は「性的情報に関する噂を流布する行為」がセクハラに該当しないとする点は，明らかにおかしい。**イ**も，相手が明白に拒否しなければセクハラにならない（という口ぶり）は，性犯罪の成立に「拒否しない」から「同意が必要」という令和５年の刑法改正（刑法176条・177条等）の流れを見ても，時代にそぐわないことが明らかである。**ウ**は技術的なのでパスするとして，**エ**と**オ**は一般常識や民法の知識で正しいとわかるであろう。以上を考えれば，容易に答えは出る。

ア× 同僚の性的情報に関する噂を流布する行為は，均等法のセクハラに当たる。

「性的な言動」により就業環境が害されることも，均等法上の「職場におけるセクシュアル・ハラスメント」に当たる（均等法11条１項）。そして，ここでいう**「性的な言動」には，同性・異性を問わず性的な内容の情報（噂）を流布することが含まれる**ので（平18厚労告615号），本肢のＡの行為は均等法上のセクハラに該当する。

したがって，噂を流布されたＢは，**都道府県労働局長**に対して，同法に基づいて**紛争調整委員会による調停**を申請することができる（均等法17条１項）。

イ× セクハラに明白な拒否の姿勢を示さないことは，行為者に有利な事情でない。

最高裁は次のようにいう。すなわち，原審（大阪高裁）は，管理職員Ａが部下職員Ｂから「明白な拒否の姿勢を示されておらず」，強い嫌悪感等を与える「言動も同人（被害者）から許されていると誤信していたなどとして，これらを有利な事情としてしんしゃくするが，職場におけるセクハラ行為については，**被害者が内心でこれに著しい不快感や嫌悪感等を抱きながらも，職場の人間関係の悪化等を懸念して，加害者に対する抗議や抵抗ないし会社に対する被害の申告を差し控えたりちゅうちょしたりすることが少なくない**と考えられること……等に照らせば，仮に上記のような事情があったとしても，そのことをもって（管理職員Ａに）有利にしんしゃくすることは相当ではない」とする（最判平27・２・26，海遊館事件）。

ウ× マタハラ・パワハラともに，紛争調整委員会に調停をさせることができる。

マタニティ・ハラスメントやパワー・ハラスメントに関しては，**都道府県労働局長**が，紛争当事者の双方または一方に対して**必要な助言，指導または勧告**をすることができる（均等法17条１項，16条，11条の３第１項，労働施策推進法30条の５第１項，30条の４，30条の２第１項）。

それで十分な解決策が得られないような場合には，**さらに紛争調整委員会に調停をさせることができる**（均等法18条１項，16条，11条の３第１項，労働施策推進法30条の６第１項，30条の４，30条の２第１項）。

エ○ 妊娠中の軽易な業務への転換がきっかけの降格措置は，均等法違反で無効。

妥当である。判例は，「均等法9条3項の規定は，これに反する事業主による措置を禁止する強行規定として設けられたものと解するのが相当であり，**女性労働者につき，妊娠，出産，産前休業の請求，産前産後の休業又は軽易業務への転換等を理由として解雇その他不利益な取扱いをすること**は，同項に違反するものとして**違法であり，無効である**」とする（最判平26・10・23，広島中央保健生協事件）。

オ○ パワハラに対しては，不法行為責任のほか，使用者責任等も追求できる。

妥当である。上司による業務上必要かつ相当な範囲を超える指導や叱責は，民法上の不法行為責任（民法709条）を構成する（名古屋高判平26・1・15，メイコウアドヴァンス事件）。そして，使用者にはパワハラ防止に関する雇用管理上の措置等の義務が課せられていることから（労働施策推進法30条の2第1項），**使用者責任**や（民法715条），**労働契約上の安全配慮義務**（職場環境配慮義務）**違反の債務不履行**（民法415条）に基づいて，損害賠償請求をすることができる。

以上から，妥当なものは**エ**と**オ**であり，正答は**5**である。

就業規則，懲戒

必修問題

就業規則に関する次の記述のうち，最も妥当なのはどれか。

【労働基準監督官・平成28年度】

1 常時10人以下の労働者しか使用しない事業所においては，就業規則の作成義務はないが，**常時10人を超えて**労働者を使用するに至った場合においては，使用者は2週間以内に就業規則の届出を所轄労働基準監督署長に行わなければならない。

2 退職手当は，**絶対的必要記載事項**に該当するため，就業規則の作成において，適用される労働者の範囲，退職手当の金額および退職手当の支払の時期に関する事項を必ず記載しなければならない。

3 使用者は，就業規則の作成または変更について，当該事業場に**労働者の過半数で組織する労働組合**がある場合においてはその労働組合，労働者の過半数で組織する労働組合がない場合においては**労働者の過半数を代表する者**の意見を聴かなければならないが，その意見が当該就業規則の作成は変更に「全面的に反対」であったとしても，当該就業規則の効力には影響がない。

4 就業規則は，法令または当該事業場について適用される**労働協約**に反してはならない。また，所轄労働基準監督署長は，法令または労働協約に抵触する就業規則について，これを職権で変更することができる。

5 就業規則で労働者に対して**減給の制裁**を定める場合においては，その減給は，1回の額が平均賃金の1日分の4分の3を超えてはならないが，「1回の事案」について平均賃金の4分の3の額を何回にもわたって減額することは可能である。

難易度 ＊＊

必修問題の解説

1 × **就業規則の作成義務がある使用者は遅滞なく労基署長に届け出る必要がある。**

使用者に，就業規則の作成および届出義務が課されるのは，「常時10人以上の労働者を使用する」場合だけである（労基法89条本文）。

通常，労働契約では基本的な事項のみが合意されるだけで，具体的な労働条件は就業規則によって決定されている。したがって，そのような重要な機能を有する就業規則は，本来であればすべての事業場で作成されるのが理想的といえる。しかし，たとえば家族経営の食堂が交替制で数人の学生アルバイトを雇っているというような**零細規模の事業場にまで，就業規則の作成および届出義務を課すのは，使用者の事務能力の点で非現実的**とされる。そのため，就業規則の作成義務を負うのは，「常時10人以上」労働者を使用する場合に限定されている。

また，常時10人以上の労働者を使用するに至った場合，使用者は就業規則を作成して**速やかにこれを所轄労働基準監督署長に届け出なければならない**（労基則49条）。この場合，特段の期間の制約は設けられていない。

2 × **退職手当は，絶対的必要記載事項ではなく相対的必要記載事項である。**

就業規則には，使用者が必ず記載しなければならないという「必要記載事項」があるが，これには２種があり，いかなる場合にも記載が義務づけられる**絶対的必要記載事項**と，それを制度として行う場合には記載しなければならない**相対的必要記載事項**に分かれる。労働時間や賃金は，労働条件として必須のものであるから前者に属するが，退職手当はすべての事業所で必ず制度化されているものではないので，後者に属する（労基法89条３号の２）。

3 ◎ **使用者は，就業規則について労働者側の意見を聴取すればよく同意は不要。**

正しい（労基法90条１項）。使用者は，就業規則の作成または変更にあたって，過半数労働組合（それがなければ過半数代表者）の**意見を聴けばよく，その同意を得る必要はない**。労働者側の同意が得られない場合には，その旨を書面に記載しておけばよく（同条２項），このことは労働者側が**全面的に反対という意見を表明した場合も同様**である。

労働基準法には始業・終業の時刻や賃金体系等の細かな労働条件は規定してないので，誰かがそれを定めなければならないが，労働者の同意が得られない限りそれを設定できないとすると，**事実として労働条件を定めることができなくなってしまう**からである。

4 × **就業規則が法令・労働協約に抵触する場合，労基署長は変更を命じうる。**

就業規則の作成権者はあくまで使用者であるから，労基署長ができるのは，使用者に対して変更を命ずることができるにとどまる（労基法92条２項）。

なお前半は正しい。就業規則の内容は，法令に反することができないのはもちろん，労働者が団結して使用者と交渉し，締結した労働協約に反することも許されない（同条１項）。

5 × **減給の制裁で，１回の額は平均賃金の１日分の半額を超えることができない。**

また，減給の総額は**一賃金支払期における賃金総額の10分の１**を超えてはならない（労基法91条）。

正答 3

FOCUS

就業規則は労基法分野の重要部分の一つであり，出題数はかなり多い。ただ，出題の素材となる部分が限られているので，類似の問題が繰り返される傾向にある。

POINT

重要ポイント 1 就業規則の意義

①就業規則とは，使用者の作成にかかる職場規律や労働条件に関する規則をいう。それは，事業場の統一的労働条件を定めるもので，**事業場ごとに作成**される。

②就業規則は，正社員·パート·アルバイト等を問わず，当該事業場で「常時10人以上の労働者を使用する」使用者に作成義務がある。

③賃金規程などの名称で別規定を設けた場合でも，その規定はなお就業規則であるから，労働者側の意見聴取や労働基準監督官署長への届出など，就業規則に課せられた法所定の手続きが必要である。

重要ポイント 2 作成・変更手続

①作成義務が課せられるのは，「**常時10人以上の労働者を使用する使用者**」である。

②「10人以上」は事業場単位で計算され，「労働者」は正職員のみならず，パートやアルバイトも含む。

③使用者はパートやアルバイトのみを適用対象者とする別規則を定めることができる。その別規定も就業規則であるから，法所定の手続きが必要。

④「常時10人以上の労働者を使用」していない事業場には，就業規則の作成義務は課せられていない。ただし，このような事業場でも，就業規則を作成すれば，就業規則に認められるすべての法的効力が付与される。

⑤就業規則には，法が列挙する事項を記載しなければならない（下表参照）。

絶対的必要記載事項	始業・終業の時刻，休憩時間，休日，休暇（年次有給休暇，産前・産後の休暇等），賃金（給与）に関する事項（決定・計算方法，支払い方法，締切りと支払いの時期），昇給に関する事項（期間，条件など），退職に関する事項（解雇事由も含む）
相対的必要記載事項	使用者が特定の制度を設ける場合に記載が義務づけられる事項（主なものは以下の通り）。 ・退職手当の定めをする場合には，適用労働者の範囲，手当の決定・計算・支払い方法・時期，退職金没収・減額条項 ・臨時の賃金等（賞与など）および最低賃金額の定めをする場合には，これに関する事項 ・安全衛生，職業訓練，災害補償，業務外の傷病扶助 ・表彰，制裁 →使用者が懲戒解雇や減給などの懲戒処分を行うには，必ず就業規則にその事由や処分内容等を記載しておかなければならない。

⑥**絶対的必要記載事項の一部が欠ける場合**でも，就業規則が全体として無効になるわけではない（**欠落部分について作成義務が生じる**だけ）。

⑦退職金や賞与を支給したり，懲戒の制度を設ける場合には，必ず就業規則に規定しておくことを要する（相対的必要記載事項）。

⑧就業規則は使用者が作成し，過半数組合（なければ過半数代表者）の意見聴取を経て行政官庁へ届け出なければならない。この場合，過半数組合があれば，必ず

過半数組合の意見聴取が必要である。

行政官庁への届出を怠っても就業規則は無効とはならない。

⑨**労働者側の同意は要件とされていない**ので，意見聴取の中で同意が得られなくても，就業規則の作成手続は違法とはならない。

⑩就業規則の変更の際にも，同様の手続（意見聴取・届出）が必要である。

⑪就業規則が拘束力を生ずるには，その内容を労働者に周知させる手続が採られていることを要する。

周知は，常時各作業場の見やすい場所へ掲示し，または備付け，書面を交付するなどの方法によって行う。

重要ポイント3 就業規則の効力・不利益変更

①就業規則は，法令および労働協約に反することができない。両者が抵触する場合，労働条件は後者（法令および労働協約）の定めによる。

②行政官庁は，法令･労働協約に違反する就業規則の規定の変更を使用者に命令することができる。

③変更命令によって就業規則の規定が直ちに変更されるわけではない（使用者の変更行為が必要）。

④就業規則は，合理的な労働条件を定めている限り，労働条件はその就業規則によるという「事実たる慣習」が成立しているものとされる。

⑤就業規則の不利益変更は，その内容が合理的なものである限り，たとえ個々の労働者が不同意であっても，その適用を拒否できない。

重要ポイント4 懲戒

①懲戒とは，労働者の企業秩序の違反行為に対して使用者が課す不利益処分をいう。

②使用者が懲戒を行うには，懲戒事由と処分の内容がともに就業規則に規定されていなければならない。

③懲戒事由とその手段は合理的なものであることを要する。使用者の懲戒が客観的に合理的な理由を欠き，社会通念上相当と認められない場合，その懲戒は懲戒権の濫用として無効となる。

④懲戒規定を，それが規定される以前に遡って適用することは許されない。

⑤高い学歴を低く詐称することも，経歴詐称として懲戒事由となしうる。

⑥私生活上の非行も，会社の信用を損なうものとして懲戒事由にできる。

⑦**減給**については，**1回の額が平均賃金の1日分の半額を超えることができず**，またその**総額が1賃金支払期における賃金総額の10分の1を超えることができない**。

実戦問題 1 基本レベル

＊
No.1 就業規則に関する次の記述のうち，労働基準法上妥当なのはどれか。

【地方上級（特別区）・平成４年度】

1 使用者は，使用する労働者の人数の多少にかかわらず，必ず就業規則を作成し，これを行政官庁に届け出なければならない。

2 就業規則は法的な拘束力を有しないので，就業規則に定める基準に達しない労働条件を内容とする労働契約は原則として有効である。

3 就業規則には，賃金，臨時の賃金，退職手当などの金銭に関する労働条件を定めることはできない。

4 使用者は，就業規則を変更しようとするときは，当該事業場に労働者の過半数で組織する労働組合がない場合においては，当該事業場の労働者の過半数を代表する者の意見を聴かなければならない。

5 使用者は，法律で限定的に列挙された事項以外の事項を就業規則に記載することはできず，これに違反した場合は，行政官庁から就業規則の是正勧告を受け，それに従わない場合は，当該記載事項は無効となる。

＊
No.2 労働基準法に定める就業規則に関する次の記述のうち，妥当なのはどれか。

【地方上級・平成９年度】

1 就業規則とは，労働組合と使用者またはその団体との間の，賃金・労働時間などの労働条件その他に関する文書による協定をいう。

2 常時50人以上の労働者を使用する使用者は，就業規則を作成し所轄の地方労働委員会に提出しなければならない。

3 使用者は就業規則を作成するに際し，事業所に労働者の過半数で組織する労働組合がある場合にはその労働組合と団体交渉を行い，その同意を得るのでなければ，就業規則の効力は生じない。

4 行政官庁は法令または労働協約に抵触する就業規則の変更を命じることができるが，この変更命令は就業規則の内容を直接変更する効力を有しない。

5 就業規則で定める基準に達しない労働基準を定める労働契約は，その労働契約全体が無効のものとなる。

＊
No.3 就業規則に関する次の記述のうち，妥当なのはどれか。

【地方上級・平成２年度】

1 就業規則は，労働契約に対して優越的な効力を有するから，就業規則において定める労働条件と労働契約において定める労働条件が異なっている場合，どちらの労働条件が有利であるかを問わず，その部分について就業規則が適用される。

2 就業規則の法的性質をどのように解するかについて，法規範説と契約説とがあるが，いずれの説によっても労使間の合意は，就業規則が労働者と使用者を拘束する要件とはなっていない。

3 使用者が就業規則を作成または変更するには，当該事業場の労働者の過半数で組織する労働組合，または労働者の過半数を代表する者の同意を得る必要があり，同意を欠く就業規則は無効である。

4 使用者が，就業規則を労働者に不利に変更した場合においても，その変更が合理的なものである限り，これに同意しない個々の労働者がその適用を拒否することは許されないとするのが判例である。

5 労使双方の協議により作成された就業規則の中に，その変更は組合との協議により行う旨の規定がある場合には，協議を経ないで行われた就業規則の変更は無効である。

No.4* **使用者が労働者に対して行う懲戒処分に関する次の記述のうち，妥当なのはどれか。** 【地方上級・平成９年度】

1 労働基準法上，減給処分は１回の額が平均賃金の１日分の半額を超えてはならず，かつその総額が一賃金支払期における賃金の総額の10分の１を超えてはならない，とされている。

2 職務内容と他の従業員の学歴とのつりあいという観点から，募集対象者の学歴が中学卒または高校卒と限定されている場合であっても，学歴を低く詐称することは，企業秩序維持にかかわる真実告知義務違反とはならないとするのが判例である。

3 懲戒処分は，企業秩序違反に対する制裁罰であるから，私生活上の行為を懲戒事由とすることは一切許されない。

4 退職を勧告し，退職願いあるいは辞表を提出させる「諭旨退職」制度が設けられている場合，それが懲戒の一種として制度上定められていたとしても，この退職は依願退職の形になるので，同処分について法的に争うことは認められない。

5 使用者は企業の存立・運営に不可欠な企業秩序を定立し維持する権限を本来的に有し，他方，労働者は労働契約の性質・内容上当然に企業秩序遵守義務を負うから，法令上，使用者は懲戒の制度を設ける場合に就業規則に規定を置くことまで要求されていない。

実戦問題 1 の解説

No.1 の解説　就業規則

→問題はP.170 正答4

1 × **使用者が作成義務を負うのは常時10人以上の労働者を使用する場合である。**

就業規則を作成しなければならないのは，「常時10人以上の労働者を使用する使用者」に限られる（労基法89条）。

2 × **就業規則の基準に達しない労働契約の労働条件規定はその部分について無効。**

就業規則には法的な拘束力が認められており，**就業規則で定める基準に達しない労働条件を定める労働契約**は，**その部分について無効**になる（労契法12条前段）。そして，無効となった部分は就業規則で定める基準による（同条後段）。

すなわち，就業規則と労働契約のそれぞれで労働条件が定められている場合は，個々の労働条件でいずれか有利なほうが個別に適用されるということである。

3 × **賃金は絶対的必要記載事項，臨時の賃金・退職手当は相対的必要記載事項。**

いずれも就業規則の記載事項である（労基法89条2号，3号の2，4号）。

基本的な労働条件は就業規則の必要記載事項とされているが，そのうち必ず記載する必要があるものを**絶対的必要記載事項**といい，使用者がその制度を設ける場合に就業規則への記載が要求されるものを**相対的必要記載事項**という。

賃金は労働者の経済生活を支える最も重要な労働条件であるから絶対的必要記載事項であり（労基法89条2号），臨時の賃金（ボーナスなど）や退職手当は，その制度を設ける場合には就業規則への記載が要求される相対的必要記載事項である（同3号の2，4号）。

4 ◎ **就業規則の変更の際にも，労働者側の意見聴取義務が課せられている。**

正しい。**意見聴取義務**は，就業規則の**作成の場合のみならず変更の場合にも必要**とされている（労基法90条1項）。

5 × **法律の列挙事項以外の事項を，就業規則に記載することもできる。**

労基法89条は就業規則の必要記載事項を規定しているが，これは基本的な事項についてその記載を要求したもので，それ以外の事項については，これを記載するかどうか，またどのような内容の記載を行うかは使用者の自由である（**任意的記載事項**という）。

なお，任意的記載事項であっても，就業規則に記載されれば法的な効力が認められるので，当事者を拘束することになる（労働者に有利なものであれば，使用者にその履行義務が発生する）。また，その内容が不合理であれば，権利濫用法理により無効とされることもある。

No.2の解説　就業規則

→ 問題はP.170 正答4

1 × **就業規則とは使用者が定める職場規律や労働条件等に関する規則である。**

本肢の内容は労働協約（労組法14条）であって就業規則ではない。就業規則は，使用者が作成する職場規律や労働条件に関する規則でのことである（労基法89条）。

就業規則では，使用者は自ら作成した規則について労働者の意見を聴取すればよく，その同意を得る必要はない（労基法90条）。つまり，就業規則は使用者が一方的にその内容を定めることができる点に特質がある。

2 × **使用者が作成義務を負うのは常時10人以上の労働者を使用する場合である。**

本肢は次の２点で誤っている。

①使用者が就業規則の作成義務を負うのは，常時10人以上の労働者を使用する場合に限られる（労基法89条）。

②就業規則の届出先は，主に労使紛争を担当する労働委員会ではなく，労働条件についての監督機関である労働基準監督署長である（労基法89条，労基則49条１項）。

3 × **使用者は，就業規則について労働者側の意見を聴取すればよく同意は不要。**

労働組合と団体交渉を通じて合意すれば，それは労働協約であって就業規則ではない。就業規則においては使用者に**意見聴取義務**が課せられているだけで，労働者の同意を得る必要はない（労基法90条１項）。

4 ◎ **就業規則が法令等に抵触した場合，労基署長は変更を命じ得るにとどまる。**

正しい。法令・労働協約に抵触する就業規則は法的には無効であるが，それが事実として行われるおそれがあることから，法は**行政官庁に変更命令権を認めている**（労基法92条２項）。この**変更命令は，使用者に変更の義務を課す**にとどまり，就業規則そのものを変更してしまう効力を有するものではない。

5 × **就業規則の基準に達しない労働契約の労働条件規定はその部分について無効。**

全体ではなく，その部分が無効となるにすぎない（労契法12条）。そしてその無効となった部分は就業規則で定める基準による（同条）。

たとえば，年休の付与日数について，就業規則で定められた日数が労働契約のそれより多かった場合には，就業規則の日数が労働者の労働条件となる。反対に，労働契約で定められた日数が就業規則のそれより多かった場合には，労働契約の日数が労働者の労働条件となる。このように，就業規則と労働契約では，それぞれの条項で労働者に有利なほうが適用されるので，労働契約の一部に就業規則の労働条件を下回っている条項があっても，その部分について適用を排除すればよく，**労働契約を全体として無効とする必要はない。**

No.3の解説　就業規則

→問題はP.170　**正答4**

1 ×　就業規則と労働契約では，いずれか有利なほうが優先適用される。

◆労働契約・就業規則・労働協約の関係◆

就業規則 vs. 労働契約	いずれか有利なほうが優先
就業規則 vs. 労働協約	労働協約が優先 →労働協約は，労使が対等の立場に立って合意した労働条件だから。
労働契約 vs. 労働協約	労働協約が優先 →いずれも労使の合意に基づくものであるが，労働協約は一般に組合員の「統一的労働条件」として成立しているもので，労働契約よりも優先すると解されている。

まず就業規則が労働契約よりも有利な労働条件を規定している場合には，「就業規則で定める基準に達しない労働条件を定める労働契約は，その部分については無効」になる（労契法12条）。また，労働契約が就業規則よりも有利な労働条件を規定している場合には，使用者が労働契約においてそのような労働条件を認めている以上，労働契約が優先適用される。労契法12条が就業規則に「反する」労働契約は無効とするとせずに「達しない」労働契約は無効とすると規定しているのは，いずれか有利なほうを優先させるという趣旨である。

2 ×　契約説では，労使間の合意は，就業規則が労使を拘束する要件とされる。

法規範説は，就業規則それ自体に法的規範としての効力が認められるとする説である。したがって，この説では，労使間の合意は就業規則が労働者と使用者を拘束する要件とはなっていない（なお，法的性質論が出題されることはほとんどないので，本問は他の選択肢で正誤判断すべきで，本肢はあえて理解する必要はない）。

3 ×　使用者は，就業規則について労働者側の意見を聴取すればよく同意は不要。

意見を聴取すればよく，その同意を得る必要はない（労基法90条1項）。

4 ◎　就業規則の不利益変更は，内容が合理的であれば個々の労働者を拘束する。

正しい。いわゆる**就業規則の不利益変更**の問題であり，判例は，「新たな就業規則の作成又は変更によって，既得の権利を奪い，労働者に不利益な労働条件を一方的に課することは，原則として，許されない…が，労働条件の集合的処理，特にその統一的かつ画一的な決定を建前とする就業規則の性質からいって，当該**規則条項が合理的**なものであるかぎり，個々の労働者において，これに**同意しないことを理由として，その適用を拒否することは許されない**」とする（最判昭43・12・25，秋北バス事件）。

企業経営は常に順調な発展が続くとは限らず，社会情勢や景気の変動などさまざまな要因で経営が傾く場合もある。その場合，経営再建の手段として，使用者が労働条件に手をつけることはやむをえないといえる。ただ，最初から人員削減（解雇）という方法を選択することは，解雇権濫用法理（労契法16条）がこれを厳格に規制しているので，一般には困難である。そこで使用者としては，賃金の引下げなど他の手段（労働条件の不利益変更）を選択すべきことになるが，仮にこのような手段までもが制約されるとなると，企業の再建は困難になり，場合によっては「倒産→全従業員が職を失う」という最悪の結果をも生じかねない。そこで，解雇権濫用法理によって解雇を制限するいわば見返りとして，労働条件（就業規則）の**不利益変更に合理性が認められる限りは，労働者の同意を要することなく労働条件を規律する効力を認める**としたのである。

5 × 法定の要件を満たしている限り，就業規則の変更は有効である。

労基法は就業規則の作成・変更ともに労働者の同意を要件としていないので，就業規則中にそのような規定が設けられた場合でも，法定の要件を満たしている限り変更は有効である。

協議条項への違反は，単なる債務不履行にすぎない。

No.4 の解説　懲戒処分

→ 問題はP.171　正答 1

1 ◎ 減給の制裁で，1回の額は平均賃金の1日分の半額を超えることができない。

正しい。減給の制裁は，1回の額が平均賃金の1日分の半額を超え，その総額が一賃金支払期における賃金の総額の10分の1を超えてはならない（労基法91条）。

◆一賃金支払期

これは就業規則によって定められ（労基法89条2号），たとえば月給であれば，ある月の21日から翌月の20日までを一賃金支払期として，その期の賃金を同月の25日に支払うといった方法がとられる。

2 × 高学歴を低く詐称することも真実告知義務違反として懲戒解雇事由に当たる。

判例は，最終学歴はその者の労働力の評価やその適正配置のために重要であるばかりでなく，職場への適応性など企業秩序維持にも関係する事項であるとして，**学歴を低く詐称すること**も真実告知義務違反として**正当な懲戒解雇事由に当たる**とする（最判平3・9・19，炭研精工事件）。

3 × 私生活上の非行も，正当な懲戒事由となる場合がある。

企業の信用の保持なども広い意味での企業秩序に含まれるので，これを害する私生活上の行為については，**企業秩序違反**を理由に懲戒処分の対象とすることが許される（最判昭49・2・28，国鉄中国支社事件）。

たとえば，警備会社の従業員が休日に他人の家で住居侵入・窃盗を行い，会社の信用を著しく損ねたような場合などである。

4 × 諭旨退職が懲戒として定められていれば，法的に争うことも認められる。

懲戒解雇に該当する事由があると判断される場合に，使用者が，労働者の会社に対するそれまでの功績や再就職の便宜などを考慮して，あえて懲戒解雇を選択せず，本人に辞表の提出を求め，形の上で依頼退職の形式で懲戒解雇処分を行うことがあり，これを**諭旨解雇**（諭旨免職）という。これは，形式的には依頼退職となっているが，その実は懲戒処分にほかならないので，懲戒に該当する事由がないにもかかわらず辞表の提出を強制され，**諭旨解雇とされた者**は，当然に**その無効を争うことができる**。そのような事由が存在しない場合には，解雇は不合理な理由に基づくものとして無効となるはずだからである。

5 × **懲戒の制度を設ける場合には，必ず就業規則に規定しなければならない。**

使用者は，懲戒の制度を設ける場合には，その種類および程度を就業規則に記載しなければならない（労基法89条９号）。

懲戒は労働者に対する不利益処分であるから，どのような事由に基づいてどのような不利益処分が行われるかを，あらかじめ労働者に告知しておくことが必要だからである。

実戦問題2 応用レベル

＊＊
No.5 労働基準法に規定する就業規則に関する記述として，判例，通説に照らして，妥当なのはどれか。 【地方上級・平成15年度】

1 最高裁判所の判例では，就業規則が，労働者に対し一定の事項につき使用者の業務命令に服従すべき旨を定めているときは，その規定内容が合理的なものである限りにおいて労働契約の内容をなしているものであるとした。

2 使用者は，就業規則を作成するに当たり，当該事業場に労働者の過半数で組織する労働組合がある場合にはその労働組合，そのような組合がない場合には労働者の過半数を代表する者と協議し，その同意を得なければならない。

3 最高裁判所の判例では，就業規則変更により，既得の権利を奪い労働者に不利益な労働条件を一方的に課すことは一切許されず，当該規則条項が合理的でも，個々の労働者はこれに同意しないことを理由に，その適用を拒めるとした。

4 使用者は，事業場単位で就業規則を作成することとされ，社員と臨時従業員のように同一事業場に労務内容や待遇を大きく異にする労働者のグループが存在する場合でも，それぞれ別個に就業規則を作成することは一切許されない。

5 行政官庁は，法令または労働協約に抵触する就業規則の変更を命ずることができるが，この場合，使用者が所定の手続をとらなくても，当該変更命令によって就業規則それ自体が当然に変更される。

＊＊
No.6 就業規則に関する次の記述のうち，最も妥当なのはどれか。

【労働基準監督官・平成25年度】

1 常時５人以上の労働者を使用する使用者は，就業規則を作成し，行政官庁に届け出なければならないが，当該労働者は正社員のみが対象となっており，パートタイムやアルバイトの雇用形態の労働者は含まれない。

2 就業規則の作成において記載すべき事項には，始業及び終業の時刻，安全及び衛生に関する事項などの，いかなる場合でも必ず記載すべき事項と，休憩時間，職業訓練，表彰及び制裁に関する事項などの，制度として行う場合には記載すべき事項があり，それらの各事項は労働基準法及び労働組合法に明記されている。

3 就業規則の作成において，退職手当の定めをする場合は，適用される労働者の範囲，退職手当の決定，計算及び支払の方法並びに退職手当の支払の時期に関する事項を記載しなければならない。

4 使用者は，就業規則の作成又は変更について，当該事業場に労働者の２分の１以上で組織する労働組合がある場合においてはその労働組合，労働者の２分の１以上で組織する労働組合がない場合においては労働者の２分の１以上を代表する者の同意を得なければならない。

5 就業規則で労働者に対して減給の制裁を定める場合においては，その減給は，

1回の額が平均賃金の1日分の3分の1以上，総額が一賃金支払期における賃金の総額の5分の1以上となってはならない。

＊＊
No.7 **懲戒に関するア～オの記述のうち，妥当なもののみをすべて挙げているのはどれか。ただし，争いのあるものは判例の見解による。**

【国家総合職・平成27年度】

ア：使用者は，企業秩序を乱す行為を行った労働者に対して懲戒処分を行う権限を有する。これは，使用者と労働者との関係から当然に発生するものであり，使用者は，労働者に対して，就業規則に懲戒の種別及び事由の定めがなされていなくても，当然に懲戒権を行使することができる。

イ：懲戒の種別としては，一般にけん責・戒告，減給，降格，出勤停止，諭旨解雇，懲戒解雇がある。このうち，懲戒解雇は，企業秩序違反に対する制裁としての解雇であるが，退職金が支払われる場合もある。

ウ：労働者が採用の際に重要な経歴を偽っていた場合，使用者は詐欺または錯誤を理由として労働契約の無効または取消しを主張することができ，労働契約の解消により使用者の不利益はなくなることから，重要な経歴の詐称であっても懲戒事由となることはない。

エ：使用者の懲戒権は，企業秩序の維持違反を理由とするものであるから，労働者の私生活上の非行は，企業秩序に直接関連するもの及び企業の社会的評価の毀損をもたらすもの以外は懲戒の対象とならない。

オ：懲戒処分が有効とされるためには，当該懲戒が，労働者の行為の性質，態様などの事情に照らして，客観的に合理的な理由があるといえる必要がある。懲戒処分の有効性の判断に当たっては，懲戒に付した事由の他に，処分後に判明した非違行為を処分理由に追加することも，いずれ当該非行に対する懲戒がなされることが予想される場合には許される。

1 ア，ウ　**2** ア，オ　**3** イ，ウ　**4** イ，エ　**5** エ，オ

＊＊
No.8 **懲戒処分に関するア～オの記述のうち，妥当なもののみをすべて挙げているのはどれか。ただし，争いのあるものは判例の見解による。**

【国家総合職・平成30年度】

ア：使用者は，企業秩序を維持し，もって企業の円滑な運営を図るため，企業秩序違反行為を理由として，労働者に対し，懲戒処分をすることができる。就業時間外や職場外における行為は，企業秩序の維持と関係がないことから，このような行為を理由として懲戒処分をすることはできない。

イ：懲戒処分については，理由の差替えや追加が認められており，特段の事情が

ない限り，懲戒処分当時に使用者が認識していなかった非違行為を，後にそれが明らかになった時点で処分理由に追加することができる。

ウ：経歴詐称は，詐欺による労働契約の取消しをもたらしたり，信頼関係の喪失として解雇事由となったりすることはあるが，服務規律やその他の企業秩序の侵犯に当たるとはいえないから，経歴詐称を理由に労働者を懲戒解雇することはできない。

エ：懲戒処分は，労働者の非違行為に対して行われるものであるところ，一旦行われた非違行為の内容が期間の経過により変化することはないから，非違行為が行われてから長期間が経過した後にされた懲戒処分が無効とされることはない。

オ：使用者が，就業規則を定めている場合において，労働者に対して懲戒処分をするには，あらかじめ就業規則において懲戒の種別及び事由を定めておくことを要し，就業規則が法的規範としての性質を有するものとして拘束力を生じるためには，その内容を適用を受ける事業場の労働者に周知させる手続が採られていることを要する。

1 ウ　**2** オ　**3** ア，ウ　**4** イ，エ　**5** ウ，オ

実戦問題2の解説

No.5の解説　就業規則

→問題はP.177　正答1

1◎　就業規則は，その規定内容が合理的なものである限り労働者を拘束する。

正しい。判例は，「労働条件を定型的に定めた就業規則は，一種の社会的規範としての性質を有するだけでなく，その定めが合理的なものであるかぎり，個別的労働契約における労働条件の決定は，その就業規則によるという**事実たる慣習**が成立しているものとして，法的規範としての性質を認められるに至っている」として，本肢のように述べている（最判昭61・3・13，電電公社帯広局事件）。

2×　使用者は，就業規則について労働者側の意見を聴取すればよく同意は不要。

意見を聴取すればよく，同意を得ることは必要でない（労基法90条1項）。

3×　就業規則の不利益変更は，内容が合理的であれば個々の労働者を拘束する。

判例は，「新たな就業規則の作成又は変更によって，既得の権利を奪い，労働者に不利益な労働条件を一方的に課することは，原則として，許されないと解すべきであるが，労働条件の集合的処理，特にその統一的かつ画一的な決定を建前とする就業規則の性質からいって，当該**規則条項が合理的**なものであるかぎり，個々の労働者において，これに**同意しないことを理由として，その適用を拒否することは許されない**と解すべきであり，これに対する不服は，団体交渉等の正当な手続による改善にまつほかはない」とする（最判昭43・12・25，秋北バス事件）。

なお，この判例の趣旨が，労契法で明文化されている（労契法10条）。

4×　社員と臨時従業員について，別個に就業規則を作成することも許される。

就業規則は単一なものでなければならないわけではない。同一事業場に労務内容や待遇を大きく異にする労働者のグループが存在する場合には，それぞれの労働条件の特性に応じた別個の就業規則を作成しても，なんら差し支えない。

5×　労基署長の変更命令には，就業規則の内容を変更する効力はない。

変更命令によって就業規則が当然に変更されるわけではなく，変更命令は**就業規則を変更すべき義務を使用者に課すにとどまる**。

どのように変更すべきかは，労働者側の意見を聴取したうえで，使用者自身に判断させるのが適当だからである。なお，前半は正しい（労基法92条2項）。

No.6の解説　就業規則

→問題はP.177　正答3

1×　就業規則の作成要件である「10人以上」には正職員やパート等の区別はない。

就業規則の作成義務が課せられているのは，「常時10人以上」の労働者を使用する使用者である（労基法89条）。

また，**労働基準法は適用対象労働者について正規・非正規の区別をしてお**

らず，「事業又は事務所に使用される者で，賃金を支払われる者」（労基法9条）を常時10人以上雇用している使用者使用者については，就業規則の作成義務が課されている。

2 × **労働組合法には，就業規則に記載すべき事項についての規定は存しない。**

就業規則に記載すべき事項は，労働基準法にのみ規定があり（労基法89条），労働組合法には規定はない。

その記載事項のうち，いかなる場合でも必ず記載すべき事項（絶対的必要記載事項）と，制度として行う場合に記載しなければならない事項（相対的必要記載事項）の区別はそれほど明確ではないが，基本的な労働条件についてはその多くが前者に含まれている。

本肢の労働条件のうち，始業及び終業の時刻（1号），休憩時間（1号）は絶対的必要記載事項であり，安全及び衛生に関する事項（6号），職業訓練（7号），表彰及び制裁（9号）は相対的必要記載事項である。

3 ◎ **退職手当の定めをする場合は支給に不可欠な事項も規定することを要する。**

正しい（労基法89条3号の2）。いずれも退職金を支給する際に不可欠な事項であり，退職金の定めをする際には，これらを定めることを要する。

4 × **使用者は，就業規則について労働者側の意見を聴取すればよく同意は不要。**

「2分の1以上」ではなく，「過半数」が必要である（労基法90条1項）。2分の1「以上」の場合，2分の1も含むが，「過半数」では2分の1は含まない。また，労働者側の同意は必要ではなく，意見を聴取すればよい（同条項）。

5 × **減給の制裁で，1回の額は平均賃金の1日分の半額を超えることができない。**

減給は，**1回の額が平均賃金の1日分の半額を超え，総額が一賃金支払期における賃金の総額の10分の1を超えてはならない**（労基法91条）。問題文にある「3分の1以上」，「5分の1以上」はいずれも誤り。

なお，「1回の額が平均賃金の1日分の半額」，「総額が一賃金支払期における賃金の総額の10分の1」という数字はしばしば出題されるので覚えておきたい。

No.7の解説　懲戒

→ 問題はP.178　**正答4**

ア × **使用者が懲戒権を行使するには就業規則に事由や手段を明記する必要がある。**

懲戒処分は，普通解雇や配転など，使用者が労働契約に基づいて行うことのできる通常の手段とは別個の特別の制裁であるから，これを実施したければ，就業規則にその事由や手段を明記して，それを契約の一内容としておかなければならない。

イ ○ **懲戒解雇であれば，必ず退職金不支給としなければならないわけではない。**

妥当である。退職金は**功労報償的性格**を有していることから，懲戒事由が労働者のそれまでの勤続の功を抹消ないし減殺してしまうほどの**著しい信義**

違反ではない場合は，退職金が支給されることがある（大阪高判昭59・11・29，日本高圧瓦斯工業事件）。

ウ× **労働者の経歴詐称は，これを懲戒の対象となしうる場合がある。**

判例は，労働者の**経歴詐称は，企業秩序の根幹をなす企業と従業員との信頼関係を失わしめるもの**であり，労働力の評価や適正配置を誤らせるものとして，これに対して懲戒解雇を行うことも認められる場合があるとする（最判平3・9・19，炭研精工事件）。

エ○ **懲戒権を行使できるのは，企業秩序に直接関連するものなどに限られる。**

妥当である。労働契約は，企業がその事業活動を円滑に遂行するに必要な限りでの規律と秩序を根拠づけるにすぎず，会社は，労働者の私生活に一般的な支配を及ぼしうるわけではない。したがって，私生活上の行為は，それが会社の事業活動に直接関連を有するもの及び社会的評価の毀損をもたらすものに限って懲戒の対象となしうるにとどまる（最判昭45・7・28，横浜ゴム事件）。

オ× **懲戒処分後に判明した非違行為を処分理由に追加することは原則として不可。**

判例は，「具体的な懲戒の適否は，その理由とされた非違行為との関係において判断されるべきものである」として，「懲戒当時に使用者が認識していなかった非違行為は，特段の事情のない限り，当該懲戒の理由とされたものでないことが明らかであるから，その存在をもって当該懲戒の有効性を根拠付けることはできない」とする（最判平8・9・26，山口観光事件）。

以上から，妥当なものは**イ**と**エ**であり，**4**が正答となる。

No.8 の解説　懲戒

→ 問題はP.178　**正答2**

ア× **就業時間外や職場外における行為であっても，懲戒処分の対象となりうる。**

判例は，「**会社の社会的評価を低下毀損するおそれがある**と客観的に認められる**職場外の職務遂行に関係のない所為**」を理由として懲戒処分をすることも認められるとする（最判昭49・2・28，国鉄中国支社事件）。

なお，前半は正しい（最判昭54・10・30，国鉄札幌運転区事件）。

イ× **懲戒後に判明した非違行為により当該懲戒を有効とすることは許されない。**

判例は，「使用者が労働者に対して行う懲戒は，労働者の企業秩序違反行為を理由として，一種の秩序罰を課するものであるから，具体的な懲戒の適否は，その理由とされた非違行為との関係において判断されるべきものである」として，「**懲戒当時に使用者が認識していなかった非違行為**は，特段の事情のない限り，当該懲戒の理由とされたものでないことが明らかであるから，その存在をもって**当該懲戒の有効性を根拠付けることはできない**」とする（最判平8・9・26，山口観光事件）。

ウ× **労働者の経歴詐称は，これを懲戒の対象となしうる場合がある。**

判例は，労働者の**経歴詐称**は，企業秩序の根幹をなす企業と従業員との信頼関係を失わしめるものであり，**労働力の評価や適正配置を誤らせる**ものとして，これに対して懲戒解雇を行うことも認められる場合があるとする（最判平３・９・19，炭研精工事件）。

エ× **非違行為から長期間経過後にされた懲戒処分は相当性を欠けば無効となる。**

判例は，上司への暴行事件から７年以上経過した後にされた論旨退職処分について，「使用者が従業員の非違行為について捜査の結果を待ってその処分を検討することとした場合において，その捜査の結果が**不起訴処分となったときには，懲戒解雇処分のような重い懲戒処分は行わないこととするのが通常の対応**と考えられる」としたうえで，不起訴処分となったにもかかわらず，実質的には懲戒解雇処分に等しい論旨退職処分のような重い懲戒処分を行うことは，**権利の濫用として無効**となるとする（最判平18・10・６，ネスレ日本事件）。

オ○ **懲戒には，就業規則に種別や事由を規定し，それを周知させることが必要。**

妥当である。判例は本肢のように判示している（最判平15・10・10，フジ興産事件）。

以上から，妥当なものは**オ**のみであり，**2**が正答となる。

実戦問題③　難問レベル

＊＊＊
No.9　就業規則に関するア～エの記述のうち，妥当なもののみをすべて挙げているのはどれか。 【国家総合職・平成30年度】

ア．労働者及び使用者が労働契約を締結する場合において，使用者が合理的な労働条件が定められている就業規則を労働者に周知させていたときは，原則として，労働契約の内容は，その就業規則で定める労働条件によるものとされる。ただし，労働契約において，労働者及び使用者が就業規則の内容と異なる労働条件を合意していた場合には，その内容にかかわらず，合意した労働条件が就業規則で定める労働条件に優先する。

イ．労働者および使用者が労働契約を締結する場合において，使用者が合理的な労働条件が定められている就業規則を労働者に周知させていたときは，原則として，労働契約の内容は，その就業規則で定める労働条件によるものとされる。ここにいう「周知」とは，使用者が当該就業規則の内容を労働者が知ろうと思えば知り得る状態にしておくことに加えて，労働基準法上の届出や意見聴取の手続を経ていることが必要である。

ウ．使用者は，原則として，労働者と合意することなく，就業規則を変更することにより，労働者の不利益に労働契約の内容である労働条件を変更することはできない。ただし，使用者が就業規則の変更により労働条件を変更する場合において，変更後の就業規則を労働者に周知させ，かつ，就業規則の変更がその変更に係る事情に照らして合理的なものであるときは，一定の例外を除き，労働契約の内容である労働条件は，当該変更後の就業規則に定めるところによる。

エ．就業規則に定められた賃金や退職金に関する労働条件の変更に対する労働者の同意の有無については，当該変更を受け入れる旨の労働者の行為の有無だけでなく，当該変更により労働者にもたらされる不利益の内容および程度，労働者により当該行為がされるに至った経緯およびその態様，当該行為に先立つ労働者への情報提供又は説明の内容等に照らして，当該行為が労働者の自由な意思に基づいてされたものと認めるに足りる合理的な理由が客観的に存在するか否かという観点からも判断されるべきであるとするのが判例である。

1　イ
2　ウ
3　エ
4　ア，イ
5　ウ，エ

実戦問題3の解説

No.9の解説　就業規則の法的性格

→問題はP.184　正答5

ア×　就業規則と労働契約では，いずれか有利なほうが優先適用される。

前半は正しい（労契法7条本文）。

しかし，**労働契約において，労働者および使用者が就業規則の内容と異なる労働条件を合意していた場合には，いずれか有利なほうが優先適用される**（No.3選択肢1参照）。

そのため，就業規則で定める労働条件が合意した労働条件よりも有利な場合には，就業規則の労働条件が優先するので，「内容にかかわらず，合意した労働条件が就業規則で定める労働条件に優先する」とはいえず，後半は誤り。

イ×　就業規則が労働契約の内容となるのに必要な周知は，知り得る状態のこと。

周知が必要とされるのは，どのような労働条件が自らに適用されるかを労働者が認識できるようにするためである。したがって，そこにいう「周知」とは，**使用者が当該就業規則の内容を労働者が知ろうと思えば知り得る状態**をいい，それをもって足りる。

なお，前半は正しい（労契法7条本文）。

ウ○　就業規則の不利益変更は，内容が合理的であれば個々の労働者を拘束する。

妥当である（労契法9条，10条）。

エ○　労働条件の合意での不利益変更は，自由意思によるとの客観的事情が必要。

妥当である。判例は，本肢のように判示して，不利益変更の場合の合意の自由意思性を厳格にとらえている（最判平28・2・19，山梨県民信用組合事件）。

以上から，妥当なものは**ウ**と**エ**であり，**5**が正答となる。

労働基準法の総合問題

必修問題

労働基準法に関する次の記述のうち，最も妥当なのはどれか。

【労働基準監督官・令和2年度】

1 労働基準法は，労働契約内容に対し，強行的な効力を持ち，かつ，契約内容を直接規律する効力を持つ。このため，同法で定める基準に達しない労働条件を定める労働契約は，その契約内容のすべてが無効となり，使用者は新たに労働契約を締結し直さなければならない。

2 使用者が，時間外・休日・深夜労働の割増賃金等の支払義務に違反した場合または年次有給休暇中の賃金を支払わなかった場合には，労働基準監督署長は，労働者の請求の有無にかかわらず，労働基準法の規定により使用者が支払わなければならない金額についての未払金のほか，これと同一額の**付加金**の支払を命じなければならない。

3 **労働基準法上の使用者**とは，事業主又は事業の経営担当者その他その事業の労働者に関する事項について，事業主のために行為をするすべての者をいうとされており，ここには，労働者に関する事項についての指揮監督・決定権限を有する実質的責任者も含まれるため，労働基準法上の労働者であっても，その者が同時に使用者として処罰されることがあり得る。

4 常時10人以上の労働者を使用する使用者は，一定事項について就業規則を作成しなければならないが，行政官庁への届出は必要ない。また，この10人以上の労働者には，正社員ではないパートタイム労働者，有期雇用労働者等は含まれない。

5 事業場に，労働基準法に違反する事実がある場合，労働者は，その事実を行政官庁または労働基準監督官に申告することができるものの，この申告をしたことを理由とする**不利益取扱い**を禁止する規定は同法にはない。一方，同法において，違反の申告を受けた労働基準監督官が調査などの措置を速やかに実施する義務が定められている。

難易度 ＊＊

必修問題の解説

1 × **労基法で定める基準に達しない労働条件は，その部分だけが無効となる。**

労基法で定める基準に達しない労働条件を定める労働契約は，その部分については無効となる。この場合，**無効となった部分は，同法で定める基準による**（労基法13条）。

労働契約の他の部分が労働者に有利という場合もあるので，労働契約全体を無効にする必要はない。とりあえず，その部分だけを労働基準法の定める基準で置き換えれば，それで十分である。

2 × **付加金は，労働者の請求に基づき，裁判所がその支払いを命ずる。**

本肢は，主体が労働基準監督署長ではなく裁判所である点，労働者の請求が前提となる点，付加金は命ずることができるとされる点の3点が誤り。

付加金の対象となるのは，解雇予告手当（労基法20条），休業手当（同26条），割増賃金（同37条），年次有給休暇中の賃金（同39条6項）の4つであるが，これらは**労働者にとって特に重要**であるにもかかわらず，その支払いを怠る使用者が多いことから，履行を確実にするために，**罰則に加えてこのような義務を別途課したもの**である（同114条）。

3 ◎ **労働者も，労働条件基準の決定権限を有すれば労基法上の使用者となる。**

妥当である。**労働基準法上の使用者とは，労働条件基準を決定する権限を有する者のこと**である（労基法10条）。

労働条件を部分的にでも決定する権限を有する限り，たとえば労務課長なども労基法上の使用者に含まれる。

4 × **常時10人以上を使用する使用者には，就業規則の作成及び届出義務がある。**

「常時10人以上の労働者を使用する」使用者には，就業規則の作成および届出義務が課せられている（労基法89条本文）。そして，労働基準法は，正社員やパート労働者，有期雇用労働者などを区別していないので，ここにいう**「10人以上」には，正社員以外の労働者も含まれる**。

5 × **労基法には，その違反事実の申告を理由とする不利益取扱禁止規定がある。**

労基法104条がその規定である。一方，違反の申告を受けた労働基準監督官が調査などの措置を速やかに実施する義務は定められていない。

正答 3

FOCUS

労基法分野の問題の総復習である。これまでに登場した問題の知識で，大半の選択肢は対処できる。知識の整理をかねて，問題に取り組んでみよう。

重要ポイント 1 労働基準法の特質

（1）強行的効力

①労基法は，労働者が「人たるに値する生存」を確保するためには，少なくともこれだけの労働条件は必要であるとの労働条件の最低基準を示したものである。

②労基法の定める労働条件基準は「これ以下に下げることは絶対に許されない」とする最低基準である。したがって，労働者の任意の同意があっても，これ以下の労働条件基準を定めることは許されない。これは，労働契約・就業規則・労働協約のいずれによっても同じである。

（2）直律的効力（労使間の契約関係を直接規律する効力）

①労基法が定める基準よりも低い労働条件が労使間で定められた場合には，その部分が無効となるので，これに代わる労働条件の設定が必要となる。そして，これは労基法の定める基準による。たとえば，「当社の１日の労働時間は９時間とする」と定めても，そのような規定は１日の労働時間を８時間とする労基法32条２項に違反して無効であり，その場合の労働時間は労基法に従って８時間となる。

②労働契約が無効な場合でも労基法は適用される。労基法は社会的弱者保護のためのいわゆる社会立法であるから，事実上の労働関係が存在する限り，労働者に最低限の労働条件を保障する必要があるからである。

重要ポイント 2 労基法上の労働者・使用者概念

（1）労基法上の労働者

①労基法上の労働者とは，職業の種類を問わず，事業または事務所に使用される者で，賃金を支払われる者をいう（労基法９条）。

②労基法は，現実に就労している者の労働条件の保護を目的とするので，労組法上の労働者とは異なり，現実に就労していることが必要である。

③労働関係の実態において「従属した地位にある」と認められる場合には，労基法上の労働者性が認められる。契約の形式が雇用であるか否かは関係がない。

（2）労基法上の使用者

①労基法上の使用者とは，「労基法が規制する事項につき実際上の権限と責任を有している者」をいう。

労働契約の一方当事者である必要はない。

②労基法上の労働者であっても，同時に労基法上の使用者として認められる場合がある。たとえば労務課長が社長から労働時間の決定について権限を与えられている場合には，労務課長は労働時間に関しては使用者性を肯定できる。

実戦問題

No.1 ＊ **労働条件の変更に関する次の記述のうち，妥当なものはどれか。争いがある場合は判例による。**

【市役所・平成30年度】

1 使用者から労働者に申し出た労働条件の変更が労働基準法に違反する場合でも，当該労働者がこれを自由意思で承諾したときは，労働条件は適法に変更される。

2 従業員に配転命令があることが労働協約および就業規則に定められていても，配転命令が労働者に通常甘受すべき程度を著しく超える不利益を負わせる場合には，当該配転命令は無効である。

3 賃金は，労働条件において重要であるから，労働者の同意を得ない限り，就業規則によって労働者に不利益に変更することはできない。

4 労働組合は，労働者の労働条件の向上を目的とするから，労働組合と使用者との間で締結した労働協約により，労働条件を組合員の不利益に変更することはできない。

5 労働協約は，これを締結した労働組合に所属する組合員に適用されるものであるから，非組合員は当該労働協約によって労働条件を変更されない。

No.2 ＊＊ **労働基準法等に関する次の記述のうち，最も妥当なのはどれか。**

【労働基準監督官・平成27年度】

1 労働基準法の適用対象である「労働者」とは，事業または事務所に使用される者で，賃金を支払われる者であることから，例えば，ある個人が自分の引っ越しのために一時的に人を使用し，賃金を支払うような場合も労働基準法が適用される。

2 労働基準法における使用者とは，事業主または事業の経営担当者その他その事業の労働者に関する事項について，事業主のために行為をする全ての者であるとされていることから，労働基準法上の労働者に当たる者であっても，一方でその者が使用者として処罰されることがあり得る。

3 労働基準法における男女同一賃金の原則の規定は，男女の賃金についてのあらゆる差別的取扱いを禁止しているものであり，採用・配置・昇進・教育訓練などの差別に由来する賃金の違いもこの原則に抵触することとなるが，女性の賃金を男性より有利に取り扱うことは，本原則に抵触しない。

4 労働者派遣契約に基づき就労している派遣労働者については，派遣先の指揮命令を受けて業務に従事していることから，派遣先との間にも労働契約関係がある。また，派遣労働者が派遣先事業場で時間外労働を行った場合に割増賃金を支払う義務があるのは，派遣元の使用者ではなく派遣先の使用者である。

5 労働基準法では，賃金とは名称のいかんを問わず，労働の対償として使用者が労働者に支払う全てのものとされていることから，いわゆる賞与については，その支払や支給基準が定められているか否かに関わりなく全て労働基準法上の賃金である。また，企業が業務遂行のために負担する出張旅費も同様に労働基準法上の賃金である。

＊＊
No.3 労働法に関する次のア～エの記述のうち，妥当なもののみをすべて挙げているのはどれか。 【労働基準監督官・平成27年度】

ア：短時間労働者の雇用管理の改善等に関する法律（パートタイム労働法）は，「通常の労働者と同視すべき短時間労働者」を，「業務の内容及び当該業務に伴う責任の程度」（職務の内容）が当該事業所に雇用される通常の労働者と同一であることと定義している。また，同法は，「通常の労働者と同視すべき短時間労働者」について，教育訓練の実施に関しては，通常の労働者との異なる取扱いを容認している。

イ：いわゆる育児・介護休業法では，１歳未満の子を養育する女性労働者に限り育児休業を事業主に申し出ることができる旨が規定されている一方，事業主は代替要員が確保できない等のやむをえない事情があれば，当該申出を拒むことができると規定されている。

ウ：試用期間における本採用拒否について，判例は，試用期間中の留保解約権は，後日における調査や観察に基づく最終的決定を留保する趣旨でされるものと解されるから，留保解約権に基づく解雇は通常の解雇よりも広い範囲で解雇の自由が認められてしかるべきであるが，留保解約権の行使は，解約権留保の趣旨・目的に照らして，客観的に合理的な理由が存し，社会通念上相当として是認され得る場合にのみ許されるとしている。

エ：労働契約法においては，有期労働契約を締結している労働者と期間の定めのない労働契約を締結している労働者との労働条件の相違は，専ら業務の内容及び当該業務に伴う責任の程度を考慮して不合理なものであってはならないと規定されており，職務の内容や配置の変更の範囲による異なる取扱いは許されないとされている。

1 イ
2 ウ
3 ア，イ
4 ア，エ
5 ウ，エ

＊＊
No.4 労働基準法に関する次の記述のうち，最も妥当なのはどれか。

【労働基準監督官・平成29年度】

1 労働基準法では，使用者は，法律に基づいて許される場合のほか，業として他人の就業に介入して利益を得てはならないと規定されている。労働者派遣は，労働契約関係が派遣先との間には存在するものの派遣元との間に存在しないため，禁止された中間搾取には該当しない。

2 労働基準法では，使用者は，労働者の国籍，性別，信条または社会的身分を理由として，賃金，労働時間その他の労働条件について，差別的な取扱いをしてはならないと規定されている。この労働条件には福利厚生などに関する条件は含まれない。

3 使用者は，労働契約に付随して貯蓄の契約をさせ，または貯蓄金を管理する契約をしてはならない。一方，使用者が労働者の貯蓄金をその委託を受けて管理する場合において，貯蓄金の管理が労働者の預金の受入であるときは，利子を付けなければならない。

4 労働基準法では，使用者は，暴行・脅迫・詐欺その他精神または身体の自由を不当に拘束する手段によって，労働者の意思に反して労働を強制してはならないと規定されている。この規定の違反に対しては，労働基準法上最も重い刑罰である6か月以下の懲役または30万円以下の罰金が科されている。

5 使用者は，労働契約の不履行について違約金を定め，または損害賠償額を予定する契約をしてはならないが，前借金その他労働することを条件とする前貸の債権については，賃金と相殺することが原則として許される。

＊＊
No.5 労働基準法に関する次の記述のうち，最も妥当なのはどれか。

【労働基準監督官・令和3年度】

1 労働基準法においては，使用者は，法律に基づいて許される場合のほか，業として他人の就業に介入して利益を得てはならないと定められており，公共職業安定所長の許可を得ずに有料職業紹介を行った場合は，職業安定法の規定にも違反し得ることとなるが，両法違反の関係は併合罪とするのが判例である。

2 労働基準法においては，使用者は，労働者が女性であることを理由として，賃金・採用・配置・昇進等について男性と差別的取扱いをしてはならないと定められているが，女性を男性より不利に取り扱うことのみが禁止され，有利に取り扱うことは同法違反とはならない。

3 労働基準法においては，使用者は，労働者の国籍，信条または年齢を理由として，募集・採用・配置・昇進等について差別的取扱いをしてはならないと定められているが，これは，雇入れ後における労働条件のみならず，雇入れそのものをも制約する規定であるとするのが判例である。

4 労働基準法においては，事業の附属寄宿舎に労働者を寄宿させる使用者は，起床・就寝・外出・外泊・行事などに関する事項について寄宿舎規則を作成し，行政官庁に届け出なければならないと定められているが，この「寄宿舎」には，社宅のように労働者がそれぞれ独立の生活を営むものは含まれない。

5 労働基準法においては，労働者は労働時間中に選挙権その他公民としての権利を行使し，または公の職務を執行するために必要な時間を請求することができるが，使用者は，当該権利の行使等が事業の正常な運営を妨げる場合は，この請求を拒むことができると定められている。また，この「公の職務」には，各種議会の議員の職務は含まれるが，公職選挙の選挙立会人，刑事裁判における裁判員などの職務は含まれない。

＊＊
No.6 **労働基準法等に関する次の記述のうち，最も妥当なのはどれか。**

【労働基準監督官・令和元年度】

1 使用者が労働者の意思に反して労働を強制することは禁止されているが，ここにいう強制とは，暴行または監禁により身体の自由を拘束する手段による場合に限られ，脅迫等により精神の自由を不当に拘束する場合は該当しない。

2 労働基準法上の義務者である使用者とは，事業の経営主体である「事業主」を指すものであり，個人企業にあっては事業主個人，法人組織の場合は法人そのものが該当する一方，法人の理事，会社の役員等の事業の経営担当者は，使用者には該当しない。

3 第三者が他人の労働関係の開始又は存続に関与して利益を得る中間搾取は禁止されているが，職業安定法の規定により厚生労働大臣の許可を得て行う有料職業紹介業，委託募集等は，違法な中間搾取とはならない。

4 使用者は，労働者が労働時間中に，選挙権その他公民としての権利を行使するため必要な時間を請求した場合には，これを拒んではならず，また，いかなる場合であっても，請求された時刻を変更することは認められない。

5 賃金は，労働者の同意がある場合または労働協約で別段の定めがある場合には，退職手当および賞与に限り，口座振込みにより支払を行っても違法とはならないが，月給など，その他の賃金については，労働者の同意がある場合でも，口座振込みによる支払は認められず，「通貨」で支払う義務がある。

実戦問題の解説

No.1の解説 労働条件の変更 →問題はP.189 正答2

1× 自由意思で承諾しても，労基法の労働条件に達しない労働条件は無効。

労基法の定める労働条件基準は「これ以下に下げることは絶対に許されない」とする最低基準である。したがって，たとえ労働者がまったく自由な判断で同意した場合であっても，労働基準法に規定されている最低労働条件を下回る定めは許されず，そのような定めに効力は認められない（労基法13条前段）。

すなわち，本肢のような労働条件の変更は無効である。

2◎ 通常甘受すべき程度を著しく超える不利益を負わせる配転命令は無効。

妥当である。判例は，業務上の必要性が存しない場合や業務上の必要性が存する場合でも他の不当な動機・目的をもってなされたものであるとき，あるいは労働者に対し通常甘受すべき程度を著しく超える不利益を負わせるものであるとき等の配転命令は無効であるとする（最判昭61・7・14）。

3× 同意なくとも，就業規則で賃金を労働者の不利益に変更できる場合がある。

たとえば，不況に際して，人員整理を回避するために合理的な範囲で賃金の引下げを就業規則で定めるような場合である（労契法10条）。

4× 労働協約で労働条件を不利益に変更することも許されないわけではない。

判例は，「労働協約に定める基準が組合員の**労働条件を不利益に変更するものであることの一事をもってその規範的効力を否定することはできない**」とする（最判平9・3・27，朝日火災海上保険〔石堂〕事件）。

この点は，テーマ14「労働協約」で詳しく説明するので，ここでは結論だけを覚えておけばよい。

5× 非組合員が労働協約によって労働条件を変更される場合がある。

労働協約の締結当事者は使用者と組合であるから，その効力は組合員のみに及び，それ以外の者には及ばないのが原則である。

しかし，法は，労働条件の統一などの目的で，一定の要件を満たした場合に組合員以外の者にも当該協約の効力が及ぶことを認めており（**労働協約の一般的拘束力**，労組法17条，18条），その場合には，非組合員の労働条件も当該協約によって変更されることになる。

この問題も，テーマ14「労働協約」で詳しく説明する。

No.2の解説　労働基準法等

→問題はP.189　正答2

1 × 引越のために一時的に人を使用し賃金を支払う場合，労基法は適用されない。

労基法上の労働者とは，事業に使用される者で賃金を支払われる者をいう（労基法9条）。ここで**事業とは「一定の場所において相関連する組織のもとに業として継続的に行われる作業の一体」のこと**である（行政解釈）。引越しの手伝いは「相関連する組織のもとに業として継続的に行われる作業」ではないので，その手伝いに人を雇って賃金を支払っても，雇われた者は労基法上の労働者とはいえない。

2 ◎ 労基法上の労働者も，一方で使用者として処罰されることはあり得る。

正しい。**労基法上の使用者とは，「労基法が規制する事項につき実際上の権限と責任を有している者」をいう**。労基法は，使用者概念について「事業主又は事業の経営担当者その他その事業の労働者に関する事項について，事業主のために行為をするすべての者をいう」としており（労基法10条），労基法上の労働者であっても，たとえば会社から労務管理について権限を与えられている**工場長が従業員に違法な残業を命じるような場合には，使用者として処罰されることはあり得る**。

3 × 賃金につき女性を男性より有利に扱うことも男女同一賃金の原則に違反する。

男女同一賃金の原則（労基法4条）は，女性であるという理由だけで，男女間に賃金の格差を設けることを禁止するものである。そこには，個々の労働者の能力や職種，責任などを理由とするなら別だが，**単に男性・女性の違いだけを理由に賃金の格差を設けることは不合理**だという考慮が働いている。したがって，女性の賃金を男性より有利に取り扱うことも，本原則に抵触することになる。

4 × 労働者派遣における労働契約関係は派遣元と派遣労働者の間にのみ存する。

労働者派遣は，自己の雇用する労働者を，当該雇用関係の下に派遣先の労働に従事させることをいい（労働者派遣法2条1号），派遣先との間には労働契約関係は存しない。したがって，**割増賃金の支払義務を有するのは派遣元事業主である**。

5 × 賞与は，支払や支給基準が定められていなければ賃金には当たらない。

賃金とは，名称の如何を問わず，労働の対償として使用者が労働者に支払うすべてのものをいう（労基法11条）。そして，**労働の対償**といえるかどうかは，**労働の対価・報酬として受け取るものか，それとも単なる任意的・恩恵的給付なのかという基準で区別**されている。

賞与の場合も同様で，支給すべき旨や支給額の算定方法などが就業規則等に規定されていて，支給が法的な義務となる場合には賃金に当たる。しかし，支給するか否かが使用者の自由な意思に任される場合には賃金には当たらない。

また，**出張旅費は労働の対償ではなく実費弁償**であるから賃金ではない。

No.3 の解説 労働法

→ 問題はP.190 正答2

ア × **通常の労働者と同視すべき短時間労働者は職務の内容や配置が同じ者をいう。**

前半については，パート労働法は，「通常の労働者と同視すべき短時間労働者」について，「職務の内容及び配置が当該通常の労働者の職務の内容及び配置の変更の範囲と同一の範囲で変更されると見込まれるもの」をいうと定義している。すなわち，**配置も要件**となっている。（パート労働法９条）。

後半については，同法は，「通常の労働者と同視すべき短時間労働者」について，短時間労働者であることを理由として，賃金の決定，教育訓練の実施，福利厚生施設の利用その他の待遇について差別的取扱いをしてはならないと規定している（同法９条）。

イ × **育児・介護休業法は，育児休業の申出主体を女性のみに限定していない。**

前半については，育児・介護休業法５条１項柱書本文。この点は「イクメン」を考えればわかりやすい。

後半については，申出を拒む事由としては，申出があった日から起算して１年以内に雇用関係が終了することが明らかであるなどの合理的な理由が必要であり（育児・介護休業法６条１項２号，育児・介護休業法施行規則８条），代替要員を確保できないことを理由に申出を拒否することはできないので，この点も誤り。

ウ ○ **留保解約権の行使は客観的合理性と社会通念上相当性がある場合のみ可能**

妥当である。判例は，**留保解約権**を「採用決定の当初にはその者の資質・性格・能力などの適格性の有無に関連する事項につき資料を十分に収集することができないため，後日における調査や観察に基づく最終的決定を留保する趣旨でされるもの」とした上で，それを行使できるのは，「解約権留保の趣旨，目的に照らして客観的に合理的と認められ，社会通念上相当として是認されうる場合にのみ許される」としている（最判昭48・12・12，三菱樹脂事件）。

エ × **正社員と契約社員で，職務内容や配置変更の範囲で取扱いを異にしてもよい。**

ただし，労働契約法は，両者で労働条件と相違する場合においては，その内容が不合理なものであってはならないとしている（パート労働法８条）。

以上から，妥当なものは**ウ**のみであり，**2**が正答となる。

No.4 の解説 労働基準法

→ 問題はP.191 正答3

1 × **労働者の派遣における労働契約関係は派遣元と派遣労働者の間に存在する。**

労基法は，本肢の前半にあるような**中間搾取の排除**について規定を設けているが，その主体は「使用者」ではなく「何人も」である（労基法６条）。使用者であれば，いわば副業として「他人の就業に介入して利益を得る」ということになるので，その不自然さを考えれば，この点が誤りであることはわかるであろう。

後半については，**労働者派遣**とは，自己の雇用する労働者を，当該雇用関係の下に派遣先の労働に従事させることをいい（労働者派遣法2条1号），**派遣先との間に労働契約関係は存しない**。したがって，中間搾取の禁止にも抵触しない。

2 × **労基法が定める均等待遇の原則の適用される事項には性別は含まれない。**

女性については，労基法自体が坑内労働や危険有害業務への就労制限（労基法64条の2，64条の3），産前産後の休業（労基法65条）など，性別による「労働時間その他の労働条件について」異なる取扱いを行っている。そのため，包括的な規定である均等待遇の原則規定（労基法3条）の中に女性の賃金だけを含めるのは難しい。そこで，**賃金については，別途男女同一賃金の原則の規定を設けて，これによって性別による賃金差別を禁止している**（労基法4条）。

また，**均等待遇**とは労働契約関係における**労働者の待遇の一切をいう**ので，福利厚生などに関する条件も含まれる。

3 ◎ **強制貯金は禁止，また任意貯金では利子を付けなければならない。**

正しい。前半は**強制貯金**のことであり，この貯金は使用者が管理するので労働者の転職を困難にする作用があり，事実上の足止め策に利用されるおそれがあることから禁止されている（労基法18条1項）。

一方，後半のような**任意貯金**は禁止されていないが，払戻しの安全性を確保する必要性から厳格な要件が設けられており（同条2項以下），また利子を付けることが必要とされる（同条4項）。

4 × **強制労働の罰則は1年～10年の懲役または20万円～300万円の罰金。**

まず，強制労働の対象には詐欺は含まれていない（労基法5条）。

また，最高刑が懲役10年というのは，労働基準法違反行為の中でも特に重い罰則規定である（労基法117条）。

5 × **前借金その他労働を条件とする前貸しの債権と賃金の相殺は禁止されている。**

前半は正しい（労基法16条）。しかし，前貸しの債権と賃金の相殺は禁止されているので（労基法17条），後半は誤り。

これは，古くは江戸時代の「子どもの身売り」に代表されるように，子の雇用に先立って親が使用者から前借金と呼ばれるまとまった額の金銭を受け取り，その借金を子の賃金と相殺する方法で返済していくという約定である。**労働者の不当な足止め策**として利用されるおそれがあることから禁止の対象とされている。

No.5の解説　労働基準法　→ 問題はP.191　正答4

1 × **労働基準法は，中間搾取の排除の主体を使用者に限定していない。**

労基法は，「何人も，法律に基いて許される場合の外，業として他人の就業に介入して利益を得てはならない」と規定して（労基法６条），**中間搾取の排除の主体を使用者に限定していない**。

また，判例は，有料職業紹介を行った**職業安定法違反の罪**と，業として他人の就業に介入して利益を得た**労働基準法違反の罪**とは，一個の行為で二個の罪名に触れる場合であるから，刑法45条の併合罪ではなく，刑法54条１項前段の**観念的競合**であるとする（最判昭33・６・19）。

2 × **有利・不利にかかわらず，不合理な性差別は男女の別なく許されない。**

労基法は，賃金についての性別による差別的取扱いを禁止するにとどまるが（労基法４条），採用については均等法５条が，また配置・昇進については同法６条柱書１号が，性別による差別的取扱いの禁止を規定している。また，これらはいずれも「性別による差別的取扱いの禁止」であるから，**女性であることを理由に有利な取扱いをすることも禁じられる**。

3 × **労基法は，年齢を理由とする労働条件の差別的取扱いを禁止していない。**

前半については，労基法は，均等待遇について，「使用者は，労働者の国籍，信条又は社会的身分を理由として，賃金，労働時間その他の労働条件について，差別的取扱をしてはならない」と定めるにとどまる（労基法３条）。

後半については，**均等待遇原則は雇入れ後の労働条件についての原則**であり，雇入れに関する条件は含まれないとするのが判例である（最大判昭48・12・12，三菱樹脂事件）。

4 ◎ **社宅のように労働者が独立の生活を営む場合は，寄宿舎規則作成は不要。**

妥当である。前半については労基法95条１項。後半については，ここにいう寄宿舎とは「状態として相当人数の労働者が宿泊し，共同生活の実態を備えるもの」をいうとされ，労働者がそれぞれ独立の生活を営む社宅のようなものは含まれない。

5 × **労働者は，裁判員などの公の職務を執行するために必要な時間を請求できる。**

労基法は，「使用者は，労働者が労働時間中に，選挙権その他公民としての権利を行使し，又は公の職務を執行するために必要な時間を請求した場合においては，拒んではならない。但し，権利の行使又は公の職務の執行に妨げがない限り，請求された時刻を変更することができる」と定める（労基法７条）。すなわち，法は，事業の正常な運営を妨げる場合には請求を拒絶できるなどとは規定していない。

また，ここで「**公民としての権利**」とは，公職選挙における選挙権・被選挙権，最高裁判所裁判官の国民審査，地方自治法で規定された住民の直接請求権，地方特別法の住民投票（憲法95条）などであり，「**公の職務**」とは，各種議会の議員の職務のほか，**公職選挙の選挙立会人や刑事裁判における裁判員の職務などである**（他に，裁判所・労働委員会の証人，労働審判員の職務などもこれに含まれる）。

No.6の解説 労働基準法等

→問題はP.192 正答3

1 × **強制労働禁止にいう強制の手段には，自由の拘束による場合も該当する。**

使用者は，暴行，脅迫，監禁その他精神または身体の自由を不当に拘束する手段によって，**労働者の意思に反して労働を強制してはならない**（労基法5条）。

本条の「労働者の精神または身体の自由を不当に拘束する手段」に，特に制限は設けられていない。たとえば，事業場内に労働者を泊まりこませ，監視をおいて外出させないとか，逃げ出せば家族に危害を加えると脅す，あるいは外国人労働者のパスポートを取り上げるといった手段などでもよい。

2 × **法人そのものは労働基準法上の使用者ではない。**

労働基準法は，労働者が人たるに値する生活を営むための必要を充たすべき労働条件の確保を目的としているので，そこにいう**使用者**とは，「事業主または事業の経営担当者その他その事業の労働者に関する事項について，事業主のために行為するすべての者」をいう（労基法10条）。

そして，これに該当する限り，法人の理事，会社の役員等の事業の経営担当者も労基法上の使用者となりうる。

3 ◎ **法に基づき，許可を得て行う有料職業紹介等は違法な中間搾取ではない。**

妥当である（労基法6条）。なお，法律の規定により所管大臣の許可を得て行う有料職業紹介業，委託募集等が違法な中間搾取とはならないのは自明のことである。

4 × **労働者の公民権行使について，請求された時刻の変更ができる場合がある。**

使用者は，労働者が労働時間中に，選挙権その他公民としての権利を行使し，または公の職務を執行するために必要な時間を請求した場合においては，これを拒んではならない。

ただし，権利の行使・公の職務の執行に妨げがない限り，**請求された時刻の変更はできる**（労基法7条）。

5 × **労働者の同意があれば，月給等の賃金を口座振込みで支払ってもよい。**

実際上の便宜を考慮して，毎月の賃金，賞与，退職金のいずれについても労働者の同意を得ることを要件として，口座振込みが認められている（労基則7条の2第1項1号）。

第２章　集団的労使関係法

第2章 集団的労使関係法

試験別出題傾向と対策

頻出度	試験名	国家総合職					国家専門職（労働基準監督官）					地方上級（全国型）				
	年度	21-23	24-26	27-29	30-2	3-5	21-23	24-26	27-29	30-2	3-5	21-23	24-26	27-29	30-2	3-5
	テーマ　出題数	8	5	4	4	4	3	2	4	1	3	3	1	3	2	3
A	11 労働組合	2	1		1	1	1	1	1	1		1		1		2
C	12 団体交渉		1	1												
B	13 争議行為・組合活動	2		1	1	1						1				1
C	14 労働協約	1	1	1		1					1			1		
A	15 不当労働行為	1	1	1		1								1	1	
B	16 労働紛争の処理・労使関係	2	1		2		2	1	3		2	1	1		1	

集団的労使関係法の分野では，個別的労働関係法の分野と異なり，条文を素材とした問題が比較的少なく，判例を素材とした理論的な問題が出題の大半を占めている。また，条文が素材とされる問題であっても，理論的な理解を前提に，あるいはその理解と絡めて出題されることが多いので，この分野では，理論的な理解を深めることが重要になってくる。

集団的労使関係法の分野に属する各テーマは，「集団的労働条件の決定」という目的に沿って，その一連の流れの中で，それぞれ機能を分担しているので，一旦その流れの概要を把握してしまうと，個々のテーマにおける理論面の理解はそれほど難しくない。むしろ，そのような理解が一通りなされていると，それと結び付けて各論点の知識を整理できる上，判例の理論展開も比較的容易に把握できる場合が多いので，その意味では覚える量が少なくて済むという利点がある。

● 国家総合職

集団的労使関係法の分野の出題は，判例が中心的な素材となっている。その判例は，ほぼ特定範囲のものに限定されており，過去問の頻出判例を一通りフォローしておけば大半の問題には対処できる。ただ，素材となり得る判例の数が限られていて，新判例も数はあまり多くないので，近時は労働紛争の処理や労働委員会といったやや細かな知識部分からの出題も増えている。なお，国家総合職の労働法は科目選択ではなく問題選択であるから，解きやすい問題に絞って選択するという方法を取ればよい。従来型の基礎的な知識問題も依然として出題が続いており，この種の問題は過去問の知識で確実に得点でき，また理論的にも難解ではないので短時間で仕上げられるというメリットがある。したがって，労働組合や不当労働行為などのメインテーマに絞って知識を固めていくという対策が効果的である。

● 国家専門職（労働基準監督官）

労基法を専門に扱うという職種の特質から，労組法関係の出題は比較的少ない。ただ，従来ほとんど出題されてこなかったこの分野の問題が，近時増加の傾向を示している点は注目される。内容は，ユニオン・ショップや不当労働行為といった組合法の基礎的な知識部分に限られており，得点しやすいものになっている。過去問の基礎知識の部分で対応できるので，労組法にも多少の時間を割いて対策を講じておきたい。

● 地方上級

集団的労使関係法の全域から，満遍なく出題されている。出題箇所は特定の部分に集中することが多く，あまり細かな部分からの出題は見られない。出題の素材は判例が中心であるが，組合法に関する基礎理論を問うものもしばしば出題されている。対策としては，過去問を解いてPOINT部分で知識を整理しておけば十分である。

労働組合

必修問題

労働組合に関するア～オの記述のうち，妥当なもののみをすべて挙げているのはどれか。　【国家総合職・令和４年度】

ア：労働者は，公的機関の許可や届出なく，労働組合を自由に設立することができるが，設立された労働組合が労働組合法上の保護を受けるためには，労働委員会の**資格審査**を受け，法人登記をしなければならない。

イ：労働組合は，労働者によって自主的に組織される**任意団体**であるから，その組織の内部運営については，通常の私的任意団体と同様，組合自身で自由にルールを決めることができ，いかなる法規制も受けない。

ウ：労働組合からの**脱退の自由**は労働者に認められた重要な権利であるから，組合員の脱退には執行委員会の承認を要するといった脱退の自由を実質的に制限する組合規約は，公序良俗に反し無効であると一般に解されている。

エ：労働組合は，公職選挙において特定の政党ないし候補者を支持することや，そのために選挙運動を行うことができ，組合のこれらの方針に従わない組合員に対しては，**統制違反者**として処分を行うことができるとするのが判例である。

オ：労働組合法上，労働組合は，組合規約で定めた**解散事由**の発生，または，組合員若しくは構成団体の４分の３以上の多数による総会の決議によって解散する。

1　ア，イ
2　ア，ウ
3　イ，エ
4　ウ，オ
5　エ，オ

難易度　＊＊

必修問題の解説

ア× 労組が労組法上の保護を受けるには，資格審査は必要だが登記までは不要。

労働組合は，労働者が自主的に組織する団体であるから，公的機関の関与なしに自由に設立できる（**自由設立主義**）。

ただ，不当労働行為の救済などの**労働組合法上の保護**を受けるには，組合が自主的に設立されたことや（労組法2条柱書本文），運営が民主的に行われていることなど，法が要求している要件（同法5条2項）が備わっているかについての労働委員会の**資格審査が必要**になる（同法5条1項本文）。

ただ，これらが備わっていれば足りるので，労組法上の保護を受けるために法人登記までは必要でない。

イ× 労働組合は，特別の法的保護を受ける反面，一定の法規制も受ける。

労働組合は，憲法や労働組合法により，特別の保護が与えられていることから（憲法28条，労組法1条2項など），その保護にふさわしい組織性が必要で，**通常の私的任意団体とは異なり，運営が民主的に行われることなど，一定の法規制を受ける**ことになる（労組法5条）。

ウ○ 組合員の脱退に執行委員会の承認を要するとの組合規約は無効である。

妥当である。組合は，**労働者が自ら組合に信頼を寄せることで初めて団結を維持できる**自発的結合団体である。したがって，その自発性の裏返しとして，**組合員には脱退の自由が保障されていなければならない**。そのため，脱退に執行委員会の承認を得なければならない旨の組合の規約は一般に無効と解されている。

エ× 組合の推薦候補者以外の候補者の支援をしても，組合は処分できない。

判例は，**選挙活動は，個人の政治的信条と表裏をなすもの**であるから，組合は特定候補を推薦することはできても，その支援を組合員に強制することはできず，組合員が**組合の推薦候補以外の候補者の支援活動**を行ったとしても，組合は統制違反を理由に**処分することはできない**とする（最判昭44・5・2，中里鉱業所事件）。

オ○ 労組は，解散事由の発生または総会決議の４分の３以上の多数で解散する。

妥当である。法が定める解散事由はこの2つである（労組法10条）。

以上から，妥当なものは**ウ**と**オ**であり，正答は**4**である。

正答 4

FOCUS

労働組合は不当労働行為とともに団体法の中心をなす重要分野であり，出題数もかなり多い。内容的には特定のテーマに出題が集中する傾向が見られるので，出題箇所の特定を通じて効率的な対策を心掛けたい。

POINT

重要ポイント 1 労組法上の労働組合

①憲法上，経済的地位の向上を目的とする労働者の自主的な組織体には，労働基本権の保障が与えられる（**憲法上の労働組合**）。

②**労働組合法**は，同法上の労働組合の要件として，**憲法よりも厳格な要件を設けている**。その結果，憲法と労組法では労働組合の概念に違いが生じる（ただし，前者は後者を包含する）。

③労組法上の労働組合の要件は以下のとおり（自主性・目的上の要件は労組法2条，民主性の要件は同5条2項）。

自主性・目的上の要件	**積極的要件（下記のすべての要件の具備が必要）** ①主体－労働者（あくまで主体であればよい） ②自主的な団体であること ③主たる目的－労働条件の維持改善その他経済的地位の向上を図ること →主たる目的であればよく，唯一の目的である必要はない ④団体性－単体の組織だけでなく，連合団体も含む **消極的要件（下記の要件を1つも充足しないことが必要）** ①使用者の利益代表者の参加を許すもの（1号） ＊利益代表者の例：役員，労務・人事部門の責任者，社長秘書など ②団体運営の経費支出につき使用者の経理援助を受けるもの（2号） ③共済事業その他福利事業のみを目的とするもの（3号） ④政治または社会運動を主たる目的とするもの（4号）
民主性の要件	労働組合の規約には以下の規定を含むべきこと。 ①組合員が均等の取扱いを受ける権利を有すること（3号） ②役員は組合員の直接選挙によって選出されるべきこと（5号） ③同盟罷業は組合員の過半数の同意がなければ開始しないこと（8号） など組合の運営が民主的になされるべきこと。

④憲法上の労働組合（労組法2条の積極的要件を満たす組合）には，団結権や団体交渉権，争議権（正当な争議行為についての民・刑事免責，懲戒を受けない権利），労働協約締結権が認められる。

⑤**労組法上の労働組合の要件を満たす場合**には，上記に加えて，**不当労働行為救済制度などの労働組合法が創設した制度の保護が与えられる**。

⑥労組法で労働組合への参加を認められていない管理職が，労働条件等に関して会社側と交渉するために自主的に組織した団体（管理職組合）は，憲法上の労働組合としての保護を受ける。

重要ポイント 2 労組法上の労働者

労組法は，使用者に対し力関係で弱い立場に立たされる労働者が，労働条件の維持改善のために，団結して使用者と交渉することを支援しようとするものであるから，同法にいう労働者の概念もこの目的から導き出される必要があり，判例はいくつかのファクターを使ってこの目的に合致するような形で労働者性の認定を行っている（一刀両断的に判断しうる明確な基準の設定は困難で，そのためいくつかのファクターを組み合わせて個別のケースごとに判断せざるをえない)。

ファクター	労働者性
労務提供が使用者の指揮監督の下に行われているかどうか	・裁量の幅が広くなれば独立営業者に近くなり,指揮監督の程度が強くなれば「労働者」に近づく。
当該企業の事業遂行に不可欠な労働力として組織に組み入れられているかどうか	・組み入れられていない→独立営業者 ・組み入れられている→労働者
契約内容が一方的に決定されているかどうか	・一方的に決定→従属労働→労働者 ・一方的ではない→対等当事者→独立営業者
業務の発注に対し諾否の自由があるかどうか	・ある→対等当事者→独立営業者 ・ない→従属労働→労働者

重要ポイント3 臨時組合費の徴収

①徴収決議に拘束力が認められるか否かは徴収目的によって異なる。
②判例の示した基準は以下のとおりである。

徴収目的	徴収決議の拘束力
①他組合の争議の支援資金	○
②違法争議行為の費用負担	× (争議の違法性が未必的可能性にとどまる場合には○)
③違法争議により処分を受けた者への救援資金	○
④政治的活動(安保反対闘争)に参加して処分を受けた者の救援資金	○
⑤立候補者支援目的の政党寄付金	×
⑥水俣病患者救済資金	○

重要ポイント4 ユニオン・ショップ協定

①団結権強化のための組合への加入強制制度をショップ制という。
②ショップ制のうち,使用者が非組合員や脱退者の解雇義務を負うものをユニオン・ショップという。
③ユニオン・ショップ協定は過半数組合(事業場の過半数労働者で組織されている組合)のみが締結できる。
④ユニオン・ショップ協定の**効力が及ぶのは未組織労働者のみ**に限られる。他組合の組合員や脱退者で結成された新組合の組合員には及ばない。
⑤組合からの除名が無効であれば,ユニオン・ショップ協定に基づく解雇も無効である。その場合,労働者は解雇中の賃金を使用者に請求できる。

重要ポイント5 労働組合の運営

①組合の加入資格の制限は違法ではない(例:正社員に限る,技術職に限るなど)。
②組合員はいつでも自由に組合を脱退できる(脱退の自由)。

③脱退を認めない，あるいは脱退届けを提出しても脱退の効力を生じないなどとする規約や約定は公序良俗に反し無効である。
④統一候補以外の組合員であえて立候補しようとする者があるときは，立候補を思いとどまるよう勧告･説得はできるが，それを超えて統制違反者として処分することはできない。
⑤組合員が組合の推薦候補以外の候補者の支援活動を行ったとしても，組合は統制違反を理由に処分することはできない。
⑥労働組合の政治的決定が，**組合構成員の権利・利益に直接関係ある立法・行政措置の促進**のためになされた場合には，**組合員に協力義務が発生**する。
⑦執行部に対する正当な批判を処分の対象とすることはできない（組合民主主義，ただし誹謗･中傷であれば統制処分に付すことができる）。
⑧組合員が違法争議指令に従わないことを理由に処分を行うことは許されない。

重要ポイント 6　使用者の便宜供与

①組合員が従業員の身分を保持したまま，就労せずに組合の業務に専念することを在籍専従という。
②在籍専従は憲法の団結権から導かれる権利ではなく，労働組合法上にも規定はない。これを認めるかどうかは使用者の自由で，認めなくても違法ではない。
③組合費の給与からの天引きをチェック・オフという。
④**チェック・オフ**は労基法24条１項が規定する**「賃金全額払いの原則」の例外**となるので，同条項の要件を満たすために労使協定の締結が必要である。
⑤組合員がチェック・オフの中止を求めた場合には，使用者は直ちにこれを中止しなければならない。
⑥チェック・オフ協定締結組合（A）からB組合が分離独立した場合に，A組合からB組合に移ったCについて，チェック・オフした賃金をB組合の求めに応じてB組合に引き渡すことを命ずる労働委員会の不当労働行為救済命令は，裁量権の合理的行使の限界を超えるもので違法である。

実戦問題1　基本レベル

*** No.1　労働組合法における労働組合に関する次の記述のうち，妥当なものはどれか。**

【地方上級（特別区）・平成３年度】

1　労働組合とは，労働者が主体となって自主的に労働条件の維持改善その他経済的地位の向上を図ることを主たる目的として組織する団体をいい，その連合団体は含まれない。

2　労働組合は，労働者を主体として共済事業および福利事業のみを目的とすることができる。

3　労働組合は，その団体の運営のための経費を使用者から一切供与されてはならない。

4　労働組合では，労働者が労働時間中に賃金を失うことなく使用者と協議しまたは交渉することができる。

5　労働組合は規約を設けることができるが，その規約は法的規制を受けない。

*** No.2　労働組合に関する次の記述のうち，妥当なものはどれか。**

【地方上級（全国型）・平成21年度】

1　組合員には脱退の自由が保障されているが，組合規約で争議行為中の組合脱退を認めないとすることは合理的な制約であるから，争議行為終了後の脱退が保障されている限り，このような規約も無効ではない。

2　争議行為を禁止されている公務員の労働組合に加入する公務員が，組合の争議指令に違反して争議行為に参加しなかった場合，組合は当該組合員を統制処分に付すことができる。

3　使用者が労働契約の締結に際し，組合に加入しないことを採用の条件として提示したとしても，それだけでは不当労働行為は成立しない。

4　組合が職種や従業員の種類などの違いを基準として加入資格を制限することは，公序良俗に反するものではなく，組合自治の範囲内の行為として認められる。

5　組合の除名処分が無効であったとしても，使用者が組合とのユニオン・ショップ協定に基づいて行った解雇は，使用者が除名処分の適否を調査しえない状況があれば無効とはならない。

No.3 * 次のうち，労働組合法に関する記述として最も適当なものはどれか。

【市役所・平成９年度】

1 労働組合は労働者が主体となって自主的に組織された団体であるため，構成員は全員労働者でなければならない。

2 労働組合からの脱退は，組合員の一方的な意思表示によって効力を生じ，脱退の自由を不当に制限する組合規約の規定は無効である。

3 団体運営のための事務所を使用者から供与されている労働組合は，労働組合法上の労働組合ではない。

4 使用者は勤務時間中に団体交渉に参加した労働者に，その参加した時間分について賃金を支払えば，労働組合に対する経費援助として不当労働行為となる。

5 使用者から交渉権限を与えられている者は，交渉妥結権限や協約締結権限を与えられていないことを理由に団体交渉を拒否することができる。

No.4 * 労働組合法上の労働者の該当性に関する次の記述のうち，妥当なものはどれか。

【地方上級・平成24年度】

1 業者から仕事をもらって主として自宅で賃加工する家内労働の職人は，労働組合法上の労働者には当たらない。

2 プロ野球選手は自らの技能次第でオファーを受けることができるため，労働組合法上の労働者には当たらない。

3 民間放送会社の放送管弦楽団員は，会社との放送出演契約において，楽団員が，会社以外の放送等に出演することが自由とされ，また，会社からの出演発注に応じなくても当然には契約違反の責任を問われないこととされている場合であれば，労働組合法上の労働者には当たらない。

4 年間を通して多数のオペラ公演を主催する財団法人との間で期間を１年とする出演基本契約を締結したうえ，各公演ごとに個別公演出演契約を締結して公演に出演していた合唱団員は，当該法人との関係においては，労働組合法上の労働者に当たらない。

5 トイレのカスタマーエンジニアは，親会社製品の修理補修等を業とする会社との間で業務委託契約を締結していたとしても，労働組合法上の労働者に当たりうる。

実戦問題1の解説

No.1 の解説　労働組合

→問題はP.207　正答4

1× 労働組合には，単位組合だけでなく連合団体も含まれる（労組法2条）。

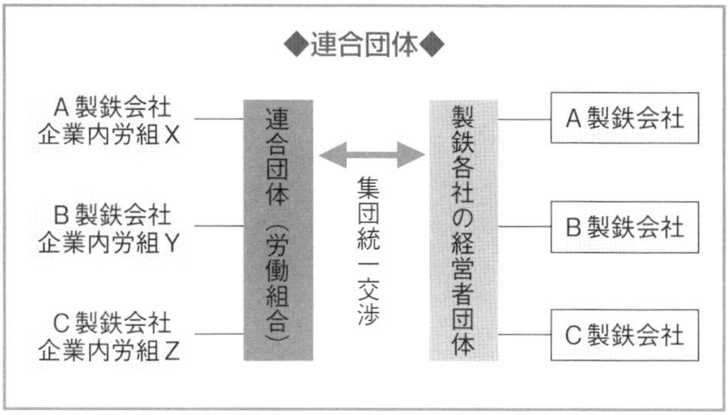

2× 共済事業その他の福利事業のみを目的とするものは労働組合ではない。

労働組合は，「労働条件の維持改善その他経済的地位の向上を図ることを主たる目的として組織する団体又はその連合団体」であるから，**部分的付随的に共済事業や政治活動**を行っても，なお労組法上の**労働組合としての性格を失うわけではない**（労組法２条本文，但書３号・４号）。しかし，共済事業その他**福利事業のみを目的とするものは労働組合ではない**（労組法２条但書３号）。

3× 組合は自主性を損なわない範囲で使用者から経費援助を受けることができる。

労働組合の自主性を損なわない範囲での使用者による運営の経費負担（例：事務所の水道光熱費など）は，これを認めるのが通説である。

経費援助の禁止（労組法２条但書２号本文，７条３号）の趣旨が組合の自主性確保の点にある以上，**自主性を損なわない範囲での援助**はこれを**認めても差し支えない**からである（たとえば，金銭の援助を受けていると，援助の打ち切りを恐れて，あるいは気がねのために使用者に対して思い切った主張ができず，その結果十分な労働条件の確保ができない。しかし，水道光熱費の援助程度でスト突入を躊躇するようなことは考えられない）。

4◎ 労働者が労働時間中に賃金を失うことなく使用者と協議・交渉することも可。

正しい。組合の自主性を損なわないものとして法で認められた**便宜供与**の１つである（労組法２条但書２号但書）。

5× 労働組合は規約を設けることができるが，その規約は法的規制を受ける。

規約は法の規制を受ける（労組法５条）。すなわち，組合規約は法の要求する**均等待遇**（同２項３号）や**組合員資格の平等**（同４号）などの要件を満たすものでなければならない。

組合の団結は組合員の支持と信頼がなければ維持できないので，そのためには組合の運営が民主的かつ公正に行われる必要があり，これを組合の内部規範である規約で確保しようとする趣旨である。

No.2の解説　労働組合

→問題はP.207　正答4

1× **組合員は，争議中であっても，いつでも自由に組合を脱退できる。**

たとえ争議行為終了後の脱退が保障されていたとしても，争議行為中の組合脱退を認めないとする組合規約には，その効力は認められない。組合は，労働者が自ら信頼を寄せて始めて団結を維持できる自発的結合団体である。したがって，その自発性の裏返しとして，組合員には**脱退の自由が保障**されていなければならない。たとえ争議期間中であっても，組合の闘争方針に同意できないなどの理由で脱退を申し出た組合員に対して，規約を理由に脱退を拒否することは許されない（札幌地判昭26・2・27，浅野雨龍炭鉱労組事件）。

2× **違法争議指令に従わなかったことを理由に組合員を処分することはできない。**

判例は，「法律は公共の利益のために争議行為を禁止しているのであるから，組合員が一市民として法律の尊重遵守の立場をとることは，是認されるべきであり，**多数決によって違法行為の実行を強制されるべきいわれはない**」として，統制処分を無効とする（最判昭50・11・28，国労広島地本事件）。

3× **使用者が組合不加入を採用の条件とすれば，不当労働行為が成立する。**

「**労働者が労働組合に加入せず，若しくは労働組合から脱退することを雇用条件とする**」ことを**黄犬契約**という（労組法7条1号）。使用者がそのような契約を提示すること自体，組合弱体化を図り，団結権を侵害する行為と認められるので，使用者に不当労働行為が成立する。

4◎ **組合は職種や従業員の種類などの違いを基準として加入資格を制限できる。**

正しい。同じ事業場の労働者であっても，職種や従業員の雇用形態などの違いによって，労働者間に利害の対立を生じる場合がある。たとえば，人員整理の際に，先に整理解雇の対象となる可能性のある臨時職員と，そうでない正職員の違いなどである。そして，組合は構成員の利益を擁護するための結合体であるから，組合内部で利害が対立して，分裂など収拾がつかなくなるような事態は避けなければならない。そのため，このような**加入資格の制限**は，**組合自治の範囲内の行為として許容**されている。

5× **組合の除名処分が無効であれば，ユ・シ協定に基づく解雇も無効である。**

たとえ使用者が除名処分の適否を調査しえない場合であっても，解雇は無効である（最判昭50・4・25，日本食塩製造事件）。

組合からの除名が無効であれば，ユニオン・ショップ協定を適用して労働者を解雇すべき客観的に合理的な理由が存在しない。そして，使用者が除名処分の適否を調査しえない状況があっても，それは，ユニオン・ショップ協定を締結した段階で使用者が引き受けたリスクであるから，使用者はそのことを理由に解雇が正当である旨を主張することはできない。

No.3の解説 労働組合法

→ 問題はP.208 正答2

1 ×　労働者が「主体となって」組織されていれば，学生などが参加することも可。

労働者が「主体となって」（労組法2条本文）組織されていればよく，労働者以外の者が参加していてもかまわない。

組合の活動に，労働者以外の者（組合員の妻など）の参加が必要となることも十分に考えられるからである。

2 ◎　組合員の脱退の自由を不当に制限する組合規約の規定は無効である。

正しい。

3 ×　最小限の広さの事務所の供与を受けても，労組法上の労働組合たりうる。

福利基金に対する使用者の寄附や最小限の広さの事務所の供与を受けても，労組法上の労働組合として認められる（労組法2条2号但書）。

わが国の組合は，そのほとんどが**企業内組合**であり，欧米のような企業横断的組合とは異なり組合員の数が従業員数によって限定を受けるため，その財政的基盤は極めて脆弱である。そこで，法はこのようなわが国の実情を考慮して，**組合の自主性を損わない範囲での使用者の便宜供与**を認めており，福利基金に対する使用者の寄附や最小限の広さの事務所の供与も**適法**とされている。それゆえ，このような事情があってもなお**労組法上の労働組合として認められる**。

◆組合の財政基盤の弱さ

たとえば，従業員100人の事業所においてその全員が組合に加入し，月に3,000円の組合費（わが国の平均的な組合費の額である）を払っているという例で考えてみる。この場合，組合の月間収入は30万円にしかならず，組合の事務処理のための職員を1人雇えば，この者の給与分で終わりになってしまう。これでは，組合としての十分な活動は行えない。

4 ×　労働者が労働時間中に賃金を失うことなく使用者と協議・交渉することも可。

この程度の経費援助は，組合の自主性を侵害するものではないので，不当労働行為には該当しない。

不当労働行為とは，使用者の団結権侵害行為を**労働委員会による救済命令**によって排除し，それを通して**正常な労使関係秩序を回復することを目的とする**ものである。そして，経費援助も組合の自主性を失わせるおそれがあることから，原則として不当労働行為に該当するとされている（労組法7条3号本文）。

しかし，その制度趣旨から，組合の自主性を侵害しない程度のものについては例外とされており，労組法も明文で，「労働者が労働時間中に時間又は賃金を失うことなく使用者と…交渉すること」を不当労働行為に該当しないとしている（同但書）。

5 ×　妥結権限等が与えられていないことは，団交拒否の理由にはなりえない。

判例は，使用者から「交渉権限が与えられている以上，交渉の申入れには応じたうえ，合意が成立したときはこれを協約締結権者に具申して協約とするよう努力すべきもので」，妥結権限や協約締結権限が与えられていないことを理由に団体交渉を拒否することは許されないとする（最判昭51・6・3，全逓都城郵便局事件）。

No.4 の解説　労働組合法上の労働者

→ 問題はP.208　正答5

労組法は，使用者に対して力関係で弱い立場にある労働者に，**団結によって対等な交渉力を獲得**させた上で（団結活動の保護），より有利な労働条件獲得のために**団体交渉を助成する**という点にその目的がある。したがって，同法の労働者性もこの目的から導かれなければならない。

そこで，たとえば業務の発注に対して諾否の自由がなく，発注者の指示の通りに労務を提供せざるを得ず，その契約内容が使用者の一方的な作成にかかるような場合には，契約の名称が請負や委任，自由出演契約などとされていても，労組法上の労働者として認められることになる。このような場合，受注者は「劣悪な」条件での労務の提供を「一方的に強制」される関係にあると認められ，そのような状況を改善するために**「団結の促進と団体交渉の助成」という労組法上の保護**を及ぼす必要があるからである。

この点を踏まえながら，本問を考えてみよう。

1 ×　自宅で賃加工する家内労働の職人も，労働組合法上の労働者に当たる。

自宅でヘップサンダルの賃加工を行う職人について，中労委は，「職人は，毎日業者のところへ出頭し，その指図による仕事を受け，その事業計画のままに労働力を提供して，対価としての工賃収入を得ている者であって，…『賃金，給料その他これに準ずる収入によって生活する者』と認めて差し支えない」と判断した（中労委昭35・8・1，東京ヘップサンダル事件）。

2 ×　プロ野球選手も労働組合法上の労働者に当たる。

プロ野球選手は，最低年俸や年金，トレード制といったさまざまの待遇について**団体交渉が十分に機能しうる**ことや，競技の日時・場所，労働力の配置などについて**球団による指揮命令が存する**ことなどから，**労組法上の労働者に当たる**とされている。

3 ×　自由出演契約の楽団員も労組法上の労働者と認められる余地がある。

楽団員が会社の事業組織に組み入れられていると認められるときには，労働組合法上の労働者と認められる余地がある。

判例は，「会社において必要とするときは随時その一方的に指定するところによって楽団員に出演を求めることができる」ことや，「楽団員は，いわゆる有名芸術家とは異なり，演出についてなんら裁量を与えられておらず，その**出演報酬は，演奏という労務の提供それ自体の対価**」と見られることなどの点を考慮して，「自由出演契約のもとにおいてもなお，会社に対する関係において**労働組合法の適用を受けるべき労働者にあたる**」とした（最判昭

51・5・6, CBC管弦楽団労組事件)。

4 × **合唱団員も労組法上の労働者と認められる場合がある。**

判例は, 合唱団員が, 基本的に財団からの個別公演出演の申込みに応ずべき関係にあったとみられることや, **財団**が年間シーズンの公演の件数, 演目, 各公演の日程及び上演回数, これに要する稽古の日程, その演目の合唱団の構成等を**一方的に決定**していたことなどを理由に, **合唱団員は労組法上の労働者に当たる**とした(最判平23・4・12, 新国立劇場運営財団事件)。

5 ◎ **会社との業務委託契約に基づく業務従事者は労働組合法上の労働者に当たる。**

正しい。判例は, 住宅設備機器の修理補修等を業とする会社が, その会社と業務委託契約を締結して修理補修等の業務に従事する者(内部でCE－カスタマーエンジニアと称されていた)との関係で労働組合法上の使用者にあたるかが争われた事案で, ①CEは, 被上告人の上記事業の遂行に不可欠な労働力として, その恒常的な確保のために被上告人の組織に組み入れられていたこと, ②個別の修理補修等の依頼内容をCEの側で変更する余地がなく, **会社がCEとの契約内容を一方的に決定**していたこと, ③CEは, 基本的に被上告人による個別の修理補修等の**依頼に応ずべき関係にあった**ことなどを理由に, **CEは労組法上の労働者に当たる**とした(最判平23・4・12, INAXメンテナンス事件)。

実戦問題❷　応用レベル

＊
No.5　労働組合の統制権に関する記述として，判例，通説に照らして，妥当なのはどれか。
【地方上級・平成14年度】

1　労働組合は，公職選挙において，その組合員が特定候補の推薦を決定した当該労働組合の決議に反して別の候補の支援活動を行った場合，決議違反の行為として，その組合員を統制違反者として処分することができる。

2　労働組合は，公職選挙において，その組合員が当該労働組合の方針に反して立候補した場合，立候補を取りやめる要求に従わないことを理由として，その組合員を統制違反者として処分することができる。

3　労働組合は，公職選挙において，その組合員が特定候補の選挙資金のための当該労働組合の臨時組合費の納入を徴収目的に反対して拒否をした場合，その組合員を統制違反者として処分することができる。

4　労働組合は，その組合員が当該労働組合の執行部に対して行う批判活動について，事実に基づいた批判であると評価されても，当該労働組合の団結力を維持するため，その組合員を統制違反者として処分することができる。

5　労働組合は，その組合員が当該労働組合の団体交渉遂行のために発する指令に従わなかったり，当該労働組合の団体交渉を阻害する独自の行動をとった場合，その組合員を統制違反者として処分することができる。

＊＊
No.6　ユニオン・ショップ制に関する次の記述のうち，妥当なものはどれか。
【国家総合職・平成11年度】

1　ユニオン・ショップ制は，労働者に対して組合加入を事実上強制するものであり，憲法第25条が保障している労働基本権に含まれる「組合に入らない自由」と衝突するものであるから，ユニオン・ショップ制の有効性の判断については，判例は，主に組合に入らない自由との関係において調整を図っている。

2　ユニオン・ショップ協定の締結時にいずれの組合にも加入していなかった労働者およびすでにほかの組合に加入していた労働者については，ユニオン・ショップ協定の効力が及ぶこととなることから，ユニオン・ショップ締結組合はこれらの者につき使用者に解雇を要求することが認められるとするのが判例・通説である。

3　ユニオン・ショップ協定が締結された後，ユニオン・ショップ締結組合から脱退し，または除名されたが，その後，ほかの組合に加入し，または，新たな組合を結成した者については，ユニオン・ショップ協定の効力は及ばないとするのが判例である。

4　ユニオン・ショップ締結組合からの除名または脱退に伴う労働者の解雇に関して，除名・脱退の時点でユニオン・ショップ協定に基づき当然に解雇の効力が生じ，使用者が解雇を言い渡すのは確認的行為であったと解するのが通説である。

5 組合からの除名を理由としてユニオン・ショップ協定に基づき使用者が労働者を解雇した後，組合の行った除名の無効が明らかになった場合においても，使用者による解雇は当然に無効とならないとするのが判例である。

＊＊
No.7 チェック・オフに関する次の記述のうち，妥当なものはどれか。ただし，争いのあるものは判例の見解による。 【地方上級（全国型）・平成27年度】

1 チェック・オフは，組合と使用者との労使協定がなくても，個々の組合員からの組合費控除の申し出のみでこれを行うことができる。

2 使用者は，チェック・オフ協定に基づいて組合に引き渡すべき金銭を組合に納入する義務と，組合に対する損害賠償請求権とを相殺することができる。

3 チェック・オフ協定に基づいて組合費の控除が開始された後は，使用者は個々の組合員からのチェック・オフの中止の申し出に応ずる義務はない。

4 チェック・オフは，不当労働行為としての経費援助に当たる。

5 チェック・オフ協定を締結している組合から分離独立した別の組合の組合員がチェック・オフの中止を申し入れたが，会社がそのまま元の組合との間のチェック・オフを続けることは，分離独立した組合に対する支配介入に当たる。

＊＊
No.8 労働組合に関するア～オの記述のうち，適法に認められるもののみをすべて挙げているのはどれか。ただし，争いのあるものは判例の見解による。

【国家総合職・平成26年度】

ア：使用者と事業場の過半数組合であるA労働組合との間で，使用者が，同組合の組合員の賃金から組合費を控除して，同組合に引き渡す旨の協定が締結されている場合に，組合費の控除の中止を申し出た組合員から，引き続き使用者が組合費を強制的に徴収すること。

イ：B労働組合には，同組合から脱退するには執行委員会の承認を得なければならない旨の規約の定めがある場合に，執行委員会から脱退の承認を得ていない組合員が，同組合から脱退すること。

ウ：使用者と事業場の過半数組合であるC労働組合との間で，同組合の組合員たる資格を取得しない労働者又はこれを失った労働者を解雇する旨の協定が締結されている場合に，C労働組合に加入していた労働者が同組合を脱退しD労働組合に加入したため，協定に基づき，使用者が当該労働者を解雇すること。

エ：E労働組合が，国政選挙に際し特定の立候補者支援のためにその所属政党に寄付する資金として，臨時組合費を当該資金の拠出に反対する組合員からも強制的に徴収すること。

オ：F労働組合が，いわゆる安保反対闘争の実施の費用として，臨時組合費を当該費用の拠出に反対する組合員からも強制的に徴収すること。

1 イ　**2** ウ　**3** ア，イ　**4** ア，オ　**5** ウ，エ

No.9 ＊＊ **労働組合に関する次の記述のうち，最も妥当なのはどれか。**

【労働基準監督官・令和２年度】

1 労働組合法は，労働組合を「労働者が主体となつて自主的に労働条件の維持改善その他経済的地位の向上を図ることを主たる目的として組織する団体」と定義しており，同法上，役員や監督的地位にある労働者の参加を許すものであっても労働組合に該当する。ただし，同法上の労働組合は，構成員が個人であるものに限られており，労働組合を構成員とするものは含まれない。

2 労働協約には，５年以内の有効期間を定めなければならず，それより長い期間を定めている労働協約は５年の期間を定めた労働協約とみなされる。また，労働協約において，「有効期間の満了前の一定期日までに両当事者のいずれの側からも破棄又は改訂の通告がない限り，同一期間有効なものとして存続させる」旨の定めをしておくことは許されない。

3 同盟罷業（ストライキ）や怠業等は労働契約上の労働義務違反行為であり，使用者の操業の権利を故意に侵害する不法行為であるため，使用者は，正当な争議行為であってもこれらによって損害を受けたことをもって，労働組合又はその組合員に対し賠償を請求することができる。

4 労働組合から除名された労働者に対し使用者がユニオン・ショップ協定に基づく労働組合に対する義務の履行として行う解雇は，当該除名が無効な場合には，他に解雇の合理性を裏付ける特段の事由がない限り，無効であるとするのが判例である。

5 使用者が団体交渉を正当な理由なく拒否したり，団体交渉に応じながら誠実な交渉を行わなかったりした場合，労働組合は，労働関係調整法で禁止する団体交渉拒否の不当労働行為が行われたとして，都道府県労働局長に処罰請求の申立てを行うことができる。

実戦問題2の解説

No.5の解説　労働組合の統制権
→問題はP.214　正答5

1×　組合の推薦候補者以外の候補者の支援をしても，組合は処分できない。

判例は，**選挙活動は，個人の政治的信条と表裏をなすもの**であるから，組合は特定候補を推薦することはできても，その**支援を組合員に強制することはできず**，組合員が組合の推薦候補以外の候補者の支援活動を行ったとしても，組合は統制違反を理由に処分することはできないとする（最判昭44・5・2，中里鉱業所事件）。

2×　組合の方針に反して選挙に立候補した組合員を，組合は処分できない。

判例は，「公職選挙における立候補の自由は，憲法15条1項の趣旨に照らし，基本的人権の一つとして憲法の保障する重要な権利である」として，組合は，立候補を思いとどまるよう，勧告または説得をすることはできるが，その域を超え，**立候補を取りやめることを要求**し，これに従わないことを理由に当該組合員を統制違反者として処分することは，組合の**統制権の限界を超えるものとして違法**となるとする（最判昭43・12・4，三井美唄労組事件）。

3×　組合員は，特定候補の選挙資金のための臨時組合費の納入を拒否できる。

判例は，選挙支援目的で臨時組合費を徴収することは許されないとする（最判昭50・11・28，国労広島地本事件）。

◆臨時組合費の徴収
なぜ臨時組合費の徴収についてだけこのようなことが問題になるのかというと，臨時組合費は目的を定めて集められるため，その目的との関連で納入を拒否する組合員が出てきてトラブルを生じるからである。同様の問題は，通常の組合費の場合にも生じるはずなのだが，通常の組合費はもっぱら組合の運営のために使われて，支援資金にまでこれを回す余裕がないのが実情である（だからこそ，臨時に組合費を徴収するのである）。そのような事情から，もっぱら臨時組合費の徴収で問題が発生するわけである。

4×　事実に基づいた批判であれば，組合員を統制違反者として処分できない。

組合の団結や結束は，組合に対する各組合員の信頼によって支えられている。したがって，組合においては各組合員の自由な批判や討論が保障されていなければならない。そうでなければ，組合に対する信頼を維持していくことはできないからである。そのため，**事実に基づいた批判**は，基本的に**統制処分の対象とはならない**とされている。

5◎　団体交渉の阻害は，組合員の利益を損なうものとして統制処分の対象となる。

正しい。

No.6 の解説　ユニオン・ショップ制

→ 問題はP.214　**正答3**

ユニオン・ショップとは，労働協約において，使用者が自己の雇用する労働者のうち当該**協約締結組合に加入しない者および当該組合の組合員でなくなった者について解雇義務を負う制度**である。これは，組織拡大の手段の一つとされ，事業場の過半数労働者で組織されている組合が締結できるものである（労組法7条1号但書）。

ユニオン・ショップ協定は，①労働者の「組合に加入しない自由」を侵害するのではないかという点，及び，②当該企業に組合が複数ある場合に「組合選択の自由」を侵害するのではないかという点の2点が問題とされている。

このうち，①に関しては，**憲法は組合に加入しない自由**（消極的団結権とも呼ぶ）**を保障していない**ということで議論は決着している。

②に関しては，ユニオン・ショップは，労働者の組合選択の自由を侵害しない限りにおいて効力を認められるとされている。判例は，ユニオン・ショップ協定は，制度としての正当な機能を果たすものと認められるかぎりにおいてのみ，その効力を承認できるものであるから，ユニオン・ショップ協定に基づき使用者が労働組合に対し解雇義務を負うのは，当該労働者が正当な理由がないのに労働組合に加入しないために組合員たる資格を取得せず，または労働組合から有効に脱退しもしくは除名されて組合員たる資格を喪失した場合に限定されるとする（最判昭50・4・25，日本食塩製造事件）。すなわち，他組合の組合員や，**協定締結組合から除名されたが新たに別組合を結成したという者には，ユニオン・ショップ協定の効力**（使用者の解雇義務）**は及ばない**（最判平元・12・14，三井倉庫港運事件）。

1 ×　組合に入らない自由は団結強制の利益には優先せず，ユ・シ協定は有効。

ユニオン・ショップ制の有効性について，判例は，組合に入らない自由ではなく，組合選択の自由および他組合の団結権の保障との関係において調整を図っている（最判平元・12・14，三井倉庫港運事件）。

なお，**組合に入らない自由は，団結強制の利益には優先しない**ので，これとの関係で有効性について調整を図る必要はない。

2 ×　他組合の加入者には，ユ・シ協定の効力は及ばない。

他の労働組合に加入していた労働者についてはユニオン・ショップ協定の効力は及ばない。そうでないと，他の組合の団結権が侵害されることになるからである（前掲判例，通説）。

3 ◎　ユ・シ協定締結組合から他組合に移った者には協定の効力は及ばない。

正しい（前掲判例）。ユニオン・ショップ協定は，労働者の組合選択の自由ならびに他の組合の団結権を不当に侵害しない範囲でその効力を認められるにすぎない。

4 ×　ユ・シ協定締結組合から除名されても，当然に解雇となるわけではない。

通説は，ユニオン・ショップ協定は使用者に解雇義務を設定するものにすぎず，**解雇の効力は使用者の解雇言渡しの時点で初めて生ずる**としている。

本肢のように解すると，労働者が他組合に加入する目的で脱退したり，除名された者が新組合を結成しようとしたような場合でも，脱退・除名の時点でユニオン・ショップ協定によって解雇の効力が発生してしまうことになり，それでは**組合選択の自由や新組合の団結権の保障が侵害される**ことになるからである。

5 × 組合の除名処分が無効であれば，ユ・シ協定に基づく解雇も無効である。

判例は，除名が無効であれば解雇も無効であるとする（最判昭50・4・25，日本食塩製造事件）。

ただこのように解すると，単に同協定を遵守したにすぎない使用者に酷な結果をもたらすように思えるが，もともと使用者がユニオン・ショップ協定を締結するか否かは自由なので，あえてこの協定を締結した以上，そこから生ずる危険も甘受すべきとするのが妥当である。

No.7の解説 チェック・オフ

→問題はP.215 正答5

1 × チェック・オフを行うには，労使協定の締結が必要である。

チェック・オフとは，組合員の給与から組合費を天引きすることである。このチェック・オフは労基法24条1項が規定する「賃金全額払いの原則」の例外となるので，適法にこれを行うには同条項が例外として認める労使協定の締結が必要である。

2 × 使用者は，チェック・オフの組合費と組合への賠償請求の相殺はできない。

チェック・オフによって集められた金銭は，組合員が組合に対して組合費の納入義務を果たすためのものであるから，その金銭は現実に組合に引き渡すことを要する。組合に対する損害賠償請求権は，これとは別個に組合に請求すべきものであって，**組合員の組合費納入義務を阻害するような賠償請求との相殺は認められない**。

判例は，チェック・オフ協定にはこのような相殺を排除する約定（民法505条2項の「相殺禁止の意思表示」）が含まれているとの理由で，相殺を認めない（東京高判昭52・10・27，ゼネラル石油精製事件）。

3 × チェック・オフ中止の申入れがあれば，これを中止しなければならない。

チェック・オフは，組合員による使用者への組合費弁済の委任であるから（選択肢1で説明した労使協定は，あくまで罰則付きの賃金全額払い原則の違反行為とならないようにするための手続きにすぎない），**個々の組合員はいつでも任意にその解除すなわちチェック・オフの中止を申し入れることができる**。そして，この申入れがあれば，使用者は直ちにこれを中止しなければならない（最判平5・3・25，エッソ石油事件）。

4 × チェック・オフは組合の自主性を損なわず，経費援助には当たらない。

経費援助は，組合の自主性を損なうとして不当労働行為の一つとされている（労組法7条3号）。一方，チェック・オフは労働組合に対する使用者の

便宜供与にすぎず，**組合の自主性を損なうものではない**。したがって，不当労働行為としての経費援助には当たらない。

5◎ 脱退者の中止申入れに対して組合費天引きを続ければ不当労働行為となる。

正しい。判例は，このような行為は分離独立した組合に対する組合費の納入を困難にするもので，分離独立した組合の財政基盤を脆弱化させて，その運営を困難にし，**新組合を弱体化させる行為**であるとして，分離独立した組合に対する支配介入に当たるとする（最判平７・２・23，ネスレ日本霞ヶ浦工場事件）。

No.8の解説 労働組合

→ 問題はP.215 **正答１**

ア× 中止の申入れに対してチェック・オフをそのまま続けることは違法である。

組合員から**チェック・オフ**（賃金からの組合費の控除）の中止の申入れがされたときは，使用者は当該組合員に対するチェック・オフを中止しなければならない（最判平５・３・25，エッソ石油事件）。→No.7選択肢３

イ◎ 組合員の脱退に執行委員会の承認を要するとの組合規約は無効である。

本肢は適法に認められる。組合は，労働者が自ら信頼を寄せて始めて団結を維持できる自発的結合団体である。したがって，その自発性の裏返しとして，**組合員には脱退の自由が保障**されていなければならない。そのため，脱退するには**執行委員会の承認を得なければならない旨の組合の規約は無効**であり，執行委員会から脱退の承認を得ていない組合員が脱退しても違法ではない（東京高判昭61・12・17，日本鋼管鶴見製作所事件）。

ウ× ユ・シ協定締結組合から脱退した後に他組合に加入した者は解雇できない。

本肢のような協定をユニオン・ショップ協定というが，この**ユ・シ協定は他の労働組合に加入した労働者について，その効力を及ぼすことはできない**とされている（最判平元・12・14，三井倉庫港運事件）。そうでないと，他の組合の団結権が侵害されることになるからである。したがって，脱退後他組合に加入した労働者をユ・シ協定に基づいて解雇することは違法となる。

エ× 国政選挙の立候補者支援目的で臨時組合費を徴収することは許されない。

判例は，「**選挙においてどの政党又はどの候補者を支持するか**は，投票の自由と表裏をなすものとして，組合員各人が市民としての個人的な政治的思想，見解，判断ないしは感情等に基づいて**自主的に決定すべき事柄**である」として，「労働組合が組織として支持政党又は統一候補を決定し，その選挙運動を推進すること自体は自由であるが，**組合員に対してこれへの協力を強制することは許されず，その費用の負担についても同様**に解すべき」として，臨時組合費の徴収を違法とした（最判昭50・11・28，国労広島地本事件）。

オ× 安保反対闘争の活動費用の目的で臨時組合費を徴収することは許されない。

判例は，「一定の政治的活動の費用としてその**支出目的との個別的関連性**

が明白に特定されている資金についてその拠出を強制することは，かかる活動に対する積極的協力の強制にほかならず，また，その活動にあらわされる**一定の政治的立場に対する支持の表明を強制するにも等しい**ものというべきであって許されない」として，**臨時組合費の徴収を違法とした**（同前判例）。

以上から，適法に認められるものは**イ**のみであり，正答は**1**である。

No.9 の解説　労働組合

→ 問題はP.216　正答4

1 × 役員等の使用者の利益代表者が参加するものは労組法上の労働組合でない。

前半については，労組法は，「役員…監督的地位にある労働者その他**使用者の利益を代表する者**の参加を許すもの」は労組法上の労働組合には該当しないとする（労組法2条但書1号）。

後半については，同法は「この法律で『労働組合』とは，労働者が主体となつて自主的に労働条件の維持改善その他経済的地位の向上を図ることを主たる目的として組織する団体又はその連合団体をいう」として，労働組合を構成員とする**連合団体も労働組合に該当する**としている（同条本文）。

2 × 労働協約の有効期間が3年を超えるときは有効期間は3年とみなされる。

労働協約では，**3年を超える有効期間の定めをすることができない**が（労組法15条1項），それを超える有効期間を定めた場合には3年の有効期間を定めたものとみなされる（同条2項）。

また，後半のような**自動更新条項**の定めは，更新の際に内容を吟味してその合理性を判断できることから，**法による期間制限の趣旨に反せず有効**とされている。

3 × 正当な争議行為に対して，スト組合は民事上いかなる法的責任も負わない。

正当な争議行為とは，労働者に認められた権利を労働者が正当に行使したということであるから，これについて，損害賠償等の不利益を課すことは許されない。

4 ◎ 組合の除名処分が無効であれば，ユ・シ協定に基づく解雇も無効である。

妥当である。組合からの除名が無効であれば，ユニオン・ショップ協定を適用して労働者を解雇すべき客観的に合理的な理由が存在しないからである（最判昭50・4・25，日本食塩製造事件）。

5 × 不当労働行為に対して，現行法は処罰主義を取っていない。

労働関係調整法は，争議行為の予防や解決など，もっぱら**争議行為の際の調整を図るための法律**である（労調法1条）。団体交渉については，安定した労使関係秩序の構築を目指す法律である労組法が，これを規定している（労組法6条，7条2号等）。

また，現行法は不当労働行為について旧労組法のような処罰主義（旧40条）を取っておらず，「都道府県労働局長に処罰請求の申立てを行う」などという制度は存しない。

実戦問題❸ 難問レベル

＊＊＊
No.10 労働組合に関する次の記述のうち，妥当なのはどれか。ただし，争いのあるものは判例の見解による。 【国家総合職・令和元年度】

1 課長職ないし課長相当職以上の管理職者のみにより組織された労働組合は，憲法上の保護を享受することはできるが，労働組合法上の保護は享受することができないから，使用者が当該労働組合との団体交渉を拒否したとしても，不当労働行為が成立することはない。

2 労働委員会が行う労働組合の資格審査は，労働委員会が国家に対し直接負う責務にほかならず，使用者に対する関係において負う義務ではないから，資格審査の方法ないし手続に瑕疵があり，若しくは審査の結果に誤りがあるとしても，使用者は，そのことのみを理由として救済命令の取消しを求めることはできない。

3 労働組合は，私的な任意団体として構成員の範囲を自ら決定することができるが，労働組合法上与えられている特別の権能と保護のゆえに，組合員資格の決定については公正・平等な取扱いが要求される。したがって，組合が職種や雇用形態などの労働者の利害関係の違いを基準として加入資格を制限することはできない。

4 使用者が，ユニオン・ショップ協定に基づき，協定締結組合以外の他の労働組合に加入している者及び協定締結組合から脱退し又は除名されたが，他の労働組合に加入し又は新たな労働組合を結成した者を解雇した場合，原則として，当該解雇は解雇権の濫用として無効であるが，協定締結組合からの離脱や他の労働組合への加入等の理由が，労働者としての信条ではなく単に個人的事情によるものにすぎないときは，当該解雇は有効である。

5 使用者と労働組合との間で，組合員の賃金から組合費を控除する旨のチェック・オフ協定が労働協約の形式により締結された場合には，使用者はチェック・オフをする権限を取得する一方，組合員はチェック・オフを受忍すべき義務を負うこととなるから，使用者は，賃金から控除した組合費相当分を労働組合に支払うことにつき個々の組合員から委任を受けることなく，チェック・オフをすることができる。

実戦問題3の解説

No.10の解説 労働組合

→ 問題はP.222 正答2

1 × **管理職者で組織された労組からの団交要求拒否も不当労働行為となる。**

労組法上の労働組合として認められるには，**使用者の利益代表者が参加していないことが要件**になる（労組法２条１号）。ただ，労組法２条１号が使用者の利益代表者の例を列挙していることからも推測されるように，その範囲は限定的であり，単に**役職名が管理職というだけでこの要件に該当するわけではない**。

真に会社の利益代表者に該当するとされるような管理職者以外の管理職が加入もしくは結成する組合は，労組法上の労働組合に該当するので，その組合からの団交申入れを使用者が拒否することは不当労働行為に該当する（中労委命令平10・３・４，セメダイン事件）。

2 ◎ **労組の資格審査の瑕疵を理由に，使用者は救済命令の取消しを求め得ない。**

妥当である。判例は，労働組合法は，「労働委員会に，申立組合が同法の定める要件を具備するかどうかを審査し，この**要件を具備しないと認める場合にはその申立を拒否すべき義務**を課している」が，この義務は**使用者に対する関係において負う義務ではない**として，本肢のように判示している（最判昭32・12・24，日通会津若松支店事件）。

3 × **組合は職種や従業員の種類などの違いを基準として加入資格を制限できる。**

同じ事業場の労働者であっても，職種や従業員の雇用形態などの違いによって，労働者間に利害の対立を生じる場合がある。組合は構成員の利益を擁護するための結合体であるから，**加入資格を制限することは，組合自治の範囲内の行為**として許容されている。

4 × **労働者には組合選択の自由があり，それを侵害する除名処分は無効である。**

労働者には，心情によるか個人的事情によるかを問わず，**組合選択の自由**がある。したがって，ユニオン・ショップ協定締結組合以外の組合を選択したことを理由に使用者が協定に基づいて解雇を行うことは，解雇権の濫用として無効である（最判昭50・４・25，日本食塩製造事件）。

5 × **使用者がチェック・オフを行うには，個々の組合員からの委任が必要。**

使用者が有効にチェック・オフ（賃金からの組合費の控除）を行うためには，使用者と組合間のチェック・オフ協定のほかに，使用者が個々の組合員から，**賃金から控除した組合費相当分を労働組合に支払うことにつき委任を受けることが必要**である（最判平５・３・25，エッソ石油事件）。

団体交渉

必修問題

団体交渉に関する次の記述のうち，妥当なものはどれか。

【地方上級（全国型）・平成26年度】

1 労働協約中，複数の労働組合の中で特定の労働組合を**唯一の団体交渉の相手と認める旨の条項**が存在する場合，このような条項は，少数団体の団体交渉の機会を奪う結果となるため，無効である。

2 労働組合の組織を持たない**争議団**は，代表者を選出し交渉の体裁を整えれば，憲法28条に基づいて団体交渉が認められ，不当労働行為からの救済等，労働組合法上の保護も受けることができる。

3 団体交渉は，労働組合の代表者または**労働組合の委任を受けた者**が担当するが，労働組合から交渉権限の委任を受けることができる者の範囲は，当該労働組合の構成員に限られ，弁護士や他の組合の役員などは含まれない。

4 使用者は，労働者の団体交渉権を尊重し，誠意をもって団体交渉に当たらなければならないという義務を負っているが，結局において労働組合の要求に譲歩することができない場合には，労働組合に対して自己の主張の根拠を具体的に説明したり，必要な資料を提示するなどの努力をすべき義務までは負わない。

5 使用者が団体交渉を行うことを義務づけられている事項を**義務的団交事項**というが，労働者の労働条件その他の待遇に関係があることはこれに該当しない。

難易度 ＊＊

必修問題の解説

1◎ 労働協約の唯一交渉団体条項は他組合の団交権を侵害するので無効である。

正しい。労働協約の**唯一交渉団体条項**とは，それを締結した組合だけを唯一の交渉相手として扱い，それ以外の組合と団体交渉を行わない旨を取り決めたものである。

憲法はすべての組合に労働基本権を認めており（憲法28条），**企業内に複数の組合が併存する場合でも，各組合に団結権や団体交渉権などが等しく保**

障される。そのため，ある組合が使用者との間で自己を唯一の交渉相手と定めても，そのような約款は，憲法が他の組合に保障した団体交渉権を侵害するものとして無効とされる。

2 × **労組法上の労働組合ではない争議団には同法上の特別の保護は与えられない。**

労働組合の組織を持たない**争議団**であっても，代表者を選び使用者との交渉の体制を整えれば，憲法上の団体交渉権の保護を受けることができるので，**団体交渉の当事者となることができる**。

しかし，不当労働行為からの救済等の労働組合法上の保護は，同法が定める要件を満たした組合（労組法が定める要件を満たして，それについて労働委員会の資格審査を経た組合－**法適合組合**という）にのみ与えられるものであり（労組法2条，5条1項，同2項），**単なる争議団では，労組法が定める不当労働行為からの救済等の特別の保護は受けることができない**。

3 × **組合から交渉権限の委任を受けることができる者の範囲に特段の制限はない。**

団交における労働組合の**交渉担当者**は，「労働組合の代表者または労働組合の委任を受けた者」である（労組法6条）。そして，ここにいう「労働組合の委任を受けた者」の範囲については特段の制限がない。誰が交渉しようとも，特に不都合はないからである。

4 × **組合の要求に譲歩できない場合は，その理由をていねいに説明すべきである。**

使用者は，労働者の団体交渉権を尊重し，誠実に団体交渉に当たらなければならない（**誠実交渉義務**）。そして，この「誠実に」とは，組合の要求に譲歩できない場合には，その理由を，必要な資料を提示するなどによって譲歩が困難であることを具体的に説明することを要する。

5 × **労働者の労働条件その他の待遇に関係があることは義務的団交事項である。**

組合からの団交申入れに対して，使用者がこれに応じることが義務づけられる事項を**義務的団交事項**という。これに該当するか否かは，憲法28条や労組法が労働者に団体交渉権を保障した目的から判断すべきとされ，一般的には，**組合員の労働条件その他の待遇に関する事項や労働組合と使用者の関係に関する事項で，使用者が処分可能なもの**をいうとされる。

本肢の「労働者の労働条件その他の待遇に関係があること」は，これに該当するので義務的団交事項である。

正答 1

FOCUS

団体交渉は集団的な労働条件決定の「かなめ」の位置にある重要なテーマで，理論的な問題が多いのが特徴である。ただ，出題箇所が特定の論点や判例に集中する傾向が見られるので，ポイントを効率よく押さえておけば，対策としては十分である。

POINT

重要ポイント1 団体交渉（団交）の意義

①団体交渉とは，労働組合が団結の力を背景にして，使用者と対等の立場で労働条件等の交渉を行うことをいう。

②使用者には団体交渉応諾義務があるが，労働者側にはない。したがって，使用者からの団体交渉申入れに対して，労働者側はこれ応じるべき法的義務はない。

重要ポイント2 団体交渉の要件・手続

①**団交当事者**とは，合意文書（労働協約）の当事者となりうる者である。

i）**使用者側**･･･会社，集団統一交渉の場合の使用者団体，個人経営の場合は経営者本人

ii）**労働者側**･･･労働組合（単位組合），上部団体（それ自体が労働組合の要件を満たし，かつ加盟組合に対し実質的な指導力，統制力を有する場合），単位組合の支部（それ自体で一個の労働組合としての組織を有していれば，支部内部の問題については当事者となりうる。そのような組織を有していなければ当事者とはなりえない）。

未組織労働者の集団も，代表者を選んで交渉の体制を整えれば，憲法28条の団体交渉権の保護を受ける（ただし，協約締結能力はない）。

②使用者概念は拡大されており，雇用契約上の使用者でなくても，**労働条件の決定について直接かつ具体的な支配力や影響力を及ぼしうる者**には団体交渉の一方当事者としての**使用者性が認められる**。

③複数組合による共同交渉の申入れについては，複数組合に「統一意思と統制力が確立」されていることを要する。そうでなければ，使用者は各組合と個別交渉を行うことを理由に共同交渉を拒否できる。

④被解雇者の組合･･･解雇の効力，未払い賃金や退職金の支払いを求めているような場合は交渉当事者となりうる。

⑤**団体交渉の交渉担当者**は以下の通り。

i）**使用者側**･･･会社の代表者，経営者。

なお，支社長･工場長などが交渉に当たる場合，妥結権限がなければ上層部と連絡しながら交渉すべきで，権限がないことを理由に交渉を拒否することは許されない。

ii）**労働者側**･･･労働組合の代表者，労組の委任を受けた者がこれに当たる。「代表者」には執行委員などの組合幹部も含まれる（通説）。また，上部団体役員や弁護士などに交渉を委任することもできる。ただし，交渉内容について妥結するには，通常，組合大会での承認が必要である。

⑥「A組合以外の組合とは交渉しない」旨の使用者･A組合間の**唯一交渉団体約款**は無効である（憲法がすべての組合に保障している団交権の侵害に当たる）。

重要ポイント3　義務的団交事項・誠実交渉義務

（1）義務的団交事項

①**義務的団交事項**は，ⓐ組合員の労働条件その他の待遇に関する事項，ⓑ労働組合と使用者の関係に関する事項で，使用者が処分可能なものをいう。

②使用者が義務的団交事項についての団交申入れを拒否すれば，使用者に不当労働行為が成立する（行政救済や司法的救済の対象となる）。

③工場の移転，過度の残業を命じる工場長の更迭などの**使用者の経営権に属する事項**であっても，それが組合員の**労働条件等に直接の関連を有すれば義務的団交事項**に当たる（一方，純粋な経営権事項は義務的団交事項ではない）。

④期間途中での協約の改廃目的の団交申入れに対しては，それが協約締結当時には予想できなかった状況の変化等によって協約を期間終了まで継続することが不合理であると認められるような特別な場合でない限り，使用者はこれを拒絶できる。

⑤非組合員の労働条件や待遇が組合員のそれに直接影響を及ぼしているような場合を除き，使用者は非組合員の労働条件についての団交申入れを拒否できる。

⑥交渉の合意事項は文書化され，当事者が署名する（労働協約という。ただし，団体交渉を経なければ労働協約を締結できないわけではなく，労使協議制に基づいて合意した事項を文書化し署名すれば，それもまた労働協約となりうる）。

（2）誠実交渉義務

①団体交渉の当事者には誠実交渉義務がある。相手がこれに違反すれば，交渉打切りも可能である。

②交渉がこう着状態に陥れば，一旦交渉を打ち切ることができる。ただし，新提案があれば交渉再開に応じる義務がある。

③ストに突入しても誠実交渉義務は消滅しない（組合のスト突入を理由とする交渉拒否は違法）。

重要ポイント4　団体交渉拒否の救済手段

①団交拒否の救済手段には，ⓐ労働委員会による救済命令（「団体交渉に応ぜよ」との命令）とⓑ司法的救済の２つがある。

②労働委員会の救済命令と裁判所の**団交応諾仮処分**…実効性がない場合あり（団交の場に出てきても，組合に対する不信から実質的協議に入れないなど）。

③使用者が「義務的団交事項ではない」として団交を拒否している場合…「団交を求める地位の確認訴訟」（義務的団交事項に当たる旨の判断）が効果的（使用者は団交拒否の名目を失う）。

実戦問題❶　基本レベル

＊
No.1　団体交渉の当事者に関する記述として，妥当なのはどれか。

【地方上級・平成13年度】

1　使用者と特定の組合との間に唯一交渉団体約款がある場合，使用者は他組合と交渉することはできない。

2　解雇された労働者で組織する集団であっても，解雇の効力を争っている場合や未払賃金の支払いを求めている場合には，団体交渉の当事者として認められる。

3　単位組合の上部団体である連合団体は，加盟組合に固有の問題についても一般に団体交渉権が認められる。

4　労働組合の実体を有していない支部・分会などの単位組合の下部組織も，当該下部組織限りの事項について独自の団体交渉権が認められる。

5　団体交渉の使用者側当事者は使用者であって，使用者団体は当事者とはなりえない。

＊
No.2　労働組合法に規定する団体交渉に関する記述として，通説に照らして，妥当なのはどれか。

【地方上級・平成18年度】

1　団体交渉の労働者側の担当者として，労働組合から交渉権限の委任を受けることができる者は，労働組合の規約により組合を代表する権限を認められた組合役員に限られる。

2　使用者は，企業内に複数の組合が存するとき，労働協約で特定の労働組合を唯一の交渉団体と規定している場合においても，それを理由として，他の労働組合からの団体交渉の申入れを拒否することはできない。

3　営業譲渡や会社組織の変更などの経営権に属する事項は，労働条件や労働者の雇用そのものに影響を及ぼす場合であっても，義務的団交事項には該当しない。

4　企業別組合が加盟している上部団体は，労働組合の要件を満たし，かつ加盟組合に対し実質的な指導力，統制力を有する場合でも，加盟組合の団体交渉の当事者となることはできない。

5　団体交渉の当事者となることができる団体は，労働組合に限られており，労働組合の組織を持たない争議団は，代表者を選び使用者との交渉の体制を整えても，団体交渉の当事者となることはできない。

No.3 ＊ **団体交渉に関する次の記述のうち，妥当なものはどれか。**

【地方上級（東京都）・平成２年度】

1 労働組合に対して統制力を持つ上部団体から団体交渉の申入れがあったとしても，使用者は上部団体であることを理由に，これを拒否できる。

2 特定の組合と唯一交渉団体約款を締結している場合には，使用者はそれ以外の組合から団体交渉の申入れがあっても，これを拒否できる。

3 団体交渉の申入れが，使用者に不当な威圧感を与える場所で行われた場合には，使用者は交渉事項や前後の労使間の状況のいかんにかかわらずこれを拒否できる。

4 非組合員の労働条件について団体交渉の申入れがあっても，それが組合員の労働条件や待遇に直接関係しないものである場合には，使用者はこれを拒否できる。

5 労働組合がストに突入したときはストが解除され，あるいは一時中止される場合でない限り，使用者は団体交渉の申入れを拒否できる。

No.4 ＊ **団体交渉に関する次の記述のうち，妥当なのはどれか。**

【地方上級・平成11年度】

1 わが国の団体交渉法制においては，労働組合は組合員の労働条件その他の待遇についてのみ団体交渉権を有し，非組合員のそれらについては団体交渉権を有していない。

2 使用者には労働者の代表者と誠実に交渉に当たる義務があるが，たとえば，「当会社には労働協約締結の意思はない」と最初から宣言していても，実際上交渉権限のない者に見せかけだけの交渉を行わせれば，この義務に違反しないといえる。

3 使用者によって正当な理由なしに団体交渉を拒否された労働組合は，労働委員会に救済を求めることができるが，裁判所に団体交渉応諾の仮処分請求や団体交渉を求める地位の確認請求をすることは許されない。

4 使用者による不当な団体交渉拒否は，労働法上の問題なので，民法の不法行為規定による損害賠償請求は認められない。

5 交渉の状況から双方に譲歩の余地のないことが明白になっても，使用者が一方的に団体交渉を打ち切ることは，いつでも不当労働行為になる。

実戦問題1の解説

No.1の解説 労働組合法に規定する団体交渉の当事者

→問題はP.228 正答2

1× 労働協約の唯一交渉団体条項は他組合の団交権を侵害するので無効である。

使用者は，ある組合との間に締結した**唯一交渉団体約款**（条項）を根拠に，他組合との団体交渉を拒否できない。

2◎ 使用者は被解雇者集団からの解雇無効等を求める団交申入れを拒否できない。

正しい。労働者が**解雇の効力を争っている場合**や，**未払賃金の支払いを求めている場合**には，その部分で，労働者は使用者との交渉を通じて自らの要求を実現できる可能性がある。したがって，これらは**団体交渉の対象事項として正当なもの**であり，解雇者の集団は団体交渉の当事者としての地位を有する（高松地丸亀支決昭34・10・26，松浦塩業事件）。

3× 上部団体は，加盟組合に固有の問題には，原則として団交権を有しない。

上部団体が交渉権を有するのは，上部団体に独自の事項および加盟組合に共通する事項である。加盟組合に固有の問題について交渉権限を有するのは，原則としてその加盟組合のみに限られる。上部団体がこれについて独自の交渉権限を認められるためには，その旨の規約や慣行の存在が必要である。

4× 支部・分会などの単位組合の下部組織には，独自の団交権は認められない。

労働組合の実体を有していない支部・分会などの単位組合の下部組織は，独自の**団体交渉権を有しない**。

団体交渉は，それを通じて合意を形成（協約を締結）するために行われる。そして，その合意が形成された場合には，両当事者にそれを遵守すべき義務が生じる。労働組合の実体を有していない支部・分会は，単位組合の指示に従って行動するので，使用者が支部や分会と合意を形成しても，これらに合意の遵守を期待することは無理である。それゆえ，このような組織については，独自の交渉権限は認められていない。

5× 使用者団体も，一定の要件を備える場合には団交当事者となりうる。

使用者団体も，構成員のために統一的に団体交渉を行い，かつ，**労働協約を締結しうるものとして結成されている場合**には，合意の遵守を各使用者に要求できることから，**団体交渉の当事者として認められる**。

No.2の解説 団体交渉

→問題はP.228 正答2

1× 労働組合から団交権限の委任を受けられる者について，特に制限はない。

団体交渉の労働者側の担当者として法が認めるのは，「労働組合の代表者」と「労働組合の委任を受けた者」のいずれかである（労組法6条）。そして，法は，労働組合から交渉権限の委任を受けることができる者の範囲について格別の制限を設けていないので，上部組合の役員や弁護士など，当該**労働組合が適当と判断する者に交渉権限を委任できる**。

2 ◎ 労働協約の唯一交渉団体条項は他組合の団交権を侵害するので無効である。

正しい。ある組合が使用者との間で自己を唯一の交渉相手と定めても，そのような約款は，**憲法が他の組合に保障した団体交渉権を侵害するものとして無効**とされる。

3 × 経営権事項も労働条件などに影響を及ぼす場合は義務的団交事項となる。

経営権に属する事項であっても，それが**労働条件や労働者の雇用そのものに影響を及ぼす場合**には，その範囲で**義務的団交事項**（使用者が団体交渉に応じない場合には，不当労働行為が成立し労働委員会などによる救済の対象となる事項）となる。

新工場建設の是非などといった純粋に経営権に関する事項は義務的団交事項とはならないが，新工場への出向や雇用の確保などは労働条件にかかわる事項であり，義務的団交事項となる。

4 × 上部団体も，加盟組合の団体交渉の当事者となることができる。

上部団体が労働組合の要件を満たし，かつ**加盟組合に対し実質的な指導力，統制力を有する場合**には，当該加盟組合からの委任を受けるまでもなく，上部団体に固有の**団体交渉権が認められる**。

5 × 争議団も，交渉の体制を整えれば団体交渉の当事者となることができる。

労働組合の組織を持たない**争議団**であっても，代表者を選び使用者との交渉の体制を整えれば，憲法上の団体交渉権の保護を受けることができるので，**団体交渉の当事者となることができる**。

No.3の解説 団体交渉

→ 問題はP.229 正答4

1 × 上部団体も，加盟組合の団体交渉の当事者となることができる。

上部団体も労働組合の要件を満たし，かつ加盟組合に対して統制力を持つ場合には，団交当事者として交渉権限が認められる。

そのような**上部団体も単位組合の構成員の利益を擁護しうる地位にある**こと，また，上部団体と合意した事項の遵守を各組合に要求できることなどがその理由である。

2 × 労働協約の唯一交渉団体条項は他組合の団交権を侵害するので無効である。

憲法の保障する団体交渉権はすべての組合に等しく保障されているものであり，**唯一交渉団体約款**は他の組合の団体交渉権を否定するもので**無効**と解されている。

◆組合の併存

同一企業内に複数組合が並存している場合には，労働基本権（団結権・団体交渉権・団体行動権）はすべての組合に平等に保障されている。

⬇

会社は特定の組合のみを優遇するような行為をしてはならない。

（平等取扱いの原則）

3 × 団交申入れの拒否が正当かどうかは，諸般の事情を考慮して判断される。

組合側のとった本肢のような態度が，合理性のない解雇や組合つぶしのためのさまざまな工作など，使用者の不誠実な対応に起因しているような場合には，なお使用者に交渉継続義務が課せられる場合もありうる。

4 ◎ 使用者は，組合員の労働条件等に関連しない事項の団交申入れを拒否できる。

正しい。**労働組合は「組合参加者」の利益を擁護する団体**であるから，非組合員の労働条件について交渉する権限は有していない。したがって，たとえばある事業場で組合員と非組合員の労働条件格差が大きく，そのことが職場内で非組合員とトラブルの原因になっているなど，非組合員の労働条件や待遇が組合員のそれに直接影響を及ぼしているような場合を除き，**使用者は非組合員の労働条件についての団交申入れを拒否できる**。

5 × スト中でも誠実交渉義務は存続しており使用者は団交申入れを拒否できない。

争議行為は，使用者の譲歩を引き出して団体交渉を妥結に導くために行われるものであって，それは団体交渉を促進させるためのものである。したがって，**スト中**といえども**誠実交渉義務は存続**しており，使用者はストの解除や中止を交渉開始の条件とすることはできない。

なお，団交を中心とした労働条件決定の一連の流れは次のようになっている。

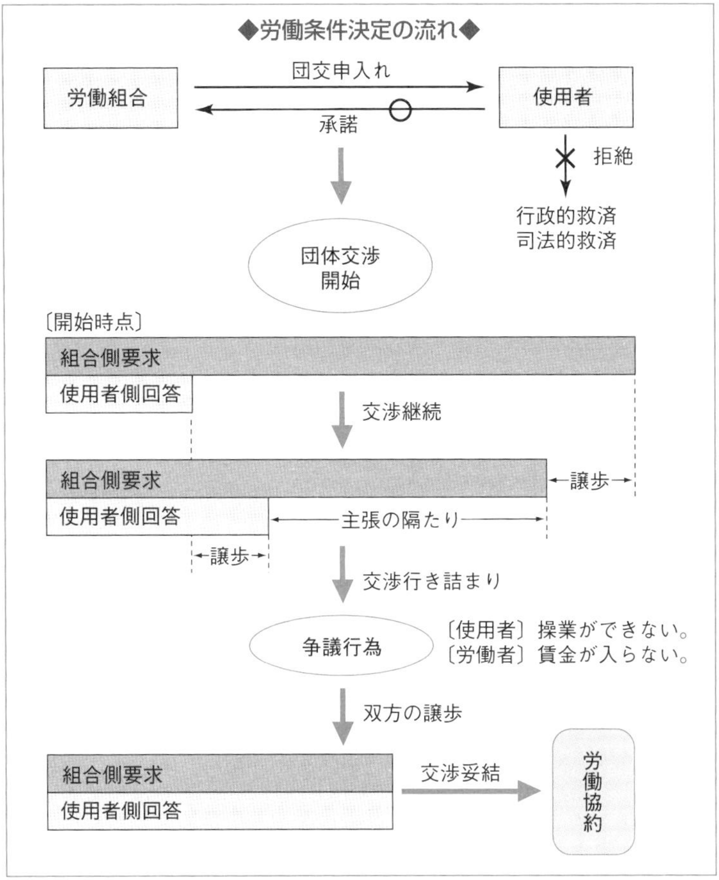

団体交渉では，交渉の過程で労使双方が互いに譲歩して合意に達すればよいが，両者の主張の溝が埋まらない場合には，合意を形成するための別の手段が必要となり，そのようなものとして認められたのが争議権である。

この争議権は組合側にのみ認められているものではあるが（つまり「使用者の争議権」なるものは認められていない），それは組合側にのみ一方的に有利な手段というわけではなく，組合側にイニシアティブがあるものの，実際には双方の譲歩を引き出すための手段として機能するものである。

すなわち，争議行為が行われると使用者は操業ができず利潤を得ることができないばかりか，製品の納期が遅れるなど企業経営にとって重要な要素である信用を損なうことにもなりかねない。一方，労働者側はノーワーク・ノーペイの原則によって争議行為中の賃金が得られず生活の維持が困難になるので，結局，争議行為中は労使双方ともに苦しい状況が続くことになる。そしてこのような状況が長引けば長引くほど，いずれも苦しさに耐えかねて自らの主張の限界を超えて譲歩を余儀なくされ，それによって交渉が難航していた場合でも，なんとか合意にこぎつけることができるようになる。そして，このような形での合意形成は，労使双方がともに譲歩していることから，一方的に譲歩を余儀なくされたような場合と異なり，「相手もかなりの譲歩をしている以上，自分の犠牲もやむをえない」として，双方が納得できる解決方法となるのであり，労使関係の安定に役立つものとされている。

No.4の解説　団体交渉

→ 問題はP.229 **正答 1**

1 ◎ 労働組合は，労働条件等に関して非組合員のための団体交渉権は有しない。

正しい。(労組法6条参照)。労働組合は，組合参加者の労働条件の維持改善等を目的として使用者と団体交渉を行うのであり，非組合員のための交渉権限は有していない。

2 × 単に見せかけだけの交渉を行うことは誠実交渉義務に違反する行為である。

団体交渉においては，使用者に**誠実交渉義務**が課せられており，見せかけだけの交渉はこの義務に違反するものとなる。

団体交渉は，交渉を通じて合意を形成し，それによって安定した労使関係秩序を構築するために行われるものであるから，使用者は組合側の要求に誠実に対応し，合意を形成すべく誠実に交渉すべき義務を負う（誠実交渉義務)。したがって，単に**形式的に交渉に応じている姿勢**を示すだけでは合意に向けた誠実な努力が行われているとはいえず，このような使用者の対応はこの**義務に違反する**ものとなる。

3 × 判例は団体交渉を求める地位の確認請求について訴えの利益を認めている。

団交応諾仮処分については，以前はこれを肯定する判例が多かったが，東京高決昭50・9・25（新聞之新聞社事件）が否定説を採用して以降，否定説が優勢となっている。これに対して，団体交渉を求める地位の確認訴訟のほうは，最高裁によって肯定されている（最判平3・4・23，国鉄事件)。

①**団交応諾仮処分**…仮処分で，団体交渉に応じることを使用者に強制するものである。この場合，手段としては，「使用者が団体交渉に応ずるまで1日○○円の罰金を課す」という間接強制の方法が用いられる。

この手段によって仮に使用者を交渉の場に導き出すことができたとしても，交渉のテーブルに着くこと自体を拒絶していた使用者が労使の合意形成に向けて努力することは，通常は考えにくい（使用者は，「交渉のたびに労働者側から耐えがたい暴言を浴びせられた」など組合側に対する強い不信感から交渉のテーブルに着くのを拒絶している場合が多く，労働者側に対する感情的なしこりが残っているため，合意に向けた交渉はきわめて困難である)。そうであれば，**仮処分**を行っても単に間接強制から逃れるために交渉の場に出てきたというにすぎない場合が大半であろうから，このような仮処分には**実効性の点で期待できない**とされている。結局，仮処分を認めても実効性がないというのが否定説の有力な根拠となっている。

②**団体交渉を求める地位の確認訴訟**…使用者が，その事項が団交対象事項には当たらないとして交渉に応じなかった場合に有効な手段となる。裁判所によって，その事項が**団体交渉の対象事項に当たる**こと（したがって組合はその事項に関し団交を求める地位にあること）の確認がなされれば，**使用者は団交拒否の正当な理由を失う**ことになる。そのため，判例はこのような確認請求の訴えを認めている。

4 × **不当な団交拒否は私法上違法な行為として民法上の損害賠償の対象となる。**

労働者側の団体交渉権は，憲法上の権利として保障されたものである。したがって，その権利を違法に侵害すれば，当然に損害賠償（民法709条）の対象とされることになる。

5 × **交渉が進展する見込みがなければ，いったん交渉を打ち切ることも許される。**

いずれかの譲歩により交渉が進展する見込みがなく，団交を継続する余地がなくなっていた場合には，団交を拒否しても不当労働行為は成立しない（最判平4・2・14，池田電器事件）。

誠実交渉義務は，使用者に十分な説明や譲歩の限度を示すなどの誠実な対応を求めるものであるが，それは一方的な譲歩を強いるものではない。したがって，組合側が自己の主張に固執するなど，使用者との主張の溝が埋められないまま，それ以上交渉を継続しても進展がないという**交渉行き詰まりの状態**に至ったときには，使用者は**交渉を打ち切っても不当な団交拒否**（労組法7条2号）**となるわけではない**。

実戦問題❷　応用レベル

＊＊
No.5　団体交渉に関する次の記述のうち，判例に照らし，妥当なのはどれか。

【労働基準監督官・平成９年度】

1　同一企業内の複数の労働組合から共同交渉の申入れがあった場合にも，当該組合相互間において交渉を統一的に遂行し，かつ，妥結できるための統一的な団体意思が形成されていないときは，共同交渉に応ずべき特段の事情がない限り，使用者はこれを拒否できる。

2　労働組合との団体交渉について，使用者から交渉担当者に指名された者が，交渉の対象となる事項について労働協約締結権限が与えられていない場合には，その者は団体交渉を拒否できる。

3　組合員の配転，懲戒，解雇などの人事の基準や手続は労働条件その他の待遇に関する事項であり団体交渉事項となるが，個々の組合員の人事は経営権の基本であり，組合員の労働条件等に影響を与えたとしても，団体交渉の対象事項にはならないので，団体交渉を拒否できる。

4　どのような製品をどのような作業組織で生産するかなどを内容とする生産計画の変更等職場再編成に関する問題は，従業員の待遇ないし労働条件と密接な関連を有していたとしても，団体交渉の対象事項とならないので，団体交渉を拒否できる。

5　労使双方がそれぞれ自己の主張，提案，説明をしたが交渉の妥結に至らず，いずれかの譲歩によっても交渉が進展する見込みがなく，交渉を継続する余地もない場合であっても，使用者は一方的に団体交渉を打ち切ることはできず，労働組合から要求があれば交渉を継続する義務がある。

＊＊ No.6 団体交渉に関する次の記述のうち，妥当なのはどれか。ただし，争いのあるものは判例の見解による。 【国家総合職・平成29年度】

1 使用者と多数労働組合との労働協約において，当該組合を唯一の交渉相手と認め，他の組合とは交渉しない旨の「唯一交渉団体条項」が規定されている場合には，使用者は，当該条項の存在を理由に，少数労働組合からの団体交渉の申入れを拒否することができる。

2 憲法28条は労使間に公序を設定するにとどまり，団体交渉に関する具体的な権利義務を設定するものではなく，また，労働組合法7条2号も使用者に不当労働行為の禁止という公法上の義務を課すにとどまり，労働組合に具体的な団体交渉請求権を認めるものではない以上，使用者が正当な理由なく労働組合との団体交渉を拒否している場合であっても，当該組合が団体交渉を求め得る地位にあることの確認を求める訴えは，確認の利益を欠き不適法である。

3 労働組合との団体交渉において，使用者から団体交渉の使用者側の担当者として指名された者が，交渉の対象とされた事項について労働協約締結権限が与えられていない場合には，その者は，当該権限を有していないことを理由として，団体交渉を拒否することができる。

4 同一企業内に併存する複数の労働組合が共同して使用者に対して団体交渉を求めるには，組合相互間において統一意思と統制力が確立されていることが必要であり，かかる統一意思と統制力が確立されていない複数の組合からの共同交渉の申入れに対しては，使用者は，当該複数の組合と労働協約等により共同交渉の形態による団体交渉を行うことを約している場合であっても，これを拒否することができる。

5 労働組合が，労働協約の有効期間中に，その期間満了や解約による終了を待たずに協約に既定の事項を改廃しようとする団体交渉の申入れをしても，使用者は，事情変更による労働協約の解約を正当化するほどの事由が生じた場合などを除き，団体交渉義務を負わない。

No.7 ＊＊ **団体交渉に関するア～オの記述のうち，妥当なもののみをすべて挙げているのはどれか。** 【国家総合職・平成24年度】

ア：使用者に交渉委員として指名された者が労働協約締結権限までは与えられていなかったとしても，それを理由に労働組合からの団体交渉申入れを拒否できるものではなく，交渉権限が与えられている以上，交渉の申入れには応じた上で，合意が成立したときはこれを協約締結権者に具申して協約が成立するよう努力すべきであるとするのが判例である。

イ：同一企業内に複数の労働組合が併存する場合において，使用者が一方の組合と締結した労働協約に，当該組合を唯一の交渉相手と認め，他の組合との交渉を排除する旨の唯一交渉団体条項が含まれていたとしても，当該条項によって他の組合の団体交渉権を侵害することはできず，使用者は，当該条項の存在を理由として，他の組合との団体交渉を拒否することはできない。

ウ：同一企業内の複数の労働組合が共同して使用者に対して団体交渉を求めるには，組合相互間において統一された意思決定の下に統一した行動をとることができる団結の条件，すなわち統一意思と統制力が確立されていることが必要であり，当該条件が確立されていない場合には，使用者が組合と労働協約等で共同交渉の形態による団体交渉を約しているなど特段の事情のない限り，使用者は組合からの共同交渉の申入れを拒否することができるとするのが判例である。

エ：同一企業内に複数の労働組合が併存する場合には，使用者はいずれの組合との関係においても誠実に団体交渉を行わなければならず，各組合に対し中立的態度を保持し，その団結権を平等に承認，尊重すべきであり，各組合の性格，傾向等により差別的な取扱いをすることは許されないから，使用者が各組合の組織力，交渉力に応じて合理的・合目的的に異なる対応をすることは，併存する組合間の組織人員に大きな開きがあるときであっても，使用者に課せられた平等取扱い，中立義務に反し許されないとするのが判例である。

オ：使用者が正当な理由なく労働組合との団体交渉を拒否している場合であっても，憲法第28条は労使間の公序として尊重されるべきで，労使間に団体交渉に関する具体的な権利義務を設定するものではなく，また，労働組合法第７条第２号も不当労働行為の禁止という公法上の義務を課しているが，私法上の団体交渉請求権を認めているとは解されないから，当該組合が団体交渉を求め得る地位にあることの確認を求める訴えは，確認の利益を欠き不適法であるとするのが判例である。

1　ア，オ
2　イ，ウ
3　ア，イ，ウ
4　ア，イ，エ
5　ウ，エ，オ

＊＊
No.8　甲製鉄会社の乙労働組合は，甲のドイツにおける工場建設と，それに伴う社員派遣の問題について団体交渉を要求しているが，甲は団体交渉を拒否している。乙のとりうる法的手段について，次の記述のうち妥当なものはどれか。

【地方上級（全国型）・平成４年度】

1　工場建設とそれに伴う社員派遣の問題は，経営権事項であり，それが組合員の労働条件や待遇の変更に関する事項を含むとしても，労働組合法上の団体交渉の対象ではないので，乙は任意の労使協議等を求めるしかない。
2　団体交渉権について，労働組合法は，使用者の不当な団体交渉拒否に対する救済命令という行政上の救済手段を定めているにすぎないので，それ以外に，損害賠償などの裁判による救済を求めることはできない。
3　社員派遣は，組合員の労働条件や待遇の変更を来すことが予想されるので，使用者は団体交渉に応ずる義務があり，それゆえ，乙は甲の団体交渉拒否について労働委員会に救済を申し立てることが可能である。また，労働委員会はその申立てがあった場合には，遅滞なく調査を行わなければならない。
4　甲と乙との労働協約において，任意的団体交渉事項についての意見交換とそのための労使協議が定められている場合，甲が団体交渉に代えてこれを行う用意がある旨を乙に申し出た場合には，甲は団体交渉に応じる義務はない。
5　労働組合法の適用においては，企業経営権に関する事項の除外は認められないので，工場建設計画についても，甲は乙の求めた団体交渉に応じる義務がある。

実戦問題2の解説

No.5の解説 団体交渉

→問題はP.236 正答1

1◎ 使用者は統一意思未形成の複数組合からの共同交渉の申入れを拒否できる。

正しい。使用者は，2つの組合の間に統一意思が確立されていない場合には，それぞれの組合との個別に交渉に応じることを理由に，共同交渉の申入れを拒否できる（東京地判昭54・12・20，最判昭60・12・13，旭ダイヤモンド工業事件）。

団体交渉は，交渉を通じて合意を形成し，それを当事者双方が遵守することで安定した労使関係秩序を構築するために行われる。したがって，複数の組合が使用者に共同交渉を申し入れている場合には，**複数の労働組合間相互**において統一された意思決定のもとに統一した行動をとることができる団結の条件，すなわち**統一意思と統制力の確立が必要**になる。複数の組合間にこのような条件が整っていない場合には，合意の形成が困難になることが予想されるので，**使用者は各組合と個別交渉に応じることを理由に共同交渉の団交申入れを拒否できる**。

2× 使用者から交渉担当者に指名されている以上，団体交渉の拒否はできない。

たとえ労働協約の締結権限を与えられていなくても，使用者から交渉担当者に指名されている以上，その者は合意形成に向けて交渉を行うべきである。そして，**最終的な妥結と協約の締結**については，**使用者と連絡を取り合いながら調整すべき**である。

3× 個々の組合員の人事も義務的団交事項とされている。

これも**組合員の労働条件に関する事項**であり，また組合活動に積極的な者を地方に転勤させたり，組合役員を管理職に登用して使用者側に引き入れるなど，労働組合の弱体化をねらった人事という可能性もあるので，**義務的な団体交渉の対象事項**（労組法に基づき，使用者が団体交渉に応じる義務を負うべき事項）になると解されている（東京高判昭57・10・7，日本鋼管事件）。

4× 労働者の労働条件その他の待遇に関係がある事項は義務的団交事項である。

従業員の待遇ないし労働条件と密接な関連を有している場合には，義務的団交事項となる。

労働組合は，職場再編成に関する問題であっても，それが**従業員の待遇ないし労働条件と密接な関連を有している場合**には，交渉を通じてより有利な条件を獲得できる可能性がある。したがって，これらの事項は**義務的団交事項**となる（東京高判昭34・12・23，栃木化成事件）。

5× 交渉が進展する見込みがなければ，いったん交渉を打ち切ることも許される。

いずれかの譲歩によっても**交渉が進展する見込みがなく，交渉を継続する余地もない場合**には，それ以上交渉を継続しても無意味である。したがって，そのような段階に至った場合には，**使用者が交渉を打ち切っても，違法な団交拒否にはならない**。

ただしその場合でも，後になんらかの事態の改善を期待できる事情が生じた場合には，使用者は再度交渉に応じなければならない。

No.6 の解説　団体交渉

→ 問題はP.237　正答5

1 ×　労働協約の唯一交渉団体条項は他組合の団交権を侵害するので無効である。

ある組合が使用者との間で自己を**唯一の交渉相手**と定めても，そのような約款は，憲法が他の組合に保障した団体交渉権を侵害するものとして**無効**とされる。

2 ×　判例は団体交渉を求める地位の確認請求について訴えの利益を認めている。

判例は，使用者が，その事項が団交対象事項には当たらないとして交渉に応じなかった場合に有効な手段となることから，**確認の利益**を認め，訴えを適法であるとする（最判平3・4・23，国鉄事件）。

3 ×　使用者側担当者は自らに協約締結権限がないことを理由に団交拒否できない。

判例は，使用者から「交渉権限が与えられている以上，交渉の申入れには応じたうえ，合意が成立したときはこれを協約締結権者に具申して協約とするよう努力すべきもので」，**妥結権限や協約締結権限が与えられていないことを理由に，団体交渉を拒否することは許されない**とする（最判昭51・6・3，全逓都城郵便局事件）。

4 ×　労働協約等で複数組合との共同交渉を約していればこれに応じる義務がある。

判例は，使用者は，2つの組合の間に統一意思が確立されていない場合には，それぞれの組合との個別に交渉に応じることを理由に，共同交渉の申入れを拒否できるとしながらも，「使用者が労働組合と労働協約または協定等により共同交渉の形態による団体交渉を行うことを約している場合，共同交渉の形態による団体交渉を行うことが確立した労使慣行となっている場合，その他使用者が**共同交渉の申し入れに応ずることが合理的かつ相当であると認められる特段の事情がある場合**には，使用者が共同交渉の申し入れを拒否することは許されない」とする（東京地判昭54・12・20，最判昭60・12・13，旭ダイヤモンド工業事件）。

5 ◎　使用者は，協約の有効期間中にその改廃を求める団交申入れを拒否できる。

正しい。労働協約の有効期間中は，協約当事者双方に協約の遵守義務が課されていることがその理由である。

No.7 の解説　団体交渉

→ 問題はP.238　正答3

ア ○　使用者側担当者は自らに協約締結権限がないことを理由に団交拒否できない。

妥当である。判例は，使用者から「交渉権限が与えられている以上，交渉の申入れには応じたうえ，合意が成立したときはこれを協約締結権者に具申して協約とするよう努力すべきもので」，**妥結権限や協約締結権限が与えら**

れていないことを理由に，団体交渉を拒否することは許されないとする（最判昭51・6・3，全逓都城郵便局事件）。

イ○ **労働協約の唯一交渉団体条項は他組合の団交権を侵害するので無効である。**

妥当である。憲法はすべての組合に労働基本権を認めており（憲法28条），企業内に複数の組合が併存する場合でも，各組合に団結権や団体交渉権などが等しく保障される。そのため，ある組合が使用者との間で**自己を唯一の交渉相手と定めても**，そのような定めは憲法が他の組合に保障した団体交渉権を侵害するものとして**無効**とされる。

ウ○ **使用者は統一意思未形成の複数組合からの共同交渉の申入れを拒否できる。**

妥当である。判例は，使用者が労働組合と労働協約または協定等により共同交渉の形態による団体交渉を行うことを約している場合だけでなく，「共同交渉の形態による団体交渉を行うことが確立した労使慣行となっている場合，その他使用者が**共同交渉の申し入れに応ずることが合理的かつ相当であると認められる特段の事情がある場合には，使用者が共同交渉の申し入れを拒否することは許されない**」とする（東京地判昭54・12・20，最判昭60・12・13，旭ダイヤモンド工業事件）。

エ× **複数の組合間で交渉力に差異が生じても，一概にそれを不当とはいえない。**

判例は，「使用者はいずれの組合とも十分に協議を尽すべきであるが，事実として，**多数派組合の交渉力の方が使用者の意思決定に大きな影響力をもたらすことは否定できない**ところであるから，使用者として労使間の問題を処理するにあたって，いきおい多数派組合との交渉及びその結果に重点を置くようになるのは自然のことというべきであり，このような使用者の態度を一概に不当とすることはできない」とする（最判昭60・4・23，日産自動車事件）。

オ× **判例は団体交渉を求める地位の確認請求について訴えの利益を認めている。**

判例は，使用者が，その事項が団交対象事項には当たらないとして交渉に応じなかった場合に有効な手段となることから，**確認の利益**を認め，訴えを適法であるとする（最判平3・4・23，国鉄事件）。

以上から，妥当なものは**ア**，**イ**，**ウ**の3つであり，正答は**3**である。

No.8 の解説　団体交渉

→ 問題はP.239　**正答3**

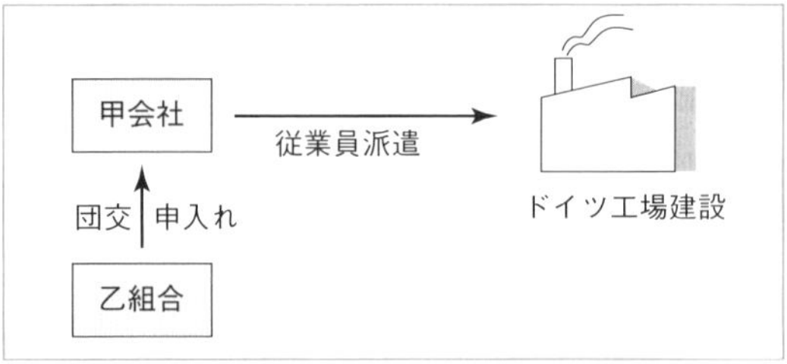

1 × **工場建設が組合員の労働条件に関連すればその範囲で義務的団交事項となる。**

組合員の労働条件や待遇の変更に関する事項を含む場合には，その限りで義務的団交事項となる。

工場を建設するか，あるいはどこに建設するかといった問題は**経営判断に関する事項**であって労働条件等に直接の関係はないので，これを**義務的団交事項とすることはできない**。すなわち，組合が工場を建設すべきではないとか，建設するならこの場所にすべきだなどと口を挟むべき問題ではない。なぜなら，組合は株主や債権者に対して経営責任を負える立場にはないからである。

しかし，工場建設に伴う従業員派遣に関しては，派遣される従業員の選定や派遣期間，帰国後の処遇の問題など，**労働者の労働条件その他の待遇にかかわる事項**があるので，これに関する限りで，組合は使用者に団体交渉を求めることができる（**義務的団交事項となる**）。

2 × **不当な団交拒否は私法上違法な行為として民法上の損害賠償の対象となる。**

裁判において，不当な団交拒否を理由として損害賠償を請求することが認められている（民法709条）。

3 ◎ **派遣に伴う労働条件や労働者の待遇の問題は義務的団交事項である。**

正しい。したがって，使用者はこれについての団交申入れを拒否できず，仮にこれを拒否した場合には不当労働行為が成立し（労組法７条２号），組合は労働委員会に救済を申し立てることができる。

なお，後段については労組法27条１項参照。

4 × **労使協議制が設けられていても義務的団交事項について団交拒否はできない。**

義務的団交事項について組合側が団体交渉を要求している限り，使用者はこれに応じなければならず，**労使協議制**が設けられている場合であっても，**団体交渉をこれに代替させることはできない**。

労使協議は労使が任意に設置した機関であり，それについて不当労働行為救済手続（交渉拒否に対する救済命令）のような法的保護は与えられていないので，使用者がその判断で一方的に労使協議を選択することで組合の救済手段を奪うようなことは許されないからである。

5 × **工場建設計画それ自体は義務的団交事項ではない。**

工場建設計画それ自体は「労働条件その他労働者の待遇に関する事項」ではないので，義務的団交事項には含まれない。

争議行為・組合活動

必修問題

争議行為に関する次の記述のうち，判例・通説に照らし，妥当なものはどれか。
【地方上級（全国型）・平成22年度】

1 使用者に対する経済的地位の向上の要請と直接関係のない政治的目的のための争議行為であっても，それが労働者の生活利益に関連する立法や政策の実現を目的として行われたものである場合には，労働者の団体行動権を保障する憲法28条の規定により，**正当な争議行為**として法的保護を受ける。

2 経営方針，生産方法および経営者・管理者等の人事は，使用者側の専権事項であるから，これらに関する要求を掲げて行う争議行為は，たとえその要求の真意が組合員の労働条件の改善や生活向上にあったとしても，正当な争議行為として法的保護を受けることはない。

3 労働組合が使用者に対して賃上げ要求を掲げて団体交渉を申し入れておきながら，使用者がなんらの回答もしないうちに，抜打ち的になされた争議行為であっても，憲法28条が勤労者に団体行動権を保障した目的を逸脱するものではなく許容される。

4 タクシー等の運行を業とする企業において，労働者側が，ストライキ期間中，非組合員等による営業用自動車の運行を阻止するために，説得活動の範囲を超えて，当該自動車を労働者側の排他的占有下に置いてしまうなどの行為は，当該行為が暴力，破壊等の実力行使を伴うものでない限り，なお正当な争議行為の範囲内に含まれる。

5 憲法は勤労者の団体行動権を保障しているが，労働者の争議権の無制限な行使を認めているのではないから，労働者側が企業者側の私有財産の基幹を揺るがすような争議手段は許されず，企業経営の権能を権利者の意思を排除して非権利者が行ういわゆる**生産管理**については，違法性は阻却されない。

難易度 ＊＊

必修問題の解説

争議行為の問題を考える際の視点は２つある。一つは「労使の力の対等性の確保」であり，もう一つは「信義則」である。

前者については，労使の力の対等性を維持できれば，労使がともに譲歩しつつ，労働条件は双方が納得できる内容で決着でき，使用者は経営に，また労働者は業務に集中できて，その中で安定した労使関係秩序を形成できる。また，後者は，争議行為終了後に紛争の火種となるしこりを残さないという意味で，やはり安定した労使関係秩序のために重要である。

この2つの視点から考えれば，争議行為の問題は比較的容易に判断がつく。

1 × **政治ストには争議行為の正当性は認められない。**

このような争議行為（**政治スト**）は使用者が解決できない性質のものであって，使用者としては交渉を通じて合意を得ることは困難である。そのため，**争議行為の正当性**は認められない（最判昭41・10・26，全逓東京中郵事件）。

2 × **経営権事項でも，労働条件の改善等を目的とする場合の争議行為は正当。**

組合員の労働条件の改善や生活向上などは，労働者の労働条件その他の待遇に関わることであって，**義務的団交事項**である。これらは労使交渉を通じて解決されるべき事項であるから，その交渉を有利に導く手段としての争議行為には正当性が認められる（一例として最判昭24・4・23，大浜炭鉱事件）。

3 × **抜打ちストには争議行為の正当性は認められない。**

争議行為は，団体交渉を進展させるために認められた労働者側の圧力手段であるから，それは，原則として，使用者側の団交拒否ないし団交の場における要求拒否を待って行うべきものである。したがって，使用者がなんらの回答もしないうちに，抜打ち的になされた争議行為には正当性は認められない（浦和地判昭35・3・30，富士文化工業事件）。

4 × **タクシー会社で，車両を排他的占有下に置くような争議手段は違法である。**

タクシー等の運行を業とする企業において，自動車を労働者側の排他的占有下に置いてしまうと，**使用者は一方的に労働者の要求に屈服せざるを得ない**。それは**労使の対等性に反する**行為である。労働者側に認められた争議権は，所有者の所有権の侵害まで許容するものではなく，このような行為には争議行為の正当性は認められない（最判平4・10・2，御國ハイヤー事件）。

5 ◎ **生産管理は，使用者の財産権の不当な侵害で違法である。**

正しい。**4**と同様の理由で，**生産管理**には争議行為の正当性は認められていない（最判昭25・11・15，山田鋼業所事件）。

正答 5

FOCUS

争議行為および組合活動の分野では，大半の問題が争議行為の部分から出題されており，組合活動に関する問題は比較的少ない。素材は判例が中心であるが，理論的な問題が多いので難解な箇所といえる。この部分は，できるだけ争議行為の趣旨と絡めて問題を理解するようにしておくと，わからない問題に対しても応用が効くことが多い。

POINT

重要ポイント 1 争議行為の意義

①争議行為とは，広く業務の正常な運営を阻害する行為をいう。それは，団体交渉の行き詰まりを打開して，労働者がその要求を実現させるために用いる圧力手段である。

②争議行為の当事者には，**信義則と武器対等**（賃金が入らないvs.業務活動ができない）という**2つの拘束がある**。

③信義則による拘束としては，以下のようなものがある。

ⅰ）争議行為開始は，使用者の交渉拒否や団交における要求拒否が前提（これらを経ない争議行為は違法）。

ⅱ）手続として事前の予告が必要である。

④「武器対等」の拘束

ⅰ）手段は，**原則として労務不提供という消極的手段のみが許される**。

ⅱ）不良品の製造や製品の破壊などは，武器対等を崩すもので違法である。

重要ポイント 2 争議行為の正当性

①正当な争議行為に対しては次のような法的保護が与えられている。

①	刑事免責（労組法1条2項）	争議行為の正当性が認められると，強要罪（刑法223条），威力業務妨害罪（同234条），住居侵入罪（同130条），公務執行妨害罪（同95条）などが不成立となる。
②	民事免責（労組法8条）	争議行為の正当性が認められると，債務不履行責任（民法415条）や不法行為責任（同709条）の追及を受けずにすむ。
③	不利益取扱いからの保護	正当な争議行為への参加，正当な争議行為の指導などを理由とする解雇や懲戒などの不利益取扱いは私法上無効となる。 →そのような使用者の行為については不法行為が成立し，労働者側に損害賠償請求権が認められる。

一方，正当でない争議行為については，このような法的な保護はいずれも認められない。

②正当な争議行為によって，取引先などの第三者が損害を被ったとしても，その第三者は，争議行為を行った組合に対して損害賠償等の責任追及はできない。

③争議行為の正当性については，次のような要素を勘案して判断される。

ⓐ争議行為が行われた場合でも，基本的に，労使の力のバランスは確保されていなければならない（武器対等の原則）。

ⓑ要求事項は，団体交渉によって解決が図られるべき事項に限られる。

ⓒ争議行為は，相手方の信義を損なわない方法で行わなければならない。

④団体交渉で解決できない事項の要求を掲げて行われる争議行為は違法である。したがって，純粋政治ストや同情ストには争議行為の正当性は認められない。

⑤組合員の一部が組合の方針に反して行うスト（**山猫スト**）は，交渉当事者となり

えない者の争議行為であるから，正当性は認められない。
⑥**ストライキ**（同盟罷業）･･･労務不提供という消極的手段であるから正当性が認められる（部分スト･指名スト･時限ストも同じ）。
⑦**怠業**（サボタージュ）･･･作業能率を低下させるという消極的手段にとどまるものであれば正当性が認められる。
⑧**ピケッティング**･･･判例は基本的に平和的説得にとどまる限り正当性が認められるとする。
⑨その他の態様･･･職場占拠や生産管理には正当性は認められない。また，車両確保戦術にも正当性は認められない。
一方，職場への滞留は，使用者の占有を排除せず他の従業員の入構や就労を阻止しないようなものであれば，正当性が認められる。

重要ポイント 3 争議行為と賃金

①使用者は争議期間中の賃金を支払う必要はない（ノーワーク・ノーペイの原則）。
②賃金カットができるのは，労務の不提供部分のみに限られる。
③判例は，基本給などの「労務の対価」と家族手当などの「生活保障給」のうち，賃金カットは前者なので可能という，いわゆる賃金二分論を明確に否定している。
④ボーナス算定のための勤務成績評価の中で，スト参加をマイナス評価することは許されない。
⑤自組合の一部スト･部分ストにより就労不能となったスト不参加組合員の賃金請求･休業手当請求はともに認められない。
⑥使用者に組合の要求を呑む義務はなく，組合の争議行為突入は使用者の帰責事由とはならないので，ある組合のストにより就労不能となった他組合の従業員は賃金請求はできない。
ただし，休業手当の請求はできる。

重要ポイント 4 使用者の争議対抗手段

①組合が争議行為を開始しても，使用者に操業停止の義務はない（使用者は，非組合員や他組合員等によって操業を継続できる）。
②労働者の争議の態様いかんによって**労使の力の均衡が破れた場合**には，使用者にそれを回復する手段が認められる。具体的には，**就労を拒否して賃金請求権を奪うことができる**（ロックアウト－作業所閉鎖）。
③使用者にロックアウト権が認められる根拠は「衡平の原則」による（判例）。
④ロックアウトは，力の均衡が破れた場合に行う防御的ロックアウトのみが認められる。使用者の要求（例：賃金引下げ）を一方的に呑ませるために行う専制的・攻撃的ロックアウトは違法である。
⑤**ロックアウトの対象**は，**スト突入組合員とその支援者のみ**である。他組合員や非組合員に対してロックアウトを行うことはゆるされない。

重要ポイント5 争議行為の仲裁

①争議行為の仲裁には，斡旋（あっせん），調停，仲裁，緊急調整の４つがある。

②**あっせん**･･･労働委員会会長の指名するあっせん員の仲介によって行う。あっせん案を出すかどうか，また，あっせんを受け入れるかどうかは当事者の自由である。

③**調停**･･･労働委員会中に設けられる公労使三者構成の調停委員会が行う。調停案を受け入れるかどうかは自由である。

④**仲裁**･･･公益委員のみで構成される仲裁委員会が仲裁裁定を出して行う。裁定には強制力があり，労働協約と同一の効力が認められる。

⑤**緊急調整**･･･内閣総理大臣が争議行為を一旦中止させ，調整を行う制度である。電力会社のストのように，市民生活等に重大な影響がある場合を想定したもの。

重要ポイント6 組合活動

①組合活動は，原則として時間外に，かつ事業場外で行わなければならない。

②就労時間中の組合活動が許容されるのは，就業規則や労働協約上に許容規定がある場合，慣行上許されている場合，使用者の承諾がある場合などに限られる。

③使用者は，組合活動のための企業施設利用を受忍する義務はない。

④事業場内での組合活動は，使用者の施設管理権に服する。

⑤就業時間中のリボン着用は，職務専念義務に違反する（組合活動としての正当性は認められない）。

⑥従業員用ロッカーへのビラ貼りも違法であるとするのが判例である。

実戦問題❶　基本レベル

No.1*　争議行為に関する次の記述のうち，判例に照らし，正しいものはどれか。

【地方上級・平成７年度】

1　Ａ社は，Ｂ工場のストライキのためＢ工場でできた部品を加工するＣ工場の仕事ができなくなったことから，Ｃ工場で働く社員に休業を命じた。このときＣ工場の社員はＡ社に対し休業中の賃金を請求することができる。

2　Ａ社のＢ労働組合は出張・外勤拒否闘争を組合員に呼びかけ，組合員Ｃはこれに従ってＡ社に命じられた外勤を拒否し内勤業務に服した。この場合Ｃは内勤時間に対応する賃金を請求することができる。

3　使用者は労働組合に経理上の援助をしてはならないが，争議行為中に組合によって会社の施設をその本来の用法以外の使われ方をされることには問題はない。

4　争議行為として会社の操業を停止させることには問題はないが，その結果，対外的に生じた民事上の責任は，労働組合がこれを負わなければならない。

5　Ｂ労働組合は使用者Ａと交渉中，非組合員による操業を防ぐために，会社の営業用の自動車を，説得行為を超えて実力を行使し組合の排他的管理下に置いた。会社の財産の自由な使用を妨げたこの行為は，正当な争議行為とはいえない。

No.2*　使用者による争議対抗行為に関する次の記述のうち，妥当なのはどれか。

【地方上級・平成10年度】

1　使用者は，労働者がいまだ業務阻害行為を行っていなくとも，労働者の業務阻害行為が予想される場合による阻害を予防するためにロックアウトを行うことができる。

2　使用者は，ロックアウト中でも，業務の遂行自体を停止しなければならないものではなく，管理者や非組合員を動員しまたは代替労働者を雇い入れて操業を継続することができる。

3　使用者は争議行為に対して応急措置を講じることができた結果，業務への重大な障害のおそれが生じなくても，争議行為に対抗するためにロックアウトを行うことができる。

4　使用者は，労働組合による平和義務違反の行動にかこつけて，ロックアウトによって労働組合の要求事項について自己に有利な解決を図ることを目的とすることもできる。

5　使用者は，労働者がロックアウトに屈服して就労を申し入れてきた場合でも，自己の勝利をより確かなものにするためにロックアウトを継続することができる。

＊＊＊
No.3　争議行為に関する記述として，判例，通説に照らして，妥当なのはどれか。

【地方上級・平成17年度】

1　争議行為とは，労働者がその主張の貫徹を目的として，業務の正常な運営を阻害する行為であり，その方法は，同盟罷業および作業所閉鎖に限られている。

2　使用者は，正当な争議行為から生じた損害について，争議行為の当事者である労働組合およびその組合員に対し損害賠償を請求することができない。

3　最高裁判所の判例では，労働者の一部の争議行為により，争議行為不参加労働者の労働義務が履行不能となった場合，使用者の不当労働行為の意思など特段の事情がなくても，争議行為不参加労働者は賃金請求権を主張できるとした。

4　使用者の取引先である第三者は，正当な争議行為により損害を被った場合，争議行為の当事者である労働組合およびその組合員に対し損害賠償を請求することができる。

5　最高裁判所の判例では，使用者の争議権を一切否定し，使用者は労働争議に際し，一般市民法による制約の下においてすることのできる対抗措置をとりうるにすぎないとした。

実戦問題❶の解説

No.1の解説 争議行為 →問題はP.249 **正答5**

1× 正当なストのために就労できなくなったとしても，賃金の請求はできない。

B工場のストライキは，使用者の責に帰すべき事由によるものではないから，C工場の労働者は仕事ができなくなっても賃金の請求はできない（最判昭62・7・17，ノースウエスト航空事件）。

B工場の労働者のストライキは，憲法で保障された正当な権利（争議権）の行使である。そして，争議権は団体交渉を有利に導くための使用者に対する圧力手段として認められたものであるが，使用者は争議行為が行われても，労働者側に一方的に譲歩すべき義務を負うわけではない。したがって，**B工場の労働者のストライキのために，C工場の労働者が仕事をできなくなった場合**でも，使用者が不当な目的でことさらストライキを行わせたなどの特別な事情がない限り，それは使用者の責に帰すべき事由に基づく履行不能（就労不能）ということはできない。したがって，**C工場の労働者には反対債権としての賃金請求権は発生しない**（民法536条2項）。

2× 使用者の指揮命令に従った労務の提供でなければ賃金請求権は発生しない。

使用者の指揮命令に従った労務の提供がないので，Cに**賃金請求権は発生しない**（最判昭60・3・7，水道機工事件）。

労働契約は，労働者が使用者の指揮命令に従って労務を提供し，使用者がそれに対する対価としての賃金を支払うというものである。したがって，使用者の指揮命令に従った労務の提供がなければ，その対価としての賃金請求権は発生しない。本肢において，使用者であるA社はCに外勤を命じているが，Cはこれを拒否して外勤業務には従事していない。したがって，Cが内勤業務に従事しても，A社が労務の提供を受領したなどの事情がない限り，Cに賃金請求権は発生しない。

3× ストを理由に，会社の施設を無断で使用することは違法である。

組合は，**争議行為**の場合といえども，会社の施設をその本来の用法以外の用途に無断で使用してはならない（最判昭25・11・15，山田鋼業所事件）。

判例は，「ストライキの本質は労働者が労働契約上負担する労務供給義務の不履行にあり，その手段方法は労働者が団結してその持つ労働力を使用者に利用させないことにあるのであって，不法に使用者側の自由意思を抑圧しあるいはその財産に対する支配を阻止するような行為をすることは許されない」という立場をとっている（最判平4・10・2，御國ハイヤー事件）。そのため，争議行為といえども，**使用者の施設管理権を侵害するような行為は認められない**。

4× 正当なストに対しては，第三者も組合に対して損害賠償の請求はできない。

正当な争議行為によって第三者に損害が生じたとしても，組合はその**第三者に対して民事上の責任**（損害賠償責任）**を負わない**（横浜地判昭47・8・16，東京急行電鉄事件）。

5◎ **タクシー会社で，車両を排他的占有下に置くような争議手段は違法である。**

正しい（最判平4・10・2，御國ハイヤー事件）。

No.2の解説　使用者による争議対抗行為　→問題はP.249　**正答2**

使用者による争議対抗行為とは，争議行為という組合の圧力手段に対抗するための行為であり，**操業の継続**や**ロックアウト**などがこれに含まれる。このうち後者は，組合のとった戦術によって労使間の力のバランスが崩れた際に，両者の力のバランスを回復するための手段として使用者に認められた争議対抗手段である。

◆ロックアウト

労調法7条で作業所閉鎖と規定されているものであるが，具体的には使用者が組合員全員の労務の受領を拒否したり，作業所を閉鎖して組合員を締め出すなどの行為をいう。ロックアウトが適法として認められると，使用者は対象者全員に対する賃金支払義務を免れることができるので，「使用者は生産活動ができず，労働者は賃金を失うという共に苦しい状態」（労使の均衡状態）が復活することになる。

ロックアウトは，労使間の力のバランスが崩れたときに，バランスを回復させるために衡平の原則に基づいて認められるとされる。組合が一部ストや怠業を行った場合がその典型である。このような争議手段の場合，組合側は賃金の喪失を最小限度に食いとどめることができる反面，使用者にはかなりの打撃を与えることができる。その結果，組合側はストの長期化にも耐えることができるが，使用者側はストが長期化すれば倒産の危機に直面する事態も予想され，組合の要求に一方的に屈服せざるをえないことになる（力のバランスが崩れた状態）。そこで，このような場合にロックアウトを行うと，使用者は力の均衡を回復できることになる。

1× **使用者が，ロックアウトを予防的・先制的に行うことは違法である。**

労働者がいまだ業務阻害行為を行っていない段階で予防的にロックアウトを行うことは認められない（最判昭50・4・25，丸島水門事件）。

ロックアウトは，組合のとった戦術によって労使の力のバランスが崩れ，使用者に著しく不利な状況が生じた場合に，両者の**力のバランスを回復させるために認められる**ものだからである。

2◎ **使用者は，ロックアウト中もスト組合員以外の従業員で操業を継続できる。**

正しい。ロックアウトを行ったからといって，使用者は業務の遂行中止という不利な状況を自らあえて作り出す必要はない。

3× **業務への重大な障害のおそれを生じない状況でのロックアウトは違法である。**

応急措置を講ずることができたために業務への重大な障害のおそれが生じなかった場合には，使用者に著しく不利な状況が生じた（力のバランスが崩れた）とはいえないので，ロックアウトは認められない（最判昭55・4・11，山口放送事件）。

4× **使用者の主張を組合に呑ませる目的でのロックアウトは違法である。**

組合側の要求事項について自らに有利な解決を図る意図で行われた場合には，**力のバランスを回復する手段としてのロックアウトではない**ので，正当性は認められない（最判昭62・7・17，ノースウエスト航空事件）。

5 × 組合が屈服した場合は，使用者はロックアウトを中止しなければならない。

労働者がロックアウトに屈服して就労を申し入れてきた段階では，すでにロックアウトの必要性は消滅しているので，使用者がこれを継続することは許されない（最判昭52・2・28，第一小型ハイヤー事件）。

No.3の解説 争議行為

→問題はP.250 **正答2**

1 × 作業所閉鎖（ロックアウト）は使用者が行う争議対抗手段として認められる。

作業所閉鎖（ロックアウト）は，使用者が労働者の就労を阻止する目的で行う**争議対抗手段**であり，問題文にいう「労働者がその主張の貫徹を目的として，業務の正常な運営を阻害する行為」には該当しない。また，**争議行為**は「業務の正常な運営を阻害する行為」であるが（労調法７条），その手段は**同盟罷業に限られず，怠業やピケッティングなども認められている**。

2 ◎ 正当な争議行為に対しては，スト組合は民事上いかなる法的責任も負わない。

正しい。ここで**正当な争議行為**とは，労働者に認められた権利を労働者が正当に行使したということであるから，これについて，損害賠償等の不利益を課すことは許されない。

法が認めた権利を正当に行使したのに，法的に不利益が課されたり制裁が認められるというのは背理だからである。

3 × 争議不参加労働者がストで就労不能となった場合でも賃金請求はできない。

判例は，争議行為によって就労できなかったことは，「債権者（＝使用者）の責めに帰すべき事由によって債務（＝労務提供義務）を履行することができなくなった」（民法536条２項）わけではないので，**争議行為不参加労働者に賃金請求権は発生しない**とする（最判昭62・7・17，ノースウエスト航空事件）。

仮に，争議行為が**債権者の責めに帰すべき事由**であれば，争議行為不参加労働者は反対給付（＝賃金）を受ける権利を失わないことになる（民法536条２項）。しかし，判例は，「ストライキは労働者に保障された争議権の行使であって，使用者がこれに介入して制御することはできず，また，団体交渉において組合側にいかなる回答を与え，どの程度譲歩するかは使用者の自由であるから，団体交渉の決裂の結果ストライキに突入しても，そのことは，一般に使用者に帰責されるべきものということはできない」として，「使用者が不当労働行為の意思その他不当な目的をもってことさらストライキを行わせたなどの特別の事情がない限り」，ストライキは民法536条２項の「債権者の責めに帰すべき事由」には当たらず，争議行為不参加労働者に賃金請求権は発生しないとする。

4 × **正当な争議行為において，組合は第三者に対しても民事上の責任を負わない。**

正当な争議行為については，**第三者もまた損害賠償を請求することはできない**。

正当な権利行使に対して，損害賠償等の法的な制裁が認められるとするのでは，労働者側は法がせっかく認めた権利の行使をためらうことも予想される。しかし，それでは法が争議行為を権利として承認した趣旨が損なわれるからである。

5 × **使用者には，衡平の原則に照らして対抗防衛手段としての措置が認められる。**

判例は，一般市民法ではなく，労使関係における**衡平の原則**から導かれるものとして，使用者が争議対抗手段をとりうることを認めている（最判昭50・4・25，丸島水門事件）。

実戦問題2　応用レベル

＊＊
No.4　争議行為に関するア～オの記述のうち，判例に照らし，妥当なもののみをすべて挙げているのはどれか。　【国家総合職・令和２年度】

ア：使用者は，労働者側の正当な争議行為によって業務の正常な運営が阻害されることは受忍しなければならないが，ストライキ中であっても業務の遂行自体を停止しなければならないものではなく，操業阻止を目的とする労働者側の争議手段に対しては操業を継続するために必要とする対抗措置をとることができると解すべきであり，このように解してもいわゆる労使対等の原則に違背するものではない。

イ：平和義務に違反する争議行為は，当該平和義務が労働協約に内在するいわゆる相対的平和義務である場合，企業秩序の侵犯に当たるということができるので，使用者は，労働者が当該平和義務に違反する争議行為をし，またはこれに参加したことを理由として，当該労働者を懲戒処分に付すことができる。

ウ：使用者が，従業員らに対し，文書により個別に，就業すべき日，時間，場所および業務内容を指定して出張・外勤を命ずる業務命令を発したにもかかわらず，従業員らが，いずれも所属労働組合の外勤・出張拒否闘争に従って当該業務命令に対応する労務を提供しなかった場合であっても，当該従業員らが，指定された時間に会社に出勤し，内勤の場合における各人の分担に応じ内勤業務に従事したときは，当該従業員らは債務の本旨に従った労務の提供をしたということができるから，使用者はその時間に対応する賃金の支払義務を負う。

エ：憲法や労働法令が労働者の争議権について特に明文化した理由は，専ら労使対等の促進と確保の必要性にあるから，力関係において優位に立つ使用者に対して争議権を認めるべき理由はなく，また，その必要もない。よって，使用者には争議権がおよそ認められず，使用者は労働争議に際し一般市民法による制約の下においてすることのできる対抗措置をとり得るにすぎない。

オ：ストライキは必然的に企業の業務の正常な運営を阻害するものではあるが，その本質は労働者が労働契約上負担する労務供給義務の不履行にあり，その手段方法は労働者が団結して労働者が持つ労働力を使用者に利用させないことにあるのであって，不法に使用者側の自由意思を抑圧しあるいはその財産に対する支配を阻止するような行為をすることは許されず，これをもって正当な争議行為と解することはできない。

1　ア，ウ　　**2**　ア，オ　　**3**　イ，ウ　　**4**　イ，エ　　**5**　エ，オ

＊＊
No.5 **争議行為に関するア～オの記述のうち，判例に照らし，妥当なもののみをすべて挙げているのはどれか。** 【国家総合職・平成28年度】

ア：労働者は，ストライキの期間中，代替要員等による操業の継続を一定の限度で実力により阻止することができるから，タクシー会社におけるストライキに際し，労働組合員が，車庫に格納された営業用自動車の傍らに座り込むなどして，会社の退去要求に応ぜず，会社は当該自動車を車庫から搬出することができなかった場合であっても，労働組合員の自動車運行阻止の行為は，争議行為として正当な範囲にとどまる。

イ：使用者が，従業員らに対し，文書により個別に，就業すべき日，時間，場所及び業務内容を指定して出張・外勤を命ずる業務命令を発したが，従業員らが，いずれも所属労働組合の外勤・出張拒否闘争に従い，当該指定された時間に会社に出勤し，内勤の場合における各人の分担に応じ内勤業務に従事し，当該業務命令に対応する労務を提供しなかった場合であっても，使用者は，従業員らの内勤業務への就労に対し，改めて受領拒絶の意思表示をしなければ，従業員らの内勤業務についての労務の提供を受領したものとして，その指定した時間に対応する賃金の支払義務を負う。

ウ：使用者が労働者に対してストライキによって削減し得る賃金は，労働協約等に別段の定めがあるとか，その旨の労働慣行がある場合のほかは，拘束された勤務時間に応じて，実際の労働力の提供に対応して交換的に支払われる賃金の性質を有するものに限られるところ，ストライキの場合における家族手当の削減は，たとえそれが労使間の労働慣行として成立していたとしても，当該労働慣行は，家族手当を割増賃金の基礎となる賃金に算入しないと定めた労働基準法第37条の趣旨に照らして著しく不合理であると認められるから，違法である。

エ：平和義務に違反する争議行為は，その平和義務が労働協約に内在するいわゆる相対的平和義務である場合においても，いわゆる絶対的平和義務条項に基づく平和義務である場合においても，これに違反する争議行為は単なる契約上の債務不履行であって，これをもって企業秩序の侵犯に当たるとすることはできず，また，個々の組合員がかかる争議行為に参加することも，労働契約上の債務不履行にすぎないものと解すべきであり，使用者は，労働者が平和義務に違反する争議行為をし，またはこれに参加したことのみを理由として，当該労働者を懲戒処分に付すことはできない。

オ：労働者の一部によるストライキが原因でストライキ不参加労働者の労働義務の履行が不能となった場合は，使用者が不当労働行為の意思その他不当な目的をもってことさらストライキを行わせたなどの特別の事情がない限り，当該ストライキは民法第536条第２項の「債権者の責めに帰すべき事由」には当たらず，当該不参加労働者は賃金請求権を失う。

1 ア，ウ　**2** ア，エ　**3** イ，ウ　**4** イ，オ　**5** エ，オ

No.6 ＊＊ **団体行動に関するア～エの記述のうち，判例に照らし，妥当なもののみをすべて挙げているのはどれか。**　【国家総合職・令和５年度】

ア：ある企業に雇用される労働者のみによって組織される，いわゆる企業内組合が，使用者の許諾を得ないままに当該企業の物的施設を利用して組合活動を行うことは，その組合活動に当たり当該企業の物的施設を利用する必要性が高いと認められる場合には，原則として正当な組合活動と認められる。

イ：ある組合が，自組合員の一部にだけ行わせる，いわゆる部分ストを，同組合の自主的判断に基づいて敢行し，その結果，当該部分ストに参加しなかった同組合の不参加組合員の業務が客観的にも存在しなくなり履行不能となった場合には，使用者が当該不参加組合員からの就労申込みを拒絶したとしても，当該不参加組合員は，使用者に対し，原則として，就労できなかった期間に対応する賃金と休業手当のいずれも請求することができない。

ウ：使用者は，組合の正当な争議行為によって業務の正常な運営が阻害されることは受忍しなければならないから，組合がストライキを行っている期間中は，操業を継続することはできるが，操業阻止を目的とする組合の争議手段に対して，操業を継続するために必要とする対抗措置をとることはできない。

エ：組合の労働争議に対する使用者のロックアウト（作業所閉鎖）は，使用者側が著しく不利な圧力を受けている場合の対抗防衛手段として相当性が認められるものである。したがって，使用者側が，著しく不利な圧力を受けているとはいえない情勢の下において，全面的なロックアウトを敢行することは，組合側の争議行為に対する対抗手段として相当性を欠き，違法であるから，使用者は，労務を提供しようとした労働者に対する賃金支払義務を免れない。

1 ア，ウ
2 ア，エ
3 イ，エ
4 ア，イ，ウ
5 イ，ウ，エ

** **No.7** 使用者の争議対抗行為に関するア～オの記述のうち，妥当なもののみをすべて挙げているのはどれか。 【国家総合職・平成22年度】

ア：使用者は，労働組合が実施した争議行為の期間中であっても，管理職や非組合員を動員して操業を継続することができ，また，外部から代替労働者を雇用して操業を行うことも，労使間に特段の取決めがない限り，使用者の自由である。

イ：使用者が労働者の提供する労務の受領を集団的に拒否するいわゆるロックアウトは，衡平の見地からみて労働者側の争議行為に対する対抗防衛手段として相当と認められる場合には，正当な争議行為として是認され，この場合，使用者は当該ロックアウト期間中における対象労働者に対する個別的労働契約上の賃金支払義務を免れるとするのが判例である。

ウ：使用者側が自らの主張を労働者側に受け入れさせるために先制的・攻撃的に行うロックアウトは，労働者側の争議行為に対する対抗防衛手段としての相当性を有するとは認められず，正当な争議行為とはいえないが，ロックアウトが労働組合の平和義務違反の争議行為開始後に行われた場合には，当該ロックアウトが労働組合の要求事項に対し使用者が自らに有利な解決を図ることを目的としていたときであっても，当該ロックアウトは正当なものとして是認されるとするのが判例である。

エ：労働者の争議行為が，短時間の時限ストライキを繰り返したり，業務用車両の運転速度を殊更に落とす等の怠業的行為を行うにとどまり，暴力的態様ではなかったという状況においては，労働者側に労使間の信義の見地からみて相当な交渉態度とはいい難い点があり，また，使用者が操業を事実上休業にせざるを得ず，当該争議行為によって被った損害が甚大であったとしても，使用者が当該争議行為に対抗して行ったロックアウトは，対抗防衛手段としての相当性を欠き，正当性を有しないとするのが判例である。

オ：ロックアウトが労働争議における労働者の業務阻害行為に対する対抗防衛手段としての相当性を認められる場合にも，ロックアウトの相手方は原則として業務阻害行為を行っている労働組合の組合員または争議集団に限定されるべきであり，その法的効果を非組合員や他組合員に及ぼすことは許されない。

1 ア，イ，エ
2 ア，イ，オ
3 イ，ウ，オ
4 イ，エ，オ
5 ウ，エ，オ

実戦問題2の解説

No.4の解説　争議行為

→問題はP.255　正答2

ア○ 使用者は，ストに対して操業継続のための対抗措置をとることができる。

妥当である。判例は，「操業阻止を目的とする労働者側の**争議手段に対しては操業を継続するために必要とする対抗措置をとることができる**と解すべきであり，このように解してもいわゆる労使対等の原則に違背するものではない」とする（最決昭53・11・15，山陽電気軌道事件）。

イ× 平和義務違反の争議行為への参加を理由に労働者を懲戒することはできない。

判例は，**労働協約の平和義務**は労働協約の契約としての性質から生ずるものであり，その**不遵守は契約違反（債務不履行）の問題を生ずるだけ**であって，争議行為の正当性には影響しないとする（最判昭43・12・24，弘南バス事件）。

したがって，**平和義務違反の争議行為**であっても，争議行為としての正当性を失わず，使用者は**スト参加者を懲戒処分に付すことはできない**。

ウ× 使用者の指揮命令に従った労務の提供でなければ，賃金請求権は発生しない。

判例は，争議参加組合員が組合の指令に基づき，**会社からの出張・外勤命令を拒否して内勤業務に従事**しても，それは債務の本旨に従った労務の提供とはいえないから，当該組合員について**賃金支払義務は生じない**とする（最判昭60・3・7，水道機工事件）。

エ× 使用者には，衡平の原則に照らして対抗防衛手段としての措置が認められる。

判例は，一般市民法ではなく，**労使関係における衡平の原則**から導かれるものとして，使用者が争議対抗手段をとりうることを認めている（最判昭50・4・25，丸島水門事件）。

オ○ ストの本質は労働力の不提供にあり，使用者の財産支配は違法である。

妥当である。判例は，「**ストライキの本質**は労働者が労働契約上負担する労務供給義務の不履行にあり，その手段方法は労働者が団結してその持つ**労働力を使用者に利用させないことにある**のであって，不法に使用者側の自由意思を抑圧しあるいはその財産に対する支配を阻止するような行為をすることは許されない」とする（最判平4・10・2，御國ハイヤー事件）。

以上から，妥当なものは**ア**と**オ**であり，正答は**2**である。

No.5の解説　争議行為

→問題はP.256　正答5

ア× タクシー会社で，車両を排他的占有下に置くような争議手段は違法である。

労働者側に認められた**争議権は，所有者の所有権の侵害まで許容するものではなく**，このような労働組合員の自動車運行阻止行為には争議行為としての正当性は認められない（最判平4・10・2，御國ハイヤー事件）。

イ× 使用者の指揮命令に従った労務の提供でなければ，賃金請求権は発生しない。

使用者の指揮命令に従った労務の提供がないので，内勤業務に従事した者に賃金請求権は発生しない（最判昭60・3・7，水道機工事件）。

ウ× **家族手当のような生活補助的賃金も，ストによる賃金カット対象とできる。**

学説には，賃金を具体的な労働の対価としての交換的部分と従業員としての地位に基づき認められた保障的部分（家族手当や住宅手当など）とに分け，前者はストライキを理由にカットできるが後者はできないとする説もある（**賃金二分論**）。

しかし，判例はこのような立場を明確に否定し，**賃金カットの範囲は，労働協約の定めまたは労働慣行の趣旨に照らして個別的に判断すべき**であるとし，ストライキの場合における**家族手当の削減が労使間の労働慣行として成立していれば，その期間中の家族手当の削減は違法ではない**とする（最判昭56・9・18，三菱重工長崎造船所事件）。

エ○ **平和義務違反の争議行為参加を理由に労働者を懲戒することはできない。**

妥当である。**労働協約の平和義務**は労働協約の契約としての性質から生ずるものであり，その**不遵守は契約違反（債務不履行）の問題を生ずるだけ**であって，争議行為の正当性には影響しないとするのが判例である（最判昭43・12・24，弘南バス事件）。

したがって，平和義務違反の争議行為であっても，争議行為としての正当性を失わず，**使用者はスト参加者を懲戒処分に付すことはできない**。

オ○ **一部ストで就労できなくなったスト不参加労働者に賃金請求権は生じない。**

妥当である。判例は，「ストライキは労働者に保障された争議権の行使であって，使用者がこれに介入して制御することはできず，また，団体交渉において組合側にいかなる回答を与え，どの程度譲歩するかは使用者の自由であるから，**団体交渉の決裂の結果ストライキに突入しても，そのことは，一般に使用者に帰責さるべきものということはできない**。

したがって，労働者の一部によるストライキが原因でストライキ不参加労働者の労働義務の履行が不能となった場合は，使用者が不当労働行為の意思その他不当な目的をもってことさらストライキを行わしめたなどの特別の事情がない限り，そのストライキは民法536条2項の『債権者の責めに帰すべき事由』には当たらず，**スト不参加労働者は賃金請求権を失う**と解するのが相当である」とする（最判昭62・7・17，ノースウエスト航空事件）。

以上から，妥当なものは**エ**と**オ**であり，**5**が正答となる。

No.6 の解説 団体行動

→ 問題はP.257 **正答3**

ア× **許諾なしに企業の物的施設を利用して組合活動を行うことは，原則不可。**

判例は，「労働組合又はその組合員が使用者の所有し管理する物的施設であって定立された企業秩序のもとに**事業の運営の用に供されているものを使用者の許諾を得ることなく組合活動のために利用することは許されない**」として，利用を許さないことが権利の濫用であると認められるような特段の事情がある場合を除いては，「職場環境を適正良好に保持し規律のある業務の運営態勢を確保しうるように当該物的施設を管理利用する使用者の権限を侵し，企業秩序を乱すものであって，正当な組合活動として許容されるということはできない」とする（最判昭54・10・30，国鉄札幌駅事件）。

イ○ **争議不参加労働者がストで就労不能となった場合でも賃金請求はできない。**

妥当である。まず賃金について，判例は，争議行為によって就労できなかったことは，「債権者（＝使用者）の責めに帰すべき事由によって債務（＝労働者の労務提供義務）を履行することができなくなった」（民法536条2項）わけではない（使用者は組合の要求に譲歩する義務はない）ので，争議行為不参加労働者に賃金請求権は発生しないとする（最判昭62・7・17，ノースウエスト航空事件）。

また，休業手当については，労働基準法26条の**「使用者の責に帰すべき事由」は使用者側に起因する経営，管理上の障害を含む**が，「ストライキの結果，**会社がスト不参加者らに命じた休業は，会社側に起因する経営，管理上の障害によるものということはできない**から，会社の責に帰すべき事由によるものということはできず，スト不参加者らは休業につき会社に対し休業手当を請求することはできない」とする（同前判例）。

ウ× **使用者には争議行為の受忍義務はなく，対抗手段を取ることも認められる。**

判例は，「使用者は，労働者側の正当な争議行為によって業務の正常な運営が阻害されることは受忍しなければならないが，ストライキ中であっても業務の遂行自体を停止しなければならないものではなく，操業阻止を目的とする**労働者側の争議手段に対しては操業を継続するために必要とする対抗措置をとることができる**」とする（最判昭53・11・15，山陽電気鉄道事件）。

エ○ **ロックアウトが違法であれば，労働者は賃金請求権を失わない。**

妥当である。ロックアウト（作業所閉鎖）が違法であれば，労働者は使用者の責めに帰すべき事由によって労務の提供ができなかったのであるから，使用者は，労務を提供しようとした労働者に対する賃金支払義務を免れない（最判昭55・4・11，山口放送事件）。

以上から，妥当なものは**イ**と**エ**であり，正答は**3**である。

No.7 の解説　使用者の争議対抗行為

→ 問題はP.258　正答 2

ア○　争議行為中でも，使用者はスト組合員以外の従業員で操業を継続できる。

妥当である。**争議行為**は労働契約に定められた**労務提供義務の不履行に対して免責を与える**にすぎず，組合が争議行為に突入した場合でも，使用者に事業を休止する義務を生じさせるものではない。したがって，使用者が管理職や非組合員を動員して操業を継続することもなんら違法ではなく，またスキャップ禁止協定（スト中の代置労働者の雇入れ禁止等を内容とする協定）などの労使間の取り決めがなければ，外部から代替労働者を雇用して操業を行うことも使用者の自由である。

イ○　ロックアウトによる労務受領拒否が正当なら使用者に賃金支払義務はない。

妥当である。使用者のロックアウトについて相当性が認められる場合には，使用者は，正当な争議行為をしたものとして，ロックアウト期間中における対象労働者に対する個別的労働契約上の賃金支払義務を免れる（最判昭50・4・25，丸島水門事件）。

すなわち，**ロックアウトが正当であれば，使用者には債務不履行その他の法的責任は発生しない**。その場合，原則に戻って「ノーワーク・ノーペイの原則」の適用を受けるので，**労働者に賃金請求権は発生しない**。

ウ×　使用者の主張を組合に呑ませる目的でのロックアウトは違法である。

判例は，ロックアウトが労働組合の要求事項に対し使用者が自らに有利な解決を図ることを目的として行われたような場合には，正当性を認められないとする（最判昭50・7・17，ノースウエスト航空事件）。

エ×　スト組合の業務阻害が不相当な方法でなされた場合，ロックアウトは適法。

判例は，本肢の事案で，労働者側の「時限ストライキは，事前には通告しないか，または直前に通告して開始し，事業主が割り当てられたその日の受注を協同組合に返上したころ合いを見計らって解除するという態様で6回にわたり繰り返された」こと，そのため，「これらがいずれも比較的短時間の時限ストライキであったにもかかわらず，事業主は，取引慣行上，その日の受注を全部返上するなどして，終日，事実上休業の状態にせざるを得なかった」ことなどにより，「争議行為が開始された後は，受注が減少して資金繰りが著しく悪化し，納入先の信用も損なわれ」，**事業主が被った損害は，その規模等からみて甚大なものであった**として，事業主が被った打撃の程度に照らすと，争議行為が暴力的態様のものではなかったことなどの事情を考慮しても，**ロックアウトの正当性は失われない**とする（最判平18・4・18，安威川生コンクリート工業事件）。

オ○　ロックアウトの相手方は業務阻害を行っている組合員や援助者に限られる。

妥当である。ロックアウトは，争議行為に対する防御的手段として認められるものであるから，その相手は争議行為を行っている組合の構成員やその援助者に限られる。

以上から，妥当なものは**ア**，**イ**，**オ**の3つであり，**2**が正答となる。

◆争議権における労使の対等性確保

争議行為が認められた趣旨は，労使交渉における労使の対等性の確保の点にある。

なぜなら，労働者は団結すればそれだけで使用者と対等の地位に立てるというわけではなく，団結権・団体交渉権が保障されていても，使用者には組合側の要求に譲歩する義務まで課されているわけではないから，団体交渉において使用者が譲歩しなければ，結果として労働条件の向上は図れないからである（いわば，使用者が最初に提示した労働条件から一歩も進まないことになる）。しかしこれでは不都合なので，労働者に使用者の譲歩を引き出すための手段として認められたのが争議権である。つまり，争議権は交渉における労使の力のバランスを確保するために認められたものといえる。そこで，争議行為においてはこのバランスの調整が重要になり，一方が他方に優越する手段を持つように至れば，再度バランスが維持されるような手段が講じられることになる。

すなわち，争議行為は団体交渉を促進するための手段であり，交渉においては双方が互いに譲歩して合意に達するからこそ，双方ともに納得してこれに従い，合意に強い拘束力が生まれる。つまり，「ここまで自分が譲歩させられたのは不本意だが，相手も苦しい状況にもかかわらず相当に譲歩してくれた。だから自分の譲歩もやむをえない」として納得するのである。ところが，これが「相手に一方的に譲歩させられた」ということになると，相手に対する不満と不信感だけが残ることになり，それはやがて合意の不遵守や一方的な破棄という形で現れてくる。そして，仮に次回の交渉が持てたとしても，相手に対する抜きがたい不信感があるために交渉が難航するなど，企業内に常にごたごたがつきまとい，そのような状況は，「経営者が経営に専念できず，労働者も業務に集中できない」という結果をもたらして，経営が傾く要因となる。

したがって，合意をより強固なものにして安定した労使関係を構築するためには，どうしても労使間の力のバランスを確保し，「対等な当事者間の合意」に基づく労使自治を実現させる必要があるのである。

労働協約

必修問題

労働協約に関する記述として，妥当なのはどれか。

【地方上級（全国型）・平成18年度】

1　労働協約を締結した組合が解散した場合，当該労働協約は組合を構成していた各労働者との間で存続し，その有効期間は個々の組合員に適用される。

2　使用者が労働組合との間で賃金に関する協定を締結した場合には，たとえその協定が口頭の合意によるものであり，書面に記載されていないとしても，労働協約としての効力が認められる。

3　労働協約に定める基準が組合員の**労働条件を不利益に変更**するものであっても，組合員の個別の同意または組合に対する授権がない限り，変更規定について**規範的効力**が認められないというわけではない。

4　協約締結組合が存在しない事業場においては，労働者の過半数を代表する者との書面による協定があれば，それに労働協約としての効力が認められる。

5　労働協約には規範的効力という特別の効力が認められることから，そのような効力が生じる協定を他と区別しておく必要から，労働協約として認められるためには，その名称は「労働協約」とされていなければならない。

難易度　＊

必修問題の解説

1 ×　**労働協約を締結した組合が解散した場合，当該協約は失効する。**

労働協約は，法によって特別な効力が認められているものの，それ自体は使用者と組合が当事者となって締結する契約にほかならない。したがって，**協約締結組合が解散**した場合，当該協約は**当事者の一方の消滅を原因として失効**する。

2 × **労働協約としての効力が認められるためには，書面性が必要である。**

判例は，「**書面に作成**され，かつ，**両当事者がこれに署名しまたは記名**押印しない限り，仮に，労働組合と使用者との間に労働条件その他に関する合意が成立したとしても，これに**労働協約としての規範的効力**を付与することはできない」とする（最判平13・3・13，都南自動車教習所事件）。

◆労働協約と書面性

口約束では，必ずといってよいほど「そんなことは言っていない」「いや言った」のトラブルが発生する。協約に労働条件を直接規律する強力な効力が認められれば，それはなおさらである。書面に記載していればそのような無益な争いを防止することができる。また，書面性に加えて署名（または記名·押印）が要求されるのも同様の趣旨である。自分の署名があれば言い逃れはできないからである。

3 ◎ **労働協約で労働条件を不利に変更することも許されないわけではない。**

正しい。判例は，「労働協約に定める基準が組合員の労働条件を不利益に変更するものであることの一事をもってその規範的効力を否定することはできないし，組合員の個別の同意または組合に対する授権がない限りその規範的効力が認められないとも解されない」とする（最判平9・3・27，朝日火災海上保険〔石堂〕事件）。

4 × **労働協約で，労働者側の当事者になりうるのは労働組合に限られる。**

労働者側で，労働協約を締結できるのは労働組合だけである（労組法14条）。

したがって，そのような組合が存在しない場合に，労働者の過半数代表者と書面による協定を締結しても，その協定には労働協約としての効力は認められない。

5 × **法の要件を満たすものは，その名称のいかんを問わず労働協約となる。**

法の要件を満たす限り，労働協約としての効力が認められる。その名称のいかんを問わない。

正答 3

FOCUS

労働協約は，重要論点が多い割には出題数は少ない。出題は条文が中心で，これにいくつかの論点部分の問題が加わるが，後者は特定のテーマに限られており，総じて出題範囲は限定されている。したがって，出題箇所の特定と出題範囲の絞込みがポイントになってくる。

POINT

重要ポイント 1 労働協約の意義

①**労働協約**とは，労働組合と使用者またはその団体との間でなされた労働条件その他に関する合意を，**書面に記載**して両当事者が**署名または記名押印**したもの。

②労働協約の目的は，その有効期間中，労使双方に協約内容の遵守義務が生ずることから，その間，安定した労使関係秩序が形成できる点にある。

③労働協約は，①のような文書である限り，名称の如何を問わない（協定，覚書などでもよい）。また，統一的な一個の文書である必要はなく，基本となる協定のほかに賃金協定などが別個に存在していてもよい。

重要ポイント 2 労働協約の成立要件

①労働協約の当事者となりうるのは，「労働組合」と「使用者またはその団体」に限られる（一時的な争議団には協約の締結能力は認められない）。

②書面性と署名（または記名押印）がなければ，労働協約としての効力は認められない。

③労働条件は社会情勢の変動に大きく影響されるので，あまりに長期の拘束を認めるのは不合理な場合が多く，そのため，労働組合法は以下のような有効期間の制限を設けている。

①期間を定める場合	・長期は３年まで ・３年を超える有効期間を定めた場合には，３年の有効期間を定めたものとみなされる。
②期間を定めない場合	・少なくとも90日前までに予告すれば解約できる。 ・予告は当事者の一方が署名（または記名押印）した文書でなすことを要する。

④**自動更新条項**（事前に協約の改定・破棄の通告がない限り，さらに同じ期間ないし一定期間存続させるという条項）や**自動延長条項**（新協約締結までの間，ないしは一定期間旧協定を存続させるという条項）は有効である。

⑤**労働協約の部分的解約**は原則として認められないが，協約のある部分が他の部分と客観的に分別でき，また当事者も分別して扱われることを予想しえたなどの事情がある場合には，例外的に部分解約が認められる。

重要ポイント 3 労働協約の効力

①労働協約は，基本的には組合と使用者間の「契約」である。ただし，契約内容中，「労働条件その他労働者の待遇に関する基準」を定めた部分には，法が特別の効力を認めている。これを協約の**規範的効力**という。

②規範的効力以外の部分は，民法上の契約と同じ効力を有する（契約違反の場合は債務不履行となり，損害賠償の請求が可能である）。

③規範的効力とは，労働契約の内容（労働条件）を協約の規定内容で直接に置き換える効力のことである。

④協約の規範的効力が及ぶのは，協約を締結した組合の組合員のみに限られる。
⑤懲戒，配転，解雇など，人事についての組合との**事前協議条項**や**事前同意条項**についても，「労働条件その他の労働者の待遇に関する基準」に含まれる。したがって，組合との協議（同意）なしに行われた組合員の解雇は無効である。
⑥判例は，「労働協約に定める基準が組合員の労働条件を不利益に変更するものであることの一事をもってその規範的効力を否定することはできないし，組合員の個別の同意または組合に対する授権がない限りその規範的効力が認められないとも解されない」とする。
⑦雇用の終了やすでに発生している権利の処分などについては，不利益を受ける労働者の個別の授権が必要とされている。

重要ポイント4 労働協約の平和義務

①労働協約の平和義務とは，**協約の有効期間中に協約既定事項の改廃を求めて争議行為を行わない義務**をいう。
②協約の有効期間中に，次期の協約に関して争議行為を行うことは，平和義務に違反しない。
③使用者は，労働者が平和義務に違反する争議行為をし，またはこれに参加したことのみを理由として，当該労働者を懲戒処分に付すことはできない。

重要ポイント5 労働協約の拡張適用

①労働協約の効力は協約締結組合の組合員にのみ及び，それ以外の者には及ばないのが原則であるが，法は一定の要件を満たす場合に拡張適用を認めている。
②拡張適用には，拡張の範囲が事業場内にとどまる**事業場単位の一般的拘束力**と，一つの地域の同種の労働者に及ぶ**地域的一般的拘束力**の2種がある。
③事業場単位の一般的拘束力の要件は，一の工場事業場に常時使用される同種の労働者の4分の3以上の数の労働者が一の労働協約の適用を受けるに至ったとき。
④地域的一般的拘束力では，一の地域で従業する同種の労働者の大部分が一の労働協約の適用を受けるに至ったときに，労働協約の当事者からの申立てに基き，労働委員会の決議を経て厚生労働大臣または都道府県知事が拡張適用を決定する。
⑤**拡張適用されるのは，労働協約の規範的部分に限られる**（団体交渉の手続やユニオン・ショップ協定などの債務的部分は拡張適用の対象外である）。
⑥労働協約を特定の未組織労働者に拡張適用することが著しく不合理であると認められる特段の事情があるときは，労働協約の規範的効力を当該労働者に及ぼすことはできない。

実戦問題❶ 基本レベル

＊
No.1 **労働協約に関する次の記述のうち，妥当なものはどれか。**

【市役所・平成８年度】

1 ３年を超える有効期間を定めた労働協約は無効である。

2 有効期間の定めのない労働協約は，当事者の一方が予告を要せずいつでも解約することができる。

3 労働協約に定められた特定の条項について，当該協約を部分的に解約することも原則として認められる。

4 労働協約の平和条項に違反する争議行為をした者を，それを理由に懲戒することは原則として許されない。

5 労働組合からの除名が無効な場合でも，使用者は，ユニオン・ショップ協定に基づいて当該労働者を解雇しなければならない。

＊
◆ **No.2** **労働協約に関する次の記述のうち，妥当なのはどれか。**

【地方上級・平成11年度】

1 労働協約は一般に書面に作成されるが，口頭による合意でも，合意内容が明確であれば労働協約として成立する。

2 労働協約は，３年を超える有効期間の定めをすることができず，３年を超える有効期間の定めをした労働協約は，締結の時から無効となる。

3 労働協約の規範的効力を有する部分とは，たとえば，平和条項，争議条項，唯一交渉団体条項等のことをいい，債務的効力を有する部分とは，「労働条件その他の労働者の待遇に関する基準」についての条項をいう。

4 労働協約の地域的一般的拘束力については，同一地域内にある，同一職種あるいは同一産業の諸企業間における不正競争の防止等を目的としており，わが国では頻繁に利用されている制度である。

5 労働協約の職場的一般的拘束力については，企業全体としては，４分の３以上対４分の１以下の比率になっていても，その企業における一工場，一事業場についてこの比率になっていない場合には，その工場，事業場に対しては適用がない。

実戦問題1の解説

No.1の解説　労働協約　→問題はP.268　正答4

1× 労働協約の有効期間が3年を超えるときはその有効期間は3年とみなされる。

労働協約では，**3年を超える有効期間の定め**をすることができないが（労組法15条1項），それを超える有効期間を定めた場合には**3年の有効期間を定めたものとみなされる**（同条2項）。

法が有効期間の長期を3年に限定したのは，労使を取り巻く社会環境や雇用情勢などの流動的性格に照らし，あまりに長期にわたって同一内容で当事者を拘束することの不合理性を考慮したためである。したがって，両当事者がそれを超える期間での拘束を望んだ場合には，これを**無効とせずに期間いっぱいの拘束を認めるほうが合理的**といえる。

なお協約を更新することは可能なので，当事者が長期間にわたって当該協約の効力を維持したいのであれば3年ごとに更新を行えばよい。

2× 有効期間の定めのない労働協約を解約するには90日前の予告が必要である。

有効期間の定めのない労働協約を解約するには，少なくとも**90日前に予告**することが必要である（労組法15条3項，4項）。

法が90日という比較的長期の予告期間を要求したのは，協約終了後の労働条件を新たに決定するための労使交渉の時間的余裕を十分に確保しようとする趣旨に基づく。

3× 労働協約の部分的解約は原則として認められない。

協約締結のための労使交渉では，労使間でさまざまな取引が行われるのが通常であって（たとえば，定年を延長する代わりに賃金を据え置く，あるいは人員整理を行わない代わりに賃金の引下げに同意するなど），**協約の各条項は通常他の条項と相互に関連づけられており，協約は全体として一体をなす**ものと考えられるからである。したがって，前記の例でいえば，定年の延長条項は維持したまま賃金の据え置き条項のみを解約するようなことは許されないということになる。

なお，**協約のある部分が他の部分と客観的に分別でき，また当事者も分別して扱われることを予想しえたなどの事情がある場合には，例外的に部分解約が認められる**（東京高決平6・10・24，ソニー事件）。

4◎ 平和義務違反の争議行為への参加を理由に労働者を懲戒することはできない。

正しい。**平和条項**（組合が争議行為に訴える前に取るべき手続きを定めた条項。労働委員会の斡旋を先に受けるとか，両当事者間で一定期間協議を行うことを義務づけるなどがその例）は**労働協約の債務的部分**であって，これに違反して争議行為を行っても組合側に債務不履行責任が生ずるだけであって，これによって直ちに争議行為の正当性が失われるわけではない。それゆえ，争議行為としての正当性が失われない限り，これを理由に懲戒処分を行うことは許されない。

判例も，平和義務に関してではあるが，同様の立場に立っている（最判昭

43・12・24，弘南バス事件）。

5 × **組合の除名処分が無効であれば，ユ・シ協定に基づく解雇も無効である。**

除名が無効であれば，使用者にはユニオン・ショップ協定に基づく被除名者の解雇義務は生じない（最判昭50・4・25，日本食塩製造事件）。

No.2の解説　労働協約

→ 問題はP.268　正答5

1 × **労働協約は，書面に作成するのでなければ協約としての効力を認められない。**

労働協約としての効力が認められるためには，書面性が必要である（最判平13・3・13，都南自動車教習所事件）。

2 × **労働協約の有効期間が3年を超えるときはその有効期間は3年とみなされる。**

3年を超える有効期間の定めをした労働協約は，3年の有効期間の定めをしたものとみなされる（労組法15条2項）。

3 × **労働条件その他の労働者の待遇に関する基準の部分は規範的効力を有する。**

両者が逆である。すなわち，**平和条項**，**争議条項**（争議行為の手続や争議中の措置などを規定した協約条項，組合がストに突入した場合でも保安要員はストに参加させないなどがその例），**唯一交渉団体条項**等は**債務的効力を有する部分**であり（なお**唯一交渉団体条項は**他組合の憲法上の権利である団交権を侵害するので**記載しても無効**），「労働条件その他の労働者の待遇に関する基準」について規定している条項は規範的効力を有する部分である。

労働協約は労働組合と使用者との間の「契約」である。したがって，通常の契約法理からいけば，本来は契約としての効力しか生ぜず，一方が履行しない場合には，他方は損害賠償などの債務不履行責任を追及できるだけである。

しかし，法は対等の立場での労働条件決定という労働協約の機能の重要性に鑑み，協約のうちの**「労働条件その他の労働者の待遇に関する基準」に関するもの**については**規範的効力**という特別の効力を認めている（労組法16条）。これは，法が協約所定の労働条件を特に強く保護しようとする趣旨に基づくものであるから，それ以外の部分（主要なものは組合と使用者の関係を規律する部分）は，契約法の一般原則に従い，通常の契約と同様の債務的効力が認められるにとどまる。

◆規範的効力

労働条件を強行的に規律する効力である。これは協約条項に違反する労働契約の部分を無効とする効力（強行的効力）と，その無効となった部分について，労働契約の内容を直接に協約所定の条項に置き換える効力（直律的効力）の2つからなる。

労働協約は使用者と組合との契約であって，労働者側契約当事者は個々の組合員ではないため，規範的効力が認められなければ，使用者の協約違反行為（たとえば，使用者が協約で合意された賃金ではなく労働契約で合意された賃金しか支給しないなど）に対しては，組合が債務不履行責任を追及できるにとどまる。
　しかし，この効力が認められるために，協約に規定された内容が直接に組合員の労働条件となり，上例でいえば個々の組合員が直接使用者に対して賃金の差額を請求できることになる。

4 ×　労働協約の地域的一般的拘束力は，わが国ではほとんど利用されていない。

　労働協約の締結当事者は使用者と組合であるから，その効力は組合員のみに及び，それ以外の者には及ばないのが原則である。しかし，法は一定の場合には組合員以外の者にも協約の効力が及ぶことを認めており，これを**労働協約の一般的拘束力**（**拡張適用**）という。そしてこれには，拡張適用の範囲が一つの地域の同種の労働者に及ぶ地域的一般的拘束力（労組法18条）と事業場内での拡張適用にとどまる**事業場単位の一般的拘束力**（労組法17条）の２種があり，本肢はこのうちの前者に関するものである。
　しかし，地域的な拡張適用はドイツのように産業別協約が一般的な国においてはなじみやすいが，わが国のように企業別組合かつ企業別協約が一般的なところではあまりなじみがなく，わが国でこれが利用された例はごくまれである。

◆一般的拘束力
　一般的拘束力は，労働協約の適用対象者ではない労働者にも協約の効力を及ぼそうとするものである。ただこの制度は，労働組合が団結の力によって獲得したより有利な労働条件を，組合に参加しなかった労働者にいわば「ただ乗り」させることになるため，これが認められる趣旨に関しては，判例・学説上に争いが存する。
　そして，一般的拘束力には，上述のように事業場単位での拡張適用と地域単位での拡張適用という２種のものがあるが，前者に関しては事業場における労働条件の統一，後者に関してはその地域における構成労働基準とみなすことで，労働条件の切下げ競争を排除するという理解が一般的といえる。

5 ◎　職場的一般的拘束力適用の「４分の３以上」の要件は事業場単位で判断する。

　正しい。この制度（一般には「事業場単位の一般的拘束力」と称する）は事業場内での労働条件の統一を目的としたものであるから（最判平8・3・26，朝日火災海上保険〔高田〕事件），拡張適用の単位は企業ではなく事業場である。

実戦問題2　応用レベル

＊＊
No.3　労働協約に関する次の記述のうち，判例に照らし，妥当なのはどれか。

【労働基準監督官・平成10年度】

1　一の事業場に常時使用される同種の労働者の4分の3以上の労働者が適用を受けるに至った労働協約は，当該事業場の同種の労働者に対して拡張適用されることとなるが，その範囲は労働協約の規範的部分に限られる。

2　就業規則に取り入れられ，これと一体となっている退職金協定の支給基準が，当該協定の期間満了により失効した場合には，当該協定の規範的効力は有効期間中に限って労働契約を規律する特別の効力を有するものであるから，退職金協定は支給基準とはなりえない。

3　労働協約に定める解雇協議条項は，労働者の待遇に関する基準には該当せず規範的効力が認められないため，当該解雇協議条項に基づく協議をせずに労働者を解雇した場合も有効である。

4　労働協約の平和義務に違反する争議行為については，単なる契約上の債務の不履行ではなく，企業秩序の侵犯に当たるものであるから，使用者はその参加者に対し懲戒処分をなしうる。

5　労働協約上の基準を下回る労働契約の部分は無効となり労働協約の基準まで引き上げられるが，労働協約が労働契約で定める労働条件の一部を不利益に変更する場合は，労使交渉の相互譲歩的性格が認められたとしてもその規範的効力は及ばない。

＊＊＊
No.4　労働協約に関するア～オの記述のうち，妥当なもののみをすべて挙げているのはどれか。

【国家総合職・平成22年度】

ア：労働組合の上部団体である連合体が団体交渉の当事者となった場合には，当該連合体は労働協約を締結することができるが，労働組合の下部組織である支部や分会は，社団的組織を整え，当該労働組合内において独自の団体交渉権を与えられている場合であっても，労働協約を締結することができない。

イ：労働協約中の「労働条件その他の労働者の待遇に関する基準」は個々の労働契約を直接規律する効力を与えられており，これを規範的効力と呼ぶが，労働協約上の「労働者の待遇に関する基準」を定めた規定が労働者の労働条件を不利益に変更するものである場合には，労働協約の当事者である労働組合の組合員の個別の同意または労働組合に対する授権がない限り，当該規定には規範的効力は生じないとするのが判例である。

ウ：労働協約は，書面に作成され，かつ，両当事者がこれに署名しまたは記名押印しない限り，仮に，労働組合と使用者との間に労働条件その他に関する合意が成立したとしても，これに労働協約としての規範的効力を付与することはできないとするのが判例である。

エ：労働協約は，規範的効力のほかに，労働組合と使用者との間の契約としての性質により債務的効力を有しているが，この債務的効力の一つである協約所定事項についての平和義務は，労働協約が労使間の平和協定としての意義を持つことなどから，労働協約に明示されていなくても生ずる義務と解されている。

オ：労働協約は，有効期間の満了によって終了し，その効力を失うこととなるが，労働協約に有効期間の定めをする場合の期間は３年を超えることができず，３年を超える期間を定めている労働協約は，３年の有効期間を定めた労働協約とみなされる。

1　ア，イ，エ　　**2**　ア，ウ，オ　　**3**　イ，ウ，エ
4　イ，エ，オ　　**5**　ウ，エ，オ

＊＊
No.5　労働協約に関する次の記述のうち，妥当なものはどれか。

【国家総合職・平成10年度】

1　労働協約は，通常の契約とは異なり，当事者たる労働組合と使用者のみならず，所属組合員等をも拘束する特別の効力を有するから，その内容をできるだけ明確化して後日に無用な紛争を惹起せしめないために，書面に作成し，両当事者が署名または記名押印することによって効力を生ずる。ただし，合意内容が明確であれば，口頭による合意であっても労働協約たりうるとするのが通説である。

2　労働協約に定める労働者の待遇に関する基準に違反する労働契約の部分は無効となるのが原則であるが，労働協約発効後に個々の労働者が自らの交渉力によって当該基準よりも有利な労働条件の労働契約を締結した場合について，労働組合法は当該契約は有効である旨を規定している。

3　退職金協定の支給基準が就業規則にとり入れられ，これと一体となっている場合には，当該協定が有効期間の満了によって失効しても当該基準は当然には効力を失うものではない。したがって，退職金額の決定についてよるべき退職金協定のない労働者については，当該基準により退職金額が決定されるとするのが判例である。

4　平和義務とは，労働協約の有効期間中に当該協約で規定の事項の改廃を目的とした争議行為を行わない義務をいう。これは，契約法における信義則上も契約で一定事項を約定したらその有効期間中はその内容を尊重するのが当然の義務と考えられること等から，労働協約に明示されていなくとも当然に生じ，労働組合にのみ課された義務と解されている。

5　一の工場事業場に常時使用される同種の労働者の４分の３以上の数の労働者が

一の労働協約の適用を受けるに至ったときは，当該工場事業場に使用される他の同種の労働者に関しても当該協約が適用されるが，その場合には，労働組合への加入が認められておらず，労働協約の拡張適用が予定されていない臨時従業員といえども，同種の労働者に含まれるとするのが判例である。

＊＊
No.6 **労働協約に関するア～オの記述のうち，妥当なもののみをすべて挙げているのはどれか。** 【国家総合職・平成27年度】

ア：労働協約は，後日合意の有無及びその内容につき紛争が生じやすいので，その履行をめぐる不必要な紛争を防止するために，一般に，書面に作成し，かつ，署名又は記名押印することによって成立するが，合意内容が明確であれば，口頭による合意であっても労働協約としての規範的効力を付与することができるとするのが判例である。

イ：協約当事者が労働協約の有効期間中に当該労働協約で既定（解決済み）の事項の改廃を目的とした争議行為を行わない義務を平和義務というが，この義務は，労働協約に明示がある場合に限り生じる義務であると一般に解されている。

ウ：労働組合法第17条は，一の工場事業場に常時使用される同種の労働者の３分の２以上の数の労働者が一の労働協約の適用を受けるに至ったときは，当該工場事業場に使用される他の同種の労働者に関しても，当該労働協約が適用されるものと規定している。同条の「同種の労働者」に当たるか否かについて，判例は，労働組合の組織や労働協約の趣旨等の関連で決すべきでなく，作業内容の性質によって決すべきであるとしている。

エ：労働協約に有効期間の定めをする場合の期間は３年を超えることができないが，労働協約に３年を超える有効期間の定めをした場合であっても，当該協約は無効とはならず，３年の有効期間を定めた労働協約とみなされる。

オ：就業規則に，退職金は「支給時の退職金協定による」との条項があり，就業規則変更届に組合との退職金協定の写しを添付して届出がされている場合において，当該退職金協定が有効期間の満了により失効したときは，当該退職金協定に定める退職金の支給基準も当然に効力を失うため，当該退職金協定の失効後に退職し，退職金額の決定についてよるべき退職金協定のない労働者については，当該支給基準によるのではなく，当該労働者の退職後に締結された新たな退職金協定が遡及的に適用されるとするのが判例である。

1 エ　　**2** エ，オ　　**3** ア，イ，エ
4 ア，ウ，オ　　**5** イ，ウ，オ

＊＊
No.7 労働協約に関する次の記述のうち，妥当なのはどれか。

【国家総合職・令和３年度】

1 労働組合の上部団体である連合体が団体交渉の当事者となった場合には，当該連合体は使用者と労働協約を締結することができるが，労働組合の下部組織である支部や分会は，社団的組織を整え，当該労働組合内において一定事項について独自の団体交渉権を与えられていても，その事項について使用者と労働協約を締結することはできない。

2 労働協約は，規範的効力のほかに，使用者と労働組合との間の契約としての性質により債務的効力を有している。労働協約に規定された事項についての平和義務は，履行義務と並ぶ主要な債務的効力とされ，労働協約が労使間の平和協定としての意義を持つことなどから，労働協約に明示されていなくても当然に生じる義務であると一般に解されている。

3 就業規則に退職金は「支給時の退職金協定による」との定めがあり，労働組合との間で締結された退職金協定に係る協定書の写しを添付した就業規則変更届の届出がされている場合において，当該退職金協定が有効期間の満了により失効したときは，当該退職金協定に定められた退職金の支給基準も当然に効力を失うから，当該退職金協定の失効後に退職し，退職金額の決定についてよるべき退職金協定のない労働者については，当該労働者の退職後に締結された新たな退職金協定が遡及的に適用されるとするのが判例である。

4 労働協約は有効期間の満了によって終了し，その効力を失うこととなるが，労働協約に有効期間の定めをする場合には，３年をこえる期間を定めてはならず，３年をこえる有効期間を定めた労働協約及び有効期間の定めのない労働協約は無効となる。

5 定年年齢の改定及び退職金支給基準率の変更を主たる内容とする労働協約に定められた基準が労働者の労働条件を不利益に変更するものである場合には，当該労働協約の当事者である労働組合の組合員の個別の同意又は労働組合に対する授権がない限り，当該労働協約の規範的効力を認めることはできないとするのが判例である。

＊＊
No.8 団体的労使関係法に関する次の記述のうち，最も妥当なのはどれか。

【労働基準監督官・令和５年度】

1 労働協約により，労働組合に加入しない労働者または組合員でなくなった労働者の解雇を使用者に義務付けるユニオン・ショップ協定は，組合を脱退する自由を不当に制約するものでおよそ無効であり，これに基づく解雇もその効力を否定せざるを得ないとするのが判例である。

第2章 集団的労使関係法

2　団体交渉は集団的労働条件の基準の形成に関する手続であることから，新機械の導入，設備の更新等の経営・生産に関する事項及び個々の労働者に対する配転，解雇等の取扱いや，労働者個人の労働関係上の権利主張は，義務的団交事項に該当しない。このため，これらについて労働組合が関与しようとする場合は，団体交渉とは区別して法定されている苦情処理手続によることになる。

3　労働協約が既存の労働条件を不利益に変更するものであっても，当該労働協約が締結されるに至った経緯，会社の経営状態，当該労働協約に定められた基準の全体としての合理性に照らし，当該労働協約が労働組合の目的を逸脱して締結されたものとはいえない場合には，その規範的効力を否定することはできないとするのが判例である。

4　ストライキを実行した組合の組合員であるがストライキには参加しなかった労働者について，当該ストライキが原因でその労働義務の履行が社会観念上不能となった場合でも，当該ストライキは民法第536条第２項の「債権者の責めに帰すべき事由」及び労働基準法第26条の「使用者の責に帰すべき事由」に当たり，当該労働者には賃金や休業手当の請求権が認められるとするのが判例である。

5　使用者による労働組合の結成を行った者に対する差別待遇は不法行為となり，労働者は，使用者に対して，それによる財産的・精神的損害の賠償を請求することができるが，労働組合が裁判所に訴えを提起することはできない。同様に，労働組合が，使用者または使用者団体によって，団体交渉を求め得る法的地位を否定された場合には，労働委員会による救済の申立のみをすることができ，裁判所に訴えを提起することはできない。

（参考）民法

（債務者の危険負担等）

第536条（第１項略）

2　債権者の責めに帰すべき事由によって債務を履行することができなくなったときは，債権者は，反対給付の履行を拒むことができない。この場合において，債務者は，自己の債務を免れたことによって利益を得たときは，これを債権者に償還しなければならない。

（参考）労働基準法

（休業手当）

第26条　使用者の責に帰すべき事由による休業の場合においては，使用者は，休業期間中当該労働者に，その平均賃金の百分の六十以上の手当を支払わなければならない。

実戦問題2の解説

No.3の解説　労働協約

→問題はP.272　正答1

1◎　一般的拘束力で拡張適用される労働協約の部分は規範的部分に限られる。

正しい。**労働協約の一般的拘束力**の制度は，**事業場内での労働条件の統一**を目的としたものである。したがって，拡張適用されるのは，「労働条件その他の労働者の待遇に関する基準を定めた部分」すなわち**規範的部分に限られる**（最判昭48・11・8，三菱重工業長崎造船所事件）。

2×　就業規則の変更がなければ退職金協定が失効しても従来の基準が適用される。

退職金協定が失効しても，**「退職金は支給時の退職金協定による」旨の就業規則**が変更されない限り，使用者には，退職金協定の定めを基準に退職金の支払義務が生じる（最判平元・9・7，香港上海銀行事件）。

就業規則が「退職金の支払いは退職金協定の定めによって行う」旨を定めているということは，**就業規則の中に当該退職金協定の条項が組み入れられているの**と同じことだからである。したがって，退職金協定が失効しても，すでに組み入れられた就業規則の条項が変更されない限り，使用者は「退職金は支給時の退職金協定による」という就業規則に従って退職金を支払わなければならない。

3×　労働協約に定める解雇協議条項は，労働者の待遇に関する基準に該当する。

解雇は労働者の待遇に関する事項であるから，**解雇協議条項**には規範的効力が認められる。したがって，**協議をせずに行った解雇は無効**である（大阪地判平元・6・29，大阪フィルハーモニー交響楽団事件）。

4×　平和義務違反の争議行為への参加を理由に労働者を懲戒することはできない。

平和義務違反の争議行為は企業秩序の侵犯には当たらないので，争議行為参加者への懲戒はできない。

労働協約の平和義務とは協約の遵守義務のことであって，協約の有効期間中に協約中に規定された合意事項について改廃を目的とする争議行為を行わないという義務である。

これは，労働協約の契約としての性質から生ずるものであり（「契約は守られなければならない」という契約法理），**その不遵守は契約違反**（債務不履行）**の問題を生ずるだけであって，争議行為の正当性には影響しない**とするのが判例である（最判昭43・12・24，弘南バス事件）。

したがって，平和義務違反の争議行為であっても，争議行為としての正当性を失わず，**使用者は参加者を懲戒処分に付すことはできない**。

5×　協約の不利益変更の効力は，原則として個々の労働者の労働条件も拘束する。

労使交渉の相互譲歩的性格に照らし，**労働条件の一部を不利益に変更する協約**であっても，その内容が極めて不合理であると認められる特段の事情がなければ，当該変更部分についても，労働者をも拘束するところの**規範的効力が認められる**とするのが判例である（名古屋高判昭60・11・27，日本トラック事件）。

たとえば，使用者が整理解雇を申し入れてきている場合に，組合が雇用を守るために「整理解雇を撤回すれば賃金の引下げに応じる」などとして，最終的に「解雇は撤回するが，賃金は引き下げる」という内容で労使間に合意が成立したとする。この場合，組合員の労働条件は賃金に関する限りで不利益に変更されることになる。

ところが，このような合意（協約）に規範的効力が認められないとすると，使用者は組合との交渉に応ぜず，整理解雇を強行することも予想される。それは組合員にとって不利益となる場合が多い。したがって，労働者の利益を擁護するという組合の機能に照らし，労働条件の一部を不利益に変更する協約にも規範的効力を認めるのが妥当である。

No.4の解説　労働協約

→ 問題はP.272　**正答5**

ア× 支部や分会が団交当事者としての要件を備えれば，協約締結も可能である。

支部や分会は，それが**社団的組織**を整え，かつ当該労働組合内において**独自の団体交渉権**を与えられている場合には，協約を遵守・履行できるだけの主体性を有し，労働協約の締結当事者として認められる。

イ× 協約で，授権なしに労働条件を不利に変更することも許されないではない。

判例は，「労働協約に定める基準が組合員の**労働条件を不利益に変更**するものであることの一事をもってその**規範的効力を否定することはできない**し，組合員の個別の同意または組合に対する授権がない限りその規範的効力が認められないとも解されない」とする（最判平9・3・27，朝日火災海上保険〔石堂〕事件）。

ウ○ 労働協約は，書面に作成しなければ協約としての効力を認められない。

妥当である（最判平13・3・13，都南自動車教習所事件）。

エ○ 労働協約の平和義務は協約に明示されていなくても当然に生じる義務である。

妥当である。平和義務は労使間の平和協定としての意義を持つことや，当事者の合意事項について，契約法理上当事者はそれに当然に拘束され，その内容を尊重しなければならないことなどがその理由である。

オ○ 労働協約の有効期間が3年を超えるときはその有効期間は3年とみなされる。

妥当である（労組法15条1・2項）。

以上から，妥当なものは**ウ**，**エ**，**オ**の3つであり，**5**が正答となる。

No.5の解説　労働協約

→ 問題はP.273　**正答3**

1× 労働協約は，書面に作成するのでなければ協約としての効力を認められない。

判例は，「口頭による合意または必要な様式を備えない書面による合意のままでは後日合意の有無及びその内容につき紛争が生じやすい」ことから，その履行をめぐる不必要な紛争を防止するために，**労働協約は書面に作成するのでなければその効力を認められない**とする（労組法14条，最判平13・

3・13，都南自動車教習所事件）。

2 × **協約発効後の個別交渉による合意の効力について労組法は規定していない。**

労組法は，労働契約と労働協約が相互に抵触した場合に，そのいずれが優先するかについては，明文の規定を設けていない。

労働協約に規定された労働条件を上回る内容の労働契約が，個々の労働者と使用者との間で締結された場合，**労働契約の有利な規定が労働協約に優先適用されることを認めてよいか**どうかが争われている。いわゆる有利原則の問題であるが，この点に関して労組法に明文の規定がないため，**有利原則**を認めるかどうかはもっぱら解釈にゆだねられている。

なお，**判例**は，朝日火災海上保険（石堂）事件判決で，労働協約の規範的効力は，労働条件が協約基準を下回る場合にのみ認められるべきである（有利原則の肯定）とする上告理由を退けて，「労働協約に定める基準が組合員の労働条件を不利益に変更するものであることの一事をもってその規範的効力を否定することはできないし，組合員の個別の同意または組合に対する授権がない限りその規範的効力が認められないとも解されない」として**有利原則を否定する立場**に立っている（最判平9・3・27）。

	否定説	肯定説
協約の性格	統一基準	最低基準
有利性の承認の有無	× 協約よりも不利な労働条件を定める労働契約のみならず，有利な労働条件を定める労働契約も無効（規範的効力の両面性）。	○ 協約よりも不利な労働条件を定める労働契約のみが無効（規範的効力の片面性）。
理　由	・わが国の企業別労働組合は，ドイツのような産業別労働組合と異なり，最低基準の設定ではなく企業内の統一的な労働条件の設定を目的として協約を締結する。 ・有利原則を認めると，組合員がさらに有利な労働条件を求めて使用者と個別交渉を行うことを容認することになるが，それは組合の統制力強化という点からはマイナスである。	・協約に規範的効力が認められるのは労働者保護のためであるから，労働者に有利な範囲では労使の合意を尊重すべきである。

3 ◎ **就業規則の変更がなければ退職金協定が失効しても従来の基準が適用される。**

正しい（最判平元・9・7，香港上海銀行事件）。

4 × **労働協約の平和義務は協約に明示されていなくても当然に生じる義務である。**

平和義務は，協約の有効期間中はこれを遵守するというものであって，契約の両当事者に課せられる義務である。したがって，組合だけでなく使用者もこの義務による拘束を受ける。

5 × **協約の拡張適用が予定されていない臨時従業員には一般的拘束力は不適用。**

判例は，「『同種の労働者』にあたるか否かは，作業内容の性質によってこれを決すべきではなく，労働協約の趣旨や協約当事者である労働組合の組織等の関連においてこれを決するのが相当である」としたうえで，組合に加入させず，その組織範囲から排除し，非組合員に適用することを予定していない**準社員は「同種の労働者」とはいえず，この者については拡張適用されない**としている（東京高判昭56・7・16，最判昭59・10・18，日野自動車工業事件）。

No.6の解説　労働協約

→ 問題はP.274　正答 1

ア × **労働協約は，書面に作成するのでなければ協約としての効力を認められない。**

労働協約としての効力が認められるためには，**書面性**が必要である（最判平13・3・13，都南自動車教習所事件）。

イ × **労働協約の平和義務は協約に明示されていなくても当然に生じる義務である。**

平和義務は労使間の平和協定としての意義を持つことや，当事者の合意事項について，契約法理上当事者はそれに当然に拘束され，その内容を尊重しなければならないことなどがその理由である。

ウ × **「同種の労働者」かは，組合の組織や協約の趣旨等の関連で決せられる。**

判例は，「**同種の労働者**」に当たるか否かは，作業内容の性質によって決すべきではなく，労働協約の趣旨や協約当事者である労働組合の組織等の関連においてこれを決するのが相当であるとする（東京高判昭56・7・16，最判昭59・10・18，日野自動車工業事件）。

エ ○ **労働協約の有効期間が３年を超えるときはその有効期間は３年とみなされる。**

妥当である（労組法15条１・２項）。

オ × **就業規則の変更がなければ退職金協定が失効しても従来の基準が適用される。**

判例は，「就業規則は，労働条件を統一的・画一的に定めるものとして，本来有効期間の定めのないものであり，労働協約が失効して空白となる労働契約の内容を補充する機能も有すべきものであることを考慮すれば，就業規則に取り入れられこれと一体となっている**退職金協定の支給基準は，退職金協定が有効期間の満了により失効しても当然には効力を失わず**，退職金額の決定についてよるべき退職金協定のない労働者については，その支給基準により退職金額が決定されるべきものと解するのが相当である」とする（最判平元・9・7，香港上海銀行事件）。

以上から，妥当なものは**エ**のみであり，**1**が正答となる。

No.7の解説 労働協約

→問題はP.275 正答2

1 × 下部組織に独自の団交権があれば，その事項について労働協約を締結できる。

労働組合の下部組織である**支部や分会**も，社団的組織を整え，当該労働組合内において**一定事項について独自の団体交渉権**を与えられていれば，中央本部の統制を受けながらではあるが，当該事項について使用者と労働協約を締結することができる。

2 ◎ 平和義務は，労働協約に明示されていなくても当然に生じる義務である。

妥当である。**平和義務とは，労働協約の当事者が，協約の有効期間中に協約の規定事項の変更・廃止を求めて争議行為を行わないという義務である。**当事者は，「一定期間はこの合意内容でいく」との約束をしたのであるから，事情変更の原則の適用があるような著しい労働環境の変化が認められない限り，協約の有効期間中は協定した事項についての遵守義務を負うべきである。

すなわち，協約を締結したということは，**協約の有効期間中はお互いその協約を遵守するという意味も含む**ことから，平和義務は，その旨が協約に明示されていなくても当然に生じる義務であると一般に解されている。

3 × 就業規則で「協定による」とされれば協定失効後も協定は就業規則に残る。

就業規則が「退職金の支払いは退職金協定の定めによって行う」旨を定めているということは，**就業規則の中に当該退職金協定の条項が組み入れられているのと同じこと**である。したがって，退職金協定が失効しても，すでに組み入れられた就業規則の条項が変更されない限り，使用者は「退職金は支給時の退職金協定による」という就業規則にしたがって退職金を支払わなければならない（最判平元・9・7，香港上海銀行事件）。

4 × 労働協約の有効期間が3年を超えるときは，有効期間は3年とみなされる。

労働協約では，**3年を超える有効期間**の定めをすることができないが（労組法15条1項），それを超える有効期間を定めた場合には**3年の有効期間を定めたものとみなされる**（同条2項）。

また，有効期間の定めのない労働協約も無効ではなく，その場合は，少なくとも90日前に予告すれば解約することができる（労組法15条3項，4項）。

5 × 協約で，授権なしに労働条件を不利に変更することも許されないではない。

判例は，「労働協約に定める基準が組合員の労働条件を不利益に変更するものであることの一事をもってその規範的効力を否定することはできないし，**組合員の個別の同意または組合に対する授権がない限りその規範的効力が認められないとも解されない**」とする（最判平9・3・27，朝日火災海上保険〔石堂〕事件）。

No.8 の解説　団体的労使関係法

→ 問題はP.275　正答３

1 ×　組合に入らない自由は団結強制の利益には優先せず，ユ・シ協定は有効。

判例は，「ユニオン・ショップ協定は，労働者が労働組合の組合員たる資格を取得せず又はこれを失った場合に，使用者をして当該労働者との雇用関係を終了させることにより間接的に労働組合の組織の拡大強化をはかろうとする制度であり，このような制度としての正当な機能を果たすものと認められるかぎりにおいてのみその効力を承認することができる」として，およそ無効とはしておらず，また，「ユニオン・ショップ協定に基づき使用者が労働組合に対し解雇義務を負うのは，当該労働者が正当な理由がないのに労働組合に加入しないために組合員たる資格を取得せず又は労働組合から有効に脱退し若しくは除名されて組合員たる資格を喪失した場合に限定され，除名が無効な場合には，使用者は解雇義務を負わない」として，同協定に基づく解雇が一般的に否定されるとはしていない（最判昭50・４・25，日本食塩製造事件）。

2 ×　経営・生産に関する事項も，労働条件などに影響が及べば義務的団交事項。

義務的団交事項とは，組合員の労働条件その他の待遇に関する事項，および，労働組合と使用者の関係に関する事項であって，使用者が処分できる権限を有するものをいう。

新機械の導入，設備の更新等の経営・生産に関する事項は，それによる職場再編成など，**労働条件などに影響が及ぶ場合**には，その面から義務的団交事項となる。また，個々の労働者に対する配転，解雇等の取扱いや，労働者個人の労働関係上の権利主張も，それが**組合員の労働条件に重要な影響を与えるものである場合には義務的団交事項となる**。

3 ◎　労働協約で労働条件を不利に変更することも許されないわけではない。

妥当である。判例は，本肢のように述べた上で，「本件労働協約に定める基準が労働者の**労働条件を不利益に変更するものであることの一事をもってその規範的効力を否定することはできない**し，また，労働者の個別の同意又は組合に対する授権がない限り，その規範的効力を認めることができないものと解することもできない」とする（最判平９・３・27，朝日火災海上保険（石堂）事件）。

4 ×　正当なストのために就労できなくなったとしても，賃金の請求はできない。

判例は，「労働者の一部によるストライキが原因でストライキ不参加労働者の労働義務の履行が不能となった場合は，使用者が不当労働行為の意思その他不当な目的をもってことさらストライキを行わしめたなどの特別の事情がない限り，当該ストライキは**民法536条２項の『債権者の責めに帰すべき事由』には当たらず，ストライキ不参加労働者は賃金請求権を失う**」とし，また，「本件ストライキの結果**会社が命じた休業は，会社側に起因する経営，管理上の障害によるものということはできない**から，会社の責に帰すべき事由によるものということはできず，**ストライキ不参加労働者は休業につき会社に対し休業手当を請求することはできない**」とする（最判昭62・7・17，ノースウエスト航空事件）。

5 × **労働組合は，団体交渉を求める地位の確認を求める訴えを提起できる。**

前半については，**労働組合の結成を行った者に対する差別待遇**は，憲法が保障する団結権（憲法28条）の侵害行為として，**「公の秩序」**（民法90条）**に違反し無効**であり，不法行為法上の違法な行為として（民法709条），労働者は，使用者に対して，それによる財産的・精神的損害の賠償を請求することができる。この場合，**労働組合も，組合員の動揺を抑え，その弱体化を阻止する利益があるとして，訴えの提起が認められている**。

後半については，裁判所によって，その事項が団体交渉の対象事項にあたること（したがって組合はその事項に関し団交を求める地位にあること）の確認がなされれば，**使用者は団交拒否の正当な理由を失う**ことになる。使用者が，その事項が団交対象事項には当たらないとして交渉に応じなかった場合に有効な手段となる。そのため，判例はこのような**団体交渉を求める地位の確認請求の訴えを認めている**（最判平3・4・23，国鉄事件）。

実戦問題3　難問レベル

＊＊＊
No.9　労働協約の終了および労働協約終了後の労使関係に関するア～オの記述のうち，妥当なもののみをすべて挙げているのはどれか。

【国家総合職・平成24年度】

ア：労働協約は有効期間の満了によって終了し，その効力を失うこととなるが，労働協約に有効期間の定めをする場合には，３年をこえる期間を定めてはならず，３年をこえる有効期間を定めた労働協約及び有効期間の定めのない労働協約は無効となる。

イ：有効期間を満了した協約は当然に終了するが，期間満了に当たっての合意に基づく更新または延長は可能であり，労働協約において，その有効期間の満了前の一定期日までに両当事者のいずれの側からも協約の改訂または破棄の通告がない限り，当該協約をさらに同一期間または一定期間有効なものとして存続させる旨の定めをしておく自動更新も可能である。

ウ：労働協約は，協約の当事者である企業または労働組合の解散によって終了することとなり，企業の合併や労働組合の組織変更の場合における労働協約の取扱いについても，合併後あるいは組織変更後の企業・労働組合が新たな労働協約を締結する必要があり，従前の労働協約が合併後の企業や組織変更後の労働組合に承継されることはない。

エ：労働協約の期間が満了した場合には，それまで労働協約の規定に準拠してきた労使関係は以後何を準則とすべきかという問題が生じるが，団体交渉の手続・ルール等を定める協約の債務的部分と労働条件その他労働者の待遇に関する基準を定める協約の規範的部分のいずれにおいても，新たな労働協約等で従前と異なる定めがなされない限り，協約の期間満了後も一定期間その法的効力が持続すると一般に解されている。

オ：就業規則に，退職金は「支給時の退職金協定による」との条項があり，就業規則変更届に労働組合との退職金協定の写しを添付して届出されている場合には，退職金協定に定める退職金の支給基準は就業規則に取り入れられてその一部となったと解され，当該退職金協定が有効期間の満了により失効し，その後新たな退職金協定が締結されていないときは，当該支給基準は当然には効力を失わず，退職金額の決定についてよるべき退職金協定のない労働者の退職金額は，当該退職金協定の定める支給基準により決定されるとするのが判例である。

1　ア，ウ　　**2**　ア，エ　　**3**　イ，エ
4　イ，オ　　**5**　ウ，オ

実戦問題3の解説

No.9の解説　労働協約の終了および労働協約終了後の労使関係 →問題はP.284 正答4

ア× 労働協約では，3年を超える有効期間の定めをすることができない（労組法15条1項）。これは，労働条件が社会情勢の変動に大きく影響されることから，あまりに長期の拘束を認めるのは不合理だからである。

ただ，**3年を超える有効期間を定めた場合**，当事者としては，**合意内容で労使関係を長く安定させたいという意図**であろうから，その意思を尊重して，法はこれを**無効とせず期間を3年に短縮**している（同条2項）。

また，有効期間の定めのない労働協約についても，当事者は期間について弾力的に判断する意図であろうから，同様に無効とはせず，「当事者の一方が，署名し，又は記名押印した文書によって相手方に予告して，解約することができる」としている（同条3項）。

イ○ 妥当である。協約の**自動延長条項**や**自動更新条項**は，延長・更新の際に内容を吟味してその合理性を判断できることから，法による期間制限の趣旨に反せず有効とされている。

ウ× 合併の効果として，新会社は旧会社・消滅会社の権利義務を承継する（会社法750条1項，752条1項等）。この中には合併前の労働協約も含まれ，被合併会社の労働協約は合併会社のそれとして引き継がれる。

また，組織変更の場合の扱いも同様で，変更前の労働組合の協約は変更後の組合に承継される。

エ× 労働協約のうちの，債務的部分は一般の契約法理にしたがって期間満了によって失効する。協約の期間満了後も効力が持続するとすれば，協約に期間を定めた意味が失われるからである。

一方，規範的部分については，期間満了後も一定の効力を認めるかについて争いがあるが（**余後効**の問題），期間満了によって**規範的効力も失われる**と解したうえで，その後の法律関係については契約法の補充原則などによって暫定的に補充されるとする見解が有力である。

オ○ 妥当である（最判平元・9・7，香港上海銀行事件）。就業規則が「退職金の支払いは退職金協定の定めによって行う」旨を定めているということは，就業規則の中に当該退職金協定の条項が組み入れられているのと同じことである。したがって，退職金協定が失効しても，すでに組み入れられた就業規則の条項が変更されない限り，使用者は「退職金は支給時の退職金協定による」という就業規則にしたがって退職金を支払わなければならない。

以上から，妥当なものは**イ**と**オ**であり，正答は**4**である。

不当労働行為

必修問題

不当労働行為に関する次の記述のうち，妥当なものはどれか。

【市役所・平成26年度】

1 労働基準法では，使用者は，労働者が労働組合の組合員であることを理由に，**不利益な取扱い**をしてはならないとされている。

2 使用者は，労働組合の運営のための経費の支払いにつき**経理上の援助**を与えてはならないが，労働組合に対して**最小限の広さの事務所の供与**をすることは経費上の援助に当たらないため許される。

3 使用者は，労働組合に対して**支配介入**をしてはならないが，発言者に主観的認識ないし目的がない限り，労働組合の運営に影響を及ぼしても，支配介入があったものと解することはできない。

4 使用者は，契約自由の原則から，労働者が労働組合に加入せず，もしくは労働組合から脱退することを雇用条件とすることができる。

5 **不当労働行為**があった場合，労働組合は，労働委員会に対して救済の申立てができるが，労働者は救済の申立てをすることができない。

難易度 ＊

必修問題の解説

不当労働行為救済制度は，団結権を侵害する使用者の一定の行為を不当労働行為として禁止するものである（労組法７条）。具体的には，労働委員会の命令を通じてその種の行為を排除する特別の手続を定めて，団体交渉を助成し，将来に向けて安定した労使関係秩序を構築しようとする制度である。

この制度の目的は，「安定した労使関係秩序の構築」にあり，使用者の行為の処罰にあるのではない。そのため，「安定した労使関係秩序の構築」に必要と判断されれば，比較的緩やか団結権侵害行為の認定が行われる。

1 × 不利益取扱いの禁止が規定されているのは，労基法ではなく労組法である。

使用者は，労働者が労働組合の組合員であること，労働組合に加入し，もしくはこれを結成しようとしたこと，もしくは労働組合の正当な行為をしたことのゆえをもって，その労働者を解雇し，その他これに対して不利益な取扱いをしてはならない（労組法７条１号本文前段）。いわゆる不当労働行為としての**不利益取扱いの禁止**であり，これは労基法ではなく労組法が定めている。

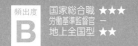

2 ◎ 最小限の広さの事務所を供与することは，経費上の援助に当たらない。

正しい。労働組合は，その自主性を確保するために，使用者から経費援助を受けることが禁止されている（労組法７条３号本文後段）。

しかし，**我が国の組合は，そのほとんどが企業内組合**であり，欧米のような企業横断的組合とは異なり組合員の数が従業員数によって限定を受けるため，その**財政的基盤は極めて脆弱**である。そこで，法はこのような我が国の実情を考慮して，**組合の自主性を損なわない範囲での使用者の便宜供与を認めており**，福利基金に対する使用者の寄付や最小限の広さの事務所の供与も適法とされている（同２条２号但書）。

3 × 組合の運営に影響を及ぼす発言は，使用者の意図にかかわらず許されない。

判例は，客観的に組合活動に対する非難と組合活動を理由とする不利益取扱いの暗示とを含むものと認められる発言により，組合の運営に対し影響を及ぼした事実がある以上，**発言者に主観的認識ないし目的がなくても，組合の運営に対する介入（不当労働行為である支配介入）があった**と認定できるとする（最判昭29・５・28，山岡内燃機事件）。

4 × 使用者は，労働組合への不加入や脱退を雇用条件とすることは許されない。

いわゆる黄犬契約の禁止である（労組法７条１項本文後段）。

5 × 労働者も不当労働行為の救済の申立てをすることができる。

正答 2

◆不当労働行為の救済申立人◆

	労働組合	組合員	理　由
不利益取扱い	○	○	・たとえば組合活動を理由に「解雇」（不利益取扱い）された者は，原職復帰を求める利益があり，また組合自身も組合員の動揺を抑え，その弱体化を阻止するという利益がある。
団交拒否	○	争いあり	・申立人を組合のみに限定する説は，組合員個人は団体交渉当事者ではないということを理由とする。
支配介入	○	○	・たとえば組合活動を理由に「配転」（支配介入）された組合幹部は原職復帰を求める利益があり，また組合自身も組合活動に対する不当な干渉の排除を求める利益がある。

FOCUS

不当労働行為は，労働組合と並ぶ団体法の中心テーマの一つである。出題は理論的な問題が大半を占め，これに若干の手続関係の問題が加わる。判例の集積が著しい部分なので，その理解には万全を期しておきたい。

POINT

重要ポイント 1 不当労働行為制度の意義

①不当労働行為は，団結権を侵害する使用者の行為を類型化してこれを禁止し，その違反行為について労働委員会の救済命令で救済を図ろうとする制度である。

②原状回復主義がとられており，旧法時のような科罰主義はとられていない。

すなわち，不当労働行為の規定は犯罪構成要件ではないので，要件を規定した条文の弾力的な解釈が可能となり（犯罪構成要件なら厳格解釈が必要），この点から，救済命令についての労働委員会の裁量権が広く認められることになる。

③「組合側の不当労働行為」なる制度は設けられていない。

重要ポイント 2 不当労働行為制度における使用者

①不当労働行為の主体は使用者であるが，ここでいう「使用者」の範囲については，労組法が使用者の定義規定を設けていないため，制度目的から解釈によって導き出されている。

②**労働契約の一方当事者たる使用者**のほか，**労働条件の決定等につき直接・具体的な支配力を及ぼしうる者**も，ここでいう「使用者」に含まれる。

重要ポイント 3 不当労働行為の類型

①不当労働行為の類型には，不利益取扱い（労組法7条1号），黄犬契約（同1号），団交拒否（同2号），支配介入（同3号），経費援助（同3号），労働委員会への申立等を理由とする報復的不利益取扱い（同4号）などがある。

これらの類型は，すべて「組合の弱体化を意図する行為」と考えておけばよい。なお，反組合的意図・動機は客観面から推測されればよい。

②**不利益取扱い**は，労働組合の組合員であること，労働組合に加入もしくは結成しようとしたこと，労働組合の正当な行為をしたこと，労働委員会へ申立等をしたこと，を理由としたものでなければならない。

③**黄犬契約**とは，労働組合への不加入または労働組合からの脱退を雇用条件とする契約をいう。

④**支配介入**とは，使用者が労働組合の結成および運営を支配し介入することをいう。すなわち，組合の結成・運営における自主性を侵害する行為である。

使用者にも言論の自由があるので，事業活動の状況を説明して組合側に協力を要請するようなことは支配介入とならない。しかし，組合員を威嚇し，組合員の動揺を引き起こすような言論は支配介入となる。

⑤**経費援助**とは，労働組合の運営のための経費の支払いにつき経理上の援助を与えることをいう。

その禁止の趣旨が「組合の自主性確保」の点にあるため，これを侵害しない次のようなものについては許容されている。すなわち，労働者が**労働時間中に時間または賃金を失うことなく使用者と協議しまたは交渉**すること，**厚生資金または福利基金に対する使用者の寄付**，**最小限の広さの事務所の供与**の3つである。

⑥不利益取扱い（例：解雇）に，労働者の非違行為と組合活動という「理由の競

合」が生じた場合には，いずれが決定的動機かで不当労働行為の成否が判断される。
⑦組合を嫌悪する取引先の強要でやむなく解雇した場合でも不当労働行為となる。
⑧組合活動家を地方の支店長に昇進させる行為も，組合弱体化の意図であれば不当労働行為となる。
⑨会社の解散は，真に解散の意図に基づくものであれば不当労働行為とならないが，組合壊滅の意図で行われた偽装解散であれば不当労働行為となる。
⑩企業内に**複数の組合が並存**する場合，使用者はいずれの組合に対しても**中立的な態度を保持すべき義務**がある。

したがって，一方の組合に事務所を貸与し，他方の組合への貸与を拒絶するようなことは不当労働行為となる。

しかし，組合の組織人員に大きな開きがあるような場合に，使用者が多数組合との間で合意に達した条件で少数組合と妥結しようとして，これを譲歩の限度とする強い態度に出たとしても，誠実交渉義務や中立保持義務違反とはならない。

重要ポイント4 不当労働行為の救済

①労働委員会による救済のほか，裁判所による救済も認められている。
②労働委員会は団結権を侵害する使用者の行為（不当労働行為）の中止命令を発することができ，その類型に応じて弾力的な救済方法を選択することができる。
③救済命令には，不利益取扱いによる解雇に対する原職復帰命令および**バックペイ**（解雇期間中の賃金の支払命令），支配介入に対する**ポスト・ノーティス**（中止や陳謝等を内容とする掲示文の掲示命令）などがある。
④労働委員会の救済命令として，**条件付救済命令は可能**であるが，**抽象的不作為命令は，その裁量権の範囲を超えるので認められない**。
⑤**バックペイから中間収入を控除できるのは，平均賃金の４割まで**である（6割に達するまでの部分は控除できない）。
⑥救済手続は，申立てによってのみ開始される（職権での開始はできない）。
⑦労働組合は申立てができるが，このほかに組合員にも不利益取扱いと支配介入では申立て適格が認められている（団交拒否については争いがある）。
⑧申立期間は行為の日から１年以内であるが，継続する行為については終了した日から１年以内とされ，昇給差別の場合は，最後の給与支給日から１年以内に申立てができる。
⑨労働委員会の救済命令や申立却下処分は取消訴訟で争うことができる。
⑩取消訴訟が提起された場合，裁判所は労働委員会の命令の全部または一部に従うことを命じることができる（**緊急命令**という）。

実戦問題1　基本レベル

*
No.1　不当労働行為に関する次の記述のうち，妥当なのはどれか。

【市役所・平成10年度】

1　使用者が労働組合の組合員であることを理由として労働者を転勤させ組合活動を困難ならしめることは許されないが，その場合でも転勤が栄転である場合には不当労働行為には当たらない。

2　使用者が，労働者が労働組合に加入しないことを雇用条件とすることは許されないが，労働者が労働組合から脱退することを雇用条件とすることは不当労働行為には当たらない。

3　使用者が，雇用する労働者の代表者との団体交渉を正当な理由がないのに拒むことは許されないが，形式的であっても団体交渉に応じた場合には不当労働行為には当たらない。

4　使用者が労働組合の運営に支配・介入することは許されないが，労働者が労働組合を結成することに介入するにすぎない場合には不当労働行為には当たらない。

5　使用者が，労働組合の運営のための経費の支払いにつき経理上の援助を与えることは不当労働行為に当たるが，労働組合の厚生資金に対する寄附は例外の一つとされている。

*
No.2　不当労働行為に関する次の記述のうち，妥当なのはどれか。

【市役所・平成29年度】

1　不当労働行為にいう「使用者の行為」には，雇用主以外の事業主であっても，また，管理職，一般従業員が使用者のためにした行為も含まれる。

2　第三者が組合活動をした者を解雇するよう使用者に要求し，使用者が第三者の意図を認識しながら解雇した場合は，当該第三者の要求を不当なものであると認識しながらやむをえずにした解雇であって，使用者には不当労働行為の意思がなかったといえる。

3　労働組合に対する使用者の意見表明を制限することは，言論の自由の侵害であり，当該言論が組合員に対し威嚇的効果を与え，組合の組織，運営に影響を及ぼしたとしても，不当労働行為に当たらない。

4　団体交渉の状況から見て労使双方に譲歩の余地がない場合でも，使用者が団体交渉を打ち切ると誠実交渉義務に違反することになるため，この行為は不当労働行為に当たる。

5　不当労働行為の救済制度は，労働委員会に対する救済申立てに一本化されているため，裁判所に出訴することはできない。

No.3 ＊ **不当労働行為に関する次の記述のうち，妥当なものはどれか。**

【地方上級（全国型）・平成24年度】

1 使用者が労働組合を壊滅させるために，会社を解散して組合員を全員解雇し，事業を実際上廃止することは，不当労働行為に当たる。

2 使用者が雇用する労働者の代表者と団体交渉をすることを正当な理由なく拒否することは不当労働行為となり，また，労使双方が当該議題についてそれぞれ自己の主張・提案・説明を尽くし，これ以上交渉を重ねてもいずれかの譲歩により交渉が進展する見込みがない場合であっても，使用者側から団体交渉を打ち切ることは不当労働行為となる。

3 会社が，労働組合に対して会社施設である事業所の食堂の使用を禁止し，無許可で食堂を使用する労働組合に対して退去を求めることは，不当労働行為に当たる。

4 ストライキ参加者に対してストライキ期間についての賃金カットを行う場合であれば，たとえ使用者側に正当なストライキへの報復や組合弱体化の意図が認められる特別の事情が認められるときであっても，不当労働行為とはならない。

5 使用者が，会社が経営危機に直面してその打開策を従業員に訴えるなかで，「ストをやれば会社はつぶれる」などと発言しつつストライキの自粛を訴えた行為は，不当労働行為には当たらない。

＊＊ No.4 不当労働行為に関する次の記述のうち，判例に照らし，妥当なのはどれか。

【労働基準監督官・平成９年度】

1 他社から派遣されてきている社外労働者を，受入れ会社が，自己の勤務体制および指揮監督下に組み入れ，採用，賃金・労働条件を支配したとしても，社外労働者の直接の雇用主が法人格を有していれば，受入れ会社が当該社外労働者との関係において使用者としての不当労働行為責任を問われることはない。

2 使用者の取引先である第三者が，使用者の雇用する労働者の組合活動を理由に同人の解雇を使用者に強要し，使用者がそれを受け入れないと営業続行が不可能になると判断し，当該労働者を解雇する場合は，使用者本人が組合活動の排除を意図したというのではないので，不当労働行為にはならない。

3 使用者が，工場従業員とその父兄の集会において，工場労働組合が各工場労働組合の企業連合体に加入したことを非難し，それより脱退しなければ人員整理もありうるとする旨の不利益を暗示する発言をしたとしても，使用者にも言論の自由があり，不当労働行為にはならない。

4 労働組合が使用者の許諾を得ずに企業の施設を利用して開催した集会に対し，使用者が解散命令を発したとしても，労働組合に対して施設の利用を許諾しないことが使用者の施設管理権の濫用と認められる特段の事情がない限り，不当労働行為にはならない。

5 同一企業内に２つの労働組合が併存している場合に，使用者が一方の労働組合に事務所を貸与し，他方の労働組合に対してはこれを拒否したとしても，基本的に事務所の貸与は使用者のまったくの自由意思にゆだねられるので，不当労働行為にはならない。

実戦問題1の解説

No.1 の解説 不当労働行為

→ 問題はP.290 正答5

1 × 組合員を栄転させることで不当労働行為が成立する場合がある。

たとえ栄転であっても，組合活動を困難ならしめる目的で組合役員や熱心な活動家などを転勤させることは，団結権の侵害行為として不当労働行為が成立する（労組法7条1号）。

不当労働行為救済制度は，「労働者の団結権及び団体行動権の保護」のために，組合活動に対するこれら権利の「侵害状態を除去，是正して法の所期する**正常な集団的労使関係秩序を回復，確保**する」制度である（最判昭52・2・23，第二鳩タクシー事件）。したがって，不当労働行為の成立の是非は，この観点から判断する必要がある。

判例も，いわゆる不利益な取扱い（労組法7条1号）とは，単に経済的待遇上の不利益のみならず労働者の労働組合員としての活動に対し不利益を与える場合をも含むとして，栄転における不当労働行為の成立の余地を認めている（東京高判昭34・4・28，関東醸造事件）。

2 × 労働者が組合から脱退することを雇用条件とすることは不当労働行為となる。

労働者が労働組合に加入しないことのみならず，労働者が労働組合から脱退することを雇用条件とすることも許されない（労組法7条1号，これを**黄犬契約**という）。

このようなことは，**組合の弱体化を意図するもの**であって，団結権の侵害行為にほかならず，そのような契約については**不当労働行為が成立する**。

◆黄犬契約
英語のYellow dog contract（英語の意味は「卑劣な契約」）を直訳したために，このような言葉になっている。日本語としては意味をなさないが，このまま覚えるよりしかたがない。

3 × 団体交渉に形式的に応じることは不当労働行為としての団交拒否となる。

使用者には**誠実交渉義務**があり，合意形成に向けて誠実に交渉を行わない限り「法の所期する正常な集団的労使関係秩序を回復，確保」することは困難であるから，使用者が形だけの交渉態度に終始することは，実質的には団交拒否にほかならず，不当労働行為が成立する（労組法7条2号）。

4 × 使用者による，労働組合結成への介入は不当労働行為となる。

組合の運営のみならず，使用者がその結成に介入することも不当労働行為（**支配介入**）に該当する（労組法7条3号）。

労働組合は労働者によって自主的に組織されたものでなければならない。そうでなければ，組合員の利益を真に擁護できるとはいえないからである。そして，そのようにいえるためには，**組合は結成・運営の両面で支配者の介入から独立していなければならない**。

5 ◎ 厚生資金に対する寄付は経費援助には当たらず不当労働行為とはならない。

正しい。わが国の組合の財政基盤の弱さから，組合の自主性を害しない範囲での使用者の経費援助については，例外的に法もこれを認めており，労働組合の厚生資金に対する寄附はその一例である（労組法７条３号但書）。

No.2の解説　不当労働行為

→ 問題はP.290　**正答１**

1◎ 契約上の使用者以外でも不当労働行為の使用者性が認められる場合がある。

妥当である。不当労働行為制度の趣旨は団結権侵害行為の排除の点にあるから，これを行いうる立場にある場合には，**不当労働行為の使用者性**が認められる。

まず，雇用主以外の事業主について，判例は，「従業員の基本的な労働条件等について，**雇用主である会社と部分的とはいえ同視できる程度に現実的かつ具体的に支配，決定することができる地位**にあった（場合には），その限りにおいて，労働組合法７条にいう『**使用者**』に当たる」とする（最判平７・２・28，朝日放送事件）。

また，管理職，一般従業員が使用者のためにした行為について，判例は，「労働組合法２条１号所定の使用者の利益代表者に近接する職制上の地位にある者が使用者の意を体して労働組合に対する支配介入を行った場合には，**使用者との間で具体的な意思の連絡がなくとも，当該支配介入をもって使用者の不当労働行為と評価することができる**」とする（最判平18・12・８，ＪＲ東海事件）。

◆不当労働行為の主体である「使用者」性

①	労働契約の一方当事者たる使用者 →不当労働行為における使用者に当たる。 →契約の名称が請負，あるいは委任となっていても，使用者性が認められることがある（最判昭62・２・26，阪神観光事件）。
②	労働契約関係成立の可能性が現実的かつ具体的に存在する場合 →不当労働行為における使用者に当たる。 →解雇の効力や条件が争われている場合などがその例。この場合は，労働契約が終了しているので上記①には該当しない。しかし，解雇の撤回や退職金の上積みなどを求めて組合側が団体交渉を申し入れた場合には，使用者はこれに応じなければならない。 →解雇から長期間が経過し，その間解雇の効力が争われていなかったなどの事情があるときは，使用者性は認められない（被解雇者からの団交申入れを拒否しても不当労働行為とはならない）。
③	労働条件の決定等につき直接・具体的な支配力を及ぼしうる者 →不当労働行為における使用者に当たる。 →子会社の労働者の労働条件が，親会社の指示のもとに決定されているような場合がその例である。子会社の従業員は，親会社に対しても団体交渉を申し入れることができる。

2 × 組合嫌悪の取引先から強要されて労働者を解雇すれば不当労働行為が成立。

不当労働行為制度は使用者の処罰を目的としたものではなく，**団結権侵害行為を排除して団体交渉の環境整備を行い，それを通じて「安定した労使関係秩序の構築」を目指すもの**である。

そうであれば，たとえ第三者の要求を不当と認識しながらやむをえずにした解雇であっても，「組合活動を理由とする解雇」であることに変わりはなく，それは団結権を脅かす行為にほかならない。したがって，この場合にも「団結権侵害行為を排除して団体交渉の環境整備を行う」必要性が認められるので，不当労働行為の成立が肯定されることになる（最判昭46・6・15，山恵木材事件）。

3 × 使用者の言論が組合の運営等に影響を及ぼす場合は不当労働行為となる。

判例は「**使用者の言論**が組合員に対し威嚇的効果を与え，組合の組織，運営に現実に影響を及ぼすような場合はもちろん，**一般的に影響を及ぼす可能性のある場合は支配介入になる**」とする（最判昭57・9・10，プリマハム事件）。

使用者にも言論の自由が認められているので，労働組合のあり方や活動に関する使用者の意見表明が直ちに不当労働行為を構成するわけではない。しかし，憲法が表現の自由とともに労働者の団結権をも併せて保障している以上，言論の自由といえども団結権を侵害することは許されず，それが**団結権に不当な影響を及ぼすと判断される場合には，不当労働行為（支配介入）が成立する**ことになる。

◆使用者の言論と不当労働行為

この事件における使用者の言論は，「会社は，組合の要求に対して現在以上の回答を出すことは不可能なので，組合がストを強行すれば，会社としては重大な決意をせざるをえない」という趣旨のものであった。この「重大な決意」という威嚇的発言のために，組合に大量の脱退者が出て，その結果組合はストを中止せざるをえなくなったというものである。

4 × 交渉が進展する見込みがなければ，団交打切りも不当労働行為ではない。

それ以上交渉を重ねてもいずれかの譲歩により交渉が進展する見込みがないのであれば，交渉は無意味である。したがって，**団交打切りは正当な理由があって行われている**のであるから，不当労働行為は成立しない（最判平4・2・14，池田電器事件）。

5 × 不当労働行為について，司法的救済を求めることもできる。

不当労働行為に対しては，差別待遇等の不法行為を理由とする損害賠償請求や，団体交渉を求める地位の確認を求める訴え（最判平3・4・23，国鉄事件）などの司法的救済も可能である。

No.3の解説　不当労働行為

→問題はP.291　正答5

1 × 労働組合を壊滅させるためでも，真の解散ならば不当労働行為とならない。

解散が経営の断念ではなく**単なる偽装のもの**であって，実質的には事業を継続していると判断される場合には，当該解散は**組合活動を困難にすることを目的として行われたものとして不当労働行為が成立**する（大阪高判昭59・3・30，布施自動車教習所事件）。

しかし，使用者が**労働組合に対する嫌悪感から事業経営を断念**し，会社を解散させても，それ自体は**使用者の営業の自由に属する事柄**であって，不当労働行為は成立しない。

2 × 交渉が進展する見込みがなければ，団交打切りも不当労働行為ではない。

それ以上交渉を重ねてもいずれかの譲歩により**交渉が進展する見込みがない**のであれば，交渉は無意味である。したがって，**団交打切り**は正当な理由があって行われているのであるから，**不当労働行為は成立しない**（最判平4・2・14，池田電器事件）。その場合，労働者側はストライキに訴えて使用者側の譲歩を引き出すほかはない。

なお，どちらか一方が新たな提案をしてきたような場合には交渉を再開させる必要があり，その場合に使用者が正当な理由なく交渉を拒否すれば不当労働行為となる。

3 × 労働組合による食堂の無許可使用の禁止は，不当労働行為ではない。

労働組合といえども，会社の施設内ではその管理権に服するので，無許可で施設を使用することはできない（最判昭54・10・30，国鉄札幌駅事件）。したがって，無許可で食堂を使用する労働組合に対して退去を求めることは，「従来黙認していた組合の食堂使用について，組合嫌悪の情から急に退去を求めてきた」などの特別の事情がなければ，不当労働行為に当たらない。

4 × ストの報復や組合弱体化の意図での賃金カットは不当労働行為に当たる。

スト中は，**ノーワーク・ノーペイの原則**により，使用者は賃金カットを行うことができる。ただ，従来はストの場合でも行わなかった賃金カットを，ストに対する報復や組合弱体化の意図で行ったなどという場合には，その賃金カットは不当労働行為となる。

5 ◎ 経営に対する見解表明や協力要請にとどまる言論は不当労働行為ではない。

正しい。本肢の場合，使用者の発言は，**全体としては会社の率直な意見の表明の域にとどまる**ものであり，不当労働行為は成立しないとされている（中労委命令昭57・6・2，日本液体運輸事件）。

No.4 の解説 不当労働行為

→ 問題はP.292 正答4

1 × 労働条件等を支配している受入会社は，団体交渉に応じる義務がある。

受入れ会社は，社外労働者からの団交申入れを正当な理由なく拒否すれば，使用者としての不当労働行為責任を問われることになる（最判昭62・2・6，阪神観光事件）。

受入れ会社が社外労働者を自己の勤務体制および指揮監督下に組み入れ，採用，賃金・労働条件を支配している場合，受入れ会社は，社外労働者の労働条件その他の待遇に関して実質的な決定権を有していることになる。したがって，受入れ会社は社外労働者の労働条件その他の待遇に関して団体交渉上の使用者の地位にあるといえる。そのため，**正当な理由なく団体交渉を拒否すれば，受入れ会社には不当労働行為が成立する**。

2 × 組合嫌悪の取引先から強要されて労働者を解雇すれば不当労働行為が成立。

組合活動を理由に解雇が行われている以上，使用者に不当労働行為（組合活動を理由とする不利益取扱い）が成立する（最判昭46・6・15，山恵木材事件）。

現行の不当労働行為制度は，使用者に対する制裁を目的とした制度ではない。それは，団結に対する侵害状態を除去して，正常な労使関係秩序を構築しようとするものである。したがって，労働委員会は，**団結権の侵害状態**があれば，それを不当労働行為と認定して**救済命令を発することができる**。制裁を目的としていない以上，それが**第三者の強要による場合であっても同様**である。

本肢では，使用者によって現実に組合活動を理由とする不利益取扱いが行われている。したがって，労働委員会は，これを不当労働行為と認めて救済命令を発することができる。

3 × 使用者が組合の運営等に影響を及ぼす発言をすれば不当労働行為となる。

判例は，客観的に組合活動に対する非難と組合活動を理由とする不利益取扱いの暗示とを含むものと認められる発言により，組合の運営に対し影響を及ぼした事実がある以上，組合の運営に対する介入（不当労働行為）があったと認定できるとする（最判昭29・5・28，山岡内燃機事件）。

前述したように，現行の不当労働行為制度は，使用者に対する制裁を目的とした制度ではなく，団結に対する侵害状態を除去して，正常な労使関係秩序を構築しようとするものである。したがって，**使用者の言論が客観的に組合の運営に対し影響を及ぼした事実がある**以上，その侵害状態を除去して，正常な労使関係秩序を回復することが必要となる。そのため，本肢のような場合についても不当労働行為が成立し，労働委員会はこれに対して**救済命令を発することができる**。

4 ◎ 組合の企業施設の無断使用に対し使用者が解散を命じることは正当である。

正しい（最判昭58・12・20，新宿郵便局事件）。企業施設は，企業が営業活動に使用する目的で設置・管理しているものであるから，労働組合は，当然に企業施設を組合活動のために使用する権利を有するわけではなく，また，使用者は組合による企業施設の使用を受忍すべき義務を負うわけではない。**労働組合が企業施設を利用する場合には，使用者の許諾を得なければならず**，これを得ないでなされた利用に対して使用者が解散を命ずる等の行為を行ったとしても，それが**施設管理権の濫用と認められる特段の事情がない限り，不当労働行為は成立しない。**

5 × **複数組合に対して中立的な態度と見られない場合は不当労働行為となりうる。**

同一企業内に**複数の組合が併存**する場合には，使用者は**いずれの組合に対しても中立的な態度を保持すべき**であるから，一方の組合に事務所を貸与し，他方の組合への貸与を拒絶するようなことは，他方組合の活動力を低下させ，その弱体化を図ろうとする意図が推認されるので，使用者に不当労働行為が成立する（最判昭62・5・8，日産自動車事件）。

実戦問題2 応用レベル

＊＊
No.5 わが国の不当労働行為救済制度の特色に関する次の記述のうち，妥当なものはどれか。 【地方上級・平成11年度】

1 労働組合法は，不当労働行為の内容としては，使用者の不当労働行為のみならず，労働組合の不当労働行為をも規定し，不当労働行為救済制度は対等な団体交渉関係の擁護のために使用者および労働組合の双方を規制する制度として定立している。

2 労働委員会は使用者側と労働者側の二者構成をとっている。二者構成は，不当労働行為事件の解決について第三者の介入を回避し，両者に徹底的に議論させることで両当事者の歩み寄りを促進する役割を果たしている。

3 労働委員会の審査は一審制で，都道府県労働委員会の命令に不服であるとして中央労働委員会に再審を申し立てることはできないが，法律問題について裁判所の判断を求めることは許されている。

4 労働委員会は紛争調整の権限を併せ持ち，これによって，不当労働行為事件について斡旋などの手続きを併用することができるので，事件の内容によってはその解決のために有効である。

5 不当労働行為事件の和解による解決については，労働委員会の調査・審問が開始されると，それが終わるまで和解は許されず，したがって，和解による解決は当事者が望んでも，手続きのどの段階でも行われえないことになる。

＊＊
No.6 不当労働行為に関するア～オの記述のうち，妥当なもののみをすべて挙げているのはどれか。ただし，争いのあるものは判例の見解による。

【国家総合職・平成25年度】

ア：支配介入について，労働組合法上の使用者の利益代表者に近接する職制上の地位にある者が，使用者の意を体して労働組合に対する支配介入を行った場合には，使用者との間で具体的な意思の連絡があるときのみ，当該支配介入をもって使用者の不当労働行為と評価することができる。

イ：使用者は，企業内に併存する各組合に対し，中立的態度を保持し，その団結権を平等に承認，尊重すべきであり，団体交渉の場面においてみるならば，合理的，合目的的な取引活動とみられる使用者の態度であっても，当該交渉事項については既に特定の組合に対する団結権の否認ないし同組合に対する嫌悪の意図が決定的動機となって行われた行為があり，当該団体交渉がそのような既成事実を維持するために形式的に行われていると認められる特段の事情がある場合には，当該団体交渉の結果としてとられている使用者の行為についても不当労働行為が成立する。

ウ：労働組合法第７条が定める不当労働行為の禁止は，労働委員会による救済の前提要件にすぎないため，使用者による解雇が不当労働行為と評価されたとしても，当該解雇が私法上も無効となるわけではない。

エ：労働委員会による，不当労働行為である解雇に対する救済としてのバックペイを伴う復職命令について，バックペイからの中間収入控除の要否及びその金額の決定に当たっては，被解雇者に対する侵害に基づく個人的被害の救済という観点からだけではなく，解雇による組合活動一般に対する侵害の除去・是正という観点からも検討されなければならない。

オ：労働委員会による不当労働行為の救済としてのポスト・ノーティス命令は，今後同種の行為を繰り返さない旨の約束を強調するにすぎないものであったとしても，使用者に対して反省等の意思表明を強制するものに変わりはなく，憲法第19条が保障する良心の自由を侵害するため，無効である。

1　ア，イ
2　ア，オ
3　イ，エ
4　ウ，エ
5　ウ，オ

実戦問題2の解説

No.5の解説　不当労働行為救済制度の特色　→問題はP.299　正答4

1 × 労働組合法は，労働組合の不当労働行為については規定していない。

わが国の法制下においては，**不当労働行為の主体は使用者に限定**されており（労組法７条），労働組合の不当労働行為なる制度は存在しない。

たとえば使用者の交渉申入れを組合が拒否したとしても，労働委員会による救済の対象にはならない。これは，企業別組合が中心で組合の力が相対的に弱いわが国の状況下では，あえて組合の不当労働行為を制度化する必要に乏しいからである。

2 × 労働委員会は使用者委員と労働者委員，公益委員の三者構成がとられている。

争議行為は単に労使の紛争というにとどまらず，それが公益に及ぼす影響も無視できないことから，労働委員会は使用者を代表する者（**使用者委員**）と労働者を代表する者（**労働者委員**）に加えて，公益を代表する者（**公益委員**）を合わせた**三者構成**がとられている（労組法19条１項）。

3 × 不当労働行為に関する労働委員会の審査は二審制である。

不当労働行為に関する**労働委員会の審査**については**二審制**がとられており，初審たる都道府県労働委員会の命令（または却下決定）に不服がある場合には，中央労働委員会に対して再審査を申し立てることができる（労組法27条の15）。

4 ◎ 労働委員会は，不当労働行為の解決に斡旋の手段を用いることができる。

正しい。労働委員会には紛争の調整権限があるので，不当労働行為を労使の紛争ととらえて斡旋を行うことも認められている。

5 × 労働委員会での調査・審問の開始後でも，当事者は自由に和解をなしうる。

労使紛争では，あくまでも当事者の自主的な解決が原則とされ，労働委員会の関与は補助的なものにすぎないので，たとえ労働委員会で調査・審問が開始された場合であっても，**手続のどの段階においてであれ，当事者は自由に和解を行うことができる**（労組法27条の14）。

No.6の解説　不当労働行為　→問題はP.299　正答3

ア × 利益代表者に近接する地位の者の支配介入は使用者の支配介入と評価しうる。

判例は，「労働組合法２条１号所定の使用者の利益代表者に近接する**職制上の地位にある者**が使用者の意を体して労働組合に対する支配介入を行った場合には，使用者との間で具体的な意思の連絡がなくとも，当該支配介入をもって**使用者の不当労働行為**と評価することができる」とする（最判平18・12・８，JR東海事件）。

イ ○ 使用者は並存するいずれの組合に対しても中立的態度を保持する義務がある。

妥当である（最判昭60・４・23，日産自動車事件）。

ウ× **不当労働行為による解雇には，解雇としての効力は認められない。**

判例は，「不当労働行為禁止の規定は，憲法28条に由来し，労働者の団結権・団体行動権を保障するための規定であるから，当該法条の趣旨からいって，これに違反する法律行為は当然に無効」であるとして，不当労働行為による解雇には，解雇としての効力は認められないとする（最判昭43・4・9，医療法人新光会事件）。

エ○ **中間収入控除の要否や金額決定には組合活動の侵害除去の面も考慮される。**

妥当である。不当労働行為による解雇が行われた場合に，その期間中の賃金の支払い（バックペイ）を使用者に命ずるに際して，その期間中労働者が他に職を得て賃金も得ていたという場合に，バックペイの額からその中間収入を控除すべきかについては，「解雇により被解雇者の受けた個人的被害の救済の観点だけではなく，労働者らの組合活動一般に対して与えた侵害を除去し**正常な集団的労使関係秩序を回復，確保するという観点をもあわせ考慮**して，合理的裁量により，右他収入の**控除の要否及びその程度を決定**しなければならない」としている（最判昭52・2・23，第二鳩タクシー事件）。

◆不当労働行為の救済における労働委員会の合理的裁量

不当労働行為救済制度の目的は，団結権を侵害する使用者の行為を行政救済という簡易な手続で排除し，団体交渉を助成して将来に向けて安定した労使関係秩序を構築していくことにある（労組法1条1項）。

したがって，労働委員会は，各事案に即したもっとも効果的な救済方法を自ら自由に立案して発することができる（救済に関する労働委員会の広範な裁量）。上記判例がいう「合理的裁量」とは，そのような意味である。

オ× **ポスト・ノーティス命令は，憲法19条の良心の自由の侵害には当たらない。**

ポスト・ノーティス命令とは，使用者が不当労働行為を行ったことを認め，同様の行為を繰り返さない旨を事業場内等に掲示することを命じる労働委員会の命令をいう。

判例は，「『深く反省する』，『誓約します』などの文言は，**同種行為を繰り返さない旨の約束文言を強調する意味を有するにすぎない**ものであり，使用者に対し反省等の意思表明を要求することは，救済命令の本旨とするところではない」として，憲法19条が保障する**良心の自由の侵害には当たらない**とする（最判平2・3・6，亮正会事件）。

以上から，妥当なものは**イ**と**エ**であり，正答は**3**である。

実戦問題❸ 難問レベル

＊＊＊
No.7 甲社において，事業場の過半数を組織する多数労働組合のA組合と，残余の労働者を組織する少数労働組合のB組合とが併存する。この場合において妥当なものはどれか。 【国家総合職・平成２年度】

1 甲社がA組合と，「A組合を唯一の交渉団体と認め，他のいかなる組合とも団体交渉を行わない」との労働協約を締結することは，当該労働協約の効力が甲社とA組合との間で発生し，なんらB組合に及ぶものではないから，当事者間では有効であるとするのが通説である。

2 甲社は，A・Bいずれの組合との関係においても誠実に団体交渉を行うべきことが義務づけられ，各組合を平等に取り扱い中立を保持する義務を負うが，各組合の組織力・交渉力に応じて，合理的・合目的的な対応をすることは，特段の事情がある場合を除き，上述の義務に反するものと見なされるべきでないとするのが判例である。

3 使用者がA組合所属の労働者について賞与の人事考課率を査定するに当たり，その組合所属を理由にB組合所属の労働者よりも低く査定したことが不当労働行為に該当する場合，労働委員会が使用者に対し不当労働行為がなければ得られたであろう人事考課率を示し，その数値を基礎にして再計算した賞与の額と支給済額との差額の支給を命ずることは，労働委員会にゆだねられた裁量権を逸脱し許されないとするのが判例である。

4 B組合が甲社に対してストライキを行っている間に，甲社がA組合の組合員を使用して操業を続行することは，B組合の行うストライキを破る行為であり，B組合に対する支配介入として不当労働行為になるとするのが判例である。

5 甲社が，A・B両組合に年末一時金上積み支給に関して「生産性の向上に協力すること」との前提条件を付して回答し，B組合の組織を弱体化させようとの意図の下に当該条件の受諾に固執した結果，A組合は当該条件を受諾して上積み支給され，B組合は受諾を拒否して上積み支給されないことになった場合，甲社が同一の条件を提示している限り，B組合に対する不当労働行為となることはないとするのが判例である。

＊＊＊
No.8 不当労働行為に関するア～オの記述のうち，判例に照らし，妥当なもののみをすべて挙げているのはどれか。 【国家総合職・令和３年度】

ア：住宅設備機器の修理補修等を業とする会社と個人業務委託契約を締結してその修理補修等の業務に従事する受託者は，会社の事業の遂行に不可欠な労働力としてその恒常的な確保のために会社の組織に組み入れられており，業務委託契約の内容は会社が一方的に決定し，その報酬は労務の提供の対価としての性質を有するなどの事情があったとしても，業務委託契約である以上，いわゆる外注先であって，会社との関係において労働組合法上の労働者に当たる余地はないから，受託者の労働条件の変更等を議題とする団体交渉を会社が拒否しても，不当労働行為には当たらない。

イ：一般に使用者とは労働契約上の雇用主をいうものであるが，雇用主以外の事業主であっても，雇用主から労働者の派遣を受けて自己の業務に従事させ，その労働者の基本的な労働条件等について，雇用主と部分的とはいえ同視できる程度に現実的かつ具体的に支配，決定することができる地位にある場合には，その限りにおいて，当該事業主は，労働組合法上，不当労働行為を禁止される使用者に当たる。

ウ：同一企業内に圧倒的多数を組織する多数派組合と少数派組合とが併存しており，使用者が両組合に対し，同一時期に同一内容の労働条件の提示を行い，それぞれ団体交渉を行ったところ，多数派組合との間で合意が成立したが，少数派組合との間では意見の対立点がなお大きい場合に，使用者が，少数派組合に対し，多数派組合と合意した労働条件を譲歩の限度とする強い態度を示したため，少数派組合とは合意に至らなかった結果，これにより同組合の組合員のみに不利益を生じさせることは，特段の事情のない限り，少数派組合の弱体化を企図するものとして不当労働行為となる。

エ：使用者が毎年行っている昇給に関する考課査定が，その従業員の向後１年間における毎月の賃金額の基準となる評定値を定めるものである場合，考課査定において使用者が労働組合の組合員について組合員であることを理由として他の従業員より低く査定したときは，考課査定行為が賃金支給行為の前提であることから，当該査定に基づく賃金上の差別的取扱いの是正を求める救済の申立ては，当該査定の日から１年以内にされなければならない。

オ：使用者が，労働組合からの団体交渉の申入れに対し，申入れを受けた事項が団体交渉の対象事項であるにもかかわらず，これに該当しないとして団体交渉を拒否した場合，労働組合は，これを不当労働行為として労働委員会に救済を求めることができるほか，裁判所に対し，当該事項について団体交渉を求め得る地位にあることの確認を求める訴えを提起することもできる。

1　ア，エ　　**2**　イ，ウ　　**3**　イ，オ
4　ア，ウ，エ　　**5**　イ，エ，オ

実戦問題3の解説

No.7の解説　組合併存と不当労働行為

→問題はP.303　正答2

1 ×　労働協約の唯一交渉団体条項は他組合の団交権を侵害するので無効である。

いわゆる**唯一交渉団体約款**であるが，このような条項は他の組合の団体交渉権を侵害するもので無効である。

2 ◎　労働条件統一のため多数組合と妥結した条件の受諾を少数組合に求めてよい。

正しい。たとえば併存組合の組織人員に大きな開きがあるような場合に，使用者が多数派組合との間で合意に達した条件で少数派組合と妥結しようとして，これを譲歩の限度とする強い態度に出たとしても，これによって**誠実交渉義務**や**中立保持義務**に違反することになるわけではない（最判昭60・4・23，日産自動車事件）。

3 ×　労働委員会は再査定と直接是正のいずれの命令も事案に応じて選択できる。

算定方法に十分な根拠があれば，原状回復という救済命令の趣旨を逸脱するものではないので，このような命令も違法ではない（最判昭61・1・24，紅屋商事事件）。

本肢は，**昇給差別に対する救済方法**として，労働委員会が使用者に対して**差別がなかった場合との差額の支払を命ずることができる**のかというものである。判例は，このような命令も「労働委員会にゆだねられた裁量権の行使として許される」とする。

4 ×　スト中に使用者が操業を継続しても，不当労働行為は成立しない。

判例は，「使用者は，労働者側の正当な争議行為によって業務の正常な運営が阻害されることは受忍しなければならないが，**ストライキ中であっても業務の遂行自体を停止しなければならないものではなく**，操業阻止を目的とする労働者側の争議手段に対しては**操業を継続するために必要とする対抗措置をとることができる**」としており（最決昭53・11・15，山陽電気軌道事件），B組合のスト中にA組合の組合員を使用して操業を継続してもB組合に対する支配介入は成立しない。

5 ×　少数組合が拒否した前提条件に合理性がなければ不当労働行為が成立する。

同一企業内に複数の組合が併存する場合，使用者は併存組合のいずれに対しても**中立保持・平等取扱いの義務**が課せられる。したがって，団体交渉においても使用者は組合ごとに異なる条件を提示することはできず，**すべての組合に同一の条件を提示しなければならない**。ただし，各組合は，独自に使用者と団体交渉を行い，その自由な意思決定に基づき労働協約を締結し，あるいはその締結を拒否する権利を有するので（最判昭60・4・23），一方の組合が協約締結にこぎつけ，他方の組合がこれを拒否したために，結果として各組合員の労働条件に差異が生じることはやむをえないものとされる。そのため，この場合には原則として不当労働行為の問題は生じない。

しかし，本肢事案のように，使用者が「B組合が**受け入れることのできないような前提条件**を，B組合が受諾しないであろうことを予測しえたにもかかわらずあえて提案し，しかも，B組合の前提条件受諾拒否の態度は理由のないものではない」という事情の下においては，**使用者がその前提条件に固執**して，その当然のなりゆきとして「A組合受諾→協約締結，B組合拒否→協約未締結」という事態に至れば，B組合の組合員は一時金の支給を受けられず，そのことが同組合員らの間に動揺を来し，「B組合の組織力に少なからぬ影響を及ぼし，ひいてはその**弱体化を来たすであろうことは容易に予測しうる**」ことである。したがって，この場合には，使用者の前提条件への固執はB組合を弱体化させようとの意図の下に行われた行為として**不当労働行為が成立する**ことになる（最判昭59・5・29，日本メール・オーダー事件）。

No.8 の解説　不当労働行為

→問題はP.303　**正答3**

ア× **会社との業務委託契約に基づく業務従事者は労働組合法上の労働者に当たる。**

判例は，住宅設備機器の修理補修等を業とする会社が，その**会社と業務委託契約を締結して修理補修等の業務に従事する者**（内部でCE－カスタマーエンジニアと称されていた）との関係で労働組合法上の使用者に当たるかが争われた事案で，①CEは，被上告人の上記事業の遂行に不可欠な労働力として，その恒常的な確保のために被上告人の組織に組み入れられていたこと，②個別の修理補修等の依頼内容をCEの側で変更する余地がなく，会社がCEとの契約内容を一方的に決定していたこと，③CEは，基本的に被上告人による個別の修理補修等の依頼に応ずべき関係にあったことなどを理由に，**会社は労働組合法上の使用者に当たる**とした。

その上で，交渉の議題は「いずれもCEの労働条件その他……の団体的労使関係の運営に関する事項であって，かつ，会社が決定することができるものと解されるから，**会社が正当な理由なく団体交渉を拒否することは許されず**，CEが労働組合法上の労働者に当たらないとの理由でこれを拒否した行為は，労働組合法7条2号の不当労働行為を構成する」とする（最判平23・4・12，INAXメンテナンス事件）。

イ○ **契約上の使用者以外でも不当労働行為の使用者性が認められる場合がある。**

妥当である。雇用主以外の事業主について，判例は，「**従業員の基本的な労働条件等について，雇用主である会社と部分的とはいえ同視できる程度に現実的かつ具体的に支配，決定することができる地位にあった**（場合には），その限りにおいて，労働組合法7条（不当労働行為）にいう『**使用者**』に当たる」とする（最判平7・2・28，朝日放送事件）。

ウ× **労働条件統一のため多数組合と妥結した条件の受諾を少数組合に求めてよい。**

判例は，「使用者が，**多数派組合との間で合意に達した労働条件で少数派組合とも妥結しようとするのは自然の成り行き**というべきであって，少数派組合に対し同じ条件を受諾するよう求め，これをもって譲歩の限度とする強い態度を示したとしても，そのことから直ちに使用者の交渉態度に非難すべきものがあるとすることはできない」として,「このような場合に,労使双方があくまで自己の条件に固執したため労働協約が締結されず,これにより少数派組合の組合員が協約の成立を前提としてとられるべき措置の対象から除外され,このことが同組合員に経済的不利益の結果をもたらし,ひいて組合員の減少の原因となり,組合内部の動揺やその団結力の低下を招くに至ったとしても,それは,当該組合自身の意思決定に基づく結果にすぎず,ひっきょう,組合幹部の指導方針ないし状況判断の誤りに帰すべき問題である」として,**不当労働行為は成立しない**とする(最判昭60・4・23,日産自動車事件)。

エ × **判例は,救済申立期間を最後の賃金支払時から算定できるとする。**

判例は,「考課査定において使用者が労働組合の組合員について組合員であることを理由として他の従業員より低く査定した場合,その賃金上の差別的取扱いの意図は,賃金の支払によって具体的に実現されるのであって,査定とこれに基づく毎月の賃金の支払とは一体として一個の不当労働行為をなすものとみるべきである。そうすると,**査定に基づく賃金が支払われている限り不当労働行為は継続することになる**から,査定に基づく賃金上の差別的取扱いの是正を求める救済の申立てが査定に基づく賃金の最後の支払の時から一年以内にされたときは,救済の申立ては,労働組合法27条2項の定める期間内にされたものとして適法というべきである」とする(最判平3・6・4,紅屋商事事件)。

オ ○ **判例は団体交渉を求める地位の確認請求について訴えの利益を認めている。**

妥当である。裁判所によって,**その事項が団体交渉の対象事項に当たる**こと(したがって組合はその事項に関し団交を求める地位にあること)の確認がなされれば,使用者は団交拒否の正当な理由を失うことになる。そのため,判例はこのような**確認請求の訴えを認めている**(最判平3・4・23,国鉄事件)。

以上から,妥当なものは**イ**と**オ**であり,正答は**3**である。

労働紛争の処理・労使関係

必修問題

労働審判法に関するア～オの記述のうち，妥当なもののみをすべて挙げているのはどれか。　【国家総合職・平成23年度】

ア：労働関係における紛争は，使用者と労働組合との間の**集団的労使紛争**と，使用者と個々の労働者との間の**個別労働紛争**に大別されるが，**労働審判法**は，その対象を後者に限定している。

イ：労働審判手続は，高等裁判所において，裁判官２名と労働関係の専門的な知識経験を有する者１名によって組織される**労働審判委員会**が行うこととされている。

ウ：労働審判手続は，紛争の迅速で集中的な解決を図るため，原則として，３回以内の期日において，審理を終結しなければならないとされている。

エ：労働審判手続では，紛争の解決の方法として，当事者間の調停の成立による解決と当事者が審判を受諾することによる解決の二つが想定されているが，両者はいずれも**裁判上の和解**と同一の効力をもつものとされている。

オ：当事者が審判を受諾することができない場合，当事者から裁判所への異議の申立てによって労働審判は失効することとなるが，当事者が改めて訴えを提起しない限り，民事訴訟手続に移行することはない。

1　ア，イ，ウ　　**2**　ア，イ，オ　　**3**　ア，ウ，エ
4　イ，エ，オ　　**5**　ウ，エ，オ

難易度　＊＊

必修問題の解説

労働紛争にはさまざまな形態のものがあり，それぞれ以下のように紛争処理手続きが異なっている。

種類	内容	紛争処理手続き
個別的紛争	労基法違反行為	労基署の監督による違反の是正
	上記以外（※）の個別的労働紛争	・個別紛争法等（行政的な紛争解決促進） ・労働審判法（司法が関与した紛争処理）
集団的紛争	不当労働行為	（労組法）労働委員会による救済命令，司法的救済
	労働争議	（労調法）労働委員会によるあっせん，調停，仲裁

※上記以外とは，次のようなものをいう。まず配転や出向のように労働基準法に規定のないものについては，労基署の権限行使の対象外である。また，解雇を巡る紛争（解雇権の濫用かどうかなど）も労基署による解決は困難である。

両者のうち個別的紛争とは，労働組合がかかわる集団的労使関係の問題ではなく，**個々の労働者と使用者間の紛争処理の問題**であるが，労働法の最後にまとめる形で，本テーマを含めてこの章で扱うことにする。

ア○ 労働審判法は，個別的労働紛争のみを対象とする。

妥当である。労働審判制度は，増加傾向にある個別的労働関係事件について，簡易な手続きによって，迅速かつ実効的な解決を目指して創設されたものである（労働審判法１条）。

イ× 労働審判委員会は地方裁判所内に設置される。

労働審判委員会は地方裁判所内に設置される（労働審判法２条）。また，委員会は，**裁判官から選任される労働審判官**１名と労働関係に関する**専門的な知識と経験を有する労働審判員**２名の計３名で組織される（同法７条）。

ウ○ 労働審判は，迅速な解決を目指して原則として期日３回以内で審理される。

妥当である。原則として期日３回以内で審理され（労働審判法15条２項），その中で調停が試みられる。

エ○ 労働審判には裁判上の和解と同一の効力が認められる。

妥当である。適法な異議の申立てがなく，調停または審判が確定すると，それには**裁判上の和解**と同一の効力が認められる（労働審判法21条４項）。

なお，裁判上の和解には確定判決と同一の効力が認められる（民事訴訟法267条）。

オ× 適法な異議の申立てがあれば，事件はそのまま民事訴訟手続に移行する。

労働審判に対し適法な異議の申立てがあったときは，労働審判手続の申立てに係る請求については，当該労働審判手続の申立ての時に労働審判が行われた際にその事件が係属していた地方裁判所に訴えの提起があったものとみなされる（労働審判法22条１項）。

以上から，妥当なものは**ア**，**ウ**，**エ**の３つであり，**3**が正答となる。

正答 3

FOCUS

労働紛争の処理は，個別労働関係紛争解決促進法と労働審判法という新しい２つの法律が整備されたことから，近時出題が増加する傾向にある。新テーマとして注目が集まっているので，制度の内容を十分に把握しておこう。また，労使関係についての問題は，労働法の総合的な力を試す内容になっているので，総復習と知識の整理をかねて問題を解いてみよう。

POINT

重要ポイント 1 労働委員会

①主要なものに都道府県労働委員会と中央労働委員会の2つがある。
②都道府県労働委員会は，都道府県知事の所轄の下に置かれる都道府県の機関であって，中央労働委員会の下部機関ではない。
③労働委員会は，使用者委員（使用者を代表する者），労働者委員（労働者を代表する者），公益委員（公益を代表する者）の三者によって構成される。

重要ポイント 2 争議行為の調整

①争議行為の調整は労働委員会の専権ではなく，労使以外の第三者たる私人が行ってもよい。
②労働委員会による争議行為の調整手段には，斡旋，調停，仲裁の3つがある。

斡旋	・労働委員会の会長から指名された斡旋員が行う調整手段 ・斡旋案を出すかどうかは斡旋員の判断にゆだねられる。また，斡旋案には当事者を拘束する効力はない。
調停	・労働委員会の中に，公労使三者構成による調停委員会が設けられる。 ・調停委員会は調停案を作成して，労使双方にその受諾を勧告する。 ・調停案を受諾するかどうかは自由である。
仲裁	・公益委員（または公益を代表する特別調整委員）で構成される仲裁委員会が，仲裁裁定を出すことによって行う調整手段 ・仲裁裁定には，当事者を拘束する効力がある。そのため，仲裁には当事者双方または労働協約の定めに基づく双方または一方の申請が必要

重要ポイント 3 不当労働行為に対する労働委員会の救済命令

①都道府県労働委員会の救済命令が再審査請求や取消訴訟提起のないまま確定した場合には，この命令に従わない者には過料の制裁がある。
②取消訴訟が提起されたが確定判決によって救済命令が支持された場合，この命令に従わない者には，刑罰の制裁がある。
③使用者が，労働委員会の不当労働行為救済命令の取り消しを求めて訴えを提起した場合，受訴裁判所は，救済命令の実効性確保のため，**使用者に救済命令の全部または一部に従うべき旨を命じること**ができる。これを**緊急命令**という。

重要ポイント 4 個別労働関係紛争解決促進法（略称「個別紛争法」）

①個別紛争法は，個々の労働者と使用者間の個別労働関係に関する紛争の解決を促進するための行政的な手続きを定めるものである。
②企業内における労使の自主的解決が基本とされる。
③募集採用に関する紛争も対象となる。
④紛争の未然防止や自主的解決の促進のために，都道府県労働局長は，必要な情報の提供や相談その他の援助を行うものとされている。
⑤都道府県労働局長は，当事者の双方または一方からその解決の援助を求められた場合には，紛争の当事者に対して必要な助言や指導を行うことができる。

⑥都道府県労働局長は，当事者の双方または一方からのあっせんの申請にもとづいて，同局内におかれた**紛争調整委員会**にあっせんを行わせることができる。
⑦あっせん委員は，あっせんに係る紛争について，あっせんによっては紛争の解決の見込みがないと認めるときは，あっせんを打ち切ることができる。
⑧⑦によりあっせんが打ち切られた場合において，あっせん申請者がその旨の通知を受けた日から30日以内に訴えを提起したときは，**時効の中断**に関しては，**あっせんの申請の時に訴えの提起があったものとみなされる**。

重要ポイント5 労働審判制度

①労働審判手続は，事業主と個々の労働者との間の個別労働関係に関する紛争（解雇，賃金不払いなど）を迅速に解決するために平成18年4月1日から開始された制度である。
②紛争解決に当たる労働審判委員会は，**地方裁判所内に設置**される。委員会は，**裁判官から選任される労働審判官1人**と労働関係に関する専門的な知識と経験を有する**労働審判員2人**の計3名で組織される。
③原則として期日3回以内で審理され，その中で調停が試みられる。次の2つの解決ルートがある。
　ⅰ）3回の期日中に調停が成立
　ⅱ）最終的に委員会が解決案を呈示し，双方が受諾（労働審判）
③労働審判委員会は，職権で事実の調査をし，申立てによりまたは職権で必要と認める証拠調べをすることができる。
④調停または審判が確定すると，それには「**裁判上の和解**」と同一の効力が認められる。裁判上の和解には確定判決と同一の効力が認められており，執行文を付与することで，不履行の場合には強制執行ができる。
⑤次の2つの場合には，労働審判手続の申立ての時に労働審判が行われた際にその事件が係属していた地方裁判所に訴えの提起があったものとみなされる。
　ⅰ）労働審判に対し適法な異議の申立てがあったとき
　ⅱ）事案の性質上労働審判手続を行うことが適当でない場合（労働審判法24条）
⑥労働審判手続は非公開であるが，労働審判委員会は相当と認める者の傍聴を許すことができる。
⑦労働審判に対し適法な異議の申立てがあったときは，労働審判手続の申立てに係る請求については，当該手続の申立ての時に，当該審判が行われた際に労働審判事件が係属していた地方裁判所に訴えの提起があったものとみなす。

実戦問題

＊＊ No.1 労使紛争の解決手段に関する次の記述のうち，最も妥当なのはどれか。

【労働基準監督官・平成28年度】

1 個別労働関係紛争の解決の促進に関する法律は，労働条件その他労働関係に関する事項についての労働者と事業主との間の紛争を対象としており，労働者の家族や相続人，あるいは労働組合も労働者個人の支援者として労働者側当事者となることができる。

2 当事者の双方からあっせんの申請があった場合に限り，各労働局に置かれ，学識経験者から厚生労働大臣が任命する委員５名以上で組織する紛争調整委員会に個別労働関係紛争のあっせんを行わせることができる。

3 労働委員会における労働関係紛争の調整手続は，あっせんが基本となるが，紛争当事者から意見を徴して仲裁案を作成し，その受諾を両当事者に勧告する仲裁や，紛争当事者に対し拘束力のある裁定を下す調停についても，労働委員会の権限とされている。

4 不当労働行為の申立てに関する労働委員会の命令は，命令の交付の日から効力を生ずるものであり，申立事実の全部又は一部を認容する救済命令については，使用者は，命令書の写しの交付を受けたときから遅滞なくその命令を履行しなければならない。

5 裁判所による労使関係紛争の解決手続として労働審判法に基づく労働審判手続があるが，同法は，事業主と労働組合との間の集団的労使紛争と，事業主と個々の労働者との間の個別労働紛争の双方を対象としている。

＊＊ No.2 労使紛争の解決手段に関する次の記述のうち，最も妥当なのはどれか。

【労働基準監督官・平成29年度】

1 不当労働行為の救済手続において，都道府県労働委員会の救済命令等に不服のある使用者は，救済命令等の交付を受けた日から60日以内に，中央労働委員会に対して再審査の申立てをすることができる。また，都道府県労働委員会や中央労働委員会の救済命令等に対しては，労働者や労働組合は，行政事件訴訟法上の取消訴訟を提起することができない。

2 不当労働行為の救済手続において，労働委員会は，審査の途中において，３回まで，当事者に和解を勧めることができるが，当事者間に和解が成立したとしても，和解に係る事件について既に発せられている救済命令等は，いかなる場合であってもその効力を失わない。

3 労働審判手続は，個々の労働者と事業主との間に生じた民事に関する紛争を対象としている。また，労働事判手続は原則として３回以内の期日において審理を終結しなければならないとされており，紛争の迅速で集中的な解決を図ることが特色の一つとなっている。

4 個別労働関係紛争の解決の促進に関する法律は，労働者の募集及び採用に関する紛争以外の労働条件その他労働関係に関する事項についての個々の労働者と事業主との間の紛争を対象としており，労働者の家族や相続人も労働者側の当事者となることができる。

5 行政による個別労働関係紛争の解決手続として，紛争調整委員会によるあっせんがあるが，これは，使用者を代表する者，労働者を代表する者及び公益を代表する者各同数をもって組織される紛争調整委員会が行う公開の調整的手続であり，紛争の当事者は出席を義務付けられている。

＊＊
No.3 労働審判制度に関するア～オの記述のうち，妥当なもののみをすべて挙げているのはどれか。 【国家総合職・平成21年度】

ア：労働審判制度は，企業と労働組合の間の集団的労使紛争と企業と個々の労働者間の個別的労働紛争を，調停を組み込んだ形での審判手続により，紛争の実情に即して迅速，適正かつ実効的に解決することを目的として導入された。

イ：労働審判手続は，当事者の申立てにより開始され，裁判官以外の労働関係に関する専門的な知識経験を有する者から構成される労働審判委員会が審理を行い，労働審判委員会は，原則として5回以内の期日において審理を終結しなければならない。

ウ：労働審判委員会は，審理において，職権で事実の調査をし，かつ，申立てまたは職権により，必要と認める証拠調べをすることができる。

エ：労働審判に対して当事者からの適法な異議の申立てがないときは，その労働審判は，裁判上の和解と同一の効力を有する。

オ：労働審判に対して当事者からの適法な異議の申立てがあったときは，その労働審判は失効し，この場合，労働審判手続の申立てに係る請求については，異議の申立てがあった時に，当該労働審判事件が係属していた地方裁判所に訴えの提起があったものとみなされる。

1 ア，イ
2 ア，オ
3 イ，ウ
4 ウ，エ
5 エ，オ

＊＊
No.4　労働審判手続に関する次の記述のうち，最も妥当なのはどれか。

【労働基準監督官・令和３年度】

1　労働審判手続は，労働契約の存否その他の労働関係に関する事項について個々の労働者と事業主との間に生じた民事及び刑事に関する紛争だけでなく，労働組合と使用者間の集団的な労使関係上の紛争も対象としている。

2　裁判所は，裁判官の中から指定される労働審判官１名及び有権者の中から無作為に選出された労働審判員２名で組織する労働審判委員会において労働審判手続を行うが，当該委員会の合議においては，労働審判官も労働審判員も平等な拒否権を持ち，議決は全会一致による。

3　労働審判手続においては，特別な事情がある場合を除き，審理開始日から３週間以内に審理を終結しなければならない。また，労働審判手続は原則公開とされており，審理予定日の前日までに労働審判委員会に対して届け出れば，審理を傍聴することができる。

4　労働審判委員会は，審理の終結に至るまでの間，労働審判手続の期日のいずれかにおいて必ず１回以上の調停を行わなければならない。調停において合意が成立したときは改めて民事調停手続に移行しなければならず，そこで合意されて初めて裁判上の和解と同一の効力が生じる。

5　労働審判委員会は，調停による解決に至らない場合には，当事者間の権利関係を踏まえつつ事案の実情に即した解決をするために必要な審判を行う。この労働審判に対して適法な異議の申立てがないときは，当該審判は確定し，裁判上の和解と同一の効力を有する。

＊＊
No.5　労使紛争の解決手段に関する次の記述のうち，最も妥当なのはどれか。

【労働基準監督官・令和元年度】

1　個別労働関係紛争の解決の促進に関する法律は，労働条件その他労働関係に関する事項についての個々の労働者と事業主との間の紛争を対象としているが，募集及び採用に関する紛争は対象に含まれない。また，労働者の家族や相続人は労働者側の当事者になることができるが，労働組合は労働者側の当事者になることができない。

2　行政による個別労働関係紛争の解決手続として，紛争調整委員会のあっせんがあり，紛争当事者の双方から申請があった場合にのみ行われる。また，あっせん案が示された場合，紛争当事者の双方はそれを受諾しなければならない。

3　労働委員会は，使用者を代表する者，労働者を代表する者及び公益を代表する者の各同数をもって組織されており，中央労働委員会の委員は厚生労働大臣，都道府県労働委員会の委員は中央労働委員会の委員長によって任命される。また，中央労働委員会のみが個別労働紛争の調整権限を有しており，都道府県労働委員会は同権限を有していない。

4 労働審判手続は，事業主と労働組合との間の集団的労使紛争と，事業主と個々の労働者との間に生じた個別労働紛争の双方を対象としており，地方裁判所において，裁判官，労働関係の専門的な知識経験を有する者及び都道府県労働委員会の委員によって構成される合議体が紛争処理を行う。

5 労働審判手続は，紛争の迅速で集中的な解決を図る観点から，原則として3回以内の期日において審理を終結しなければならず，また，調停の成立による解決の見込みがある場合にはこれを試みることとされており，手続の中に調停を包み込んでいる。

＊ No.6 労働委員会に関する次の記述のうち，妥当なものはどれか。

【地方上級（全国型）・令和元年度】

1 労働委員会は，使用者を代表する使用者委員と，労働者を代表する労働者委員の二者によって構成される委員会である。

2 労働委員会には，中央労働委員会と都道府県労働委員会がある。中央労働委員会は厚生労働大臣の所轄の下に置かれるが，都道府県労働委員会は都道府県知事の所轄の下には置かれない。

3 不当労働行為事件の審査および合議は，使用者委員と労働者委員の二者によって行われる。

4 使用者は，都道府県労働委員会の救済命令の交付を受けた場合には，中央労働委員会に再審査の申立てをすることができる。

5 使用者は，労働委員会の不当労働行為の救済命令について，裁判所に取消しの訴えを提起することはできない。

＊＊＊
No.7 **労働委員会に関する次の記述のうち，妥当なのはどれか。**

【国家総合職・平成30年度】

1 労働委員会は，その事務を行うために必要があると認めたときは，使用者又はその団体，労働組合その他の関係者に対して，出頭，報告の提出若しくは必要な帳簿書類の提出を求め，又は委員若しくは労働委員会の職員に関係工場事業場に臨検し，業務の状況若しくは帳簿書類その他の物件を検査させることができる。

2 労働委員会は，使用者委員，労働者委員及び公益委員の三者で構成され，使用者委員については使用者団体の推薦に基づいて，労働者委員については労働組合の推薦に基づいて任命される。公益委員の任命については，中央労働委員会は内閣総理大臣，都道府県労働委員会は都道府県知事のみが関与することとされており，使用者委員及び労働者委員は関与することができない。

3 労働委員会は，労働者又は労働組合の申立てを受けて，不当労働行為事件の審査等を行い，救済命令や棄却命令を発する権限を有する。不当労働行為事件の審査の手続には，調査及び審問を行う手続や和解を勧める手続があるが，いずれも公益委員のみが関与することとされており，使用者委員及び労働者委員は関与することができない。

4 労働委員会は，労働争議のあっせん，調停及び仲裁をする権限を有する。このうち，仲裁は，労働委員会に設けられる仲裁委員会が当事者の双方に対し拘束力のある仲裁裁定を下す手続であり，労働委員会による争議調整件数の9割以上が仲裁によるものである。

5 労働委員会の救済命令制度は，労働者の団結権及び団体行動権の保護を目的とし，これらの権利を侵害する使用者の一定の行為を不当労働行為として禁止した労働組合法の規定の実効性を担保するために設けられたものであるが，労働組合の組合員が使用者の不当労働行為後に組合員資格を喪失した場合には，その者の不利益を除去しても労働組合自体の利益侵害の回復に寄与することはないから，特段の事情のない限り，労働委員会は，救済命令で組合員資格喪失者に対する不利益の除去を命ずることは許されないとするのが判例である。

実戦問題の解説

No.1 の解説　労使紛争の解決手段

→ 問題はP.312　正答4

まず，**個別労働関係紛争解決促進法**（以下，「個別紛争法」と略称する）について概観しておこう。

同法は，労働審判法とともに「個々の労働者と使用者間の労働関係に関する紛争」の解決を促進するためのものである。ただ，個別紛争法が法的強制力のない行政的な紛争調整手続を定めるものであるのに対して，労働審判法は司法が関与した法的強制力を伴う紛争解決手続を定める点で両者は異なっている。

個別紛争法の紛争調整手続の主な内容は，以下のようになっている。

①まず，企業内における労使の自主的解決を基本にしている（個別紛争法２条）。
②そのための手段，すなわち紛争の未然防止や自主的解決の促進のために，都道府県労働局長は，必要な情報の提供や相談その他の援助を行うものとされている（個別紛争法３条）。
③また，都道府県労働局長は，個別労働関係紛争の当事者の双方または一方からその解決につき援助を求められた場合には，紛争の当事者に対して必要な助言や指導を行うことができる（個別紛争法４条１項）。
④都道府県労働局長は，当事者の双方または一方からのあっせんの申請に基づいて，都道府県労働局におかれた紛争調整委員会にあっせんを行わせることができる（個別紛争法５条）。
⑤国の機関である都道府県労働局長だけでなく，都道府県の機関である都道府県労働委員会も，その多くが同様の紛争調整の権限を有するようになっている（調整権限には一定の手続きが必要，個別紛争法20条）。

なお，個別紛争法以外でも，男女雇用機会均等法・パート労働法・育児・介護休業法で，ほぼ同様の手続が定められている（均等法15条以下，パート労働法22条以下，育児・介護休業法52条の２以下）。

個別紛争法と異なる点は，都道府県労働局長の「助言・指導」に加えて「勧告」が認められていること，紛争調整委員会による「調停」（ただし，当事者を法的に拘束する効力はない）の制度が用意されていることなどである。

以上の予備知識を前提に，本問を解いてみよう。

1× 個別労働関係紛争解決制度の労働者側当事者は当該労働者のみである。

個別紛争法は，「労働条件その他労働関係に関する事項についての個々の労働者と事業主との間の紛争」の解決を目的としている（個別紛争法１条）。すなわち，**労働者側の当事者は「個々の労働者」**であり，それ以外の者は当事者とはなり得ない。

2× 一方または双方からの申請があれば，紛争調整委員会であっせんが行われる。

都道府県労働局の助言・指導で紛争が解決しなければ，手続は一方または双方からの申請に基づいてあっせんへと移行する。この場合には，弁護士や大学教授，社会保険労務士などの労働問題の専門家で構成される３名以上の紛争調整委員会があっせんを行うことになる（同５条）。問題文の「５名以上」は「３名以上」の誤り（同７条１項）。

3 × **労委が紛争当事者に拘束力のある裁定を下すのは調停ではなく仲裁である。**

本肢は調停と仲裁の説明が逆である（調停について労調法24条，同26条１項。仲裁について同34条）。

4 ◎ **救済命令等は，その写しが使用者と申立人に交付された日から効力を生じる。**

正しい。救済命令等は書面によって行われ（労組法27条の12第３項），その写しが使用者と申立人に交付された日から効力を生じる（同条４項）。したがって，使用者は命令書の写しの交付を受けたときから遅滞なく命令を履行しなければならない。

5 × **労働審判手続きは個別労働紛争を迅速に解決するための制度である。**

労働審判手続きは，事業主と個々の労働者との間の解雇や賃金不払いなどの個別労働関係に関する紛争について，裁判所内に設けられ，裁判官と労働関係の専門家で組織する委員会が，紛争を迅速にかつ実効的に解決しようとする制度である（労働審判法１条）。すなわち，この制度は**集団的労働紛争の解決を目的としていない**。

No.2の解説　労使紛争の解決手段

→ 問題はP.312　正答3

1 ×　中労委への再審査申立期間は救済命令等の交付を受けた日から15日以内。

都道府県労働委員会の救済命令等に不服のある使用者が，中央労働委員会（中労委）に再審査の申立てができる期間は，救済命令等の交付を受けた日から60日以内ではなく，15日以内である（労組法27条の15第1項本文）。

また，**都道府県労委や中労委の救済命令等は行政処分に当たる**ので，労働者や労働組合は行政事件訴訟法の**取消訴訟を提起できる**。

2 ×　不当労働行為の救済手続中，労委は何度でも和解を勧めることができる。

特に3回などという回数の制限はない（労組法27条の14第1項）。

また，当事者間に和解が成立した場合，その内容が当事者間の労働関係の正常な秩序を維持させ，または確立させるため適当であると労働委員会が認めたときは，和解に係る事件についてすでに発せられている救済命令等は効力を失う（同条3項）。

3 ◎　労働審判手続は原則として3回以内の期日で審理を終結しなければならない。

正しい。前半について労働審判法1条。後半について同15条2項。

4 ×　個別労働関係紛争解決制度の対象には，募集・採用に関する紛争も含まれる。

まず，**個別労働関係紛争解決制度の対象には，労働者の募集及び採用に関する事項についての紛争も含まれる**（個別紛争法1条カッコ書き）。

ただし，紛争調整の手続きとして最初に行われる都道府県労働局長による助言・指導では問題が解決せず，事件が**紛争調整委員会によるあっせんに移行するという場合には，募集・採用に関する事項は対象とならない**（同5条1項カッコ書き）。

次に，この制度は個々の労働者と事業主との間の紛争の解決を図ろうとするものであるから，労働者側の当事者は「個々の労働者」であって，それ以外の者は当事者とはなり得ない（同1条）。

5 ×　紛争調整委員会は，弁護士や社労士等の労働問題の専門家で構成される。

すなわち，労働委員会のような公益，労働者，使用者それぞれを代表する者によって構成されるわけではない（いわゆる「**公労使三者構成**」を取っていない）。

紛争調整委員会は，弁護士，大学教授，社会保険労務士などの**学識経験を有する労働問題の専門家**の中から，厚生労働大臣が任命する3名以上の委員で組織される（個別紛争法7条1・2項）。

また，同委員会はあっせんを行うことができるが，その手続きは，紛争当事者のプライバシー保護のために非公開とされ，かつ，あっせんはあくまで任意の手続きであることから，紛争当事者の出席は義務付けられていない。

No.3の解説 労働審判制度

→問題はP.315 正答4

労働審判手続は，平成18年4月1日に施行された労働審判法に基づいて開始されたものである。同手続は，個別的労働関係に関する紛争を迅速に解決することを目的として，各地方裁判所の中に設置された労働審判委員会によって行われる。

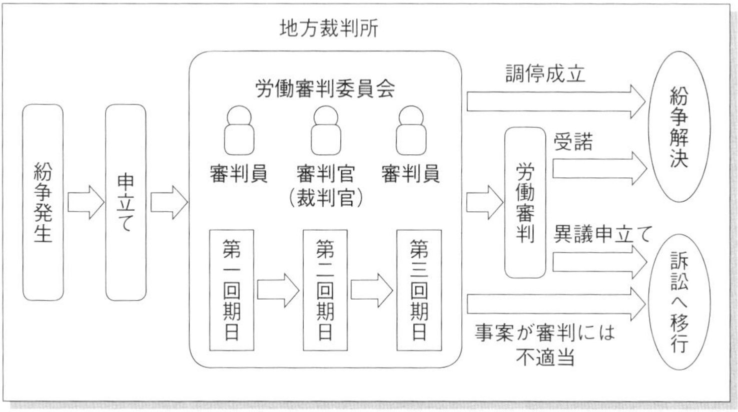

ア× 労働審判手続は個別労働紛争を迅速に解決するための制度である。

労働審判制度は，個別労働紛争の解決を目的とするもので，企業と労働組合の間の集団的労使紛争の解決を目的とはしていない（労働審判法1条）。

イ× 労働審判委員会は，裁判官と労働関係の専門家によって構成される。

まず前半については，労働審判委員会は，それが設置される地方裁判所の裁判官の中から指定される労働審判官1人と，労働関係に関する専門的な知識経験を有する者のうちから任命される労働審判員2人の計3人で構成される（労働審判法7条，8条，9条2項）。

後半については，労働審判では，手続の迅速性を確保する見地から，**特別の事情がある場合を除き3回以内の期日で審理を終結**すべきものとされている（同15条2項）。

ウ○ 労働審判委員会は，申立てまたは職権で必要と認める証拠調べができる。

妥当である（労働審判法17条1項）。労働審判は，個別労働紛争の迅速な解決を目的としており，そのために民事訴訟手続きよりも柔軟な手続が認められている。**職権による事実の調査**や，**職権証拠調べ**はその典型的なものである。

エ○ 審判に異議申立てがなければ，審判は裁判上の和解と同一の効力を有する。

妥当である（労働審判法21条4項）。

なお，労働審判委員会には裁判官が労働審判官として加わっているので，当事者の法的権利が不当に損なわれるおそれはない。そのため，紛争の早期解決の観点から，異議申立てがない場合の審判には，和解と同一の効力，すなわち確定判決と同じ効力（民事訴訟法267条）が認められている。

オ× **訴えの提起があったとみなされる時点は，「審判手続の申立ての時」である。**

「異議の申立てがあった時」ではなく，「当該労働審判手続の申立ての時」に，当該労働審判が行われた際に労働審判事件が係属していた地方裁判所に訴えの提起があったものとみなされる（労働審判法22条１項）。そうでないと，審判手続の続行中に労働者の請求権について時効が完成したような場合に不合理な結果を招くからである。

以上から，妥当なものは**ウ**と**エ**であり，**4**が正答となる。

No.4 の解説　労働審判手続

→問題はP.314　**正答5**

1× **労働審判法は，個別的労働紛争のみをその対象とする。**

労働審判制度は，近年増加傾向にある個別的労働関係事件（解雇，賃金不払いなど）について，**簡易な手続きによって，迅速かつ実効的な解決を目指して創設**されたものである（労働審判法１条）。

刑事に関する紛争や，労働組合と使用者間の集団的な労使関係上の紛争を対象とするものではない。

2× **審判員は，労働関係に専門的な知識経験を有する者のうちから任命される。**

労働審判手続では，専門的な知識に基づく妥当な解決を図るため，紛争解決に当たる**労働審判委員会は，裁判官から選任される労働審判官１人と労働関係に関する専門的な知識と経験を有する労働審判員２人の計３名で組織**される（労働審判法７条）。

また，労働審判員も労働審判官と同等の表決権を持ち，その**議決は全会一致ではなく過半数の意見によって決せられる**（同法12条１項）。

3× **労働審判は，迅速な解決を目指して原則として期日３回以内で審理される。**

労働審判手続では，迅速な解決を図るため，**原則として期日３回以内で審理**され（同法15条２項），その中で調停が試みられる。

また，労働審判手続は，**原則非公開**である（同法16条）。

4× **調停において成立した合意には，裁判上の和解と同一の効力が認められる。**

労働審判委員会は，審理の終結に至るまで，労働審判手続の期日において調停を行うことができるが（労働審判規則22条１項），調停はそのときの当事者の雰囲気によって行われるものであるから，少なくとも１回以上の調停が必要というわけではない。

また，適法な異議の申立てがなく，**調停または審判が確定すると，それには裁判上の和解と同一の効力が認められる**（労働審判法21条４項）。したがって，民事調停手続に移行する必要はない。

なお，裁判上の和解には確定判決と同一の効力が認められる（民事訴訟法267条）。

5◎ 審判に異議申立てがなければ，審判は裁判上の和解と同一の効力を有する。

妥当である（労働審判法1条，21条4項）。

No.5の解説　労使紛争の解決手段

→ 問題はP.314 正答5

1× 個別労働紛争解決制度の対象には，募集・採用に関する紛争も含まれる。

個別労働関係紛争解決促進法の手続きは強制力を伴わないことから，**広く個別的労働関係に関して生じた紛争が適用対象**とされており，募集・採用に関する紛争も対象となる（個別紛争法1条カッコ書き）。

また，紛争当事者となりうるのは事業主と労働者本人であり，その家族や相続人は当事者にならない（本法が扱うのは「個々の労働者と事業主との間の紛争」である，同1条）。

2× 一方または双方から申請があれば，紛争調整委員会であっせんが行われる。

あっせんは，個別労働関係紛争について，紛争当事者の双方または一方からあっせんの申請があった場合に行われる（個別紛争法5条1項）。

また，**あっせんは強制力を持たない調整手段**であるから，当事者がこれに応じるかどうかは，その任意の判断に委ねられる。

3× 中労委の委員は内閣総理大臣が，都道府県労委の委員は知事が任命する。

労働委員会は，公平を期するため，ならびに労使それぞれの意見を正確に反映させるために，中労委，都道府県労委ともに**使用者委員，労働者委員及び公益委員各同数で組織する**ものとされる（労組法19条の3第1項，19条の12第2項）。

次に，**中央労働委員会の委員**は，使用者委員および労働者委員が，それぞれ「使用者団体および労働組合の推薦に基づいて」，また，公益委員が「厚生労働大臣が使用者委員および労働者委員の同意を得て作成した委員候補者名簿に記載されている者のうちから両議院の同意を得て」，**内閣総理大臣が任命する**（労組法19条の3第2項）。一方，**都道府県労働委員会の委員は，使用者委員および労働者委員はそれぞれ中労委と同様に，公益委員は使用者委員および労働者委員の同意を得て，都道府県知事が任命する**（労組法19条の12第3項）。

また，個別労働紛争の調整を行うのは，都道府県労働局長であって労働委員会ではない（個別紛争法3条）。

4× 労働審判手続は，個別労働紛争のみを対象とするものである。

事業主と労働組合との間の集団的労使紛争は，専門機関である労働委員会によって処理される。そのため，**労働審判制度では，事業主と個々の労働者との間に生じた個別労働紛争の処理のみを対象とする**（労働審判法1条）。

労働審判委員会は，それが設置される地方裁判所の裁判官の中から指定される労働審判官1人と，労働関係に関する専門的な知識経験を有する者のうちから任命される労働審判員2人の計3人で構成される（同7条，8条，9

条2項)。

5 ◎ 労働審判では,原則として3回以内の期日で審理を終結すべきとされる。

妥当である。前半については,労働審判では,手続の迅速性を確保する見地から,特別の事情がある場合を除き3回以内の期日で審理を終結すべきものとされている(労働審判法15条2項)。

後半については,労働審判法1条により正しい。

No.6 の解説 労働委員会

→ 問題はP.315 正答4

1 × 労働委員会は,使用者委員,労働者委員,公益委員の三者で構成される。

労働委員会は,公平を期するため,ならびに労使それぞれの意見を正確に反映させるために,中労委,都道府県労委ともに使用者委員,労働者委員および公益委員各同数で組織するものとされる(労組法19条の3第1項,19条の12第2項)。

2 × 都道府県労働委員会は都道府県知事の所轄の下に置かれる。

中央労働委員会は厚生労働大臣の所轄の下に置かれ(労組法19条の2第1項),また,都道府県労働委員会は都道府県知事の所轄の下に置かれる(同法19条の12第1項)。

3 × 不当労働行為事件の審査および合議は,公益委員のみによって行われる。

手続きの公正性を担保するためである(労組法24条1項本文)。

4 ◎ 使用者は,都道府県労委の救済命令に対し,中労委に再審査請求ができる。

妥当である。不当労働行為の救済手続において,都道府県労働委員会の救済命令等に不服のある使用者は,救済命令等の交付を受けた日から15日以内に,中央労働委員会に対して**再審査の申立て**をすることができる(労組法27条の15第1項本文)。

5 × 使用者は,労委の救済命令について,裁判所に取消しの訴えを提起できる。

都道府県労委や中労委の**救済命令等は行政処分に当たる**ので,使用者は,行政事件訴訟法の取消訴訟を提起できる(労組法27条の19第1項)。

No.7 の解説 労働委員会

→ 問題はP.316 正答1

1 ◎ 労働委員会には,臨検や帳簿書類の検査などの強制権限が認められている。

妥当である(労組法22条1項)。

2 × 公益委員の任命について,労使の委員は同意の形で関与することができる。

公益委員の任命について,中央労働委員会では,厚生労働大臣が使用者委員及び労働者委員の同意を得て作成した委員候補者名簿に記載されている者のうちから両議院の同意を得て,内閣総理大臣が任命する(労組法19条の3第2項)。

一方,都道府県労働委員会では,公益委員は使用者委員及び労働者委員の同意を得て，都道府県知事が任命する（同19条の12第３項）。

なお，前半は正しい（同19条１項，19条の12第２項，19条の３第２項，19条の12第３項）。

3 × 不当労働行為の審査手続きに，労使委員も必要な範囲で関与できる。

不当労働行為事件の審査等は，中立性や公平性を担保するために，公益委員のみによって行われるのが原則である（労組法24条１項本文）。

ただし，労使委員についても，**公益委員の求めがあった場合に調査に参与**したり（同項但書カッコ書き，労働委員会規則41条の２第５項），**会長に申し出て審問や和解に参与**するなど（労委則41条の６第４項，45条の２第２項），一定範囲で関与ができる。労使委員のこれらの関与によって，和解が促進されるなど一定の効果が期待できるからである。

なお，それ以外の部分は正しい（労組法24条１項但書，27条１項，27条の12第１項）。

4 × 労働委員会による争議調整件数の大部分はあっせんによるものである。

仲裁は，裁定について拘束力を有するため，これによる調整件数は少ない。大部分は，当事者が受け入れやすい「あっせん」によって調整が行われている。

なお，それ以外の部分は正しい（労組法20条，労働関係調整法31条，34条）。

5 × 不当労働行為たる経済的不利益措置の是正に組合は固有の救済利益がある。

判例は，組合員が使用者の不当労働行為後に組合員資格を喪失したとしても，組合には不当労働行為の救済を求める利益があるとする（最判昭61・6・10，旭ダイヤモンド工業事件）。

本件は，使用者による賃金カットがストライキに対する報復としてなされたというケースであり，その場合，個々の労働者の賃金に対する利益を侵害するにとどまらず，組合員の組合活動意思を萎縮させ，**組合活動一般を抑圧・制約して組合の運営について支配介入するという効果を必然的に伴う**ので，組合として不当労働行為の救済を求める利益があるというのがその理由である。

索引

●本書の内容に関するお問合せについて

『新スーパー過去問ゼミ』シリーズに関するお知らせ，また追補・訂正情報がある場合は，小社ブックスサイト（jitsumu.hondana.jp）に掲載します。サイト中の本書ページに正誤表・訂正表がない場合や訂正表に該当箇所が掲載されていない場合は，書名，発行年月日，お客様の名前・連絡先，該当箇所のページ番号と具体的な誤りの内容・理由等をご記入のうえ，郵便，FAX，メールにてお問合せください。

〒163-8671 東京都新宿区新宿 1-1-12 実務教育出版 第二編集部問合せ窓口
FAX：03-5369-2237 E-mail：jitsumu_2hen@jitsumu.co.jp

【ご注意】
※電話でのお問合せは，一切受け付けておりません。
※内容の正誤以外のお問合せ（詳しい解説・受験指導のご要望等）には対応できません。

公務員試験
新スーパー過去問ゼミ 7 労働法

2023年11月25日 初版第1刷発行 〈検印省略〉

編　者 資格試験研究会
発行者 小山隆之

発行所 株式会社 実務教育出版
〒163-8671 東京都新宿区新宿 1-1-12
☎ 編集 03-3355-1812 販売 03-3355-1951
振替 00160-0-78270

印　刷 精興社
製　本 ブックアート

©JITSUMUKYOIKU-SHUPPAN 2023 本書掲載の試験問題等は無断転載を禁じます。
ISBN978-4-7889-3752-9 C0030 Printed in Japan
乱丁，落丁本は本社にておとりかえいたします。

[公務員受験BOOKS]

実務教育出版では、公務員試験の基礎固めから実戦演習にまで役に立つさまざまな入門書や問題集をご用意しています。
過去問を徹底分析して出題ポイントをピックアップするとともに、すばやく正確に解くためのテクニックを伝授します。あなたの学習計画に適した書籍を、ぜひご活用ください。
なお、各書籍の詳細については、弊社のブックスサイトをご覧ください。

https://www.jitsumu.co.jp

人気試験の入門書

何から始めたらよいのかわからない人でも、どんな試験が行われるのか、どんな問題が出るのか、どんな学習が有効なのかが1冊でわかる入門ガイドです。「過去問模試」は実際に出題された過去問でつくられているので、時間を計って解けば公務員試験をリアルに体験できます。

★「公務員試験早わかりブック」シリーズ ［年度版］※ ●資格試験研究会編

- 地方上級試験 早わかりブック
- 市役所試験 早わかりブック
- 警察官試験 早わかりブック
- 消防官試験 早わかりブック
- 社会人が受けられる公務員試験 早わかりブック
- 高校卒で受けられる公務員試験 早わかりブック ［国家一般職（高卒）・地方初級・市役所初級等］
- 社会人基礎試験 早わかり問題集
- 市役所新教養試験 Light & Logical 早わかり問題集
- 公務員試験で出る SPI・SCOA 早わかり問題集 ※本書のみ非年度版 ●定価1430円

過去問正文化問題集

問題にダイレクトに書き込みを加え、誤りの部分を赤字で直して正しい文にする「正文化」という勉強法をサポートする問題集です。完全な見開き展開で書き込みスペースも豊富なので、学習の能率アップが図れます。さらに赤字が消えるセルシートを使えば、問題演習もバッチリ！

★上・中級公務員試験「過去問ダイレクトナビ」シリーズ

- 過去問ダイレクトナビ 政治・経済 資格試験研究会編●定価1430円
- 過去問ダイレクトナビ 日本史 資格試験研究会編●定価1430円
- 過去問ダイレクトナビ 世界史 資格試験研究会編●定価1430円
- 過去問ダイレクトナビ 地理 資格試験研究会編●定価1430円
- 過去問ダイレクトナビ 物理・化学 資格試験研究会編●定価1430円
- 過去問ダイレクトナビ 生物・地学 資格試験研究会編●定価1430円

一般知能分野を学ぶ

一般知能分野の問題は一見複雑に見えますが、実際にはいくつかの出題パターンがあり、それに対する解法パターンが存在しています。基礎から学べるテキスト、解説が詳しい初学者向けの問題集、実戦的なテクニック集などで、さまざまな問題に取り組んでみましょう。

- 標準 判断推理 ［改訂版］ 田辺 勉著●定価2310円
- 標準 数的推理 ［改訂版］ 田辺 勉著●定価2200円
- 判断推理がわかる！新・解法の玉手箱 資格試験研究会編●定価1760円
- 数的推理がわかる！新・解法の玉手箱 資格試験研究会編●定価1760円
- 判断推理 必殺の解法パターン ［改訂第2版］ 鈴木清士著●定価1320円
- 数的推理 光速の解法テクニック ［改訂版］ 鈴木清士著●定価1175円
- 文章理解 すぐ解ける〈直感ルール〉ブック ［改訂版］ 瀧口雅仁著●定価1980円
- 公務員試験 無敵の文章理解メソッド 鈴木鋭智著●定価1540円

年度版の書籍については、当社ホームページで価格をご確認ください。https://www.jitsumu.co.jp/